Günter Virt

Damit Menschsein Zukunft hat

Günter Virt

Damit Menschsein Zukunft hat

Theologische Ethik
im Einsatz für eine humane Gesellschaft

Herausgegeben von
Gerhard Marschütz und Gunter M. Prüller-Jagenteufel

Würzburg 2007

Echter Verlag

Bibliografische Information der Deutschen Bibliothek:
Die Deutsche Bibliothek verzeichnet diese Publikation in der Deutschen Nationalbibliografie; detaillierte bibliografische Daten sind im Internet über <http://dnb.ddb.de> abrufbar.

ISBN 978-3-429-02906-7

Umschlagbild:
Elmar Mayer (Öl auf Leinwand 60x60cm): Licht am Ende des Tunnels

Druck: Protisk, České, Budějovice/Budweis

INHALTSVERZEICHNIS

VORWORT

„Damit Menschsein Zukunft hat“ – die Sorge um die Humanität bildet das zentrale Anliegen des kürzlich emeritierten Moraltheologen *Günter Virt*, der über 25 Jahre als Universitätsprofessor in *Paderborn* (1981-1983), *Salzburg* (1983-1986) und *Wien* (1986-2006) tätig war. Angesichts der vielseitigen Herausforderungen, denen sich die Moraltheologie zu stellen hat, bemüht er sich insbesondere darum, die in der christlichen Tradition übermittelten unverzichtbaren Sinngehalte des Menschseins lebendig zu erhalten und in aktuelle wissenschaftliche Diskurse – vor allem auch in den biomedizinischen Bereich – einzubringen. Als Gründungsmitglied und langjähriger Leiter des *Instituts für Ethik und Recht in der Medizin* an der Universität Wien sowie als Mitglied der *Bioethikkommission beim österreichischen Bundeskanzleramt* und der *European Group on Ethics in Science and New Technologies* bei der Europäischen Union hat Günter Virt in zahlreichen Problemfeldern, wie etwa Euthanasie, Stammzellforschung oder Klonen, versucht, Tendenzen zur schleichenden Aushöhlung der Menschenwürde entgegenzuwirken.

In diesem Sammelband werden insgesamt 28 Beiträge, die die wichtigsten Anliegen von Günter Virt widerspiegeln und die teilweise nur schwer zugänglich sind, einer breiteren Öffentlichkeit vorgelegt. Der *erste Teil* dokumentiert Arbeiten aus fundamentalen Problemfeldern der theologischen Ethik: Gewissen, Normbegründung, Grenzen der Normen- und Bedeutung der Tugendethik sowie Existenzialethik. Der *zweite Teil* versammelt ausgewählte Beiträge zu bioethischen Fragen, die in den letzten 15 Jahren den Großteil seiner Aufmerksamkeit gebunden haben. Schließlich werden im *dritten Teil* Beiträge „aus dem weiten Land der Moraltheologie“ vorgestellt, denen meist aktuelle Anfragen zugrunde liegen. Da für Günter Virt der Humor in der Moraltheologie niemals fehlen darf, soll im *Anhang* seine allererste wissenschaftliche Publikation Platz finden: Wie die Bergexpedition in den Hindukusch mit seinem moraltheologischen Denken zusammenhängt, kann demnächst in dem Sammelband „Theologische Ethik – autobiographisch“ (hg. v. Konrad Hilpert) nachgelesen werden.

Zuletzt ist unseren beiden ehemaligen – mittlerweile pensionierten – Institutssekretärinnen, *Hannelore Rauscher* und *Johanna Bittner*, für ihren unverzichtbaren Beitrag zur Erstellung dieses Sammelbandes zu danken. Für die Erteilung der Druckerlaubnis für bereits anderenorts veröffentlichte Beiträge danken wir den jeweiligen Verlagen. Hinweise zur Erstveröffentlichung sind den entsprechenden Artikeln ebenso beigefügt wie gegebenenfalls eine redaktionelle Hinführung zum besseren Verständnis ihres Entstehungshintergrundes. Da die Beiträge möglichst in ihrer ursprünglichen Form beibehalten werden sollten, bitten wir um Verständnis für die unterschiedlichen Rechtschreib- und Zitationsweisen.

Wien, am Fest „Darstellung des Herrn“ 2007

Gerhard Marschütz
Gunter M. Prüller-Jagenteufel

WISSENSCHAFT UND VERANTWORTLICHKEIT

Einleitung des Autors

In einer pluralen Gesellschaft gehört es zur Redlichkeit eines ethischen und bioethischen Dialoges, das eigene Vorverständnis transparent zu machen, nicht um dieses den Gesprächspartnern aufzudrängen, sondern um sie anzuregen, darüber nachzudenken, von welchem tiefenhermeneutischen Vorverständnis sie selbst an die Probleme herangehen. Diese Grundeinstellung hängt eng mit dem Begriff des Menschenbildes zusammen. „Menschenbild“ ist selbst ein problematischer Begriff. Man soll sich darunter kein abgeschlossenes Gemälde vorstellen, sondern eher Grundlinien, die dennoch die wesentlichen Konturen deutlich machen. Daher sind ethische Normen auch nicht einfach aus dem Menschenbild ableitbar, aber die eigentliche Motivation und Lösungssuche werden stark von den damit gegebenen, meist kaum reflektierten Voraussetzungen beeinflusst.

Als Theologe stehe ich auf dem Boden des jüdisch-christlichen Menschenbildes, das von den biblischen Aussagen über den Menschen ausgeht. Die Grundaussage, an die man zunächst denkt, ist wohl die von der Gottebenbildlichkeit des Menschen (Gen 1, 28). Die Auslegung dieses theologischen Begriffes schwankt allerdings zwischen einer Auffassung vom Menschen als „Statthalter Gottes“, der an vorgegebene Strukturen gebunden ist, und dem Konzept eines geschaffenen „Mitschöpfers“, der selbst kreativ nach neuen Möglichkeiten Ausschau hält. Zudem ist die Bedeutung der Gottebenbildlichkeit nicht selten verdunkelt; eindeutig wird sie im Neuen Testament, wo Jesus Christus mehrfach als das „Bild des unsichtbaren Gottes“ schlechthin bezeugt wird.

Mit welchen Grundlinien kann nun ein theologisches Porträt des Menschseins umrissen werden?

- Der Mensch ist ein leibhaftiges Wesen; „Adam“ bedeutet soviel wie „der Erdling“. Daher gehört die Leib-Seele-Einheit konstitutiv zu einem biblischen Menschenbild und es wäre in vielen Bereichen, u.a. auch in der Medizin, mehr psychosomatische Sensibilität wünschenswert.
- Der Mensch transzendiert auf vielfache Weise seine Leiblichkeit: auf die Welt, auf die Geschichte, auf die Mitwelt – und da er um den Tod als Grenze weiß, blickt er zumindest in Form der Frage auch über den Tod hinaus.
- Der Mensch ist ein Geschöpf, das in seiner Endlichkeit zwischen dem ganz kleinen Beginn des Lebens und dem oft schwachen Ende seines Sterbens eingespannt ist. Der Umgang mit der Endlichkeit ist daher eine ständige Frage der theologischen Ethik.
- Da der Mensch insgesamt aber immer mehr ist, als er gerade aktuell zu verwirklichen vermag, ermächtigt ihn dies, in Freiheit sein Verhältnis zur Welt, zur Umwelt, zur Mitwelt, zur Geschichte und auch zu sich selbst zu bestimmen.

- Diese Freiheit ist aber auch fehlbar. Eine Technik z.B., die auf die Fehlbarkeit des Menschen nicht Rücksicht nimmt, wird daher unmenschlich.
- Über die Fehlbarkeit hinaus lässt uns die Bibel wie kein anderes Buch in die Abgründigkeit des Bösen blicken. Der Mensch ist Sünder, und das bedeutet viel mehr als zu sagen, der Mensch sei „fehlbar".
- Dahinter steht aber die Zusage der Vergebung und somit auch die Möglichkeit der Umkehr. Das ist eine, wenn nicht *die* erlösende Botschaft der Hoffnung, die durch keine Situation des Lebens aufgehoben werden kann. Dem Menschen ist Rettung und Erlösung zugesagt.

Die säkulare Fassung dieses Menschenbildes wird mit dem Begriff Menschenwürde zum Ausdruck gebracht, wie ihn z.B. Immanuel Kant entwickelt hat. Inhaltlich besagt der Begriff der Menschenwürde die Selbstzwecklichkeit des Menschen, d.h. dass ein Mensch stets mehr darstellt als bloß einen austauschbaren Wert, der gegen andere Werte abgewogen werden könnte. Folglich bedeutet Kants „Kategorischer Imperativ" rein formal gesehen das Selbe wie das biblische Gebot, den Nächsten zu lieben wie sich selbst.

In den Präambeln sämtlicher Menschenrechtsdokumente wird festgehalten, dass diese Menschenwürde ausnahmslos jedem Menschen zukommt, also einfach schon damit gegeben ist, dass jemand Mitglied der Menschheit ist (von Menschen gezeugt und geboren) – noch vor jeder „Leistung", die zu erbringen wäre. Dass die Menschenwürde die Basis aller Menschenrechte ist, hat zugleich zur Konsequenz, dass diese Würde nicht nur formal geachtet, sondern auch wirksam geschützt werden muss.

Diese Basis ist für jede Ethik hoch relevant, denn ethische Fragen entstehen letztlich immer in Konfliktsituationen, die einer Lösung zugeführt werden müssen. In solchen Fällen ist eine sorgfältige Abwägung der in Frage stehenden Güter gefordert, wobei die Menschenwürde die Voraussetzung für eine solche ethische Güterabwägung bildet; sie ist daher niemals deren Gegenstand in dem Sinn, dass eine Mensch mit größerer Würde gegen einen mit weniger Würde, eine Lebensphase mit mehr Würde gegen eine Phase mit weniger Würde abgewogen werden können. Als Beispiele mögen die derzeit so heftig diskutierten Güterkonflikte zwischen therapeutischem Imperativ und Zerstörung von begonnenem Menschenleben im Fall der embryonalen Stammzellenforschung sowie die Abwägung zwischen Lebenserhaltung, Leidverminderung und Freiheitsoptimierung im Fall der Euthanasiedebatte dienen.

Güterabwägungen sind in der ethischen Theorie ebenso unausweichlich wie im Alltag, vor allem im Bereich der Medizin (z.B. Triage, Ressourcen- und Organ-Allokation), grundsätzlich aber überall, wo es um die Verteilung knapper Güter nach rationalen und transparenten Kriterien geht. Güterabwägung ist eine *utilitaristische Methode*, insofern sie zweifellos auch eine Kosten-Nutzen-Abwägung miteinschließt. Allerdings unterscheidet sich eine solche ethische Güterabwägung, wie sie ja stets auch in der christlichen Tradition ihren unverzichtbaren Platz hatte und hat, von anderen Abwägungen dadurch, dass sie unter dem Gesichtspunkt der unveräußerlichen Würde eines jeden Menschen während seines gesamten Lebens vorgenommen wird. Von einer solchen utilitaristischen Methode klar zu unterscheiden ist ein *utilitaristisches Menschenbild*, d.h. wenn der Mensch primär oder ausschließlich unter einem bestimmten Nutzwert – z.B. Gesundheit, Leistungsfähigkeit, finanzielle Ausstattung, genetischer Ausstattung usw. – betrachtet wird.

Auch die konkreten Gefährdungen der Menschenwürde müssen benannt und immer neu kritisiert werden. Zunächst geht es um Verletzungen der Menschenwürde in der Praxis. Die Medien sind täglich voll von Berichten über solche Verletzungen. Darüber hinaus kommen sie auch in weniger öffentlichen Bereichen vor; z.B. ist in der Medizin eine solche Verletzung der Menschenwürde immer dann gegeben, wenn Patienten unnötige Schmerzen leiden, obwohl diese gestillt werden könnten. Solche Verletzungen der Menschenwürde müssen ohne Zweifel möglichst vermieden werden. Dennoch wird der Mensch auch durch schweres Leiden nicht seiner Würde beraubt, wie oft missverständlich behauptet wird.

Auch theoretisch wird die Menschenwürde relativiert. Buchtitel (wie z.B. „Die Würde des Menschen ist antastbar") oder Zeitungsartikel (wie z.B. „Die Würde des Menschen war unantastbar") sind genauso ein Hinweis darauf wie die Diskussion darüber, ob es eine „gestufte" Menschenwürde gibt. Der Streit der Interpretationen verbindet aber immerhin die Streitenden, die sich darin einig sind, dass sie sich immer noch an die Wirkung der Idee gebunden fühlen, die die Menschenwürde entfaltet. Der Konflikt der Interpretationen kannte schon in der Vergangenheit verschiedene Etappen und er ist vermutlich auch in Zukunft nicht abschließbar.

Eine indirekte und schleichende Aushöhlung der Menschenwürde spiegelt sich auch in reduktionistischen Menschenbildern wider:

- wenn der „Mensch als Maschine" (Julien O. de Lamettrie) gesehen wird;
- wenn der Mensch auf die Qualität seiner Gene reduziert wird;
- wenn die Bedeutung des Menschen auf seine ökonomische Leistungsfähigkeit konzentriert wird;
- wenn einige Vertreter der Hirnforschung und der Neurophilosophie verkünden, das Ich-Subjekt als freies, moralfähiges Wesen sei bloß eine Illusion, welche nur von neuronalen Prozessen vorgetäuscht werde, weshalb die Rede von der Menschenwürde keine Gültigkeit mehr besitze;
- wenn einzelne Aspekte am Menschen verabsolutiert werden und auf Grund dieser der Mensch technisch so verändert wird, dass er den heute normalen und auch in Zukunft verbreiteten Menschen übersteigt, wie sich z.B. in der Transhumanismusdebatte abzeichnet.

Jeder Reduktionismus im Menschenverständnis führt aber unweigerlich zu einer Aufspaltung der Menschheit: in Menschen mit guten und in solche mit schlechten Genen; in Menschen, die sich eine medizinische Grundversorgung leisten können, und in solche, die sich eine solche nicht leisten können; in Menschen, die mit der technischen Verbesserung des Menschen mithalten können, und in solche, die das nicht vermögen.

Meine Arbeit war und ist getragen von der Überzeugung, dass die Wahrheit unteilbar ist, dass es also eine doppelte (oder mehrfache) Wahrheit über den Menschen nicht geben kann – z.B. eine der Medizin, eine der Biologie, eine der Genetik, eine der Soziologie, eine der Philosophie, eine der Theologie usw. Es gibt nur die eine Wahrheit über den ganzen Menschen, sehr wohl aber gibt es viele Aspekte dieser Wahrheit, die möglichst umfassend in eine ethische Urteilsbildung zu integrieren sind. Wenn dem so ist, dann hoffe ich, dass sich das ethisch Richtige langfristig auch als das medizinisch Richtige und sozial Verträgliche erweisen wird. Als Christ bin ich durch und durch Realist und weiß, dass nicht nur einzelne Forscher, sondern auch Konzerne und ganze Staaten versuchen, sich durch Missachtung ethischer Standards Wettbewerbsvorteile zu erschaffen. Aufgrund der Unteilbarkeit des Menschlichen bin ich aber davon überzeugt, dass sich solche kurzfristigen Vorteile langfristig als Nachteile erweisen werden.

Nicht zuletzt ist meine Arbeit daher von der Überzeugung getragen, dass moraltheologische Reflexion in der Gesellschaft relevant werden soll und nicht ein „leerlaufendes Rad“ (Ludwig Wittgenstein) bleiben darf, bei dessen Drehung sich nichts mitdreht.

Günter Virt

Teil 1

Grundlegende Themen theologischer Ethik

WIE ERNST IST DAS GEWISSEN ZU NEHMEN?

Zum Ringen um das Gewissen auf dem 2. Vatikanischen Konzil*

Ein Zeitraum von dreißig Jahren, wie er zwischen dem 2. Vatikanischen Konzil und heute verstrichen ist, gilt als Zeitraum einer Generation. Doch die Generationen wechseln heutzutage eher rascher. Die Zeichen der Zeit, zu deren Erforschung und Deutung die Pastoralkonstitution über die Kirche in der Welt von heute aufforderte, haben sich gegenüber damals verändert.

Damals galt es, den großen Problemstau, der mit innerkirchlichen Fragen – angefangen von der Liturgie bis hin zum grundsätzlichen Verhältnis zur modernen Welt – gegeben war, aufzuarbeiten. Die vorwiegend apologetische Haltung der Kirche gegenüber der Moderne, die in dem theologischen Monopolsystem der Neuscholastik ihren Ausdruck fand, führte die Kirche zunehmend in ein Ghetto. Heute, dreißig Jahre danach, spricht man bereits von der Postmoderne. Die wissenschaftlich technische Moderne breitete sich schnell und folgenreich in alle Gebiete unserer Erde aus. Die geistige Bewältigung und die moralische Verantwortung gegenüber den damit geschaffenen Problemen kann weithin nicht Schritt halten. Eine massenmediale Kultur beschleunigt die Vorgänge, die zu einer geistigen Verunsicherung führen im allgemeinen und die Tendenzen zu einem religiösen Synkretismus im besonderen.

Damals stand die Spannung zwischen dem totalitären kommunistischen Block und der sogenannten freien Welt des Westens im Vordergrund. Heute sind es die aufbrechenden Nationalismen, die von den totalitären Systemen unterdrückt wurden. Phänomene der Desolidarisierung lassen sich auf vielen Ebenen orten. Die Armen werden weltweit immer ärmer und die Reichen immer reicher. Sollte zwischen diesen beiden Phänomenen ein Zusammenhang bestehen? Die Zahl der Menschen wächst in den armen Ländern immer mehr und macht jeden noch so kleinen Fortschritt zunichte. Die Zerstörung der Umwelt auf allen Ebenen und die unwiederbringliche Aufzehrung der Ressourcen machen die ökologische Problematik zu einem der wichtigsten Verantwortungsbereiche des heutigen Menschen. Doch über die ökologischen Fragen ist am 2. Vatikanischen Konzil noch nichts zu lesen.

In der Nachgeschichte des Konzils standen häufig Probleme der Sittenlehre der Kirche im Mittelpunkt der Diskussion. Gerade in den schon lang schwelenden Konfliktfragen, aber auch angesichts der neuen Probleme, zu deren Orientierung man mit allgemeinen Dokumenten kaum nachkommt, wurde der Ruf nach dem Gewissen immer lauter. In der Kirche und auch in der Gesellschaft beruft man sich so häufig wie nie zuvor auf das eigene Gewissen.

---

* Dieser Text wurde für eine Ringvorlesung der Katholisch-Theologischen Fakultät Wien 1992/93 verfasst und im Dokumentationsband publiziert.
Originalpublikation in: J. Kremer (Hg.), Aufbruch des Zweiten Vatikanischen Konzils heute, Innsbruck–Wien 1993, 130-153.

Doch in dieser gehäuften Reklamierung der Gewissensentscheidung lauern auch spezifische Gefahren unserer Zeit. Inmitten einer Welt, die immer mehr von sogenannten Sachzwängen gesteuert wird, möchten viele Menschen sich einen kleinen Freiraum des Privaten erhalten. Die Berufung auf das eigene Gewissen erscheint dann oft als Fluchtreaktion. Eine Privatisierung des Gewissens und damit der Moral ist ein schlechter Nährboden für wirkliche Gewissenskompetenz. Hier lauern die Gefahren, daß man sich gerade dann auf das eigene Gewissen beruft, wenn man sich aus der solidarischen Verantwortung zurückziehen möchte. Solche Willkürentscheidungen, die aus nicht ethisierbaren Interessen getroffen werden, zerstören aber die authentischen Gewissenserfahrungen.

Zu diesen angedeuteten praktischen Unsicherheiten kommen die Unklarheiten in der begrifflichen Fassung des Gewissens in der eigenen Tradition. Was ist mit diesem Begriff nicht alles gemeint? Die einen verstehen darunter das sittliche Gespür und Gefühl; die anderen die praktische Vernunft und die Rückbindung des Gewissens an die Wahrheit, wobei noch einmal ein sehr unterschiedliches Wahrheitsverständnis meist unreflektiert im Hintergrund steht. Wieder andere verstehen unter dem Gewissen eine Kontrollinstanz, die überprüft, ob der Mensch sich tatsächlich an das hält, was er als das sittlich Richtige einsieht; wieder andere erblicken im Gewissen einen inneren Gerichtshof, in dem der Mensch vor einem absoluten Richter steht; wieder andere verstehen das Gewissen im umfassenden Sinne des sittlichen Subjekts usw. So oder so bringen jede dieser und andere Auffassungen jeweils das sittliche Dasein des Menschen unter diesem oder jenem Aspekt zur Sprache. Und so mag es nicht überraschen, daß manche Moraltheologen vorschlagen, auf den Gewissensbegriff überhaupt zu verzichten; denn man muß ohnedies immer dazu sagen, was man damit meint und könne dann gleich den Gewissensbegriff durch die erläuternde Zusatzbemerkung ersetzen.

Wie ernst ist das Gewissen angesichts dieser eben kurz angedeuteten praktischen und theoretischen Schwierigkeiten zu nehmen? Ist auf ein solches Gewissen überhaupt noch Verlaß? Hinweise zur Beantwortung dieser Frage sollen in drei Schritten gegeben werden.

Erstens gilt es, einen kurzen Blick in die Geschichte des Verständnisses des Gewissens zu tun, ohne die die gegenwärtige Problematik nicht ausreichend gedeutet werden kann. In einem *zweiten* Schritt sollen die Aussagen des 2. Vatikanischen Konzils auf dem Hintergrund und im Kontrast zu den vorbereiteten Texten erläutert werden und schließlich soll in einem *dritten* Schritt den Gewissensproblemen in der Nachgeschichte des 2. Vatikanischen Konzils nachgegangen werden.

1. Hinweise zur Vorgeschichte des Verständnisses vom Gewissen

Dietmar Mieth bezeichnet in der Enzyklopädie „Christlicher Glaube in moderner Gesellschaft" den Ausbau eines festen Gewissensbegriffes und einer entsprechenden Gewissenslehre als Leistung des sogenannten christlichen Abendlandes. „... Spätestens in der Hochscholastik haben sich die vagen Gewissensvorstellungen zur Begrifflichkeit gewandelt und damit eine Lehrtradition ermöglicht, mag diese auch den üblichen Ungewißheiten der Interpretation unterliegen."[1] Beschreibungen des Gewissensphänomens ohne ausdrückliche und klare Begrifflichkeit gibt es in allen Religionen und Kulturen. Wer kennt in den griechischen Wurzeln unserer Kultur nicht die Gewissenstäter wie Orest, Antigone und Sokrates und viele andere mehr.

Die älteste Bibel spricht Gewissensphänomene mit den Bildworten von Herz und Niere an. Aus der stoischen Philosophie dringt der Fachbegriff „syneidesis", was soviel bedeutet wie Mitwissen in einem sittlich relevanten Sinn, in das griechisch geschriebene Buch der Weisheit (17, 10) ein: „Denn die Schlechtigkeit bezeugt selbst ihr feiges Wesen, wenn sie gestraft wird. Unter dem Druck des Gewissens befürchtet sie immer das Schlimmste."

Im Neuen Testament findet sich der Terminus syneidesis an etwa dreißig Stellen. Eine der wichtigsten läßt das Gewissen als eigenständige Instanz in jedem Menschen, also auch im Heiden erscheinen: „Wenn nämlich die Heiden, die kein Gesetz haben, von Natur aus Vorschriften des Gesetzes erfüllen, so sind sie, die kein Gesetz haben, sich selbst Gesetz. Sie zeigen damit, daß die Forderung des Gesetzes in ihr Herz geschrieben ist, wovon auch ihr Gewissen (syneidesis) Zeugnis ablegt und die Gedanken, die einander anklagen und verteidigen... am Tag, da Gott die verborgenen Absichten der Menschen durch Jesus Christus nach meinem Evangelium richten wird." (Röm 2,14ff). In diesem typisch paulinischen Anakoluth, d.h. abgebrochenen Satz, wird die ganze Problematik sichtbar. Einerseits die Selbstbegründung der ethischen Einsichten im Hinweis, daß alle Menschen sich selbst Gesetz sind, andererseits, daß das Gewissen, das über die Treue zu dieser ethischen Einsicht wacht, nicht die letzte Instanz, sondern gleichsam ein Vorläufer des letzten Gerichtes ist.

In der Väterzeit fließen biblische Quellen und Quellen der griechischen und römischen Philosophie zusammen. Der hl. Augustinus, der eine besondere Wirkung auf die weitere Geschichte hatte, bietet in seinen „Bekenntnissen" nicht nur eine schonungslose Selbstanalyse des Gewissens, sondern versucht immer wieder auch eine Vergewisserung dieser sittlichen Urerfahrung, wenn er sie als Stimme Gottes deutet. „Gott spricht im Gewissen der Guten und der Bösen – oder gibt es etwa einen Menschen, in dessen Gewissen Gott nicht spricht?" (Sermo 12,4). Er kann auf diese Weise den Antwortcharakter des Gewissens und die Unbedingtheit des Gewissensanspruches verdeutlichen, nicht aber woher Zweifel und Irrtum kommen. Denn Gott selbst als direkten Urheber von Irrtum, Zögern und Zweifel zu bezeichnen, wäre wohl ein absurder theologischer Gedanke.

Dem begegnen die mittelalterlichen scholastischen Theologen mit einer Konzeption des Gewissens als Anlage und als Anwendung und Entfaltung dieser natürlichen Anlage in jedem Menschen. Durch einen vermutlichen Schreibfehler im Ezechiel-Kommentar des hl. Hieronymus, der eine hohe Autorität besaß, kommt es

[1] D. Mieth, Gewissen, in: CGG 12, 141

zu einem neuen Begriff: „synteresis“, der nun neben conscientia – die lateinische Übersetzung des griechischen „syneidesis“ – zu stehen kommt. Alle scholastischen Theologen müssen sich nun mit diesem doppelten Gewissensbegriff auseinandersetzen, was zu einem differenzierten Verständnis führte. Thomas von Aquin interpretiert „synteresis“ als die grundlegende Moralitätsfähigkeit des Menschen, die ihn befähigt, alle sittlichen Entscheidungen in der letztgültigen Unterscheidung von Gut und Böse zu beurteilen. Diesem „Urgewissen“ stellt er das „Funktionsgewissen“ gegenüber, das er als Anwendung dieses Urwissens um Gut und Böse auf die konkreten Handlungsprobleme versteht. Das Urgewissen kann überhört werden, aber nicht irren. Das Situationsgewissen kann hingegen irren. Wie ernst ist es zu nehmen?

Bereits im 11. Jahrhundert hatte Peter Abaelard, ein Vorläufer des modernen Ernstnehmens der Subjektivität, der Geschichte ein Problem mit auf den Weg gegeben. Er meint, daß nur das und all das Sünde sei, was gegen das Gewissen, also wider bessere Einsicht und aus schlechter Absicht geschieht.[2] Vor allem an biblischen Beispielen hat Abaelard klargemacht, daß Sünde die schlechte Intention zur Voraussetzung hat. Eine objektiv noch so gravierende Fehlhandlung ohne die schlechte Absicht bleibt unterhalb der Ebene der Sittlichkeit. Er rechnet damit, daß sogar die Henker Christi und die Verfolger des Stephanus wegen ihrer Unwissenheit und falschen Überzeugung frei von Schuld hätten sein können. Gerade durch seine Beispiele hat er die religiösen Gefühle seiner Zeitgenossen verletzt. Er wurde nicht nur verurteilt, sondern provozierte nun umgekehrt eine Gegenreaktion, die den objektiven Gesetzesstandpunkt vertritt. Petrus Lombardus, der für viele Jahrhunderte das entscheidende theologische Lehrbuch geschrieben hat, betont die schrecklichen Folgen, die aus Gewissensirrtümern entstehen können und die Notwendigkeit der Bildung des Gewissens an objektiven Maßstäben. Er vertritt die Meinung, daß der Mensch nur in jenen Bereichen nach seiner Gewissensintention gerichtet wird, wo es sich nicht um „in sich sittlich schlechte Handlungen“ handelt. Es gibt für Lombardus einen weiten Bereich von „in sich schlechten sittlichen Handlungen“, wo keine denkbare Situation diese sittlich vertretbar erscheinen läßt. Bei diesen Handlungen entscheidet nicht die Absicht über die sittliche Qualifikation, sondern allein die Tatsache dieser Handlungen. Bei diesen kann ein abweichendes Gewissensurteil nicht angenommen werden und daher auch nicht verpflichten. Im Bereich der „in sich schlechten sittlichen Handlungen“ ist daher unbedingt dem Gesetz und nicht dem eigenen Gewissen zu folgen.

In dieser Spannung weist Thomas darauf hin, daß ein Mensch, der gegen sein Gewissen handelt, sein sittliches Leben an der Wurzel zerstört, wo seine freie Verantwortung und seine Ausrichtung auf Gott ihren Ursprung haben. Das Gewissen bindet unbedingt. Wer gegen sein Gewissen handelt, handelt gegen das, was er für sich persönlich als Willen Gottes erkannt hat, das heißt, er sündigt. Im Zweifelsfall

---

2 Vgl. E. Schockenhoff, Das umstrittene Gewissen, Mainz 1990, 84 f.

muß der Mensch daher immer seinem Gewissen folgen.[3] Dieses Gewissen allerdings muß gebildet werden am sittlichen Gesetz. Aber wenn dieses Gewissen unüberwindlich irrt, muß der Mensch ihm zwar folgen, aber eine solche Handlung ist nicht schlechthin gut, da ihr ja ein Mangel anhaftet, nämlich der Irrtum, der verheerende Folgen haben kann. Es bleibt für die weitere Geschichte das Problem, daß der Mensch zwar seinem Gewissen auch dann, wenn es unüberwindlich irrt, folgen muß, daß dies aber nicht gut ist.

In der Neuzeit kommt es nun auch zu einer Bestreitung der authentischen Gewissenslehre durch Philosophen wie Nietzsche und Schopenhauer. „Mancher würde sich wundern, wenn er sähe, woraus sein Gewissen, das ihm ganz stattlich vorkommt, zusammengesetzt ist: etwa aus 1/5 Menschenfurcht, 1/5 Deisidämonie, 1/5 Vorurtheil, 1/5 Eitelkeit, 1/5 Gewohnheit: so dass er im Grunde nicht besser ist als jener Engländer, der geradezu sagte: I can not afford to keep a conscience (ein Gewissen zu halten, ist für mich zu kostspielig).“[4]

Bestreitungen der authentischen Gewissenserfahrung kamen aber auch von verschiedenen Humanwissenschaften. Sigmund Freud, der Vater der Psychoanalyse, etwa entlarvt das durchschnittliche Gewissensverständnis als falsches Bewußtsein. Er erklärt die Phänomene aus der Überwachungsfunktion, die das Über-Ich über das Ich ausübt. Das Über-Ich allerdings wird in dieser Theorie durch die frühkindliche Internalisierung der Elterninstanz erklärt. Diese Erklärung zielt also auf die raffinierteste Form von Fremdbestimmung, nämlich der in der eigenen Person eingenisteten Heteronomie. Soziologische Theorien versuchen, das Gewissen als Umschlagplatz sozial auferlegter Normen und Zwänge zu erklären, und Anthropologen, wie etwa A. Gehlen, sind der Überzeugung, dass die Erhaltung der Ordnung das Opfer auch des eigenen Gewissens wert ist.[5]

Daneben aber gibt es auch durchaus Rückbesinnungen auf das authentische Gewissen bei Philosophen wie Martin Heidegger und in tiefenpsychologischen Schulen: Gewissen wird als der Ruf des eigenen Daseins gedeutet, sich nicht länger hinter dem „Man“ der Masse oder einer Gruppe zu verbergen. Das Gewissen bedeutet den Anruf dessen, was unser Wesen angeht. Wer sich selbst im Gewissen nicht treu sein kann, wird auf die Dauer krank und wird auch nicht Rücksicht nehmen können auf den anderen, der sich treu bleiben möchte in seinem Gewissen. In diesem Sinn wird Gewissen ganzheitlich als das Wachen über die eigene höchst individuelle Wahrheit des Lebens (veritas vitae), wie Thomas formulierte, und nicht bloß als Anpassungsorgan an Einzelnormen verstanden.

Der erste wichtige und politisch relevante Anwendungsbereich des Gewissens war die Religionsfreiheit. Hier gälte es, von einer bewegten Geschichte im Verhältnis von kirchlicher und staatlicher Autorität zu berichten. Angefangen von Johannes v. Salesbury, einem Schüler Abaelards und Sekretär des später ermordeten

---

[3] Thomas v. Aquin, Sent II, d. 39, q. 3, a. 3; Sent IV, d. 38, a. 4 ad 3; S. th. I-II, q. 19, a. 5-6; De veritate q. 17 a. 3-4; quod 3, q. 12, a. 2.

[4] A. Schopenhauer, Sämtliche Werke Bd III., hg. von E. Grisebach, Leipzig 1891, 573.

[5] A. Gehlen, Moral und Hypermoral, Frankfurt [2]1969, 174.

Erzbischofs von Canterbury, der die Forderung nach Gewissensfreiheit erhob, bis hin zum modernen Begriff der Gewissensfreiheit, der aus der Forderung nach religiöser Toleranz am Ende der Religionskriege entstand.[6] Man müßte weiter die Frontstellung der Kirche gegenüber dem integralistischen Staatsverständnis in Frankreich bedenken, durch das die Kirche die Autonomie ihrer Interessen verteidigte, bis hin zu dem Bestehen auf Rückbindung des Gewissens an die Wahrheit gegenüber liberalistischen Tendenzen in unserem Jahrhundert.

Das theologische System, das in dieser kirchenpolitischen Situation entstand und von 1850 bis hin zum 2. Vatikanischen Konzil fast monopolartig favorisiert wurde, war die sogenannte Neuscholastik. Kennzeichnend für diese theologische Richtung ist wohl der Rückbezug auf die Hochscholastik, aber in einer hermeneutisch ungenügenden und vereinfachenden Weise. Charakteristisch für die Neuscholastik ist weiter hin die einseitige Betonung der objektiven Wahrheit gegenüber dem ängstlich abgewehrten Subjektivismus sowie der Versuch, diese Wahrheit möglichst lückenlos mit vielen Normsätzen in einem geschlossenen System festzuhalten, in dem für jeden nur denkbaren Fall eine richtige Lösung deduktiv abgeleitet wurde. Hier kam die seit Abaelard die Geschichte durchziehende Polarität zwischen Objektivität und Subjektivität in der Gewissensauffassung zu ihrer extremsten objektivistischen Ausprägung.

2. Paradigmenwechsel in der Gewissenslehre des 2. Vatikanischen Konzils

Die Aussagen zum Gewissen fanden sich in der Vorbereitungsphase des Konzils im Schema einer dogmatischen Konstitution über die christliche Sittenordnung.[7] Im Kapitel 11, Nr. 7, boten die drei neuscholastischen Autoren,[8] die diesen Text vorbereitet hatten, keinerlei Begriffsbestimmung des Gewissens, sondern setzten gleich mit einer Funktionsbeschreibung ein. Es hieß dort,

> „die christliche Sittenordnung ... leitet die Gläubigen durch das Gewissen der einzelnen in den praktischen Urteilen über die Moralität ihrer Handlungen“.[9]

Das Gewissen wurde weiterhin rein passiv in seiner Funktion als „Herold“ beschrieben und damit als völlig unselbständig bewertet. Das Subjekt dieses einleitenden Satzes ist die allgemeine Sittenordnung, aufgefaßt als ein Konglomerat einer Fülle von Normen. Man vermißt jeden Hinweis auf das komplexe Phänomen des Gewissens und jede differenzierende Sicht, wie sie in der Hochscholastik allein bei der Unterscheidung von Urgewissen und Funktionsgewissen zu finden war. Es

---

6 Vgl. Schockenhoff (Anm. 2) 10 f.

7 Acta Synodalia Sacrosancti Concilii Oecumenici Vaticani II, Volumen I, Periodus prima, Pars IV, Congregationes Generales XXXI-XXXVI, Vatikan 1971, 702 ff.

8 Vgl. K. Golser, Gewissen und objektive Sittenordnung, Wien 1975, 16-36.

9 „Ordo moralis christianus, de qua fideles rationis et revelationis ope edocentur, eosdem dirigit et ducit in iudiciis practicis de honestate suarum actionum per singulorum conscientiam...“, Acta (Anm. 7) 702.

wird kein Wort zur Verhältnisbestimmung des Gewissens zur praktischen Vernunft gesagt, das vorausschauende, begleitende und nachfolgende Gewissen fehlt völlig. Wichtig ist einzig und allein die Übereinstimmung mit der objektiven Wahrheit, die man in vielen Einzelnormen festlegen zu können meinte. Was Thomas mit der Hochschätzung der höchst persönlichen individuellen Lebenswahrheit unter dem Fachausdruck „veritas vitae“ bedacht hatte, fällt völlig unter den Tisch dieser neuscholastischen Theologie.

Vom unüberwindlich irrenden Gewissen wurde in Nr. 9 weiterhin gesagt, daß man ihm folgen muß, ohne schuldig zu werden, aber daß es nicht gut sei, ihm zu folgen.

> „Daß der Mensch seinem irrenden Gewissen nicht nur folgen kann, sondern auch muß, das entspringt nicht der subjektiven Überzeugung, sondern der objektiven Sittenordnung selbst, durch die der Wille zur Sünde verboten wird.“[10]

Ausdrücklich wird abgelehnt, daß das Gewissen Quelle sittlicher Einsicht sein kann. Das Gewissen wird bloß passiv als Ableseorgan aufgefaßt. Um ja keinen Schatten auf den unbedingten Vorrang der objektiven Normformeln fallen zu lassen, nimmt man die Inkohärenz in Kauf: Einzig die objektive Sittenordnung ist der Maßstab, und dieser Maßstab sieht vor, daß man im Fall des unüberwindlich irrenden Gewissens der objektiven Sittenordnung zuwiderhandeln muß. Der Urheber dieser objektiven Sittenordnung aber ist Gott selbst, so daß in diesem Text Gott selbst als der Urheber dieses Widerspruches erscheinen muß.

Konsequenterweise folgte dann in der Nr. 10 des vorbereiteten Textes eine Verurteilung des autonomen Pseudogewissens und eine radikale Ablehnung der Gewissensfreiheit. Das irrige Gewissen verliere seine Würde. Ein Recht auf Gewissensfreiheit, eine solche Würde, bestehe weder in der menschlichen Natur noch im Menschen als Person.[11] Es wurden 1962 in diesem Text dann noch einmal bestätigend die Verurteilungen der Gewissensfreiheit und deren Bezeichnung als „Wahn“ durch das päpstliche Lehramt im vorigen Jahrhundert wiederholt.[12]

Die Konzilsväter aber haben dem Wunsch der kurialen Theologen nicht entsprochen, diesen Text einfach abzusegnen. Die Väter haben sehr bald die Schwächen dieses Textes durchschaut und diesen als Ganzes abgelehnt. In der Folge entstand die Idee, ein eigenes Schema über die Kirche in der Welt von heute zu verfassen, an dem der Sekretär der Brasilianischen Bischofskonferenz, Dom Helder Camara, maßgeblich beteiligt war. Gemeinsam mit anderen, und vor allem mit Kardinal Suenens, trieb er dieses Anliegen voran. In der äußerst diffizilen Entste-

---

10 „Immo quod homo conscientiam suam erroneam non solum sequi potest sed etiam debet, hoc non ex subiectiva persuasione oritur, sed ex ipso ordine obiectivo, quo graviter prohibetur voluntas peccandi, ...“, Acta (Anm. 7) 703.

11 „Tale enim ius, talis libertas, talis dignitas neque in humana natura exsistunt, neque in homine ut persona est: ...“, Acta (Anm. 7) 703.

12 Denzinger/Hünermann 2730 „... und aus dieser höchst abscheulichen Quelle des Indifferentismus fließt jene widersinnige und irrige Auffassung bzw. vielmehr Wahn (deliramentum), einem jeden müsse die Freiheit des Gewissens zugesprochen und sichergestellt werden“.

hungsgeschichte dieses Textes der Pastoralkonstitution wechselten in den verschiedenen Textfassungen mehr objektive und mehr subjektive Sichtweisen des Gewissens, die wir in der ganzen Geschichte der Gewissensauffassung kennengelernt haben, miteinander ab.

Die wichtigste von vielen Stellen, an denen das 2. Vatikanische Konzil authentisch die Lehre der Kirche formuliert hat, findet sich in der Pastoralkonstitution über die Kirche in der Welt von heute in der Nr. 16. Der Unterschied im Ganzen und im Detail ist im Vergleich zum Vorbereitungsdokument so gravierend, so daß man geradezu von einem Paradigmenwechsel sprechen kann. Es heißt dort:

> „Im Inneren seines Gewissens entdeckt der Mensch ein Gesetz, das er sich nicht selbst gibt, sondern dem er gehorchen muß und dessen Stimme ihn immer zur Liebe und zum Tun des Guten und zur Unterlassung des Bösen anruft."

Ganz im Gegensatz zum vorbereiteten Text ist das Subjekt dieses Satzes der Mensch und nicht die Sittenordnung in Form von vielen Gesetzen. Die Beziehung des Menschen zu diesem Gesetz wird in dieser authentischen Lehre der Kirche nicht heteronom bestimmt wie im vorbereiteten Text. Das Gesetz findet der Mensch in sich selbst, es muß nicht erst von außen in den Menschen hineinkommen. Der entscheidende Unterschied zum vorbereiteten Text wird gleich im ersten Verbum, mit dem die Tätigkeit des Gewissens umschrieben wird, deutlich. Das Gewissen liest nicht nur von einer äußeren Sittenordnung ab, sondern es „entdeckt"; „entdecken" ist aber etwas völlig anderes als bloß passiv ablesen. Entdecken ist ein schöpferischer Vorgang, in dem der Mensch rezeptiv und kreativ in einer ursprünglichen Einheit, eben spezifisch menschlich, tätig wird.

Der Inhalt dieses Gesetzes wird, anders als im vorbereiteten Text, nicht in vielen Einzelvorschriften eines geschlossenen Ordnungssystems erblickt, sondern in der Liebe zu Gott und dem Nächsten. Hier wird auf das Prinzip aller Sittlichkeit abgezielt, das jeder Mensch in sich selbst entdecken kann.

> „Das Gewissen ist die verborgenste Mitte und das Heiligtum im Menschen, wo er allein ist mit Gott, dessen Stimme in diesem seinem Innersten zu hören ist. Im Gewissen erkennt man in wunderbarer Weise jenes Gesetz, das in der Liebe zu Gott und dem Nächsten seine Erfüllung hat."

Hier wird in einer ursprünglichen Weise der theologische Charakter des Gewissens zum Ausdruck gebracht. Aber auch der dialogische Charakter des Gewissensgeschehens wird zumindest angedeutet, wenn auch nicht entfaltet. Hier könnte und müßte man durchaus auch alle anthropologisch relevanten Einsichten über die soziale Konstitution des Gewissensgeschehens eintragen.

> „Durch die Treue zum Gewissen sind die Christen mit den übrigen Menschen verbunden im Suchen nach der Wahrheit und zur wahrheitsgemäßen Lösung all der vielen moralischen Probleme, die im Leben der einzelnen wie im gesellschaftlichen Zusammenleben entstehen."

In diesem authentischen kirchlichen Text wird die Wahrheit, ganz anders als im vorbereiteten Text, dynamisch gesehen. Die Wahrheit erschließt sich in der Weise des Suchens und ist nicht im Modus des Habens dingfest zu machen. In diesem

Text werden auch die vielfältigen modernen Lebensprobleme wirklich ernstgenommen, die mit einem geschlossenen und vereinfachten Moralsystem wie in der Neuscholastik nicht mehr zu lösen sind.

Das Gewissen berührt nicht nur ein abstraktes Gesetz, noch kann dieses bloß als Anpassungsorgan aufgefaßt werden, sondern im Entdecken des Rufes zur Liebe wird zugleich der Kern des Evangeliums berührt. Deswegen kann auch die Kirchenkonstitution Lumen gentium Nr. 16 sagen:

> „Wer das Evangelium ohne Schuld nicht kennt und unter dem Einfluß der Gnade Gottes den im Gewissen erkannten Anruf in der Tat zu erfüllen trachtet, der kann das ewige Heil erlangen."

Das Problem des irrigen Gewissens wird in dem authentischen Text von Gaudium et spes in einer Weise entfaltet, die das Gegenteil des vorbereiteten Textes darstellt:

> „Nicht selten geschieht es, daß das Gewissen aus unüberwindlicher Unkenntnis irrt, ohne daß es dadurch seine Würde verliert."

Im vorbereiteten Text hieß es noch, daß das irrige Gewissen keinerlei Würde hat, daß es kein Grundrecht auf Gewissensfreiheit gibt, weder in der Natur des Menschen noch insofern der Mensch Person ist.

Was hat zu diesem Paradigmenwechsel geführt, der in dieser gegenüber dem vorbereiteten Schema entgegengesetzten Aussage zum Ausdruck kommt? Der vorbereitete Text atmet den extrem objektivistischen Standpunkt der Neuscholastik. Aus panischer Angst vor der Subjektivität wurde dem Gewissen jegliche Selbständigkeit abgesprochen; es ist in keiner Weise Quelle sittlicher Einsicht. Würde besitzt ausschließlich jenes Gewissen, das sich in Übereinstimmung mit dieser objektiven Wahrheit befindet, die in einer geschlossenen und statischen Ordnung festgelegt wird. Die Konzilsväter gingen nun eine ganze Stufe tiefer auf den Grund der Gewissensfreiheit, der in der Person des Menschen selbst liegt. Als sittlich kann ja nur gelten, wozu der Mensch sich in Freiheit bestimmt. Sittliche Wahrheit und Sinnwahrheit sind nicht anzudemonstrieren wie mathematische Wahrheiten, sondern nur in Freiheit einzusehen. Die Unterscheidung einer erneuerten Moraltheologie zwischen „sittlich richtig" und „sittlich gut" kann helfen, diesen Paradigmenwechsel zu verstehen. Die sittliche Richtigkeit ist eine Sache der Erkenntnis, die von vielen Zufälligkeiten abhängt und dann gegeben ist, wenn die sittliche Wahrheit vollständig eingesehen wird. Die sittliche Güte hingegen ist eine Sache der Grundentscheidung des Menschen und wurzelt im Personsein.

Besonders deutlich wird dieser Paradigmenwechsel im wichtigsten Anwendungsfall der Gewissensfreiheit, nämlich der Religionsfreiheit. Die neuscholastische Auffassung hatte das Grundrecht auf Religionsfreiheit nur dem Katholiken zugebilligt, denn nur der Katholik konnte in voller Übereinstimmung mit der Wahrheit stehen. Alle anderen Menschen waren zumindest partiell im Irrtum und dieser Irrtum entzog ihnen das Grundrecht auf Religionsfreiheit. Das 2. Vatikanische Konzil hält nun in seiner Erklärung über die Religionsfreiheit (Dignitatis humanae) als authentische Lehre der Kirche genau das Gegenteil fest.

„Das Konzil erklärt, daß die menschliche Person das Recht auf Religionsfreiheit hat ... Diese Freiheit besteht darin, daß alle Menschen frei sein müssen von jedem Zwang, sowohl von seiten einzelner wie gesellschaftlicher Gruppen wie jeglicher menschlichen Gewalt, so daß in religiösen Dingen niemand gezwungen wird, gegen sein Gewissen zu handeln, noch daran gehindert wird, privat und öffentlich als einzelner oder in Verbindung mit anderen – nach seinem Gewissen zu handeln. Ferner erklärt das Konzil, das Recht auf religiöse Freiheit sei in Wahrheit auf die Würde der menschlichen Person selbst gegründet, so wie sie durch das geoffenbarte Wort Gottes und durch die Vernunft selbst erkannt wird."[13]

Auf die Frage der Wahrheit und des Irrtums des Gewissens geht dieser Konzilstext deswegen nicht ein, weil der Grund des Rechtes auf Religionsfreiheit, der allem bürgerlichen Recht vorausliegt, in der Person selbst gründet. Jeder Mensch ist von seinem Wesen her ein Leben lang gehalten, nach der Wahrheit – vor allem der religiösen Wahrheit – zu suchen. Dies ist dem Menschen aber nur möglich, wenn ihm dazu die innere und äußere Freiheit gewährleistet wird.

Weitere, mehr summarische Hinweise auf das Gewissen finden sich in der Erklärung über die christliche Erziehung (Gravissimum educationis) und im Mediendokument (Inter mirifica).[14]

Eine vor allem in der Nachgeschichte des Konzils relevante Stelle über das Gewissen steht im Zusammenhang mit Aussagen über die verantwortete Elternschaft. Dort wird in Gaudium et spes (Nr. 50) sehr ausführlich beschrieben, wie eine Gewissensentscheidung über Zeitpunkt und Zahl der Kinder letztlich nur von den christlichen Gatten selbst gefällt werden kann. An dieser Stelle wird auch gezeigt, wie eine Gewissensentscheidung von einer Willkürentscheidung dadurch abgegrenzt wird, daß sie sich an sehr differenzierten Kriterien mißt. Durch eine Intervention des Staatssekretariates wurde dann im letzten Augenblick noch ein summarischer Hinweis eingefügt, daß es „den Kindern der Kirche nicht erlaubt sei, in der Geburtenregelung Wege zu beschreiten, die das Lehramt in Auslegung des göttlichen Gesetzes verwirft" (GS 51). Damit sind wir aber bereits bei der Nachgeschichte der vertieften Gewissenslehre des 2. Vatikanums.

3. Zur Nachgeschichte

Insgesamt bemühte sich das Konzil um eine ausgewogene Sicht der Gewissenslehre, in der das Gewissen als letzte Instanz der Verantwortlichkeit des Menschen ganz ernstgenommen wird. Das Grundrecht der Gewissensfreiheit für alle Menschen wird betont, aber auch die Aufgabe der Gewissensbildung und der Rückbindung des Gewissens an die Wahrheit. Allerdings wird diese Wahrheit realistisch, differenziert und dynamisch gesehen.

---

[13] DH Nr. 2

[14] GE Nr. 1, 6, 8; IM Nr. 5, 9, 21.

Zweifellos hat das Konzil nicht alle Fragen im Zusammenhang des Gewissens geklärt, sehr wohl aber einen entscheidenden Schritt zur Vertiefung der Gewissenslehre im Vergleich zur Neuscholastik getan. Prominente Kritik an der Gewissenslehre des Konzils kam von Josef Ratzinger.[15] Er spricht das erkenntnistheoretische Problem an, das in der Tradition überall dort entsteht, wenn das Gewissen als unmittelbarer Anruf Gottes gedeutet wird, woher es dann zu Irrtum und Zweifel kommen kann. Er bemängelt weiter, daß die Anfragen der Philosophie und Humanwissenschaften in diesem Text nicht berücksichtigt wurden und schließlich stört ihn der erkenntnistheoretische Optimismus, den dieser Text ausstrahlt. Damit ist sicher ein Teil der offenen Fragen angedeutet, die dieser kurze Text auch nicht beantworten konnte. Im Vergleich zum vorbereiteten Text aus der neuscholastischen Monopoltheologie der damaligen Zeit bedeutet aber die authentische Gewissenslehre des 2. Vatikanischen Konzils eine gewaltige Weiterentwicklung. Es ist kein Zufall, daß Erzbischof Marcel Lefebvre seinen Dissens am 2. Vatikanischen Konzil genau an diesem Punkt der Gewissens- und Religionsfreiheit festmacht. Er hat gut erkannt, daß wir hier an dem existentiellen Herzstück des Konzils sind, was den großen Bereich der Sittlichkeit betrifft, und daß diese Gewissenslehre nicht einfach die Lehre der letzten hundert Jahre Neuscholastik darstellt.

Wichtig für die Nachgeschichte der Gewissenslehre des 2. Vatikanums war dann besonders die Diskussion um die Enzyklika „Humanae vitae", die 1968 in der Nr. 11 als authentische, aber nicht unfehlbare kirchliche Lehre festhält, daß „jeder eheliche Akt von sich aus auf die Erzeugung menschlichen Lebens hingeordnet bleiben muß". Und in der Nr. 14 wird jede direkte dauernde oder zeitlich begrenzte Sterilisierung des Mannes oder der Frau in gleicher Weise absolut verurteilt wie die Abtreibung und als „in sich sittlich schlecht" bezeichnet. Einen Akt als „in sich sittlich schlecht" bezeichnen bedeutet aber nach dem Ausweis der Tradition keinerlei denkbare Umstände zuzulassen, daß so etwas je toleriert werden dürfte. Wir sind diesem Lehrstück von „in sich sittlich schlechten Akten" bereits im 11. Jahrhundert in der Auseinandersetzung um Peter Abaelards Gewissenstheorie begegnet. Die Gegner Abaelards hielten fest, daß bei solchen Handlungen, die in sich sittlich schlecht sind, ein Gewissensirrtum nicht angenommen werden kann und ein abweichendes Gewissensurteil daher auch nicht toleriert werden darf.

Kein vernünftiger Mensch wird heute bezweifeln, daß es Handlungen gibt, die „in sich schlecht" sind. Das Problem entsteht aber dadurch, wenn solche Handlungen abstrakt gefaßt werden, ohne Rücksicht auf die Umstände und die Voraussetzungen der Geltung dieser Aussage. Nun haben aber wegen der enormen pastoralen Schwierigkeiten und wegen des großen Glaubwürdigkeitsverlustes der Kirche in diesem Punkt 38 Bischofskonferenzen der Welt in durchaus unterschiedlicher

[15] J. Ratzinger, Kommentar zum Konzilstext Gaudium et spes, in: LThK. Das 2. Vatikanische Konzil, Teil III, Freiburg 1968, 328-331.

Weise auf das Gewissen verwiesen.[16] In letzter Zeit bestreitet eine kleine Minderheit sehr lautstark die Berechtigung der Erklärung der Deutschen Bischofskonferenz, der sogenannten „Königsteiner Erklärung“[17], und der Erklärung der Österreichischen Bischofskonferenz, der sogenannten „Maria Troster Erklärung“[18]. Wir können nun verstehen, daß die Bestreitung dieser bischöflichen Erklärungen aus den Reihen derer kommt, die die entscheidenden Schritte der Gewissenslehre der Kirche von den vorbereiteten Texten zur authentischen Lehre des 2. Vatikanischen Konzils innerlich nicht mitgemacht haben, auch wenn sie Lefebvre nicht formell ins Schisma gefolgt sind. Sie denken aber im Grunde genau so. Sie übersehen, daß die entscheidende Weiterführung der Gewissenslehre des 2. Vatikanums gerade durch den Rückgriff auf die große Tradition von Augustinus über Thomas und Newman gelingen konnte. Die Bestreiter reduzieren ihr Traditionsverständnis auf die letzten hundert Jahre Neuscholastik und übersehen die große Tradition, der gegenüber die Neuscholastik eine nicht immer sehr glückliche Verengung darstellte. Die Bestreiter dieser Erklärungen der Bischofskonferenzen übersehen weiter den dynamischen Charakter der Lehrauslegung, wie unter geänderten Voraussetzungen Prinzipien vertieft ausgeformt werden, wenn die ureigenen Anliegen des christlichen Glaubens in einem neuen Denkhorizont besser aufgehoben erscheinen.

Man hat an der Gewissenslehre des 2. Vatikanischen Konzils kritisiert, daß sie einen Kompromiß zwischen dem objektiven und subjektiven Standpunkt darstellt, der die ganze Geschichte durchzieht. Das Ringen um die rechte Zuordnung der objektiven Gesetzesnorm und der subjektiven Gewissensentdeckung sei nicht zufriedenstellend geglückt. Es wird weiter darum zu ringen sein, in welchem Sinn das Gewissen selbständige Quelle sittlicher Einsicht ist. Das Ringen um die Gewis-

---

[16] Pour relire humanae vitae. Declarations Episcopales du monde entier. Gembloux 1970 und K. Golser, Das Gewissen als verborgenste Mitte im Menschen, in: W. Ernst, Grundlagen und Probleme der heutigen Moraltheologie, Würzburg 1989, 113-137.

[17] Wort der deutschen Bischöfe zur seelsorglichen Lage nach dem Erscheinen der Enzyklika „Humanae vitae“, in: Akten Papst Paul VI., Enzyklika Papst Pauls VI. über die rechte Ordnung der Weitergabe menschlichen Lebens (Nachkonziliare Dokumentation Bd. 14), Trier ^{4}1979, 63-71: „Wer glaubt, in seiner privaten Theorie und Praxis von einer nicht unfehlbaren Lehre des kirchlichen Amtes abweichen zu dürfen – ein solcher Fall ist grundsätzlich denkbar –, muß sich nüchtern und selbstkritisch in seinem Gewissen fragen, ob er dies vor Gott verantworten kann ... Die Methoden der Verwirklichung verantwortlicher Elternschaft wurden vielfach dem verantwortungsbewußten Gewissensurteil der Eheleute überlassen, ohne daß dabei dem Ungehorsam gegen die Kirche, dem Subjektivismus oder der Willkür das Wort geredet wurde ... Wir würden es bedauern, wenn wegen der Schwierigkeiten, von denen wir sprachen, die im Sinne des II. Vatikanischen Konzils vielerorts wachsende Bereitschaft zur kirchlichen Mitverantwortung und die Bildung eines selbständigen Gewissens Schaden litten. Deshalb werden auch die Seelsorger in ihrem Dienst, insbesondere in der Verwaltung der heiligen Sakramente, die verantwortungsbewußte Gewissensentscheidung der Gläubigen achten.“

[18] Erklärung der österreichischen Bischöfe zur Ehe-Enzyklika, in: Wiener Diözesanblatt 106(1968) 104: „Da in der Enzyklika kein unfehlbares Glaubensurteil vorliegt, ist der Fall denkbar, daß jemand meint, das lehramtliche Urteil nicht annehmen zu können. Auf diese Frage ist zu antworten: Wer auf diesem Gebiet fachkundig ist und durch ernste Prüfung, aber nicht durch affektierte Übereilung zu dieser Überzeugung gekommen ist, darf ihr zunächst folgen. Er verfehlt sich nicht, wenn er bereit ist, seine Untersuchung fortzusetzen und der Kirche im übrigen Ehrfurcht und Treue entgegenzubringen.“

sensfreiheit als Voraussetzung der Wahrheitsfindung und der Wahrheit als Sinnerfüllung menschlicher Freiheit wird weitergehen. Für diese Aufgabe gilt es zu bedenken, daß das Objektivste in der Sittlichkeit ja die Person und damit das Subjekt ist und daß objektive Sittennormen, die wirklich ethisch sind, bewährte und geronnene Gewissensentscheidungen darstellen, die ein authentisches Gewissen daher nicht ausschlagen wird. Allerdings müssen diese objektiven Sittennormen nicht nur argumentativ einsichtig gemacht werden, sondern sich auch als authentische Interpretation des sittlichen Grundauftrages zur Liebe ausweisen, wie dies das 2. Vatikanum mehrfach festhält. Jeder Schein von Fremdbestimmung muß vermieden werden, soll die Herausforderung für die sittliche Selbstbestimmung klar werden, die allerdings immer nur gemeinsam möglich ist. Freiheit kann immer nur als das gemeinsame Gut aller Freiheiten realisiert werden und hat daher die Grenze an der Freiheit des anderen.

Zum Vorschlag mancher Moraltheologen, angesichts der Unklarheiten des Gewissensbegriffes, die unbestreitbar sind, auf diesen überhaupt zu verzichten, sollte bedacht werden, was dies für einen Traditionsbruch mit sich brächte. Zudem würde dies nicht ohne Auswirkung bleiben auf die Begründung der Menschenrechte in den Präambeln der Dokumente, in denen die Menschenwürde mit dem Rekurs auf das Gewissen festgehalten wird. In der analytischen Ausfaltung und Differenzierung der verschiedenen Bedeutungen des Gewissens ist die Synthese der mit dem Gewissen angesprochenen Gestalt noch nicht enthalten. Gewissen ist eben eine vielschichtige und vielsinnige Symbolkategorie. Eine der wichtigsten Aufgaben dürfte es sein, an einem voll integrativen Gewissensverständnis weiterzuarbeiten, welches das Gewissen nicht nur als Wächterorgan über die Normgerechtigkeit einzelner Akte, sondern als Inbegriff der sittlichen Kompetenzfähigkeit der Person versteht, als jene zentrale Instanz, die über die Kontinuität der eigenen Lebensgeschichte, der Treue zur eigenen Lebensentscheidung und über die eigene Identität und Reifung wacht.

Als katholischer Theologe, der in verschiedensten Gremien mitarbeitet, macht man immer wieder die Erfahrung, daß man daran gemessen wird, wie ernst man das Gewissen nimmt und wie man mit jenen Spannungen umgeht, die im Bereich der Morallehre der Kirche und der Gewissensüberzeugung vieler Menschen entstehen. Im Zusammenhang mit einem Jubiläumskongreß zum Erscheinen der Enzyklika „Humanae vitae" wurden durch bestimmte moraltheologische Kreise in Rom Gewissensaussagen gemacht und lanciert[19], durch die der Eindruck entstehen mußte, daß innerhalb der Kirche erneut der Kampf um das Ernstnehmen und die Anerkennung der eigenen Tradition über die Größe und Würde des Gewissens entbrannt sei. Solche Äußerungen sind fatal und zerstören das Vertrauen in die Kirche und ihre Treue zu den eigenen authentischen Aussagen des Konzils.

---

[19] Ansprache an die Teilnehmer am internationalen Kongreß für Moraltheologie am 12. November 1988, in: Der Apostolische Stuhl 1988.

Wenn es zu Konflikten zwischen bestimmten einzelnen Lehramtsäußerungen und dem ernsthaften Gewissen von Menschen, die der Kirche treu bleiben wollen, kommt, dann ist zu bedenken, daß keiner der beiden Pole auf den anderen reduziert werden kann.[20] Beide, das Lehramt wie das Gewissen des Menschen, sind in ihrer Ordnung letzte Instanz, aber beide einem Maßstab verpflichtet, zu dem sie gemeinsam unterwegs sind und wobei sie sich gegenseitig kritisch fördern, nämlich der befreienden Wahrheit des Evangeliums, die wir nicht einfach haben, sondern der sowohl das Lehramt wie das Gewissen des einzelnen sich jeweils neu und tiefer zu öffnen hat. Das Gewissen steht nicht einfach über dem Lehramt, aber auch umgekehrt ist das Gewissen nicht einfach der persönliche Botschafter des Papstes im Menschen, der an die Kirche glaubt, wie in ebenso maßloser wie unkluger Überziehung des Autoritätsargumentes behauptet wurde.[21] Wie wohltuend differenziert urteilt J. Ratzinger in dieser Problematik, in seiner Weise Kardinal Newman zu interpretieren:

> „Zugleich stellt bei Newman das Gewissen die innere Ergänzung und Begrenzung des Prinzips Kirche dar: Über dem Papst als Ausdruck für den bindenden Anspruch der kirchlichen Autorität steht noch das eigene Gewissen, dem zuallererst zu gehorchen ist, notfalls auch gegen die Forderung des kirchlichen Amtes. Mit dieser Herausarbeitung des einzelnen, der im Gewissen vor einer höchsten und letzten Instanz steht, die dem Anspruch der äußeren Gemeinschaft, auch der amtlichen Kirche letztlich entzogen ist, ist zugleich das Gegenprinzip zum heraufziehenden Totalitarismus gesetzt und der wahrhaft kirchliche Gehorsam vom totalitären Anspruch abgehoben ...“.[22]

---

[20] Vgl. E. Schockenhoff (Anm. 2) 140-147.

[21] A. Laun, Das Gewissen – sein Gesetz und seine Freiheit. Anmerkungen zur heutigen Diskussion, in: Anthropotes 5 (1989) 184: „Der Papst selbst kann getrost der berühmten Einladung Newmans folgen und zuerst auf das Gewissen, dann erst auf sein Amt trinken (so ihm danach zumute ist). Dabei muß er nicht eine ‚gute Miene zu einem bösen Spiel' machen! Denn indem er auf das Gewissen anstößt, trinkt er zugleich auch auf seine eigene, päpstliche Autorität. Denn das Gewissen ist wie sein persönlicher Botschafter in jedem Menschen, der an die Kirche glaubt.“

[22] J. Ratzinger (Anm. 15) 328 f.

DAS SPEZIFISCH CHRISTLICHE IN DER GEWISSENSBILDUNG

Gewissensbildung zwischen christlicher Lehre und moderner Psychoanalyse[*]

Die Probleme der Gewissensbildung sind heute aktueller denn je zuvor. Nicht nur der rasche Wandel der Normen und Werte in unserer Gesellschaft, sondern auch die Widersprüche der vielfältigen Angebote auf dem Markt der sittlichen Gestaltungsmöglichkeiten erzeugen nie dagewesene Orientierungsprobleme. Aber nicht nur die gesellschaftlichen Entwicklungen – ich erinnere nur an die Signalwirkung, die von den diversen Rechtsreformen ausgegangen ist – stellen hohe Anforderungen an das Gewissen des Christen, sondern auch aus genuin kirchlichen Impulsen ist ein Zug zum mündigen Gewissen festzustellen.

Um so erstaunlicher ist die Tatsache, daß es in der Moraltheologie schon lange keine umfassende Monographie zum Gewissen mehr gegeben hat; ja neuere fundamentalethische Gesamtentwürfe verzichten ausdrücklich auf einen Abschnitt über das Gewissen und verweisen auf die Kompetenz der Psychologie.[1] Tatsächlich steht der Unsicherheit bezüglich des ethisch Verbindlichen in der Gesellschaft und des Mangels an theologischer Reflexion auf das Gewissen ein immenser Wissenszuwachs der Humanwissenschaften hinsichtlich der Genese des Gewissens gegenüber. Die Einsicht in die Gesetzmäßigkeiten der Entwicklung wiederum schafft die Voraussetzung für steuernde Eingriffe. Es gibt Stimmen, die eine „moralische Verbesserung" des Menschen, ohne die das Überleben der Spezies Mensch gefährdet erscheint, ausschließlich von psycho- und sozialtechnischen Manipulationsprogrammen erwarten.[2] Das moralische Bewußtsein wird bereits in einem hohen Maß von Interessensgruppen in den sozialen Kommunikationsmedien und in der Werbung „gemacht". Nicht nur das Was, sondern auch das Wie der Gewissensbildung sind problematisch geworden. Nicht nur die ethischen Inhalte, sondern auch die

---

[*] Dieser Beitrag wurde ursprünglich im Rahmen einer Ringvorlesung an der Theologischen Hochschule St. Pölten im Studienjahr 1979/80 gehalten. Er wurde in diesen Sammelband deswegen aufgenommen, weil der befruchtende Dialog zwischen Psychoanalyse und Theologie in letzter Zeit eher rückläufig ist und wichtige Einsichten aus dieser Begegnung von bleibender Aktualität verloren zu gehen drohen. Die psychoanalytische Literatur konnte in diesem Beitrag nur bis zum Zeitpunkt der Vorbereitung des Vortrags berücksichtigt und angesichts ihrer großen Fülle und vehementen Entwicklung nur ausschnittweise bearbeitet werden.
Originalpublikation: in: J. Reikerstorfer (Hg.), Glaubenspraxis, Wien–Freiburg–Basel 1981, 107-120.

[1] Vgl. *F. Böckle,* Fundamentalmoral, München 1978, 12: „Der Leser wird vermutlich ein eigenes Kapitel über das Gewissen vermissen. Eine Psychologie des Gewissens muß ich kompetenteren Leuten überlassen, dem begründeten sittlichen Urteil aber will das Ganze in all seinen Teilen dienen." Auch im Handbuch der christlichen Ethik, hrsg. v. *A. Hertz, W. Korff, T. Rendtorff, H. Ringeling,* 2 Bde, Freiburg–Basel–Wien 1978, fehlt ein grundlegendes Kapitel über das Gewissen, soll aber im 3. Band nachgetragen werden.

[2] Vgl. z.B. *B. F. Skinner,* Wissenschaft und menschliches Verhalten, Linz 1973; *ders.,* Jenseits von Freiheit und Würde, Hamburg 1973.

Strategien sittlicher Bildung und der Zusammenhang beider Momente stehen zur Debatte.

Woran kann man sich halten? Wo findet man genuin christliche Orientierung für sein Gewissen? Wie kann diese Weisung optimal moralpädagogisch und zugleich menschenwürdig wirksam werden?

Es dürfte wohl kaum gelingen, das genuin Christliche mit dem Begriff des „Wertes“ einzufangen. Zu unklar ist dieser aus der Geldwirtschaft im 19. Jh. in die ethische Sprache eingedrungene Terminus; zu vielfältig sind die Einwände und Vorwürfe gegen die Irrwege der Wertphilosophie und das politische Hantieren mit Grundwerten.[3]

Es ist aber ebensowenig gelungen, das spezifisch Christliche in Normen festzumachen, die es nicht auch in anderen ethischen Systemen gibt. Versteht man unter der sittlichen Norm eine konkrete, allgemeinverbindliche Handlungsregel, die sich an das Gewissen wendet,[4] so hat die moraltheologische Diskussion der letzten Jahre gezeigt, daß es keine solchen Normen gibt, die ausnahmslos in der christlichen Ethik Geltung haben. Gegen den Versuch, die christliche Gewissensbildung mit einem System von Normen zu betreiben, hat der durch seine literarische Aufbereitung psychoanalytischer Themen bekannt gewordene Autor T. Moser in seinem Buch „Gottesvergiftung“ seinen Vorwurf in dem Satz zusammengefaßt „Du“ – und er wendet sich dabei an Gott – „als Krankheit in mir bist eine Normenkrankheit...“[5] Um diesen Vorwurf einer Normenkrankheit in seiner ganzen Tragweite ermessen zu können, müssen wir nun *erstens* die Theorie der klassischen Psychoanalyse zur „Gewissensbildung“, wie sie durch S. Freud begründet und neuerdings durch die Ergebnisse der sogenannten Narzißmusforschung weitergeführt wurde, vergegenwärtigen. In einem *zweiten* Schritt wird das Gewissen im Sinn der Psychoanalyse mit dem philosophisch-theologischen Verständnis des Gewissens konfrontiert. In einem *dritten* Punkt wird es um die Bestimmung des zweifelsfrei spezifisch christlichen Inhaltes der Gewissensbildung unter dem Aspekt der psychischen Aneignung dieses Inhaltes gehen, bevor wir in einem abschließenden *vierten* Gedankenschritt kurz die Bedeutung unserer moralpsychologischen Überlegungen für die normative Ethik bedenken können.

1. Gewissensbildung in psychoanalytischer Sicht

In psychoanalytischer Hermeneutik erschließen sich zunächst die unbewußten Hintergründe des äußeren Verhaltens gegenüber den von der Familie, der Gesellschaft und der Kirche auferlegten Gesetzen und Sitten. Darüber hinaus wird durch die Psychoanalyse der ganze Bereich internalisierter Normen zugänglich. Die Entwicklung dieses inneren Normenbereiches in der konkreten Lebensgeschichte des Menschen, der Inhalt dieser Gebote und Verbote und die Wirkmechanismen dieser

3 Vgl. *C. Schmitt, E. Jüngel, S. Schelz,* Die Tyrannei der Werte, Hamburg 1979.
4 Vgl. *W. Korff,* Theologische Ethik, Eine Einführung, Freiburg–Basel–Wien 1975, bes. 40-43.
5 *T. Moser,* Gottesvergiftung, Frankfurt 1976, 14.

Regeln in der Persönlichkeit entscheiden mit über Reife oder Unreife, über Gesundheit oder Krankheit und über die Stellung des Individuums in der Gesellschaft. Sie fallen unter die Voraussetzungen sittlicher Entscheidungsfähigkeit und damit der Moralitätsfähigkeit des Subjektes.[6]

1.1 Die klassische Psychoanalyse

Der Zugang zum Tiefenbereich der Seele läßt sich durch die Bearbeitung von zunächst unverständlichen Symptomen psychischer Konflikte, also am psychisch Kranken oder an krankhaften Reaktionen gewinnen. „Die Geisteskranken" – schreibt S. Freud in der neuen Folge der Vorlesungen zur Einführung in die Psychoanalyse – „haben sich von der äußeren Realität abgewendet, aber eben darum wissen sie mehr von der inneren, psychischen Realität und können uns manches verraten, was uns sonst unzugänglich wäre. Von einer Gruppe dieser Kranken sagen wir, sie leiden an Beobachtungswahn. Sie klagen uns, daß sie unausgesetzt und bis in ihr intimstes Tun von der Beobachtung unbekannter Mächte, wahrscheinlich doch Personen, belästigt werden und hören halluzinatorisch, wie diese Personen die Ergebnisse ihrer Beobachtung verkünden...Wie wäre es, wenn diese Wahnsinnigen Recht hätten, wenn bei uns allen eine solche beobachtende und strafandrohende Instanz im Ich vorhanden wäre, sich bei ihnen nur scharf vom Ich gesondert hätte und irrtümlicherweise in die äußere Realität verschoben wäre"?[7] In der maßlosen Übersteigerung eines seelischen Vorganges und in seiner Loslösung aus dem Zusammenhang der Persönlichkeit wird eine Struktur deutlich, die sich in jedem Menschen entwickelt. S. Freud nennt diese Instanz der Psyche Über-Ich und schreibt ihr folgende fünf Inhalte zu: erstens die Ideale vom eigenen Selbst, zweitens die Gebote und Verbote der Eltern, drittens die Schuldgefühle, viertens die Selbstbeobachtung und fünftens das Sich-selbst-Richten-und-Strafen. Die beiden letztgenannten Funktionen – die Selbstbeobachtung und die Selbstbestrafung – nennt S. Freud auch Gewissen.[8]

Wenn nun ein überstarkes und starres Über-Ich, das in seiner Entwicklung auf einer archaischen Stufe steckengeblieben oder zu ihr zurückgekehrt ist, alle Strebungen des Ich unterdrückt, dann kommt es zur Depression. Ein großer Teil der Suizide und Selbsttötungsversuche geht auf das Konto der tötenden Macht der innerpsychischen Gesetzesinstanz, des Über-Ich. Das, was T. Moser die Normen-

---

6 Mit dem Problem, daß in der Moraltheologie vielfach die Moralitätsfähigkeit des Subjektes als selbstverständlich gegeben vorausgesetzt wird – eine Voraussetzung, die in der Realität weitgehend nicht so einfach gemacht werden kann –, setzt sich der sogenannte sozialtherapeutische Ansatz auseinander; vgl. A. *Holderegger,* Die Bedeutung der Eschatologie für einen sozialtherapeutischen Ansatz der Theologischen Ethik, in: Freiburger Zeitschrift für Philosophie und Theologie 26 (1979), 505-22.

7 *S. Freud,* Neue Folge der Vorlesungen zur Einführung in die Psychoanalyse, in: Gesammelte Werke (GW), ^{4}1967, Bd. 15, 64 f.

8 Vgl. *S. Freud,* Das Unbehagen in der Kultur, GW 14, 194 f.

krankheit nennt, hat eine auffallende Parallele in der Aussage der Hl. Schrift, daß das Gesetz töten kann.[9]

Doch wie kommt es zur Entwicklung dieses psychologischen Gewissens, das wir von nun ab mit dem Terminus Über-Ich bezeichnen, um es im weiteren Gang der Überlegungen vom Gewissen im umfassenden, anthropologischen Sinn abheben zu können?

Die psychoanalytische Theorie stützt sich auf die direkte Beobachtung der ersten Lebensjahre und auf das Phänomen der Übertragung, in der der Analysand frühkindliche Ansprüche auf den Therapeuten richtet. Beim Kleinkind läßt sich beobachten, wie sich die auf Lustgewinn gerichtete seelische Energie im Laufe der frühkindlichen Entwicklung vom oralen über den analen auf den genitalen Organbereich verschiebt. S. Freud sieht in dieser so plastisch verformbaren und auf verschiedene Objekte verschiebbaren seelischen Energie einen dynamischen Ausdruck von Sexualität im weiteren Sinn und nennt sie *Libido.*[10] Bei der assoziativen Durcharbeitung von spontanen Einfällen, Träumen, Fehlleistungen sowie der sogenannten Übertragung,[11] in der der Patient, wie bereits angedeutet, frühkindliche Situationen gegenüber dem Therapeuten herstellen will, stieß der Begründer der Psychoanalyse immer wieder auf die wiederbelebten libidinösen Ansprüche des Kindes auf seine Eltern, die etwa ab dem dritten Lebensjahr die Orientierung des Kindes in der Familie zwischen Vater und Mutter vorantreiben. Den unbewältigten Konflikt, der durch die infantil „sexuellen" Ansprüche des Kindes – vorwiegend auf den gegengeschlechtlichen Elternteil, in gedämpfter Form aber auch auf den gleichgeschlechtlichen, was oft zu wenig beachtet wird – entsteht, nannte Freud im Rückgriff auf die griechische Tragödie Ödipuskomplex.[12]

Mißlingt eine Auflösung dieses Konfliktes, dann hat dies neurotische Störungen zur Folge. Im günstigsten Fall aber meistert das Kind dieses Problem nach der psychoanalytischen Theorie dadurch, daß es die Eltern, soweit sie seinen Wünschen entgegenstehen, verinnerlicht, also gleichsam psychisch verschlingt. Ist dieser Schritt gelungen, dann hat sich das Kind vorwiegend mit dem gleichgeschlechtlichen Elternteil identifiziert, wächst in dessen Rolle hinein und erreicht auf einer höheren Ebene sein Ziel. Die Lösung des Ödipuskomplexes heißt – einmal kindertümlich ausgedrückt – für den Knaben: „Papa sein – Mama haben" und für das Mädchen: „Mama sein – Papa haben." Die vehementen Strebungen der Libido verwandeln sich nun in zärtliche Zuneigung zu den Eltern und können sich zum guten

---

9 *H. Schlier,* Der Brief an die Galater, Göttingen [4]1965, 182 und 185: „Damit kommen wir zu der anderen unheimlichen Aussage über das Gesetz„ ...daß es tötet...Das Gesetz, so wie es dem Menschen in der adamitischen Geschichte begegnet, ruft immer Unheil hervor: Entweder in der Form von Gesetzesübertretungen oder in der Form von scheinbarer, weil selbstgerechter Gesetzeserfüllung." Vgl. Röm 7, 5, 10; Röm 8, 2; 1 Kor 15, 56; 2 Kor 3, 6; Gal 3, 13.

10 Vgl. *S. Freud,* „Psychoanalyse und „Libidotheorie", in: GW 13, 229 f.

11 Vgl. Art. Übertragung, in: *J. Laplanche, J. B. Pontalis,* Das Vokabular der Psychoanalyse, Frankfurt 1973, II 550-559.

12 Vgl. *S. Freud,* Der Untergang des Ödipuskomplexes, in: GW 13, 395-402 und GW 14, 9-30: Einige psychische Folgen des anatomischen Geschlechtsunterschiedes.

guten Teil auch anderen Zielen und dann den in der Schule abverlangten Kulturleistungen zuwenden. Die aggressiven Triebanteile hingegen speisen das Über-Ich mit Energie, dessen Inhalt durch die internalisierte Elternautorität gebildet wird. In dieser weitgehend unbewußten Instanz werden nicht nur der Normenkodex der Eltern und die Eigenschaften der Eltern zu einem festen Bestandteil des Charakters, sondern auch alle Anforderungen und Traditionen der Gesellschaft, die wiederum die Eltern in sich aufgenommen haben. Individuelles und Kultur-Über-Ich verschränken sich auf diese Weise. Das Kind hält von nun an die Gebote und Verbote der Eltern auch dann ein, wenn keine äußere Instanz sie überwacht.

1.2 Neuere Narzißmusforschung

Dieser Vorgang der Verinnerlichung der äußerlichen Elternautorität setzt aber bereits eine Ich-Organisation voraus, die solche Leistungen vollbringen kann. Diese Fähigkeit muß also bereits vor der ödipalen Phase ausgebildet sein. Auch in diese Frühzeit unserer psychischen Entwicklung erhalten wir wieder durch die Analyse von Störungen aus dieser Zeit Einblick. S. Freud hielt Patienten, deren psychische Störung in jener präverbalen Zeit liegt, in der die Libido noch ganz am eigenen Selbst hängt, für eine psychoanalytische Behandlung unzugänglich, da sie unfähig sind, eine stabile Übertragung auf den Therapeuten herzustellen. Der Begründer der Psychoanalyse nahm an, daß dem Subjekt eine bestimmte Quantität von verschiebbarer Libido zur Verfügung steht: Je mehr Libido dann am eigenen Selbst hing, desto weniger seelische Energie ist frei zur Aufnahme und Erhaltung von Beziehungen zur Mitwelt. S. Freud nannte diese Störungen, die auf der so begründeten Unfähigkeit beruhen, Beziehungen einzugehen, narzißtische Neurosen im Anschluß an den griechischen Mythos von dem schönen Knaben Narziß, der an der Wasserfläche eines Teiches sich in sein eigenes Spiegelbild verliebte; in jeder der vielen klassischen Fassungen des Mythos aber ist diese Art von Selbstliebe selbstzerstörerisch.[13]

Das Vordringen dieser narzißtischen Störung in den USA und Westeuropa führte in den letzten Jahren zu einer vertieften Forschung jener archaischen Frühzeit unseres Seelenlebens, in der sich die ersten Persönlichkeitskerne herauskristallisieren. Bei jenen Grenzfällen, in denen einerseits auf die narzißtische Stufe der Entwicklung regrediert wird, andererseits aber doch eine stabile Übertragung zustandekommt, findet sich eine besondere Art der Übertragung, die sogenannte Spiegelübertragung, die in sich nochmals gestuft ist. Auf eine einfache Formel gebracht lauten die in der Übertragungssituation auf den Therapeuten gerichteten Ansprüche:

1. Du bist ein Teil von mir, ich beherrsche Dich daher; die seelische Verschmelzung wird durch Vereinnahmung des anderen in das eigene aufgeblähte Selbst angestrebt.

---

[13] Vgl. *S. Sugerman,* Narzißmus als Selbstzerstörung, Olten 1978, 20-28.

2. Du bist genau so oder sehr ähnlich wie ich; die sogenannte Zwillingsübertragung.
3. Du bist wohl ein eigenständiger Mensch, doch ich akzeptiere Dich nur, insofern Du für mein Selbst wichtig bist; die eigentliche Spiegelübertragung im engeren Sinn.[14]

Aus dieser am psychisch Kranken festgestellten Vergegenwärtigung frühester Einstellungen zur Mitwelt erschließt die moderne Narzißmußtheorie nun folgende Stufen der Entwicklung: Die erste Zeit nach der Geburt realisiert das Kind noch keinen Unterschied zwischen Ich und Umwelt; das Gefühl der Alleinheit ist gleichsam ein Gefühl der Allmacht, aus dem sich nach und nach ein allmächtiges Größenselbst als erster Persönlichkeitskern herauskristallisiert. Die Einschränkung der Bedürfnisse des Kindes und die Unmöglichkeit ihrer sofortigen Befriedigung erschüttern dieses „Gleichgewicht der Allmacht“ und verursachen die ersten Erlebnisse von Trennung und damit der Unterscheidung von Ich und Außenwelt. Diese Kränkung der Eigenliebe versucht das Kind nun dadurch zu kompensieren, daß es sich an die Allmacht der Mutter hält. Die libidinösen Momente des eigenen früheren Allmachtsgefühls errichten ein Idealbild der ersten Bezugsperson, das die Größenphantasie widerspiegelt, die einst dem eigenen Selbst gegolten hat. Dieses ideale Elternbild – Größenobjekt genannt –, von dem Glanz auf das Kind selbst zurückfällt, bildet den Kern des Ich-Ideals. Das Größenselbst und das Größenobjekt sind nach dieser Theorie also die ersten Persönlichkeitskerne.

Mißlingt die Ausbildung dieser ersten psychischen Kristallisationspunkte, dann überschwemmt das ursprüngliche Allmachtsgefühl als Größenwahn das Ich. (Dieser Vorgang kann seinen Ausdruck finden in der psychotischen Manie, im süchtigen Streben nach Rauscherlebnissen durch entsprechende Drogen oder Geschwindigkeitsexzesse auf den Straßen usw.)

Andererseits zerstört die allmächtige Aggressivität der idealisierten Elternimago jede realistische Selbstachtung; Selbsthaß bis zum Suizid kann die Folge sein. Bleiben die ersten Persönlichkeitskerne aber mit seelischer Energie überbesetzt, dann sind hohe und unrealistische Ideale vom eigenen Selbst und von den ersten Bezugspersonen, mit denen das Subjekt noch psychisch verschmolzen ist, die Folge. Ein solcher Mensch ist ständig in Ideale und Werte verliebt, erscheint nach außen vielleicht als Moralapostel, mißt auch die anderen Menschen an diesen Maßstäben und findet keinen Zugang zum realen Menschen. Ständige Enttäuschung, innere Langeweile und schließlich Überdruß sowie das Versiegen jeglicher Freude sind Marksteine auf dem Weg einer solchen psychischen Dynamik, die sich häufig hinter dem Kompensationsmechanismus übersteigerter Betriebsamkeit verbirgt.

---

[14] Vgl. *H. Kohut,* Narzißmus, Frankfurt 1974, 139 f.

1.3 Vom Über-Ich zum Gewissen

In der Reihenfolge der Erforschung wurde bisher die psychoanalytische Theorie der frühkindlichen Über-Ich-Entwicklung skizziert. Wir haben nun nach der weiteren Entwicklung zu fragen. Die Angst vor der äußeren Strafe bei Fehlverhalten wandelt sich mit dem Untergang des Ödipuskomplexes – wie wir gesehen haben – in innere Schuldgefühle und die äußere Anerkennung für das richtige Verhalten in innere Bestätigung und Zufriedenheit über die eigene Moralität. Bei einer halbwegs gesunden Entwicklung werden die zunächst an die Person der Eltern gebundenen Normen langsam aber sicher versachlicht. Der junge Mensch beginnt, über die Familie hinauszusehen und sich nicht mehr bloß an den Normen der Kleinfamilie, sondern auch an den Regeln der Gesellschaft zu orientieren. Erst viel später kann der Schritt zum reifen Gewissen gelingen, insofern der Mensch nicht bloß als „man", sondern als er „selbst" handelt. Der reife Mensch handelt dann nicht mehr bloß den Eltern – auch nicht den internalisierten Eltern – zuliebe, sondern weil er selbst von der Sache her einsieht, daß es so gut und richtig ist. Doch diese Entpersonalisierung und Versachlichung des Gewissens kommt erst spät zu einer relativen Festigkeit.

Zunächst wird das in der Latenzzeit gewonnene Gleichgewicht in der Pubertät neuerdings gestört; die frühen Entwicklungsstufen werden in geraffter Form nochmals durchlaufen. Die neu erwachenden libidinösen Wünsche richten sich nicht zuletzt wegen der Inzestschranke auf außerfamiliäre Objekte. Die Lösung aus den familiären Bindungen bringt eine Relativierung der elterlichen Leitbilder mit sich. Die erhöhte Unsicherheit löst eine lebhafte Suche nach neuen Idealen aus: Es ist die Zeit der leidenschaftlichen Freundschaften, der schwärmerischen Verehrung von Idolen und der begeisterten Gefolgschaft von Führerpersönlichkeiten. Im Laufe der zahlreichen Identifikationsversuche und Idealisierungen gewinnt das eigene Ich-Ideal bei gesunder Entwicklung durch Erfahrung immer realere Züge: Der junge Mensch wird fähig, nicht nur den Wert oder das Ideal eines anderen Menschen, sondern ihn real zu akzeptieren. Die gegenseitig gewährte Bestätigung, aber auch Anforderung macht von der Bestätigung und Kontrolle des eigenen Über-Ich zum Teil unabhängig. Der reif gewordene Mensch kann die Verantwortung für sein Über-Ich übernehmen. Er ist aber auch frei, neue Vorbilder zum Teil zu verinnerlichen und selbst zu wählen, was und wen er in seine Persönlichkeit aufnehmen will. Die früheren Stadien des Über-Ich können nicht einfach abgeworfen werden, aber sie können durch neue Orientierungen überformt werden.

1.4 Die Weisen der Internalisation

Die Bildung des Gewissens geschieht auf keiner Stufe rein logisch wie das Erlernen einer mathematischen Formel, sondern hat immer den Charakter einer existentiellen Verinnerlichung. Wir müssen deshalb jetzt auf die psychischen Gesetzmäßigkeiten der Internalisation eingehen.[15]

Die primitivste Form der Internalisation ist die einfache *Inkorporation:* Wenn ein Kind Sachen in den Mund steckt, empfindet es dabei Lust; aber auch die aggressiven Strebungen kommen auf ihre Rechnung, da das Objekt ja intentional zerstört wird, und es ist, als ob die Angst vor der Trennung von dem begehrten Gegenstand durch die Aneignung der gesuchten Qualität gebändigt wird. Inkorporation ist das leibhaftige Vorbild aller späteren psychischen Prozesse, in denen das Subjekt wirkliche oder vorgestellte Begegnungen mit seiner Umwelt in innere Steuerungen und Charakterzüge verwandelt.

Die nächste Stufe, die *Imitation,* unterscheidet sich zwar von der Internalisation dadurch, daß in der Psyche durch diesen Vorgang allein noch keine Veränderung entsteht. Die äußere Nachahmung kann aber bei allen Prozessen der psychischen Verinnerlichung beteiligt sein. Die eigentlich psychischen Prozesse sind schwieriger zu fassen und voneinander zu scheiden. Grundsätzlich sind Introjektion und Identifikation zu unterscheiden.

Die *Introjektion* ist der „ältere“ Vorgang; sie liegt dann vor, wenn ein Mensch zeitweilig oder dauernd in sich die Gegenwart einer anderen Person oder deren Äußerung fühlt, ohne daß er sich diesem Fremdkörper in der eigenen Psyche entziehen könnte. Solche Introjekte können aus jener Zeit stammen, da die Ichgrenzen noch nicht fest waren, oder später in das Subjekt eingedrungen sein. Wenn man Volksschulkinder beispielsweise fragt, ob sie schon einmal die Stimme des Gewissens gehört haben, bekommt man in den meisten Fällen sehr konkrete Sätze zu hören, die nichts anderes sind, als die internalisierten Sätze der Eltern, ohne daß das Kind sich dessen bewußt ist. Die Kinder haben sich mit der Weisung noch nicht vollständig identifiziert; sie wird noch als fremde Stimme im eigenen Selbst erlebt. Ist die Internalisation aber ans Ziel gekommen, dann wird die Forderung nicht mehr als satzhafte fremde Stimme vernommen, sondern als voll integrierter und aus eigener Vernunft bejahter Bestandteil der eigenen Person.

Die *Identifikation* kann durch volles Akzeptieren der ersten Bezugspersonen zustandekommen, die von Anfang an Bestandteil der eigenen Persönlichkeit waren; sie kann aber auch jederzeit durch intensive tagtraumartige Beschäftigung mit einem Menschen (auch einem längst verstorbenen), einem Symbol, einem Lebewesen oder einer Sache vollzogen werden, wodurch das Objekt eine innerpsychische Repräsentanz erhält. Die Introjektion hingegen ist beim gesunden erwachsenen Menschen ein Vorgang, der nur in negativ besetzten Situationen wie Angst, Trennung, Liebesverlust, Abhängigkeit, Überforderung usw. sich vollzieht und einen inneren Kampf mit dem fremd bleibenden Objekt heraufbeschwört. Das Objekt wird bei der Introjektion überflüssig, während bei der Identifikation die reale Be-

[15] Die folgenden Darlegungen schließen an eine in Europa wenig bekannte Monographie aus der Werkstatt der amerikanischen Narzißmusforschung zu unserem Thema an: *R. Schafer,* Aspects of Internalization, New York 1968.

ziehung zu dem internalisierten Objekt bestehen bleibt. Identifikationen können sich in Krisenzeiten zu Introjektionen rückbilden und Introjektionen können sich, wenn die Abwehr aufgegeben wird, zu Identifikationen weiterbilden.

Wir können die psychoanalytische Theorie kurz zusammenfassen: Die Geschichte der Entwicklung des Gewissens ist die Geschichte seiner Identifikationen. Die Krankheitsgeschichte des Gewissens ist die Geschichte seiner Introjektionen. Diese psychoanalytische Sicht der Dinge ist nun mit der umfassend anthropologischen Wirklichkeit des Gewissens in Beziehung zu setzen.

2. Das Gewissen als anthropologische Wirklichkeit

Die Identität des Menschen ist immer mehr als die Summe seiner Identifikakationen. Die Identität schließt alle Identifikationen ein, verändert sie aber auch, um aus ihnen ein neues Ganzes zu machen. Schon aus diesem Grund muß die Wirklichkeit des Gewissens weiter reichen und tiefer gehen als dies der psychoanalytischen Methode, die vom kranken Menschen ausgeht, möglich ist. Allerdings muß der psychoanalytische Aspekt auch vom Ethiker betrachtet werden, will er sich nicht selbst zum lebensfremden und auf das reale Geschehen wirkungslosen Zuschauer in einer idealistischen Position degradieren. Die reale Gewissenssituation der Menschen ist zu einem guten Teil von jener heteronom krankhaften Entwicklung bestimmt, die kaum jemand besser als S. Freud beschrieben hat.

Unter *Gewissen im umfassenden Sinn* verstehe ich jenes Zentralorgan der Person, das den Anspruch erhebt, sich selbst treu zu bleiben, sich für das Gute zu entscheiden, das Gute mit der sittlichen Vernunft in Unterscheidung zum entgegenstehenden Bösen jeweils tiefer und neu zu erkennen, und das die sittlichen Handlungen vor, während und nach dem Vollzug beurteilt. Insofern das Gewissen aus dem eigenen Selbst heraus uns ruft, unter den Bedingungen der Endlichkeit das Gute schlechthin zu verwirklichen, ist es an seiner Wurzel die Offenheit für den Anspruch Gottes in dieser Welt. Das Gewissen ist aber nicht die „Stimme Gottes“[16] im Sinn einer satzhaften Einflüsterung: Dann müßte ja auch das irrige Gewissen Stimme Gottes sein, was ein offenkundiger Unsinn ist. Das Gewissen ist aber auch nicht einfach die im Über-Ich introjizierte Stimme der Eltern; dies würde zur Leugnung der Einmaligkeit, Freiheit und Würde der menschlichen Person führen, da der Mensch in dieser Hinsicht letztlich immer nur der durch internalisierte Heteronomie Fremdgeleitete bliebe. Wären Über-Ich und Gewissen dasselbe, dann würde der Mensch, der sich aus der Heteronomie des Über-Ich freimacht, im selben Maß gewissenlos, was S. Freud für die Zielsetzung der therapeutischen Praxis selber ablehnt. Schließlich wäre eine Entwicklung oder Korrektur der Moral auf der Basis des starren und konservativen Über-Ich nicht zu erklären. Auch die Moral der Eltern ist kein unfehlbarer Maßstab für das sittlich Richtige.

---

[16] Zur theologisch differenzierten Deutung dieses Topos vgl. *H. Rotter,* Wort Gottes und Stimme des Gewissens, in: ZkTh 102 (1980), 1-13.

Woran aber können wir unser Gewissen bilden, wenn wir es christlich weiterbilden wollen?

3. Das spezifisch Christliche in der Gewissensbildung

Das einzig unbezweifelbar spezifisch Christliche ist nicht eine Sache, ein Prinzip oder ein Satz, sondern ein Jemand: Jesus *der* Christus.[17] Von ihm bekennt der Glaube, daß er als Mensch nicht bloß dann und wann im Namen und der Vollmacht Gottes redete und handelte, sondern daß Er und der Vater eins sind (Joh 10,13). Die Schrift sieht in Ihm den, in dem alles geschaffen ist (Kol 1,16); sie erblickt in Ihm das Bild des unsichtbaren Gottes schlechthin (Kol 1,15), mit dem gemeinsam wir unsere Gottebenbildlichkeit als Grund unserer Freiheit und Würde verwirklichen können. In Christus will Gott einst alles zusammenfassen (Eph 1,10); er ist die integrative Gestalt dieser Geschichte. In Ihm ist der universale Anruf Gottes, der Anruf des Guten schlechthin, konkret und eindeutig geworden. Der Anspruch, den Jesus Christus an die Welt stellt, besteht nicht in einem isolierten Sollen – einem neuen Ideal –, sondern in der Vorgabe einer Wirklichkeit, in der Sein und Sollen eins geworden sind. Diese Wirklichkeit, die dem Menschen neue Seinsmöglichkeiten eröffnet, ist zunächst ein Geschenk, das Geschenk einer in Freiheit für uns hingegebenen Person und seines Geistes, das auf unserer Seite der Aneignung bedarf, die wiederum eine psychische Seite hat. Das Gewissen an Jesus Christus bilden, kann nicht heißen, bloß diesen oder jenen Satz, den er gesagt hat, logisch zu analysieren, sondern in der Begegnung mit seiner Person ein inneres Verhältnis zu ihm zu gewinnen. Dies geschieht, wie wir gesehen haben, in einer intensiven Auseinandersetzung. Die Betrachtungsmethode, die z.B. Ignatius in seinen Exerzitien nahelegt – ich denke vor allem an die sogenannte Anwendung der Sinne – ist unter psychologischem Aspekt auf Internalisation angelegt. Das beständige Durchspielen von Szenen aus dem Evangelium mit allen Kräften der Phantasie führt zu einer inneren Repräsentanz Jesu in der Psyche. Diese Art von Auseinandersetzung beansprucht und entfaltet die Entscheidungsfähigkeit und damit die Eigenständigkeit des Menschen.

Jesus begegnet uns im Evangelium als bedingungslose Liebe in der Gestalt eines konsequenten Anspruchs. Die bedingungslose Liebe entlastet von dem vergeblichen Versuch des „Sisyphos“, sittlich etwas zu leisten, was man nicht leisten kann. Sein radikaler Anspruch bedeutet ein Aufleuchten von Möglichkeiten, gegen die sich im eigenen Inneren nur zu oft Widerstände melden. Im Durchstehen dieser Krise (Krise kommt von krinein = unterscheiden) geschieht die Unterscheidung der Geister; im selbstverantworteten Vollziehen seines Zuges gewinnt der Mensch im Gegenüber zu Jesus Christus seine profilierte Eigenständigkeit. In der gläubigen Begegnung mit Christus und in der Integration seines Anspruchs in die eigene Per-

[17] *F. Böckle,* Fundamentalmoral, 227: „Grund und Ziel der sittlichen Botschaft Jesu und damit wohl auch das volle Verstehen ihres Gehaltes entscheiden sich daher an der Christologie.“

sönlichkeit gewinnt seine Anforderung im Durchgang durch die sittliche Vernunft den Charakter einer eigenständigen sittlichen Einsicht, wird Eigengut des Gewissens.

Dieser psychische Prozeß der Internalisierung Christi kann nun genauso wie der anderer Personen psychisch mißlingen. Es kommt ja bei der Gewissensbildung nicht nur darauf an, an welchem Maßstab man sein Gewissen bildet, sondern ebenso nach welchen psychischen Gesetzmäßigkeiten dieser Bildungsvorgang verläuft.

Wird der Anspruch Christi, wie er uns in den Evangelien, im geschriebenen oder gesprochenen Wort der Kirche und im Leben gläubiger Menschen begegnet, unter Angst und Schrecken wahrgenommen und so verinnerlicht, dann kann es zur Fehlform der Introjektion kommen. Auch Christus kann auf diese Weise zu einem Götzen im eigenen Selbst werden, der als abgelehnter Fremdkörper in der eigenen Psyche als Normenkrankheit empfunden wird. Die Introjektion gilt in der Psychoanalyse als einer der intensivsten Verdrängungsmechanismen. Wir begegnen diesem Phänomen z.B. in den Ressentiments frustrierter Erwachsener gegen die Kirche, vor allem bei solchen, die ehedem eine christliche Internatserziehung genossen haben. Aber auch die Identifikation kann auf unreife Weise geschehen. Bei der Identifikation ergeben sich rein logisch folgende Möglichkeiten: totale Identifikation mit dem ganzen Objekt; totale Identifikation mit einem „Teil" des Objekts; teilweise Identifikation mit dem ganzen Objekt und teilweise Identifikation mit einem „Teil" des Objekts. Wird von der Dynamik der Psyche her Totalidentifikation angestrebt, dann ist eine narzißtische Tendenz nach Aufhebung der Ichgrenze am Werk. Ein solcher Vorgang wäre eine Regression zu jenem „psychischen Pantheismus" der frühesten Kindheit. Auf das Ergebnis einer solchen Regression, z.B. naive Schwarmgeisterei religiöser Art, würde der Vorwurf eines der Pioniere der Narzißmusforschung zutreffen, daß die Beziehung des Gläubigen zu Jesus Christus die narzißtische Verschmelzung mit dem allmächtigen Objekt bedeute.[18]

Spätestens an dieser Stelle unserer Überlegungen ist nun die Frage zu stellen, ob Identifikation ein glücklicher Ausdruck dafür ist, die psychische Seite einer reifen Verinnerlichung aus liebender Begegnung zu erfassen. Sich mit einem anderen zu identifizieren bedeutet ja dem allgemeinen Sprachgebrauch nach auch dort, wo noch keine pathologisch narzißtische Totalidentifikation vorliegt, eine Vereinnahmung eines anderen für den eigenen psychischen Haushalt. Sein wollen wie Christus kann in einer durchaus als psychisch unauffällig geltenden Weise für einen „leistungsgewohnten" Christen bedeuten, seine eigene sittliche Leistungsfähigkeit verstärken zu wollen durch das Ausnützen der Qualitäten der Gestalt Jesu für die Zwecke der eigenen Idealverwirklichung. Auch dies wäre zutiefst unchristlich und würde unweigerlich zu einer raffinierten Selbsttäuschung, die den anderen im Grunde überflüssig machen möchte, führen. Eine auf der Basis des Haben-Wollens verlaufende Identifikation führt über kurz oder lang bei Belastungen zur Alternati-

---

[18] Vgl. *H. Kohut,* Die Zukunft der Psychoanalyse, Frankfurt 1975, 209.

ve: „Ich oder der andere in mir", trägt also den Keim der Rückbildung zur Introjektion in sich.

Eine reife Verinnerlichung kann erst auf einer Ebene gelingen, die über die Alternative Narzißmus (d.h. egoistisches Vereinnahmen-Wollen) oder Altruismus (d.h. Selbstaufopferung, um dem eigenen Selbstideal – letztlich doch wieder egoistisch – Genüge zu tun) hinaus ist. Die ursprüngliche Form der Begegnung von Personen liegt darin, daß der Mensch sich zuerst in einem anderen vorfindet und in ihm sich gegeben wird. Am deutlichsten wird dieser Grundzug personaler Selbstwerdung in der vorgeburtlichen Entwicklung. Gerade von jenem jüngsten Zweig der Psychologie, die die vorgeburtlichen Einflüsse und Prägungen der menschlichen Psyche erforscht – der pränatalen Psychologie[19] – ist auf diesem Gebiet noch viel zu erwarten. Die Annahme dieses sich ursprünglich Im-anderen-sich-selbst-gegeben-Seins im Laufe der Entfaltung der Persönlichkeit und der damit gegebenen Möglichkeiten, führen zu einer völlig neuen Form der Verinnerlichung.

Wer realisiert, daß er sich selbst ursprünglich im anderen Menschen gegeben ist und durch den anderen geschenkt ist, beginnt mit dessen Augen die Welt zu sehen und mit ihm zu leben; er gewährt seinerseits dem anderen Raum und Leben in sich selbst, ohne ihn daraus verdrängen zu wollen.

Nun ist diese Existenz einer menschlichen Person in einer anderen menschlichen Person immer eine höchst gefährdete und oft auch gestörte, da nicht nur durch liebende Annahme gewollte, sondern immer auch von Ambivalenz gekennzeichnete. Diese Ambivalenz ist durch das Christusereignis grundsätzlich überwunden. Die Hl. Schrift drückt diese Botschaft folgendermaßen aus: „Gottes Sohn Jesus Christus, der Euch durch uns verkündigt wurde...ist nicht als Ja und Nein zugleich gekommen; in ihm ist das Ja verwirklicht." (2 Kor 1,19) Und das Johannesevangelium gibt den tiefsten Grund dafür an: „An jenem Tag werdet ihr erkennen: Ich bin in meinem Vater, ihr seid in mir, und ich bin in Euch." (Joh 14,20; vgl. auch Joh 17,21-23) Es fällt auf, daß gerade die johanneischen Schriften, die auf diese Dimension des Ineinander-Seins solches Gewicht legen, keine konkreten sittlichen Handlungsnormen enthalten. Welche Gründe mögen dafür maßgeblich sein?

Die reife Verinnerlichung, die aus einer liebenden Begegnung erwächst, hat ihren Grund nicht in einer Forderung, sondern in einer Ermöglichung des eigenen Selbstseins und der daraus erwachsenden Entsprechung gegenüber dieser Möglichkeit aus eigenem Gewissen und eigener Vernunft. Im gegenseitigen Sein-Lassen des anderen ohne ihn psychisch aufzuzehren, ereignet sich jene Verinnerlichung, von der das Johannesevangelium spricht; die reife Form der Verinnerlichung aus Liebe bedeutet keineswegs das Aufgeben der Eigenständigkeit in einem narzißtischen Akt der Verschmelzung (Totalidentifikation), sondern vielmehr die Voraussetzung für die Begründung und Vertiefung einer realen Beziehung, die nicht bloß

[19] Vgl. *F. Kruse,* Die Anfänge des menschlichen Seelenlebens, Stuttgart 1969; *G. Gumser,* Die vorgeburtliche Entstehung der Sprache als anthropologisches Problem, Stuttgart 1971; *F. Kruse,* Wann beginnt die Kindheit, in: Kindheit 1 (1979), 5-27.

an der Oberfläche bleibt, sondern die Tiefen der Seele erfüllt. Die psychische Seite der Nachfolge Christi bedeutet im Unterschied zur Nachahmung, daß die je größere Abhängigkeit in der Annahme des Geschenkes der sich mitteilenden Liebe Gottes zu größerer Entfaltung und Profilierung des eigenen Selbst führt.

Das Gewissen ist die kreative Potenz der fortschreitenden Personwerdung und nicht bloß Ableseorgan für Normen oder ein Reservoir von Regeln. Aber diese Potenz muß gebildet werden. Sie wird gebildet durch den Anspruch von Personen, die uns auf diesem Weg voraus sind, in denen wir uns als gegeben vorfinden, bevor wir noch darüber nachdenken können. Das spezifisch Christliche in der Gewissensbildung liegt darin, daß wir in der Gemeinschaft des Glaubens realisieren, daß wir uns alle in Jesus Christus gegeben sind, daß wir in Ihm mit Gott selbst beschenkt sind und in der Annahme dieses Geschenkes alle narzißtischen Formen der Internalisation von Vorbildern unterlaufen. Der Prozeß der reifen Verinnerlichung Christi gibt den Menschen frei in seine sittliche Eigenständigkeit, die man mit einem alten, in der Neuzeit aber zum Schlagwort gewordenen Begriff „Autonomie" nennt. Christliche Sittlichkeit besteht in der Entsprechung gegenüber dem, der uns frei gibt und neue Möglichkeiten der tieferen Personwerdung eröffnet aus eigener sittlicher Vernunft. Sittliche Autonomie ist kein abgeschlossener Zustand, sondern ein Prozeß, Der Vorgang der Verinnerlichung Jesu Christi dauert so lange wir leben. Unser Menschsein bedarf der ständigen Korrektur des ethischen Bewußtseins und der ständigen Ermächtigung zu tieferer und umfassenderer Personwerdung.

4. Die Bedeutung dieser moralpsychologischen Überlegungen für die normative Ethik

Im Rückblick auf die vorgetragenen moralpsychologischen Erwägungen zum spezifisch Christlichen in der Gewissensbildung ist das Ergebnis in seiner Bedeutung für die normative Ethik noch kurz zu reflektieren. Wir haben gesehen, wie das spezifisch Christliche im Vorgang der Gewissensbildung zum Tragen kommt. Sein Gewissen christlich zu bilden heißt, psychologisch gesprochen, Christus in der gläubigen Begegnung immer tiefer zu internalisieren; d.h. Ihm, in dem wir geschaffen sind, im eigenen Leben zu entsprechen durch das Annehmen der von Ihm eröffneten Lebensmöglichkeiten. Bleibt diese Verinnerlichung nicht auf einer psychisch unreifen Stufe stecken, dann bedeutet dies, daß sein Anspruch Eigengut der sittlichen Vernunft wird. Soll seine Weisung nicht bloß Eingang in das Über-Ich finden, sondern in ein reifes Gewissen aufgenommen werden, dann muß sie versachlicht werden. Etwas nur zu tun, weil es Vorschrift ist, bedeutet Fremdbestimmung. Heteronomie aber beruht, psychologisch betrachtet, auf dem Mechanismus der Introjektion; die Introjektion aber ist ein wirksamer Verdrängungsmechanismus. Wer also gegen die so verstandene Autonomie polemisiert und meint, im Namen der kirchlichen Lehre einer Heteronomie das Wort reden zu müssen, plädiert im Grunde für einen Abwehrmechanismus gegen Jesus Christus. Das spezifisch Christliche in der Gewissensbildung ist ein theologischer *Vorgang,* insofern nämlich Jesus Christus als der erhöhte Herr, der uns im Geist gegeben ist, verinnerlicht wird. Das inhaltlich moralische *Ergebnis* hat den Charakter des selbständig Bejahten, Vernünftigen und auch sachlich Begründeten und in diesem Sinn Autonomen. „Der Herr aber ist der Geist, und wo der Geist des Herrn wirkt, da ist Freiheit." (2 Kor 3,17)

Die soziale Dimension unserer Überlegungen kann nun nicht mehr entfaltet werden. Aber daß Christusförmigkeit und Autonomie des Menschen nicht gegeneinander, sondern miteinander wachsen, dürfte nicht bloß für die individuelle Lebensgeschichte des Einzelnen gelten, sondern für die Geschichte im Ganzen, die darauf hinläuft, daß alles, was in Ihm geschaffen ist, auch in Christus als dem Haupt zusammengefaßt wird. (Eph 1,10)

DIE VERGESSENE TUGEND DER EPIKIE*

„Epikie ist die Berichtigung des Gesetzes da, wo es in folge seiner generellen Fassung lückenhaft ist.“
(Aristoteles, Nikomachische Ethik V, 14)

„Epikie ist gleichsam die höhere Regel der menschlichen Handlungen.“
(Thomas v. Aquin, STh II-II, q. 120, a. 2)

1. Die Dringlichkeit des Themas

Die Herausforderungen an das Gewissen,[1] auf dem über alle weltanschaulichen Unterschiede hinweg das Bewußtsein der grundlegenden Menschenrechte aufbaut,[2] sind in unserer modernen Zeit und Gesellschaft gewachsen.

Die Lebensumstände sind differenzierter und komplizierter geworden; Gesetze, Vorschriften und Weisungen der verschiedenen Instanzen, die diese im kirchlichen wie im profanen Bereich regeln, sind unübersehbar geworden. Der „juristische Laie“ im weitesten Sinn des Wortes bekommt Orientierungsschwierigkeiten und ist durch die vielfältigen Gesetze nur zu oft überfordert; er fühlt sich beengt durch die vielen bisweilen sogar unvereinbaren Regeln und Ansprüche in den verschiedenen Räumen, Gruppen und Institutionen seines Lebens. Sogar innerhalb der Kirche läßt sich das Spannungsfeld zwischen den Weisungen kirchlicher Autoritäten in Fragen der Lebensgestaltung, die sich nicht unmittelbar aus dem Glauben ableiten lassen, und der faktisch gelebten Überzeugung vieler Christen nicht übersehen. So ist es auch bei bestem Willen schwieriger geworden, das Rechte zu finden in der Balance zwischen den Ansprüchen der verschiedenen Gemeinschaften sowie der Gesellschaft einerseits und den berechtigten Eigeninteressen andererseits, zwischen dem Allgemeinen und dem Konkreten in der ganz besonderen Situation. Diese Problematik trifft nicht nur den Bereich positiver (unter Umständen rechtlicher) Regelungen, sondern in analoger Weise auch die sittlichen Normen. Die generell geltenden

---

* Dieser Beitrag wurde in Zusammenhang mit informellen Treffen von Moraltheologen in Erfurt in der damals noch kommunistischen DDR verfasst, die später in einem von W. Ernst herausgegebenen Sammelband dokumentiert wurden. Er enthält in konzentrierter Form die wesentlichsten Ergebnisse meiner Habilitationsschrift Epikie – Verantwortlicher Umgang mit Normen. Eine kritisch-systematische Untersuchung, Mainz 1983, deren bleibendes Anliegen es ist, das Problemlösungspotential dieser bereits in der ältesten griechischen Literatur nachweisbaren aber lange ins Hintertreffen geratenen Tugend für Kirche und Gesellschaft fruchtbar zu machen.
Originalpublikation in: W. Ernst (Hg.), Grundlagen und Probleme der heutigen Moraltheologie, Würzburg 1989, 138-151.

1 Vgl. K. Golser, Das Gewissen als „verborgenste Mitte“ im Menschen, in: W. Ernst (Hg.), Grundlagen und Probleme der heutigen Moraltheologie, Würzburg 1989, 113-137.

2 Vgl. Art. I der Allgemeinen Erklärung der Menschenrechte: „Alle Menschen sind frei und gleich an Würde und Rechten geboren. Sie sind mit Vernunft und Gewissen begabt und sollen einander im Geiste der Brüderlichkeit begegnen.“

konkreten ethischen, die positivrechtlichen und die vielen anderen Normen sind zwar unerläßliche Voraussetzung, reichen aber nicht aus, um jenen tragfähigen Grundbestand an Humanität zu gewährleisten, der diese Gesellschaft angesichts der Vielfalt vor dem Zerreißen und den schlimmen Folgen, die sich daraus ergeben, bewahrt. Unweigerlich müssen wir in der konkreten Situation bisweilen auch Normen übertreten, um menschlich zu handeln, ohne daß wir deswegen die Notwendigkeit von Normen bestreiten oder leugnen, daß diese im allgemeinen gelten.

Zudem befinden sich die verschiedenen Regelsysteme in einem ständigen Wandel. Dieser Wandel der Regeln ist die oft nachhinkende Reaktion auf neues Wissen, neues Können und neue Probleme, die sich daraus resultierend stellen. Wir müssen mit diesem Wandel und auch mit offenen Fragen leben lernen; wir sind nicht nur Zuschauer, sondern selbst Akteure dieses Wandels und tragen Verantwortung dafür, die vorhandenen Regeln in der gegebenen Situation zu prüfen und wenn nötig zu verbessern. Das negative Vorurteil, mit dem viele Menschen diesem raschen Wandel mit seinen vielen Facetten begegnen, bedarf der Überprüfung. Nichtsdestoweniger wird darin signalisiert, welche gewichtige Rückwirkung Veränderungen der Normen (wie immer man sie versteht) auf das sittliche Subjekt selbst haben.

Die Bedrohung der eigenen Identität, die wesentlich mit der sittlichen Kompetenz zusammenhängt, oder Bedingungen, die die Identitätsfindung behindern, erzeugen Angst, die sich bis zu Skrupeln, ja sogar Fanatismus, steigern kann.

Aufgabe der christlichen Ethik wie jeder Ethik ist es, in dieses Bündel von zunächst vorreflexiv erfaßten Handlungs- und Einstellungsproblemen begriffliche Klarheit zu bringen und die normativen Grundlagen für die Bildung eigenverantwortlicher, sittlich kompetenter Personen zu erarbeiten und darzustellen. Es darf allerdings nicht vergessen werden, daß die ethische Reflexion niemals das alltägliche moralische Bewußtsein zur Gänze einholen kann und so stets auf die praktische Urteilsfähigkeit des einzelnen angewiesen bleibt.

2. Die Aktualität in der moraltheologischen Diskussion

Die Moraltheologie muß sich nicht nur der Tatsache stellen, daß es auch im kirchlichen Bereich offene Fragen gibt (sie hat lehramtliche Aussagen nicht nur nachträglich auszulegen, sondern auch die ethische Reflexion voranzutreiben) in diesem nun näher zu beschreibenden Wandel ethischer Normen; sie muß sich auch damit auseinandersetzen, daß der Mensch um der sittlichen Richtigkeit willen Normen nicht einfach blind befolgen darf, sondern sie unter Umständen in der Situation in eigener unvertretbarer Verantwortung verbessern muß: so kann es sein, daß ein Mensch eine Norm zwar exakt befolgt und dennoch unmenschlich und daher falsch handelt.[3] Es kann umgekehrt Situationen geben, in denen der Mensch eine Norm übertritt und dennoch sittlich richtig handelt.[4]

In besonderen Situationen ist also der Mensch unweigerlich aufgefordert, eigenständig die generell geltenden Normen zu verbessern, ihren Wandel in einer konkreten Situation selbst zu verantworten. Dies ist nun genau das Wesen der weithin vergessenen Tugend der Epikie. Vor einem Blick in die große Tradition dieser Tugend im Abendland bedarf es aber einiger begrifflicher Präzisierungen, wie sie beim gegenwärtigen Differenzierungsgrad ethischer Reflexion unerläßlich sind.

Wenn man von Veränderungen im ethisch relevanten Bereich spricht, gilt es zunächst gut zu unterscheiden, ob diese im Bereich des sittlich Guten oder sittlich Richtigen geortet werden. Sittlich gut oder böse ist die Person selbst in ihrem Willen und ihrer frei eingenommenen Gesinnung. Sittlich richtig oder falsch ist eine Sache der Erkenntnis mit der Möglichkeit des Irrtums, mit offenen Fragen und all jenen Problemen, die die begrenzte Erkenntnisweise des Menschen auch sonst betreffen. Der Beweis für das bisweilen anzutreffende Vorurteil, daß die Menschen früher besser waren und die Menschen von heute im allgemeinen immer böser würden, dürfte wohl kaum zu erbringen sein, da kein Mensch – und schon gar nicht soziologische Institute – den Menschen ins Herz schauen kann. Der Versuch einer Debatte auf dieser Ebene mündet unweigerlich in Motivverdächtigungen.

Das sittlich Richtige hingegen wird auf verschiedenen Bezugsebenen formuliert: grundlegend in universell gültigen ethischen Prinzipien; bezogen auf den sittlichen Gesamtzustand der Person in Haltungsaussagen (Tugenden) und bezogen auf ganz konkrete Handlungsprobleme in Kriterien zur Gewinnung sittlicher Urteile und in generell gültigen Normaussagen. Die obersten ethischen Prinzipien, die in verschiedenen Formulierungen (Gebot der Nächstenliebe, Goldene Regel, Kategorischer Imperativ usw.) die Grundlagen der Sittlichkeit aussprechen, bedürfen zwar der Interpretation, die sie vor möglichen Mißverständnissen schützt,[5] sind ihrem Wesen nach aber unveränderlich wie der „Nicht-Widerspruchssatz" und gelten daher universell. Ethische Prinzipien sind notwendige, aber nicht hinreichende Bestimmungsgründe des Sittlichen, wenn es um die Lösung ganz konkreter Handlungsprobleme geht. Von den Prinzipien sind die Kriterien oder Vorzugs regeln, nach denen konkrete ethische Orientierungen gesucht werden, zu unterscheiden. Auch die Einsicht in die Kriterien unterliegt angesichts der sachlichen Herausforderung einem Differenzierungsprozeß.[6] In ethischen Normaussagen hingegen, die Handlungsweisen möglichst genau mit wertneutralen Begriffen beschreiben und

---

3 Dies besagt bereits die alte lateinischen Weisheit: summum ius saepe summa iniuria.

4 So, wenn beispielsweise im Straßenverkehr jemand eine Sperrlinie überfährt, um zu verhindern, daß er einen Menschen gefährdet.

5 Vgl. *B. Schüller,* Die Begründung sittlicher Urteile, Düsseldorf [2]1980,89-106.

6 Bereits Aristoteles hat in seiner Topik im Buch 3, 1-6 (116a 3-120) eine Anzahl von Vorzugsregeln zusammengestellt, die allerdings nicht alle ethischen Charakter haben. Vgl. auch *B. Schüller.* Die Begründung sittlicher Urteile, 107-132. Im Zusammenhang mit der Umweltdebatte wurde beispielsweise die Reversibilität bzw. Irreversibilität von Schäden zu einem neuerdings in seiner ganzen Bedeutsamkeit entdeckten Kriterium.

unter der Differenz von menschlich richtig oder falsch bewerten, gehen immer die Bedingungen ihrer Gültigkeit ein und diese Bedingungen können sich ändern.[7] Niemals kann die Sprache alle Bedingungen der Gültigkeit einer Norm taxativ so aufzählen, daß nicht unversehens besondere Handlungssituationen neue Überlegungen nötig machen.[8] Diese Überlegungen können auf eine präzisere sprachliche Fassung zielen, ohne daß sich sittliche Normurteile dadurch selbst ändern.[9] Ändern kann sich aber auch die Sensibilität für einen sittlichen Mißstand.[10] In allen bisher angeführten Fällen ging es nicht um die Änderung ethischer Normen selbst, sondern um Änderungen von Bedingungen und daraus folgende Präzisierungen der sprachlichen Fassung.

Neue Überlegungen können aber das konkrete ethische Normurteil selbst betreffen und offene Fragen signalisieren (z.B. in der Sexualmoral oder in der medizinischen Ethik) oder eine bislang geltende Norm als falsch erweisen, angesichts der heutigen ethischen Wahrheitseinsicht.[11]

Die sittliche Qualität des Menschen erschöpft sich aber nicht in der Richtigkeit des sittlichen Urteils und dem verantwortlichen Umgang mit der sittlichen Einsicht. Wissen ist noch nicht automatisch Tugend. Nach I. Kant ist die Tugend nichts anderes als die Übereinstimmung des Willens mit der Pflicht, bringt also nichts wirklich Neues gegenüber der Norm. Nach der aristotelisch-thomanischen Tradition hingegen besteht die Tugend in einer, viele Einzelhandlungen übergreifenden, positiven Disposition der Person, d.h. in einer Vervollkommnung ihrer Fähigkeiten auf das Handeln hin.[12] Eine solche Konzeption bringt das sittliche Können und die subjektiven Voraussetzungen ethischen Handelns auf den Begriff und in Beziehung zum Handeln. Eine Trennung von bloßer Gesinnung hier und äuße-

---

7 So wurde z.B. bis zum ausgehenden Mittelalter jedes Zinsnehmen als Wucher verurteilt. Da sich die wirtschaftlichen Bedingungen geändert haben, muß auch die Norm unter den geänderten Bedingungen neu formuliert werden.

8 Es ist nur möglich, negativ Bedingungen auszuschließen, z.B. „eine Falschaussage um einen anderen Menschen zu schaden ..."

9 Auch der Bedeutungsgehalt von ethisch relevanten Begriffen kann sich ändern. Euthanasie zum Beispiel bedeutete bis an die Schwelle unseres Jahrhunderts den guten Tod und die sittlich geforderte menschliche Hilfe zu einem guten Sterben, bekam aber im Nationalsozialismus die Bedeutung der Vernichtung sogenannten lebensunwerten Lebens und hat heute nicht nur in den angelsächsischen Ländern weithin die Bedeutung der direkten Tötung auf Verlangen. Auch der Ausdruck Sterbehilfe – bis vor kurzem noch unverdächtig – wird in den Medien bereits im Sinne der Tötung auf Verlangen oder Beihilfe zum Suizid verwendet.

10 Dies dürfte besonders deutlich sein in bezug auf die ökologische Problematik. Daß verantwortliches Handeln in der Umwelt miteinschließt, daß auch die künftigen Generationen noch auf unserer Erde leben können und Energievorräte vorfinden, hätte wohl kaum jemand ausdrücklich bestritten, aber erst heute erkennen wir das Ausmaß der Konsequenzen unseres bisherigen Umweltverhaltens.

11 Das kirchliche Lehramt hat sich hinsichtlich der Sklaverei noch 1866 tolerant gezeigt (Vgl. S.C.S. Officii, in: Collectanea S. Congregationis de Propaganda Fide, Roma 1893, 827-829), aber bald darauf diese Ansicht korrigiert (Vgl. Papst Leo XIII. a.a.O. 828-832.). Ähnlich hat das Zweite Vatikanische Konzil die traditionelle Position bezüglich der Religionsfreiheit revidiert.

12 *Thomas v. Aquin,* STh I-II, q. 55, a. 3: „Unde et virtus humana, quae est habitus operativus, est bonus habitus, et boni operativus."

rem Verhalten mit den entsprechenden Folgen dort ist bei aller nötigen Unterscheidung in diesem Kontext überwunden, die Wechselwirkung und Verschränkung von „sittlich gut“ und „sittlich richtig“ eingeholt. Normen werden meist erst im nachhinein zu einem entstandenen Konflikt diskutiert und begründet. Sittliche Kompetenz hingegen beinhaltet die eigenständige prospektive Orientierungsfähigkeit angesichts des Wandels der Lebensumstände und Lebensprobleme. Sittliche Sensibilität, Phantasie und Kommunikationsfähigkeit über den sittlichen Anspruch, unabhängig von einer vorgegebenen Normformulierung stehen hier zur Debatte. Freilich kann auch Tugendethik nicht der Normbegründungslogik entbehren, besteht Tugend doch in der steten Suche nach dem sittlich Richtigen und der freien Entschlossenheit dafür. Tugend ist zwar nicht auf Wissen zu reduzieren, setzt aber eine bestimmte Art von Wissen voraus. In diesem Sinn sind die empirisch erhobenen Stufen der Reifung des sittlichen Urteils durchaus von Bedeutung für die Reifung des sittlichen Subjektes, und, auch Reifung bedeutet einen Wandel. Aus empirischen Untersuchungen, nach denen die meisten Menschen nicht zur vollen ethischen Selbständigkeit finden, kann keineswegs gefolgert werden, daß dies so bleiben soll.[13] Hinter einem solchen empiristischen Fehlschluß würde sich das Interesse verbergen, möglichst viele Menschen auf der Stufe heteronomer Sittlichkeit festzuhalten; ein Interesse, das selbst unter ethischen Aspekten kritisch zu überprüfen ist.

Nach diesem kurzen Überblick über die verschiedenen Formen des Wandels und der dynamischen Weiterentwicklung, die sich hinter der meist undifferenzierten Rede von Werte und Normenwandel verbirgt (und der dann meist ebenso global bedauert oder begrüßt wird), gilt es, einen Blick in die Geschichte der Epikie zu tun (3.) und die darin gefundenen Kriterien für die Verbesserung von Normen für unsere Situation fruchtbar zu machen und systematisch weiterzudenken (4.).

3. Die Epikie in der abendländischen Geschichte

Wenn man Gerechtigkeit als Inbegriff von Sittlichkeit seit Aristoteles, ausgehend vom allgemeinen Sprachgebrauch, zunächst als Orientierung an geltenden Normen (nomos) versteht, dann entsteht das Problem, wie die Tatsache zu beurteilen ist, daß ein Mensch sich wohl an das Gesetz halten und dennoch ungerecht werden kann, wie auch umgekehrt ein Mensch, der gegen eine Norm handelt, dennoch durchaus gerecht sein und handeln kann.[14] Der griechische Begriff nomos

---

[13] Nach L. Kohlberg erreichen nur etwa 20 % der Menschen die Stufe autonomer Sittlichkeit, in der sie verallgemeinerungsfähige Maximen der Sittlichkeit in Freiheit und Einsicht zum Maßstab ihres Handelns nehmen und nicht bei der sozial auferlegten Gesittung und dem positiven Recht oder gar auf der Stufe einer Handlungsregulierung durch Lohn und Strafe stecken bleiben. F. E. *Gailbraitb*/Th. M. *Jones,* Teaching Strategies for Moral Dilemmas: An Application of Kohlberg's Theory of Moral Development to the Social Studies Classroom, Social Studies Curriculum Center, Carnegie–Mellon University 1974.

[14] Belege werden in diesem Punkt sparsam gehalten, um den Text nicht mit zu vielen Anmerkungen zu belasten. Die genaueren Belegstellen finden sich in G. *Virt,* Epikie – Verantwortlicher Umgang mit

behält bei allen geschichtlichen Wandlungen, auf die hier nicht näher eingegangen werden kann, ähnlich wie später auch der lateinische Begriff lex, der von den christlichen Denkern analog gefaßt wurde, bis zum Beginn der Neuzeit eine die sittlichen wie die positiven Normen umfassende Bedeutung. Die Grenze konkreter Normformulierungen besteht aber darin, daß Normen wohl typische Handlungskonstellationen regeln, nie aber alle Situationen, die das Leben nun einmal mit sich bringt, berücksichtigen können. Konkrete Normen können nie so genau mit Angabe aller Bedingungen ihrer Gültigkeit formuliert sein, daß sie nicht in einer bestimmten Situation noch genauer formuliert werden müssen. Doch wer hat die Kompetenz, die Norm zu verbessern? Woher stammt die Legitimation dazu? Nach welchen Kriterien ist eine solche Normänderung nicht eine Verböserung, sondern eine Verbesserung?

Aristoteles greift in der Beantwortung dieser Frage auf eines der ältesten Worte seiner Sprache für die Bezeichnung des Ethischen zurück: „epieikes" bezeichnet schon bei Homer eine Haltung, die sich an der anerkannten Sitte orientiert und sich von da ab in fast allen wichtigen Werken der Griechen findet. In diesem Begriff spiegeln sich alle Wandlungen des griechischen Ethos, das ein Ethos der Freiheit und des Maßes zugleich war. Die Parteienstreitigkeiten der Adeligen und die sozialen Schwierigkeiten führten das griechische Heimatland im 6. Jahrhundert vor Chr. in eine Sackgasse. Da erteilten die Weisen von Delphi, die als übergeordnete Instanz von den streitenden Parteien anerkannt wurden und die ein Zentrum von Informationen über gesellschaftliche Vorgänge waren, unter Hinweis auf die Epikie den Adeligen den Rat, auf die volle Durchsetzung der eigenen ererbten Rechte zu verzichten und anderen Rechte einzuräumen, die sie bislang nicht hatten. Erst so war der Weg frei für das größere gemeinsame Interesse, in das langsam bisher an der Lenkung des Gemeinwesens unbeteiligte und unberechtigte Schichten hineinwachsen konnten. Die in der Epikie mitschwingenden Momente des Augenmaßes, der Großzügigkeit und der Konfliktlösung durch Durchbrechung geltender starrer Ordnungen, die erst den Raum für Kooperation und Partizipation weiterer Kreise freimachten, waren bestimmend für diese ersten demokratischen Versuche im Abendland.

Im Laufe der weiteren Geschichte zeigte sich aber auch der Mißbrauch mit der Epikie, der darin bestand, daß bestimmte Kreise aus politischen Interessen aus dieser Tugend eine Instanz gegen das Recht machten. Die daraus folgenden Probleme machten eine grundsätzliche Reflexion auf das Verhältnis von allgemeiner Gesetzesnorm und besonderer Handlungssituation möglich.

Platon, Angehöriger der enttäuschten Adelspartei und an den gesellschaftlichen Zuständen seiner Stadt Athen verzweifelnd, versucht das Problem in seiner ersten Staatstheorie so zu lösen, daß nur ein weiser Philosophenkönig, der volle Einsicht in die Idee des Guten hat, das Gemeinsame retten und dennoch allen gerecht wer-

---

Normen. Eine historisch-systematische Untersuchung. Tübinger theologische Studien, Bd. XXI, Mainz 1983.

den kann. Gesetze, in deren Namen solches Unrecht geschehen konnte wie die Hinrichtung des Sokrates, sind dazu nicht imstande. Im Politikos räumt Platon bereits ein wenig realistischer ein, daß auch ein noch so perfekter Philosophenkönig kaum ohne Gesetze auskommen kann, diese aber stets abändern und anpassen muß, da Gesetze niemals den dauernden Änderungen der menschlichen Verhältnisse gerecht werden können.[15] In seinem nachgelassenen Spätwerk Nomoi schließlich, in dem nicht das Interesse am besten Staat, sondern das an der Vorkehrung gegen die übelste Herrschaft des Tyrannen Pate stand, sollen die Richter aus ihrer Einsicht in den Sinn der Gesetze diese anpassen: das Gesetz gibt das Allgemeine an, der Richter nimmt auf das Besondere Rücksicht.

Aristoteles hingegen vertrat die Auffassung, daß jeder freie Bürger – sittlicher Erkenntnis fähig und selbst potentieller Gesetzgeber nach einer möglichen Wahl – imstande sei, in der Situation unabhängig von der allgemeinen Gesetzesnorm bessere Gerechtigkeit zu schaffen, wo dies nötig ist, d.h. dem Mitmenschen in seiner konkreten Lage gerecht zu werden. Wenn Aristoteles die Tugend der Epikie zur Beschreibung dieses Vorganges heranzieht, muß er zuerst folgendes Trilemma lösen, das er in den geschichtlichen Positionen vorfindet. Entweder ist das Gesetz eine adäquate Fassung des Gerechten, dann kann Epikie kein sittliches Gut sein, sondern nur Verwässerung des Gerechten; oder das Gesetz ist keine ausreichende Bestimmung des Gerechten, dann ist das sittlich Richtige nicht im Gesetz zu finden, sondern eben in der Epikie; oder beide sind letztlich identisch. Die Lösung des Problems gelingt Aristoteles durch Präzisierung des bislang unklaren Begriffes der Epikie. Das „Epieikes" gehört zur Gattung des Gerechten, das innerlich differenziert ist in den Bereich des Gerechten, der durch allgemein formulierte Normen gewährleistet ist, und den weiten Raum, der nicht durch formulierte Gesetze abgedeckt ist. Diese Differenz ist keine statische, denn der _Grund dieser Unterscheidung liegt in der Allgemeinheit und der Abstraktheit jeglicher Gesetzesformulierung einerseits und den vielen Einzelfällen, die das Gesetz regeln will, andererseits. Was also auf den ersten Blick wie eine Verwässerung des Gesetzes aussehen kann, kann in Wirklichkeit eine Verbesserung des Gesetzes sein. „Das ist präzise das Wesen der Epikie: Berichtigung des Gesetzes da, wo es infolge seiner allgemeinen Fassung lückenhaft ist."[16] Der Hinweis, daß der Gesetzgeber selbst, wenn er anwesend wäre, diese Berichtigung vornehmen würde, ist bei Aristoteles allerdings keine Bedingung, sondern eine Bekräftigung dieser Aussage. Epikie ist also keine Instanz außerhalb der Gerechtigkeit, sondern selbst eine Form der Gerechtigkeit, und zwar die bessere Gerechtigkeit, weil sie mehr berücksichtigt, als die allgemeine Gesetzesformulierung je berücksichtigen kann. Die Pointe besteht nicht in einem

[15] Politikos 294 c: „Das Gesetz... strebt wie ein selbstgefälliger und ungelehriger Mensch, der nichts will anders als nach seiner eigenen Anordnung tun und auch niemanden weiter anfragen lassen, auch nicht, wenn für jemanden etwas Neues etwa besser ist, außer der Ordnung, die er selbst festgestellt hat." Zitiert nach *Platon,* Sämtliche Werke. Nach der Übersetzung von F. Schleiermacher hrsg. von E. Grassi, Hamburg 1959.

[16] NE V, 14, 1137b 26f.

Handeln gegen das Gesetz, sondern in der entschlossenen Suche nach dem sittlichen Optimum in der konkreten Situation, unabhängig vom Gesetz. Aristoteles reflektiert auch darüber, wie solche im Alltag des Menschen stets aufgetragene Verbesserung der Gesetze gelingen kann. Er kennt in der praktischen Vernunft nicht nur eine normsuchende und normsetzende Fähigkeit (Phronesis) und eine normprüfende Fähigkeit (Synesis), sondern darüber hinaus eine kritische Urteilsfähigkeit für die konkrete Situation, in der eine Normverbesserung nötig wird (Gnome). Epikie geht nicht im Verstandesscharfsinn auf, schon gar nicht besteht sie in einem fanatischen Exaktheitsstreben in der Ethik. Sie ist vielmehr in Freiheit und Übung erworbene Fähigkeit des Menschen, seine Einsicht in die konkrete Situation (Gnome), mit dem Standpunkt des anderen zu vereinen und die Situation auch von der Seite des Mitmenschen zu sehen (Syngnome, was soviel heißt wie mitverstehen). Dies setzt die Bereitschaft voraus, seine eigenen Rechtsansprüche zurückzustellen und die Situation in einem größeren Zusammenhang zu beurteilen: auch in der Sicht des anderen und seiner berechtigten Anliegen und so sich einer umfassenderen Sicht der Gerechtigkeit zu öffnen. So wird Epikie bei Aristoteles zum dynamischen Prinzip der Gerechtigkeit. Der entscheidende Unterschied zu seinem Lehrer Platon besteht nicht darin, daß Platon aufgrund seiner idealen Sicht die Wirklichkeit und ihre konkreten Details geringachtet (das Gegenteil ist wahr), wie meist in der moraltheologischen Literatur im Anschluß an M. Wittmann[17] behauptet wurde, sondern darin, daß Platon die Tugend der Epikie nur dem König und später auch den Richtern zutraut, Aristoteles hingegen jedem Menschen.

Mit dem Untergang der athenischen Demokratie fielen auch die gesellschaftlichen Grundlagen der Epikiekonzeption des Aristoteles dahin. Es gab keine freien Bürger mehr, die ihre Gesetzgebung selbst verantworteten, sondern nur mehr einen Freien: den Herrscher. Epikie wurde in der Folgezeit in den Fürstenspiegeln auf den rechtsfremden Aspekt der Milde reduziert und degenerierte zu einer herablassenden Haltung von oben, in der das Moment der Willkür mitschwingt.

Erst Albert der Große griff wieder auf die Vollgestalt der Tugend der Epikie des Aristoteles zurück und sein Schüler *Thomas von Aquin* integrierte in das präzise Konzept des Aristoteles durch die Gleichsetzung von Epikie mit der lateinischen „aequitas", christliches und römisch-rechtliches Traditionsgut. Epikie ist für Thomas die Vollform der Gerechtigkeit. In ihr ist die Gerechtigkeit primär verwirklicht, weil sie mehr berücksichtigt als die allgemein gefaßte Normgerechtigkeit. Die Gesetzesgerechtigkeit hat sich daher nach der Epikie zu richten und nicht umgekehrt. Epikie ist gleichsam die höhere Regel der menschlichen Handlungen, sie besteht in der Fähigkeit, eigenständig die konkrete Handlungssituation mit allen Umständen im Lichte der höheren Prinzipien der Sittlichkeit zu beurteilen.[18]

---

[17] M. *Wittmann,* Die Ethik des Aristoteles, Regensburg 1920; *ders.,* Die Ethik des Hl. Thomas v. Aquin, München 1933.

[18] *Thomas v. Aquin,* STh II-II 120, 2 c: Unde patet quod epieikeia est pars subiectiva iustitiae. Et de ea iustitia per prius dicitur quam de legali: nam legalis iustitia dirigitur secundum epieikeiam. Unde epieikeia est quasi superior regula humanorum actuum.

Primär hat Thomas sicher das menschliche Gesetz als Gegenstandsbereich der Epikie im Auge. Doch die Beispiele, die Thomas verwendet, weisen nicht nur in Richtung eines positiven Gesetzes. Daß Eigentum zurückgegeben werden muß, ist im Sinne des Aquinaten eine sittliche Norm. Ähnlich wird später der hl. Alfons Maria von Liguori, der 1950 zum Patron der Beichtväter und Moraltheologen erklärt wurde, in seinem Werk „Theologia Moralis", das 70 Auflagen erreichte, den Anwendungsbereich von Epikie ausdrücklich über die menschlichen Gesetze hinaus auch auf das sittliche Gesetz ausdehnen, wenn eine Handlung durch die konkreten Umstände nur von sittlicher Bosheit frei bleibt.[19] Von der Rechtspragmatik der Römer übernimmt der Aquinate die Methode des genauen Abwägens (aequitas als Waagegerechtigkeit) zur Verfeinerung der Gerechtigkeit bis in die letzte Konkretion. Doch Thomas geht als christlicher Theologe über den Aspekt der genauen Sachgerechtigkeit hinaus. Vor allem in seinen bislang in diesem Zusammenhang kaum beachteten Schriftkommentaren geht er ausdrücklich darauf ein, daß es in der Epikie um die Personengerechtigkeit geht. Das primäre Subjekt der Epikie ist Gott selbst, denn letztlich kann nur Gott selbst dem Menschen als Person ganz und gar gerecht werden. Aber jeder Mensch nimmt als Gottes Ebenbild in analoger Weise an der aequitas Gottes und der Epikie Jesu Christi (2 Kor 10, 1) teil. Die spekulative Begründung im Anschluß an Aristoteles, die Methode zur Findung konkreter gerechter Urteile und das christliche Motiv zunehmender Personalisierung menschlichen Lebens und der Perspektive der Gottebenbildlichkeit wurden von Thomas in seiner Epikielehre zu einer Synthese geformt, die es vor ihm und auch nach ihm nicht mehr gab. Denn vielerlei Ursachen führten sehr bald dazu, daß seine Gedanken zunächst nicht wirksam werden konnten.

Im Zusammenhang mit den Konflikten zwischen staatlicher und päpstlicher Autorität, vollends aber im abendländischen Schisma, dessen vertrauenszerstörender Effekt gar nicht hoch genug eingeschätzt werden kann, wurde die Epikie als politisches Instrument mißbraucht. Unter den verschiedenen Vorschlägen zur Überwindung des Schismas gewann der Vorschlag des Konzils immer mehr an Bedeutung. Aber wer sollte das Konzil einberufen, wenn der Papst nicht dazu bereit ist? In diesem politischen Kontext wurde die Epikie zum Schlachtruf der Konziliaristen, die auf diese Weise die gesetzliche Bestimmung umgehen wollten, nach denen nur der Papst selbst gültig die allgemeine Kirchenversammlung einberufen konnte. Von da ab bekam man in der Kirche Angst vor dieser Tugend und versuchte sie möglichst einzuengen.

Die Sorge vor dem Mißbrauch ist auch im Domestizierungsversuch der Epikie durch *Franz Suárez* spürbar, dessen Konzept dieser Tugend für die Folgezeit bestimmend wurde. Der spanische Spätscholastiker und Berater von Königen war im Zusammenhang der Beratertätigkeit mit dem Aufbau des ersten neuzeitlichen

[19] S. *Alphonsi Mariae de Ligorio,* Opera Moralia, ed. L. Gaudé. Roma 1905, Bd. I., tr 2, c 4. nr. 201: „Haec epikeja non solum locum habet in legibus humanis, sed etiam in naturalibus, ubi actio possit ex circumstantiis a malitia denudari."

Staatsapparates so von diesem Interesse bestimmt, daß bei ihm die Rechtssicherheit als sittliche Rechtsidee Oberhand gewann. Bei diesem Jesuitentheologen an der Schwelle zur Neuzeit zeichnet sich aber durchaus auch bereits neuzeitliches Freiheitsethos ab. In der Spannung dieser beiden Interessen ist auch seine Epikielehre zu sehen. Bei F. Suárez verliert die Epikie den Charakter einer eigenständigen Tugend dadurch, daß er die verschiedenen Aspekte auf verschiedene andere Haltungen, vorwiegend aber auf den Gehorsam aufteilt. Aus der Tugend der Epikie wurde bei ihm eine Interpretationskunst für Juristen. Die Pointe der Epikie als einer Verbesserung des Gesetzes wird bei Franz Suárez unversehens eingeschränkt auf ein Handeln *gegen* das Gesetz. Der Theoretiker der perfekten Verwaltung versucht, das Unfaßbare dingfest zu machen und die Epikie durch möglichst taxative Aufzählung der Fallgruppen einzuengen: Epikie ist geboten, wenn die Befolgung eines Gesetzes zu unsittlichen Konsequenzen führen würde. Epikie ist erlaubt, wenn die Gesetzesbefolgung unzumutbar Schweres vom Untertan verlangen würde und schließlich, wenn der Gesetzgeber für diesen Fall nicht verpflichten wollte, was aus den normalerweise zu erkennenden Intentionen des Gesetzgebers nachweisbar sein muß. Die Momente der Zivilcourage, der Großzügigkeit und der Feinfühligkeit für den Mitmenschen in den konkreten Handlungsumständen, die für das griechische Epikiedenken charakteristisch waren und bei Thomas personal vertieft wurden, fielen seither aus und verschwanden in der Interpretationstechnik.

In den moraltheologischen Handbüchern im deutschen Sprachraum des vorigen Jahrhunderts bis in die jüngere Vergangenheit spielte die Epikie keine Rolle und wurde als Nebensache behandelt ohne jede Bedeutung für die Lebensgestaltung. Eher nebensächliche interne Probleme, die sich aus den vielfältigen kirchlichen Regelungen ergaben, wurden genannt.[20] In der engen Verflechtung zwischen Moraltheologie und Kirchenrecht ging der genuin ethische Aspekt der Epikie unter.

Neues Interesse an der Epikie erwachte erst nach dem Zweiten Weltkrieg, da unter der nationalsozialistischen Herrschaft aus der Tugend des Gehorsams, zu dessen Gunsten die Epikie zurücktrat, unversehens vielfach ein „Laster des Gehorsams“ geworden war. Etliche Momente der Epikielehre in der großen Tradition von Aristoteles bis Thomas wurden mittlerweile in der Normbegründungsdebatte der Moraltheologie aufgenommen. Darüber hinaus begann eine ausdrückliche Diskussion zur Lösung schwieriger Probleme im Leben der Kirche mit Hilfe der Epikie. Dies macht es nun im abschließenden vierten Punkt nötig, die traditionelle Lehre der Epikie für diese Diskussion fruchtbar zu machen und systematisch weiterzudenken.

[20] Z.B. *H. Noldin,* Summa Theologiae Moralis, Bd. I, Innsbruck [23]1960, 152: „Si protestans, quem instruis, tibi offert textum ex libro prohibito, ut statim respondeas, lege non teneris.“

4. Systematische Überlegungen

Die in der Geschichte aufgezeigte Erfahrung mit der Epikie ist abschließend nun zu überdenken für den Bereich des positiven Gesetzes, des staatlichen wie des kirchlichen (1.), das von der sittlichen Norm gut zu unterscheiden ist (2.), sowie für die Qualität des sittlichen Subjekts selber (3.) und abschließend in ihrer heilsgeschichtlichen Bedeutung (4.) zu würdigen.

1. Die Bedeutung des positiven Rechtes bestimmt sich vom Ziel her, das eine Rechtsgemeinschaft intendiert, d.h. nach weitgehender Übereinstimmung für den weltanschaulich neutralen Staat (nicht zu verwechseln mit wertneutral, d.h. bezogen auf Grundwerte und Grundrechte), die Sicherstellung einer äußeren Friedensordnung durch Schutz vor sozialschädlichem Verhalten, die Gewährleistung und Einhaltung der grundlegenden Menschenrechte und hinsichtlich des sittlich belangreichen Fundaments allen Rechtes, das sogenannte Minimalethos. Das positive Gesetz muß mit den moralischen Kräften des Durchschnittsbürgers rechnen. Den einzelnen Gesetzesformulierungen haftet notwendig ein gewisser Abstraktionsgrad an, angesichts dessen die Rücksicht auf den Einzelfall nicht vom Gesetz her erwartet werden kann; das positive Gesetz kann äußeres Verhalten darüber hinaus immer nur bruchstückhaft regeln und ist meist Ergebnis eines Kompromisses. Besondere Situationen, die das positive Gesetz nicht einfangen kann oder wo es gar zu sittlich falschen Handlungen führen würde, sind der Bereich, an dem Epikie nötig ist. Mit dem Wandel der Lebensumstände müßte sich auch das Gesetz wandeln, hinkt aber meist hinterher. Die Notwendigkeit der Änderung zeichnet sich häufig zunächst in Einzelfällen ab. Die Tugend der Epikie ist hier die Gewährleistung einer prospektiven Veränderung des Gesetzes zu einer besseren und differenzierteren Gerechtigkeit. Angesichts des Rückzugs der Gesetzgebung aus ethisch relevanten Bereichen ist eher damit zu rechnen, daß die Epikie in vielen Situationen den Menschen dazu motiviert, mehr zu tun, als das Gesetz von ihm verlangt, um dem Mitmenschen als Mensch wirklich gerecht zu werden; da der Mensch immer auch in einem Verhältnis zu sich selbst steht, gehört zum Wesen der Epikie auch die Gerechtigkeit gegenüber dem eigenen Selbst. Anders als das staatliche ist das kirchliche Recht am Evangelium orientiert und darf die von Gott in Beziehung zu Jesus Christus ermöglichte Lebensweise nicht einfach durch Kompromisse oder Rücksicht auf ein bestimmtes Durchschnittsverhalten desavouieren. Die äußere Ordnungs- und Kontrollfunktion tritt gegenüber der Transparenz auf das Evangelium zurück.[21] Schwierige Situationen, die sich aus menschlicher Not und menschlichem Scheitern ergeben, lassen oft keine eindeutige Beurteilung zu und können daher im kirchlichen Recht auch keine eindeutige rechtliche Regelung finden. Epikie kann in solchen Situationen die Begrenztheit auch des kirchlichen Rechtes ergänzen und den Weg weisen auf der Suche nach einer vor dem Gewissen vertretbaren Lösung in den oft sehr verworrenen Lebenssituationen. Mit der Logik der Epikie kann z.B.

---

[21] Vgl., K. *Demmer,* Das Verhältnis von Recht und Moral im Licht kirchlicher Dispenspraxis: Gr 56 (1975) 681-731.

bei Geschiedenen und Wiederverheirateten unter Umständen durch Berücksichtigung der ganz konkreten Lebensumstände, die vor dem kirchlichen Recht aber nicht beweisbar sind, im Gewissensbereich die Ungültigkeit einer gescheiterten Ehe und damit die Möglichkeit der Teilnahme an den Sakramenten gesucht werden.[22] Für den kirchlichen Gesetzgeber könnte Epikie eine Möglichkeit eröffnen, ohne der Konsequenz seiner sittlichen Lehre gemäß dem Evangelium Abbruch zu tun, unter Rücksicht auf die besonderen Lebensumstände (auch einer Zeit und Gesellschaft) einen Weg der Versöhnung durch Vergebung zu gewähren, auch wenn es dafür keine glatte Lösung gibt. Die Ostkirche kennt beispielsweise eine solche Rücksicht auf die konkrete Situation und das sittliche Können in Form des sogenannten Ökonomieprinzips. Im Grunde handelt es sich um eine Anwendung der Epikie durch die kirchliche Autorität. Die Bischofssynode über Ehe und Familie vom 26.9. bis 25.10.1980 hat in ihrer Propositio 14 Nr. 6 eine Anregung in diese Richtung gegeben: „Die Synode wünscht, in ihrer pastoralen Sorge um die Gläubigen, daß man sich in dieser Sache einer neuen und tieferen Untersuchung widme. Dabei möge man auch der Praxis der Kirchen des Ostens Rechnung tragen, um so besser die pastorale Barmherzigkeit herauszustellen.“ Dieser Auftrag ist bislang weithin unbekannt und unbekannt auch seine weitere Geschichte.

2. In analoger Weise könnte die Epikie in ihrer klassischen Vollform auch zur Lösung von Konflikten im Bereich der ethischen Normen selbst beitragen.[23] Die immer komplizierteren Lebensumstände und das wachsende Wissen um die vielfältigen äußeren Bedingungen menschlichen Handelns regen zu immer differenzierteren und besseren Abwägungen an. Dies betrifft nicht nur differenziertere Formulierungen, sondern eine wirklichkeitsgerechtere Einsicht in die sittliche Norm selbst. Auch die inneren Umstände des Menschen,[24] sein Lebensalter, seine Reifungsprozesse, seine Krisen usw. müssen in den sittlichen Einsichtsprozeß eingehen. Nicht nur äußere Bedingungen, sondern auch die Zumutungen an das dem Menschen Mögliche, muß in der ethischen Norm berücksichtigt werden. Wenn ethische Normen in der Form eines idealen Prinzips ohne Rücksicht auf die konkret mögliche Wirklichkeit formuliert werden, ist nicht nur das Auseinanderfallen von Ideal und Wirklichkeit die Folge und damit die Gefahr einer doppelten Moral, sondern starre Ideale können darüber hinaus das sittliche Bemühen des Menschen selbst erschlagen. So wie das Bessere der Feind des Guten sein kann, kann das Ideal als operative Handlungsnorm formuliert die Motivation zum hier und jetzt erreichbaren Guten untergraben. Epikie lehrt, mit Phantasie nach möglichen Hand-

---

[22] Vgl. Brief der Kongregation für die Glaubenslehre vom 11. 4. 1973: AfkKR 142 (1973) 84 f.: „ex alia parte autem curare ut animarum pastores peculiari sollicitudine prosequantur eos etiam qui in unione irregulari vivunt adhibendo in solutione talium casuum, praeter alia recta media, probatam Ecclesiae praxim in foro interno.“

[23] Vgl. K. *Demmer,* Deuten und handeln – Grundlagen und Grundfragen der Fundamentalmoral, Freiburg/Schweiz – Freiburg/Br. 1985.

[24] „Conditio personae“ hatte Thomas formuliert: In Ps 42, 1: „est duplex iudidium: scilicet severitatis, et misericordiae seu aequitatis. Primum est, quando attenditur solum res et non conditio; et hoc est timendum ... secundum est, quando consideratur non solum natura rei, sed conditio personae.“

lungsalternativen Ausschau zu halten, wo die Handlungsmöglichkeiten durch äußere oder innere Grenzen eingeschränkt sind. So könnte die Epikie helfen, das Spannungsfeld zwischen einer vom kirchlichen Lehramt verkündeten Idealnorm im Fortpflanzungsverhalten des Menschen und den konkreten Handlungsmöglichkeiten abzubauen.

3. Das Wesen der Epikie als sittlicher Tugend ist mit den bisher diskutierten Aspekten der Normverbesserung noch keineswegs ausgeschöpft. Als sittliche Tugend reicht sie in die Mitte des handelnden Subjektes selbst hinein. Zur sittlichen Qualität einer Person als freiem Gestalter des eigenen Lebens gehört wesentlich auch das prospektive und schöpferische Moment. In den konkreten Ansprüchen einer Handlungssituation gehen dem bewußt lebenden Menschen nicht nur neue Einsichten (Sach- und Sinneinsichten) auf. Er selber wird in seinen schöpferischen Fähigkeiten angeregt, vertieft und verändert. Die Wahrnehmung des sittlichen Anspruches bedeutet ja keineswegs bloß ein Ablesen von normativ festgelegten Sach- und Sinnverhalten, sondern ist immer schon ein schöpferisches Sehen und Entdecken. Schöpferisch ist dieses Sehen und Entdecken dadurch, daß der Mensch aufgefordert ist, in seiner Phantasie neue sinnvolle Momente der Lebensgestaltung zu riskieren, die im bisherigen Regelsystem nicht vorkamen. Die sittliche Gutheit der Person drängt ihn dazu, das menschlich Richtige in Form von Modellen weiterzuentwickeln.

4. Die Haltung der Epikie ist nicht nur ein stimulierendes Moment dafür, daß sittliche Normeinsicht in Bewegung bleibt und korrigiert und differenziert wird. Epikie ist entscheidend dort gefragt und wird dort am deutlichsten, wo jener Raum menschlicher Freiheit zum Tragen kommt, der prinzipiell nicht mehr durch allgemeine Normen geregelt werden kann, wie die ganz persönliche Lebensentscheidung. In der Epikie ist das Anliegen einer Existentialethik verwirklicht, die Sensibilität und die Fähigkeit zur Wahrnehmung ganz persönlicher Imperative, aber zugleich davor bewahrt, gegen eine Normenethik ausgespielt zu werden. Das Anliegen der Existentialethik hat dort seinen Ursprung, wo der Mensch in letzter unvertretbarer Einmaligkeit allein vor Gott über sein Leben, das er ein für allemal zu verantworten hat, entscheidet und aus dieser Grundoption heraus immer neu zu wählen trachtet, was dem Willen Gottes mehr und besser entspricht. Dies zu erkennen setzt mehr voraus als die Fähigkeit, Normen in der Situation auch sachgerecht anzuwenden. Sensibilität für die Anregungen des Geistes Gottes und der Mut zu einem kreativen Umgang mit den eigenen seelischen Regungen verdichten sich in der Kunst der „Unterscheidung der Geister“. Wenn in die sittliche Tugend der Epikie spezifische Glaubenserfahrungen eingetragen werden, dann führt dies in Konsequenz zur Unterscheidung der Geister. Die in der Epikie angesprochene Fähigkeit, sittliche Normansprüche in der Situation wo nötig zu verbessern und prospektiv unabhängig vom Gesetz, durch genaues Berücksichtigen der sachlichen und personalen Umstände, das Richtige mit der Vernunft zu finden und der Mut, dann auch unabhängig vom Gesetz zu handeln einerseits und das im Glauben sensibilisierte Wahrnehmen der inneren Sehnsucht nach einem möglichst genauen

Eingehen auf die Anregungen des Geistes Gottes andererseits, könnten sich gegenseitig befruchten.

Die Angst vor dem Mißbrauch mit der Epikie ist aus der Lehre der Geschichte verständlich und auch aus den Nöten, die der Mensch mit seiner Freiheit hat. Es ist bequemer und einfacher, sich in einem Normengehorsam zu beheimaten oder in den Rechtspositivismus (auch kirchlicher Art) zu flüchten, und es gewährt zunächst auch scheinbar mehr Sicherheit vor der Gefahr der Schuld und der Sünde. Christlicher Glaube aber will helfen, diese Angst zu überwinden. Angst macht starr. Dies gilt auch für menschliche Gesetze und das Bemühen um die Einsicht sittlicher Normen. Der Glaube hingegen bricht alles menschliche Regelwerk auf und hält es offen für die Führung durch den Geist Gottes und das Kommen des Herrn im Laufe und am Ende der Geschichte.

SITTLICHES HANDELN ALS SYMBOLGESCHEHEN
Die Bedeutung des psychoanalytischen Symbolbegriffs für eine ethische Handlungstheorie*

Die ethische Diskussion hat sich seit geraumer Zeit auf die Normbegründungsfrage konzentriert. Die verschiedenen handlungstheoretischen Modelle, die dabei entstanden sind, erweisen sich insofern als unvollständig, als keines dieser Modelle den Anspruch erhebt, alle anstehenden Legitimationsprobleme sittlicher Beurteilung klären zu können. Ein kleiner Schritt zur Erweiterung des Problembewußtseins kann in der Reflexion auf die spezifisch menschliche Fähigkeit zu symbolischer Kommunikation und zu symbolischem Handeln überhaupt liegen. Abgesehen von einzelnen Hinweisen scheint mir die Bedeutung dieses Wesenszuges des Humanums für die Ethik in der Literatur bisher nicht systematisch aufgearbeitet zu sein.

1. Die Vielfalt der gegenwärtigen Symbolforschung

Symbole begegnen uns auf Schritt und Tritt. Wir haben Umgang mit ihnen nicht nur allnächtlich im Traume (auch wenn wir uns selten nur daran erinnern sollten), sondern alltäglich in Religion und Kunst, ja auch in der Werbung, in der Trivialliteratur usw.[1] Ein guter Teil unserer sozialen Kommunikation ist symbolisch vermittelt.[2] Die Symbolforschung[3] deckt die Vielschichtigkeit dieses Erfahrungsbereiches auf. Nicht nur die Religionswissenschaft und Ästhetik, sondern auch die Humanwissenschaften befassen sich bereits traditionellerweise mit dem Symbol. Durch die moderne Tiefenpsychologie wurde der Symbolcharakter seelischer Äu-

---

* Dieser Text gibt die im Anschluss an meine Habilitation im Fachbereich Katholische Theologie der Universität Tübingen gehaltene öffentliche Vorlesung wieder. Obwohl diese Überlegungen schon vor längerer Zeit entstanden sind, haben sie meines Erachtens immer noch herausfordernde Bedeutung für die Moraltheologie.

Originalpublikation in: ThQ 163(1983) 123-131.

1 vgl. A. Senger, Säkularisierung – Trivialisierung – Kommerzialisierung. Symbolik in Werbung und Trivialliteratur: Symb. NF 2 (1974) 153-172.

2 Einen guten Überblick über die symbolische Interaktion bietet A. M. Rose, Systematische Zusammenfassung der Theorie der symbolischen Interaktion, in: Moderne amerikanische Soziologie. Hrsg. v. H. Hartmann. Stuttgart 1967, 221-231. Von den Klassikern dieser Theorie sei G. H. Mead, Geist-Identität und Gesellschaft. Frankfurt 1975, angeführt. Verwiesen sei auch auf die für unser Thema einschlägigen Arbeiten von H. J. Helle, Soziologie und Symbol. Ein Beitrag zur Handlungstheorie und zur Theorie des sozialen Wandels (Beiträge zur soziologischen Forschung 4). Köln–Opladen 1969; ders., Symboltheorie und religiöse Praxis, in: J. Wössner (Hrsg.), Religion im Umbruch. Stuttgart 1972, 200-214.

3 Für eine erste Übersicht über die verschiedenen Bereiche der Symbolforschung vgl. K. Lüthi, Die interdisziplinäre Symboldebatte – kritische und konstruktive Überlegungen, in: Theologia Scientia Eminens Practica. Festschrift für S. Zerbst. Freiburg–Basel–Wien 1979, 35-51. Ebenso das instruktive Sachbuch: J. Scharfenberg/H. Kämpfer, Mit Symbolen leben. Soziologische, psychologische und religiöse Konfliktbewältigung. Olten–Freiburg 1980. Die Bibliographie zur Symbolkunde umfaßte bis 1971 nicht weniger als 11.466 Titel.

ßerungen, der bislang vorwiegend in Kunst und Dichtung wahrgenommen worden war, in methodischer Weise erschlossen. Die Soziologie greift auf die symbolische Form der Interaktion als ursprüngliche Sozialisationsform zurück. Philosophen[4] und Sprachwissenschaftler nähern sich der Wirklichkeit des Symbols auf ebenso vielfältige Weise wie Theologen[5] und Liturgen.[6] Die Symbolik ist zu einer aus dem modernen wissenschaftlichen Gespräch nicht mehr wegzudenkenden Grundkonstante der Anthropologie geworden. Um so verwunderlicher ist es, daß dieser Aspekt in der Ethik bislang relativ wenig beachtet wurde.

2. Einschränkung auf den psychoanalytischen Symbolbegriff

Beschränkung auf einen Aspekt ist geboten, der jedoch so gewählt werden muß, daß die Relevanz für das Ganze des Sittlichen sichtbar wird. Die Konzentration auf den psychoanalytischen Symbolbegriff bietet sich schon deswegen an, weil alles sittliche Handeln an psychische Bedingungen rückgebunden ist. Die Psychoanalyse erhebt darüber hinaus den Anspruch, alle Kulturphänomene, also auch die Moral, zu interpretieren. So weit der Anwendungsbereich der Psychoanalyse auch sein mag, so sehr ist der Blickwinkel eingeengt, und zwar auf die triebökonomischen Zusammenhänge. Unter den verschiedenen tiefenpsychologischen Schulen grenze ich die folgenden Überlegungen auf Sigmund Freud und seine Schule ein.

Dies hat den Vorteil, daß der ursprüngliche Symbolbegriff, wie er vor allen Abspaltungen in Schulen gebildet wurde, in den Blickpunkt kommen und daß dieser Begriff weiter verfolgt werden kann in einer tiefenpsychologischen Richtung, die sich durch große methodische Strenge der Gedankenführung auszeichnet.

Aus dieser Präzisierung des Vorhabens ergeben sich folgende Gedankenschritte: Zuerst wird der Stand der Diskussion um den psychoanalytischen Symbolbegriff knapp skizziert und hierauf in einem zweiten Schritt die Bedeutung dieses Symbolbegriffs für die Ethik in drei Punkten aufgewiesen.

---

[4] Vgl. E. Cassirer, Philosophie der symbolischen Formen. Bd. I.II, Darmstadt 1973; Bd. III. [6]1977; ders., Wesen und Wirkung des Symbolbegriffs. Darmstadt 1956; M. Thiel, Die Symbolik als philosophisches Problem und philosophische Aufgabe: StGen 6 (1953) 235-256; D. Wendland, Ontologie des Ausdrucks. Versuch einer Grundlegung (FNPG 12). Würzburg 1957; S. K. Langer, Philosophie auf neuem Wege. Das Symbol im Denken, im Ritus und in der Kunst. Frankfurt 1965.

[5] Vgl. H. U. v. Balthasar, Herrlichkeit: Eine theologische Ästhetik. Bd. 1-3. Einsiedeln 1961-1969; R. Guardini, Die Sinne und die religiöse Erkenntnis. Würzburg [2]1958; W. Heinen (Hrsg.), Bild – Wort – Symbol in der Theologie. Würzburg 1969; K. Rahner, Zur Theologie des Symbols, in: ders., Schriften zur Theologie Bd. 4. Einsiedeln 1960, 275-311; F. Schupp, Glaube – Kultur – Symbol. Versuch einer kritischen Theorie sakramentaler Praxis. Düsseldorf 1974; A. Wucherer-Huldenfeld, Theologie des Symbols, in: Liturgie der Gemeinde. Wien 1966, 93-106; P. Tillich, Symbol und Wirklichkeit. Göttingen 1962.

[6] Vgl. P. Hünermann/R. Schaeffler, Ankunft Gottes und Handeln des Menschen. Thesen über Kult und Sakramente (QD 77). Freiburg–Basel–Wien 1977; W. Jetter, Symbol und Ritual. Anthropologische Elemente im Gottesdienst. Göttingen 1978; T. Schneider, Zeichen der Nähe Gottes. Grundriß einer Sakramententheologie. Mainz 1979, bes. 17-29.

2.1 Die Diskussion um den psychoanalytischen Symbolbegriff

a) Der Symbolbegriff bei S. Freud

Es empfiehlt sich, zur Erfassung des psychoanalytischen Symbolbegriffs vom klassisch gewordenen Aufsatz von E. Jones,[7] dem Biographen und Schüler Sigmund Freuds, auszugehen. Unter Symbol im psychoanalytischen Sinn versteht er jenen indirekten psychischen Ersatzausdruck, der folgende sechs Merkmale aufweist:[8]

1. Substitution, d.h. das psychoanalytische Symbol steht immer stellvertretend für Unbewußtes.
2. Konstanz der Bedeutung, d.h. die Bedingung der Gemeinsamkeit zwischen dem Zeichen und den verschiedenen durch diesen Ausdruck miteinander verbundenen Sinnschichten schränkt die Variation der Bedeutung ein, läßt aber mehrere richtige Deutungen zu.
3. Unabhängigkeit von individuellen Bedingungen, d.h. die Möglichkeiten bei der Schaffung von Symbolen sind durch die Sozietät eingeschränkt.
4. Entwicklungsgeschichtliche Grundlage; diese liegt in primitiven psychischen Vorgängen.
5. Sprachliche Beziehungen, d.h. es besteht eine Beziehung zwischen verschiedenen Vorstellungen und dem sprachlichen Ausdruck, die vom Unbewußten in einer Weise vorgenommen wird, die dem Bewußtsein meist entgeht.
6. Phylogenetische Parallelen. Die Psychoanalyse interpretiert die merkwürdige Ubiquität ein und desselben Symbols bei verschiedenen Völkern verschiedener Entwicklungsstufen dahingehend, daß all die vielen tausend Symbole letztlich mit jenen primitiven Bedürfnissen des Menschen zu tun haben, die bei allen das gleiche Interesse hervorrufen. Alle Symbole dienen nach dieser Theorie der Darstellung des eigenen Körpers, der Repräsentation der nächsten Verwandten und der Phänomene, die mit Geburt, Liebe und Tod zusammenhängen.

Soweit eine erste Begriffsumschreibung.

b) Die Entstehung des Symbols in der Psyche

Wie aber entsteht ein solchermaßen umschriebenes Symbol in der Psyche? Aus welchen Urbausteinen wird es gebildet? Die ontologische Grundlage der Psychoanalyse besteht im Willen als Trieb. Freud selbst hat seine Trieblehre einmal seine Mythologie genannt.[9]

Wie aber kommt der Trieb in die Psyche? Der Trieb stellt sich, ja drängt sich durch körperliche Erregungen und Spannungen in der Psyche vor. Der Begründer der Psychoanalyse nennt dieses Vordringen des Triebes in der Psyche Repräsen-

---

7 E. Jones, Die Theorie der Symbolik, in: Psyche 24 (1970) 943-957, hier bes. 945 f.
8 A.a.O. 956-959.
9 S. Freud, Gesammelte Werke XV. London–Frankfurt a. M. [3]1961, 101.

tanz.[10] Die chaotischen Kräfte des Triebes rufen dort, wo sie nicht an ihr Ziel kommen, eine halluzinatorische Befriedigung hervor, eine unbewußte Vorstellung, die mit einem entsprechenden Affektquantum besetzt und auf diese Weise stabil erhalten wird. Auf diese Weise werden in der Psychoanalyse auch die Entstehungen der frühesten Objektrepräsentanzen gedeutet.[11] Ein banales Beispiel: Für den hungrigen Säugling, dem die Mutter nicht gleich zu trinken gibt, gibt es eine Möglichkeit, die aufkommende Existenzangst zu meistern. Er kann sich seine Nahrungsquelle auf dem Wege der Halluzination vorstellen. Die damit gegebene Möglichkeit des Triebaufschubs ist für Freud Grundbedingung jeglicher Kulturleistung.

Bereits diese allerersten Bausteine des psychischen Symbols tragen das Charakteristikum des Kompromisses und der Vermittlung zwischen Kraft (Trieb) und Sinn (vorgestellter halluzinatorischer Wunschbefriedigung) an sich.

Die Psychoanalyse ist immer Energetik und Hermeneutik in einem. Ihr Interpretationsweg führt vom Wort zurück zum dahinterliegenden Wunsch und weiter zur Kraft, die sich im Wunsch in der Psyche vorstellt.[12]

c) Die Entstellung des Symbols durch die Psyche

Auch bei unsinnigsten neurotischen Symptomen, bei jeder Fehlleistung und bei jedem noch so unverständlichen Traum sieht die Psychoanalyse einen verborgenen Sinn voraus. Doch wie läßt sich diese Bedeutung finden?

Freud nennt zwei Wege: Die freie Assoziation und die Aufdeckung der sogenannten Übertragung,[13] d.h. die Entlarvung jener Wünsche, die nun auf den Analytiker gerichtet werden, die als unerfüllte infantile Ansprüche aber ursprünglich jemand anderem gegolten haben. Freud gibt auch eine Erklärung für das Zustandekommen der Entstellung. Die Entstehung der ursprünglichen Entstellung führt Freud auf das Wirksamwerden einer inneren Zensur des sogenannten Über-Ichs zurück. Das Ergebnis ist ein oft unverständlicher Kompromiß zwischen den ursprünglichen Triebwünschen und den im Über-Ich internalisierten Ansprüchen der gesellschaftlichen Wirklichkeit. Die Vielschichtigkeit der Wünsche und die Vielfältigkeit der moralischen Ansprüche, die vom Traum oft in einem einzigen Bild verdichtet werden, lassen bei der Übersetzung meist mehrere Sinnebenen zutage treten. Traumbilder sind überdeterminierte Figuren, in denen mehrere Wünsche, Ängste, Widerstände verdichtet und ineinander verschoben dargestellt werden. Die psychoanalytische Hermeneutik besteht hier in der Aufdeckung des Mehrfachsinnes dieser Symbolik.

---

[10] Vgl. E. Moersch, Symbol, Repräsentanz, Primärprozeß: Psyche: 30 (1976) 503 ff. Siehe auch Art. Repräsentanz, psychische, in: J. Laplanche/J. B. Pontalis, Das Vokabular der Psychoanalyse Bd. 2. Frankfurt 1972, 441-443 mit Hinweis auf die entsprechenden Stellen bei S. Freud.

[11] Unter Objektrepräsentanz versteht man in der Psychoanalyse die Errichtung stabiler Bilder der ersten Bezugspersonen in der Psyche.

[12] Vgl. P. Ricoeur, Die Interpretation. Ein Versuch über Freud. Frankfurt 1969, bes. 100-161.

[13] Vgl. Art. Übertragung, in: J. Laplanche/J. B. Pontalis, Das Vokabular der Psychoanalyse Bd. 2, 550-559.

d) Die „Wahrheit“ des psychischen Symbols

Damit sind wir zum Kernbegriff unserer Überlegungen gelangt und zu einer wesentlichen Einsicht der Psycho-Analyse: Das Symbol ist ein überdeterminiertes psychisches Gebilde, psychisches Geschehen zeigt und verbirgt einen Sinnüberschuß. Das psychoanalytische Symbol ist wesentlich komplexer als eine einfache Darstellung des Inneren durch ein sinnenfälliges äußeres Zeichen.[14]

Wodurch aber ist diese Interpretation vor Willkür geschützt? Worin liegt die Wahrheit der psychoanalytischen Symbole? Freud versteht unter Symbol nicht einfach ein willkürlich gewähltes Zeichen, es ist vielmehr in mehrfacher Weise gebunden. Das Symbol muß von seiner Gestalt und seinem gesellschaftlich vorgegebenen Sinn her fähig sein, zwischen den aus dem Es stammenden Triebwünschen, zwischen den meist unbewußten Ansprüchen des Über-Ichs und den Notwendigkeiten der Realität derart zu vermitteln, daß affektive Triebabfuhr möglich ist. Wenn dem Ich diese Vermittlung nicht gelingt, dann entartet das Symbol zu einem neurotischen Symptom,[15] z.B. zu einer Zwangshandlung. Wenn ein Symbol nicht mehr die psychische Konfliktlösung gibt, die es ansagt, wird es „unwahr“.

e) Die Weiterentwicklung des Symbolbegriffs durch die Ich-Psychologie

Der freudsche Symbolbegriff erweist sich als durchgängig regressiv. Er steht im Dienst primitiver Triebbefriedigung. Die Grenzen dieses bloß auf Wiederherstellung aufgegebener Libidopositionen abgestellten Symbolbegriffs werden bei Freud selbst dort am deutlichsten, wo er mit Hilfe der Mechanismen der Traumarbeit ästhetische Phänomene der Kunst zu deuten versucht. Freud hält die Kunst für eine nicht neurotische Form der Ersatzbefriedigung, für das Paradigma einer gelungenen Symbolisierung. Wie aber kommt der niedere infantile Triebwunsch, der die Wiederkehr des Verdrängten betreibt, zum höheren Wunsch der Kunst und der Kultur im allgemeinen? Der Begründer der Psychoanalyse beschränkt sich im Rahmen seiner metapsychologischen Deutung ästhetischer Lust auf den triebökonomischen Hinweis, daß eine tiefe Entladung und technisches Vergnügen zusammen diese höhere Form der Lust ausmachen.[16] Mit diesem regressiven Symbolbegriff wird Freud allerdings dem Phänomen des Schöpferischen, das einer zukunftsweisenden persönlichen Synthese entstammt, in keiner Weise gerecht.

---

[14] R. Ginters, Die Ausdruckshandlung. Eine Untersuchung ihrer sittlichen Bedeutsamkeit. Düsseldorf 1976. Dieser Autor beschränkt sich auf die ethische Behandlung jener Darstellung innerer Gesinnung, bei der die gewünschten Konsequenzen nicht mehr erzielbar sind. Die hier vorgetragenen Überlegungen wollen darüber hinaus den hohen Komplexitätsgrad des psychischen Symbolbegriffs unterstreichen, der in einer ethischen Handlungstheorie beachtet werden muß. Besonders wichtig wird dieser Aspekt, wenn von manchen Autoren versucht wird, aus der Symbolstruktur direkt Normen abzuleiten.

[15] Vgl. Art. Symptombildung, in: J. Laplanche/J. B. Pontalis, Das Vokabular der Psychoanalyse Bd. 2, 490.

[16] Vgl. P. Ricoeur, Die Interpretation, bes. 175-177.

Nun mag man aber einwenden: Freud kennt doch gerade mit seiner wegweisenden Begrifflichkeit der Sublimation den Schlüssel zur Lösung dieses Problems. Freud beschreibt mit der Sublimierung wohl einen psychischen Vorgang, in dem der Trieb seine Zielrichtung ändert, ohne der Verdrängung zu verfallen, doch interpretiert er diesen Prozeß konsequent regressiv. Ideale sind sublime Wünsche, und diese sind für Freud nur Ersatzbildungen für den verlorenen Narzißmus der Kindheit, Projektionen der Eigenliebe. Selbst mit dem bekannten Begriff der Sublimierung hat der Begründer der Psychoanalyse also kein Instrumentarium entwickelt, das der Regression entgegengesetzt wäre, ein Instrumentarium zur Deutung einer zunehmenden Personwerdung, die er in der analytischen Praxis aber ständig voraussetzt; denn „wo Es war, soll Ich werden“[17].

An dieser Stelle hat die psychoanalytische Ich-Psychologie die freudsche Position weiterentwickelt. In der gegenwärtigen Literatur dominiert nun nicht mehr eine Sicht des Symbols als bloß regressiven Phänomens, sondern das Symbol wird konsequent als integrative Ich-Leistung begriffen.[18] Daraus ergeben sich folgende Korrekturen am freudschen Symbolbegriff:

Psychische Symbole werden nicht mehr bloß als Ergebnis früherer Kulturleistung einfach aufgenommen und einbahnig regressiv in Beziehung zu infantilen Vorstellungen gebracht, die psychische Gesundheit geht vielmehr Hand in Hand mit der kreativen Symbolisierungsfähigkeit des Ichs, mit der eigenständigen Teilnahme an jener Kulturarbeit, die seit jeher das symbolische Band zwischen den verschiedenen Sinnebenen stiftet.

Symbolisierung bedeutet nun nicht mehr bloß regressive, sondern auch progressive Lenkung psychischer Energien. Die Konstanz und Rigidität des Symbols werden auf diese Weise relativiert. Das Verhältnis von subjektiver Symbolbildung und objektiv, d.h. von der Kultur und der Gesellschaft, vorgegebener Symbolik wird nun differenzierter gesehen. Symbole sind zugleich gesellschaftlich vermittelt und vom Ich kreativ angeeignet und weiter geformt.

Aus dieser durchaus in der Konsequenz der psychoanalytischen Praxis liegenden Erweiterung des Symbolbegriffs ergibt sich nun auch eine differenziertere Kriteriologie. Die psychische Bedeutung des Symbols am Schnittpunkt zwischen Bewußt und Unbewußt, zwischen progressiver Synthese und regressiver Triebdynamik liegt in seiner integrativen Ordnungsfunktion der verschiedenen Dimensionen der Psyche. Mit dem Grad ihrer Integrationsfähigkeit nimmt die Undurchsichtigkeit der Symbole ab und ihr Enthüllungscharakter, der zu denken gibt, zu. Damit ergibt sich gleichsam eine Skala der Symbole. Fangen wir beim unteren Ende an. Beim neurotischen Symptom oder Klischee mißlingt die versuchte Integration: Der

---

[17] S. Freud, Gesammelte Werke XV, 86.

[18] Vgl. D. Beres, Symbol und Objekt: Psyche 24 (1970) 921-941; A. Lorenzer, Kritik des psychoanalytischen Symbolbegriffs. Frankfurt 1970; J. H. Phillips, Psychoanalyse und Symbolik. Bern–Stuttgart 1962. Gegen diese Weiterbildung wendet sich allerdings E. Moersch, Symbol, Repräsentanz, Primärprozeß. Kritische Überlegungen zu den Revisionsvorschlägen A. Lorenzers: Psyche 30 (1976) 503-533

Sinn bleibt unbewußt und undurchsichtig. Im nächtlichen Traum wird vorwiegend sedimentiertes Symbolgeröll aufgenommen. Seine Transparenz bleibt äußerst bescheiden. Im Tagtraum hingegen, beim Spiel und beim Humor, in der Folklore und im Märchen dominieren durchaus lebendige und transparente Symbole. Am oberen Ende der Skala befinden sich schließlich die prospektiven Symbole der Kunst und der Religion, die gleichsam in das Niedrigste des Unbewußten eintauchen und nach dem Höchsten auslangen. Sie geben am meisten zu denken; denn mit der Kraft, möglichst viele Sinnebenen des menschlichen Wunsches zu integrieren, steigt ihre „Offenbarungsfähigkeit".

2.2 Drei Konsequenzen aus dem psychoanalytischen Symbolbegriff für die Ethik

Bevor nun aus den möglichen Schlußfolgerungen drei Konsequenzen herausgegriffen werden, die sich aus dem psychoanalytischen Symbolbegriff für die Ethik ergeben, liegt eine hermeneutische Vorbemerkung nahe. Zunächst einmal scheint die Psychoanalyse der Ethik feindlich zu sein, da sie den sittlichen Phänomenen ja keine eigene Intelligibilität zuerkennt. Sie leitet alle Moral aus dem primären Tabuverbot ab und betrachtet ethische Forderungen als Erniedrigung der ursprünglichen Wünsche des Menschen. Die Psychoanalyse vermittelt überhaupt keinen Zugang zu ursprünglich normgebenden Instanzen. Sie deckt vielmehr falsches Bewußtsein auf und will eine Wahrheit erschließen, die dem falschen Bewußtsein vorausliegt. Nichtsdestoweniger kann die Psychoanalyse gerade deswegen eine Herausforderung für die Ethik bedeuten. Immerhin eröffnet der Symbolbegriff der Psychoanalyse erstaunliche hermeneutische Möglichkeiten zum Erfassen der Komplexität des psychischen Geschehens. Sittliche Handlungen sind ausnahmslos in das Gesamtgeschehen der Psyche eingebettet. Ein besseres Verstehen dieser Bedingungsstruktur aber hilft zu einem besseren Verstehen des Sittlichen selbst.

1. Es gibt eine ethische Position, die vom Symbol her unmittelbar Normen abzuleiten versucht.[19] Ausgangspunkt dieser Argumentationsform ist die unbestrittene ontologische Voraussetzung, daß der Leib Real-Symbol, symbolische Repräsentation des Menschen selbst sei. Das Problem beginnt nun beim Übergang von diesem Prinzip zur Norm. Nur unter der Voraussetzung, daß konkretes menschliches Handeln, das durch Sollensregeln normiert werden soll, ungetrübte und direkte Darstellung des real symbolischen Charakters vom Menschsein schlechthin sein könnte, wäre eine solche Argumentation stimmig. Nun haben uns aber gerade die Überlegungen zum psychoanalytischen Symbolbegriff gezeigt, daß die symbolische Repräsentation des Menschen in seinen psychischen Vollzügen äußerst komplex und überdeterminiert ist.

---

[19] Vgl. z.B. R. Spaemann, Gut und Böse – Relativ? Über die Allgemeingültigkeit sittlicher Normen (Antwort des Glaubens 12). Freiburg 1979, 12 f.

Eine Reduktion dieser Grundstruktur auf das Muster einer inneren Gesinnung, die sich ungebrochen und eindeutig sinnenfällig darstellt, ist von dieser Position her nicht möglich. Die psychische Symbolgestalt auf sittliche Handlungen besteht vielmehr in einem Verweiszusammenhang von der ersten zur zweiten und zur x-ten Sinnebene. Die symbolische Bedeutung einer Handlung liegt nicht einfach zutage, sondern bedarf der Interpretation. Aussagen über Symbolhaftigkeit menschlichen Handelns sind vielsinnig, Aussagen über Normen aber wollen eindeutig sein, d.h. eine bestimmte Handlung exakt beschreiben und bewerten. Ein unmittelbarer Übergang von analoger zu univoker Aussage ist daher nicht möglich. Die ontologische Aussage über den Leib als Realsymbol der Seele soll damit keineswegs in Frage gestellt werden. Was aber bestritten wird, ist die Ableitung konkreter eindeutiger Handlungsregeln ohne vermittelnde Interpretation. Die erste negative Konsequenz lautet: Aus der Symbolstruktur menschlicher Handlungen läßt sich unmittelbar keine Normaussage begründen.

2. Die Anregungen des komplexen psychoanalytischen Symbolbegriffs für die Ethik lassen sich aber auch positiv verdeutlichen. Das Modell einer teleologischen Normenbegründung nimmt Maß an den Folgen einer Handlung. Unbestritten ist der absolute Vorrang der Wahrung und Verwirklichung der sittlichen vor allen nichtsittlichen Gütern.

Geht es aber nicht unmittelbar um ein sittliches Gut, z.B. der Gewissensfreiheit, sondern um sehr komplexe Sachfragen, mit denen ethische Normbegründung zu tun hat, dann gilt es, unter den vorsittlichen Momenten abzuwägen. Auf diese Weise können grundsätzlich Handlungsfolgen, nicht aber Handlungsformen reflektiert werden. Hat aber nicht auch die Gestalt einer Handlung sittliche Bedeutung? Das psychoanalytische Symbol- und Wahrheitsverständnis verweist den, der sich dieser Herausforderung stellt, daraufhin, daß er auch für den symbolischen Ausdruck seiner Handlung, ja sogar für seine Träume die Verantwortung übernehmen soll. Daran schließt sich unmittelbar eine dritte Schlußfolgerung an.

3. Der psychoanalytische Symbolbegriff gestattet es, den Zusammenhang von Motiv und Norm genauer zu reflektieren. Normenethik unterscheidet streng zwischen sittlich richtig und sittlich gut.[20] Die Verbindung zwischen diesen beiden Aspekten wurde mit dem Hinweis auf die kritische, stimulierende und integrierende Kraft der Motivation angesichts der gesellschaftlich vorhandenen Normen reflektiert.[21] Auf der Ebene der psychischen Voraussetzung ist der Symbolbegriff der Psychoanalyse wegen der unbeliebigen, aber dennoch flexiblen Verbindung der verschiedenen Sinnebenen einer Handlung geeignet, diese Beziehung weiter zu erhellen.

Ein Beispiel für die kritische Funktion: Bestimmte Handlungsweisen können nicht sittlich richtiger Ausdruck eines sittlich guten Motivs sein. Ein solcher Fall

---

[20] Vgl. B. Schüller, Die Begründung sittlicher Urteile. Typen ethischer Argumentation in der Moraltheologie. Düsseldorf ^{2}1980, 133-141.

[21] Vgl. A. Auer, Autonome Moral und christlicher Glaube. Düsseldorf 1971.

scheint z.B. gegeben, wenn man sich zur Rechtfertigung der sittlichen Erlaubtheit der direkten und aktiven Tötung eines unheilbar Kranken und Sterbenden auf das „gute Motiv“ des Mitleids beruft.[22] Gerade die Psychoanalyse kann eine solche Berufung als nachträgliche Rationalisierung einer projektiven Abwehrreaktion entlarven, in der sich der, der so handelt, seiner Betroffenheit entledigen möchte. Von dem zuletzt Gesagten stellt sich die Frage nach dem Maß erreichbarer Symboltransparenz.

Restlos aufgehellt könnte ein Symbol nur werden in einem totalen Verstehenszusammenhang aller Sinnebenen. Dies wiederum würde die Einsicht in die Zuordnung eines jeden Symbols zum Ganzen der Wirklichkeit voraussetzen, von der her jedes Symbol als Verweisgestalt den Ort seiner Verwiesenheit empfängt. Kein einzelner Traum kann für sich allein restlos gedeutet werden. Erst im Ganzen einer Analyse erhält der einzelne Traum eine einigermaßen abgerundete Bedeutung. Jede sittliche Einzelhandlung ist ein Symbol für den grundlegenden Entwurf des Lebens. In all den vielen Einzelentscheidungen baut der Mensch an einer Grundentscheidung seines Lebens. Solange seine Lebensgeschichte weitergeht, gibt es keine letzte Eindeutigkeit.

Eindeutige Beurteilungen einzelner sittlicher Akte von ihrer Symbolgestalt her sind nicht möglich. Solange die Menschengeschichte weitergeht, gibt es keine letzte Eindeutigkeit. Was das Symbol im Laufe der Geschichte leisten kann, ist dies: Vorzeichen auf Totalität zu sein in der Figur der Verdichtung von regressiven Momenten, der Gebundenheit an den Anfang und des progressiven Auslangens nach Vollendung. Die gebrochene, fragmentarische Gestalt des Symbols verweist auf ein ursprüngliches Ganzsein zurück und gibt die Verheißung künftigen neuen Heilseins.

---

[22] Vgl. G. Virt, Sterben auf Verlangen?: ThPQ 125 (1977) 137.

DEMUT – EINE UNMODERNE TUGEND?*

Demut – eine unmoderne Tugend? Die Frage scheint, so gestellt, beim ersten Hinsehen mit einem glatten Ja zu beantworten zu sein. Nicht nur unmodern, sondern geradezu gefährlich. Das Schicksal der einst so hoch bewerteten Demut scheint gewisse Ähnlichkeiten mit der ihr nahe verwandten Tugend des Gehorsams zu haben. Der Gehorsam geriet spätestens in Verruf, als sich gute Christen in der Zeit des Nationalsozialismus für ihr Mittun auf diese Haltung beriefen, zu der sie vorrangig erzogen worden waren. Aus der Tugend des Gehorsams war unversehens ein Laster geworden, das Laster solchen „Gehorsams" hat unsäglich vielen Menschen das Leben gekostet.[1]

„Demut, Gehorsam, Kritiklosigkeit, Geduld, Leidensbereitschaft usw. können unter Benutzung (bewußt oder unbewußt) eines entsprechend manipulierten Gottesbildes sozial- und individualethisch zur Fremdsteuerung benutzt werden."[2] Bereits F. Nietzsche hatte den möglichen und faktischen Mißbrauch, der mit der Tugend der Demut getrieben wurde, aufgedeckt. Sie diene zum Deckmantel für feige Furchtsamkeit, sei Bestandteil einer Sklavenmoral und letzten Endes eine würdelose Preisgabe des Selbst.[3] Nietzsche hatte aber auch die verlogene Strategie der Macht mit der Methode der kriecherischen Demut durchschaut; die moderne Psychologie deckt dann methodisch die verborgenen Zusammenhänge zwischen dem Kind, das den aussichtslosen Kampf gegen die stärkeren Eltern aufgibt und in passive Unterwerfungshaltung fällt, um geliebt zu werden, und dem Erwachsenen auf, der dann immer noch von der eigenen Mutter unterdrückt und abhängig, selbst gedemütigt, andere mit diesem mehr oder weniger bewußten Arrangement demütigt. Der moderne Mensch ist sensibel geworden für die Zerrformen, gerade im religiösen Bereich: auf den Geistlichen, der stolz ist auf seine Demut, ist er genauso allergisch wie auf präpotent pfäffisches Gehabe.

Schon nach diesen kurz angedeuteten Einschätzungen scheint es sich bei der Demut eher um eine gefährliche, zumindest ambivalente Einstellung zu handeln, die leicht in Heuchelei, d.h. verlogene Machtstrategie oder passive Unterwerfung und Resignation führt, viel eher als zur Humanität eines vollen Menschentums. Ethik aber hat es gerade mit der optimalen Entfaltung des Menschseins in Menschlichkeit zu tun.

---

* Bei diesem Text handelt es sich um meine Antrittsvorlesung in Wien, die später in der Festschrift für Erzbischof Dr. Karl Berg veröffentlicht wurde.
Originalpublikation in: H. Paarhammer/F.-M. Schmölz (Hg.), Karl Berg. Bischof im Dienst der Einheit, Thaur 1989, 291-307.

1 II. Vatikanisches Konzil, Pastoralkonstitution über die Kirche in der Welt von heute, Nr. 79, erklärt ausdrücklich, daß die Berufung auf blinden Gehorsam den nicht entschuldigen kann, der Handlungen ausführt, die gegen das natürliche Völkerrecht verstoßen.

2 V. Eid, Befreiende Rede von Gott in der praktizierten Moraltheologie, in: ThQ 155 (1975) 125.

3 Vgl. F. Nietzsche, Willensfreiheit und Fatum, in: Gesammelte Werke, München 1922, Bd. 1,67.

Der neuzeitliche Mensch ist sich nun nicht nur in seinen technischen Fähigkeiten, in seinem empirischen Forschergeist, sondern auch in seiner sittlichen Lebensgestaltung zunehmend seiner Selbständigkeit und Eigenverantwortung bewußt geworden. Auch christliche Ethik wurde weitgehend zu einer Naturrechts- und Vernunftethik, mit all den offenen Fragen, die mit dem Natur- und Vernunftbegriff zusammenhängen, auf die hier nicht näher eingegangen werden kann. Der neuzeitliche Mensch lernte, sich durch den Appell der Aufklärung seiner Vernunft eigenständig ohne Bevormundung zu bedienen.

Nachdem in deutschen Landen die Moraltheologie sich seit 1850 für mehr als 100 Jahre weithin in apologetischer Selbstverteidigung verschanzt und zuwenig den Dialog mit der säkularen Ethik geführt hatte, konnte dieser erst im Zusammenhang mit dem Zweiten Vatikanischen Konzil in vollem Umfang wieder aufgegriffen werden. In diesem Kontext entstand nun ein Entwurf, der sich als Weiterentwicklung und Differenzierung der traditionellen katholischen Naturrechtsethik versteht, aber zugleich das Stichwort des neuzeitlichen ethischen Selbstverständnisses aufgriff: das Modell einer sogenannten „autonomen Moral im christlichen Kontext", zu dem A. Auer Ende der 60iger Jahre das Stichwort gab.[4] Dieses Modell geht aus von der relativen Eigenständigkeit sowohl der praktischen Vernunft des Menschen wie der irdischen Wirklichkeiten,[5] auf deren Basis der Mensch konkrete und wahrheitsfähige sittliche Urteile fällen kann. Die Wechselwirkung zwischen dem christlichen Glauben und der konkreten sittlichen Lebensführung und Urteilsbildung wird in diesem Modell in sehr differenzierter Weise bedacht: Zunächst die Wirkung des christlichen Glaubens auf jene letzten Sinngründe, aus denen heraus ein Mensch in dieser Welt handelt und sein Leben gestaltet und zweitens die gesellschaftliche Wechselwirkung durch den kritischen, stimulierenden und integrierenden Effekt, den die christliche Botschaft und das jeweils vorhandene Ethos einer Gesellschaft aufeinander ausüben.[6] Das Verhältnis des Christen zu einer säkularen Umwelt zwischen redlicher Zeitgenossenschaft und einem kritischen Schwimmen gegen den Strom steht damit zur Debatte.[7] Gerade das Thema Demut ist nun ein guter Testfall für die ganze, damit zusammenhängende Diskussion.

---

4 A. Auer, Autonome Moral und christlicher Glaube, Düsseldorf 1971; ²1984. Es kann in diesem Zusammenhang nur darauf hingewiesen werden, daß dieses Grundanliegen von verschiedenen Moraltheologen auf durchaus unterschiedliche Weise aufgenommen und weitergeführt wurde.

5 Vgl. II. Vatikanum GS Nr. 36, Nr. 41, Nr. 56, Nr. 59, Nr. 75; AA Nr. 1; 7.

6 Vgl. das sogenannte Kreismodell, in: G. Virt (Hg.), Moral begründen – Moral verkünden, Innsbruck–Wien 1985, 67. Das in diesem Bändchen dokumentierte Salzburger Gespräch hat gezeigt, daß zwischen dem Ansatz einer autonomen Moral im christlichen Kontext und einem heilsgeschichtlich personalen Ansatz kein Gegensatz bestehen muß, sondern ein unterschiedlicher Einstieg in den hermeneutischen Zirkel sittlichen Verstehens vorliegt, der auf jeden Fall ausgeschritten werden muß (a.a.O. 7). Das Anliegen einer sogenannten reinen Glaubensethik hingegen, aus Offenbarungstexten direkt und linear ethische Einzelnormen abzuleiten, hat sich als undurchführbar erwiesen.

7 II. Vatikanisches Konzil, Pastoralkonstitution über die Kirche in der Welt von heute, Nr. 63: „Die Gläubigen sollen in engster Verbindung mit den anderen Menschen ihrer Zeit leben und sich bemühen, ihre Denk- und Urteilsweisen, die in der Geisteskultur zur Erscheinung kommen, vollkommen zu verstehen."

Die moraltheologische Arbeit hat sich nach dem Zweiten Vatikanischen Konzil unter der Herausforderung der aktuellen Sachfragen in der gesellschaftlichen Debatte zunächst auf die Frage der Begründung sittlicher Urteile und Einzelnormen konzentriert. So wurde die katholische Moraltheologie vorwiegend zu einer Normenethik, die sich mit dem richtigen Handeln des Menschen befaßt, nicht unbeeinflußt vom allgemeinen Glauben an die Herstellbarkeit aller Dinge, so auch der Moral. Konkrete Handlungsnormen müssen ja eine Handlung mit neutralen Begriffen zunächst in einer ausreichend genauen Weise beschreiben und diese dann bewerten. Zu kurz kam dabei die Rückfrage nach dem ethischen Subjekt und damit auch nach den Haltungsbildern, aus denen die einzelnen Akte hervorgehen. Der Ruf nach einer Erneuerung der Tugend- und Haltungsethik in der Moraltheologie ist nun nicht mehr zu überhören.[8] Die Debatte hat eingesetzt, allseits befriedigende Lösungen sind noch nicht in Sicht. Wiederum kann das Thema Demut ein Testfall sein für die Tragfähigkeit einer Haltungsethik.

Und schließlich wird auch der Zeitindex ethischen Fragens in der Formulierung des Themas ausgedrückt. Was ist notwendig und an der Zeit gegen den herrschenden Zeitgeist, wenn Humanität nicht beeinträchtigt werden soll, ja der Mensch sogar von der Angst überfallen wird, daß er sich selbst zerstört?

Dieses, mit knappen Strichen in seinem gesellschafts-, kirchen- und theologierelevanten Zusammenhang skizzierte Thema soll nun in vier Punkten angegangen werden; von Bewältigung kann nicht die Rede sein. (1.) Einige Vorbemerkungen zur Erneuerung einer Tugendethik. (2.) Ein kurzgeraffter geschichtlicher Überblick über das Verständnis der Demut in der abendländischen Geistesgeschichte. (3.) Die Zeitgemäßheit und Dringlichkeit der Demut für den modernen Menschen. (4.) Theologische Integration der Demut in den christlichen Realismus.

1. Einige Vorbemerkungen zur Erneuerung der Tugendethik

Durch die Jahrhunderte hindurch bis zur Neuzeit hatte Ethik die Gestalt einer Haltungsethik. Eine bedeutende Rolle spielten dabei die vier Kardinaltugenden bei den Griechen: Klugheit, Tapferkeit, Maß und Gerechtigkeit und in der christlichen Ethik dann die drei göttlichen Tugenden: Glaube, Hoffnung und Liebe; im Koordinatensystem dieser sieben Tugenden hat etwa der hl. Thomas den zweiten Teil seiner *Summa Theologiae* aufgebaut und in diesem die 44 Tugenden, die er insgesamt nennt, geordnet.[9] Die ethische Grundfrage war auf das sittliche Subjekt und sein Können gerichtet und die Antwort auf die Frage, was der Mensch sein kann, wurde in einer Systematik der Tugenden gegeben, deren Gegenstand Thomas mit Rück-

---

8 Vgl. D. Mieth, Die neuen Tugenden. Ein ethischer Entwurf, Düsseldorf 1984. Dort ist auch die Literatur verarbeitet.

9 Vgl. Thomas von Aquin, Summa Theologica. Deutsche Thomasausgabe, Bd. 13, Das Gesetz (kommentiert von O. H. Fesch), Heidelberg–Graz–Wien–Köln 1977, 539. Zur Tugendlehre des hl. Thomas siehe auch das neue und umfassende Werk von E. Schockenhoff, Bonum hominis. Die anthropologischen und theologischen Grundlagen der Tugendethik des Thomas von Aquin (TTS 28), Mainz 1987.

griff auf Aristoteles als das „Ultimum potentiae“, als die höchste Möglichkeit des Menschlichen bezeichnet.[10]

Am Beginn der Neuzeit, da durch die Entdeckungen der Neuen Welt und die Kolonialisierungsvorgänge das geschlossene Weltbild aufgebrochen wurde, lautet nun die ethische Grundfrage nicht mehr, was kann der Mensch sein, sondern wie kann die gefährliche Expansion des Menschen unter Kontrolle gebracht werden, so daß er nicht alles tut, was er kann? Die Angst vor den neuen Möglichkeiten und vor der eigenen Macht begann auch die ethische Fragestellung zu bestimmen. Die Antwort wurde nun nicht mehr in einer Tugend, sondern in einer Gesetzesethik gegeben. In der Erneuerungsphase nach dem Konzil von Trient mußten die Beichtväter in der möglichst genauen kasuistischen Beurteilung der einzelnen sittlichen Akte ausgebildet werden. Aus der Haltungsethik wurde weithin eine Aktmoral, aus der Tugendethik eine Gesetzesmoral. Der katholischen Moraltheologie haftet von dieser ihrer Entstehungsgeschichte als eigenständiger Disziplin her das Odium einer Gesetzes- und Sündenmoral an.[11]

Angesichts der Herausforderung der modernen hochkomplexen Lebensverhältnisse an die sittliche Kompetenz des Menschen stellte sich in einer ersten Phase der Erneuerung der Moraltheologie nach dem Zweiten Vatikanischen Konzil vorwiegend die Frage nach der Begründung sittlicher Normen, die das Sittliche, d.h. menschlich richtige Handeln, für typisch wiederkehrende Konfliktfälle in der Form generalisierender Gütervorzugsregeln auf den Begriff bringen. Solche Abwägungsvorgänge sind aber immer im Hinblick auf den Menschen als Person, d.h. auf sein Können, seine Motive und dem, was ihm zuzumuten ist, vorzunehmen. Die Ergänzung einer Sollensethik durch eine Könnensethik steht daher an. Das Bedenken der Wechselwirkung zwischen dem sittlich Richtigen (richtig und falsch ist eine Sache der praktischen Vernunft, die irren kann) und dem sittlich Guten (sittlich gut und böse ist der Wille und letztlich die Person) ist nicht länger aufzuschieben.

Die einzelne sittliche Handlung ist gleichsam nur die Spitze eines Eisbergs. Das sittliche Subjekt Mensch ist ein vielschichtiges Wesen. Zu seiner Beurteilung reicht die isolierte und abstrakte Sicht auf den einzelnen Akt nicht aus. Warum ein Mensch sich so oder anders entscheidet, dies oder jenes wählt, dies liegt in einer haltungsmäßigen Vorentscheidung begründet, die wiederum bereits Ausfluß einer Grundwahl oder Grundentscheidung ist. Diese Dimensionen menschlicher Freiheit: Grundentscheidung – Vorentscheidung – Einzelentscheidung, stehen in einem Wechselwirkungszusammenhang. Die einzelnen Akte, auf die sich die Normen beziehen, sind Ausdruck einer Vorentscheidung; noch tiefer aber Ausdruck einer Grundentscheidung. Dieser Zusammenhang ist ein symbolisch-analoger und kein linear-univoker, so daß aufgrund einer Einzelhandlung noch kein eindeutiger

---

[10] STh. I-II, q. 55 a. 1.

[11] Vgl. J. Theiner, Die Entwicklung der Moraltheologie zur eigenständigen Disziplin, Regensburg 1970.

Rückschluß auf die Grundentscheidung gezogen werden kann.[12] Die einzelnen sittlichen Akte stehen also nicht zusammenhangslos nebeneinander, sondern sind wie durch einen roten Faden, der uns nicht bewußt sein muß, miteinander verbunden. Jede Einzelentscheidung ist daher Ausdruck von Vor- und Grundentscheidung; umgekehrt hat jede Einzelentscheidung Rückwirkungen auf Vor- und Grundentscheidung und kann diese modifizieren oder korrigieren.

Die Tugend besteht nun in der freien Entschiedenheit für das sittlich richtige Handeln in einem bestimmten Bereich.[13] Diese habitualisierte Stetsbereitschaft dispensiert aber nicht davon, im Einzelfall zu überlegen, welche Handlung die richtige ist. Auch ein im Sinne der Wahrhaftigkeit tugendhafter Mensch kann in seltenen Extremsituationen in die Lage kommen, eine Falschaussage zu machen, etwa um einen Menschen vor der Gestapo zu retten. Er wird dann traurig sein, daß er seine Grundeinstellung in diesem Einzelfall nicht durchhalten konnte, aber bereuen braucht er nicht.

Also auch Tugendethik ist normative Ethik, wenn auch nicht in der Gestalt von Einzelnormen. Sie ist nichtsdestoweniger auf die Bildung sittlich richtiger Urteile zurückverwiesen. Die Logik der Tugenden bleibt die gleiche wie die Logik der Bildung sittlicher Urteile. Tugenden aber sind mehr. Sie gehen grundsätzlich auf das Können des sittlichen Subjektes und daher auch das Bleiben im sittlich Richtigen ein und haben insofern auch einen prospektiven Charakter. Tugenden brauchen zudem als positive Haltungsbilder zu ihrer Verständlichkeit und zu ihrem Wirksamwerden einen entsprechenden sozialen Raum über das Individuum hinaus, im Kleinen wie im Großen. Eine bloß gute Gewohnheit, zu der wir erzogen werden oder durch gesellschaftliche Voraussetzungen gedrängt werden, ist aber noch keine Tugend, weil das Moment der freien Entscheidung fehlt. Solche sozialen Voraussetzungen sind aber von großer Bedeutung für die Ausbildung der Tugenden, d.h. dafür, daß sie in einer freien Bejahung und Zustimmung angeeignet werden. Daß dies in besonderer Weise für die Familientradition und beim gläubigen Menschen für seine Gemeinde und Kirchenbindung zutrifft, sei hier eben nur vermerkt. Tugenden sind durch Übung und Können verfestigte sittliche Grundeinstellungen, die in einem bestimmten sozialen Umfeld plausibel und angeeignet werden.

Dort aber, wo auf Freiheit reflektiert wird, wird in theologischer Perspektive auch das Geheimnis des Zusammenwirkens göttlicher und menschlicher Freiheit berührt. Die christliche Tradition hat daher als eine eigene Art des Tugenderwerbs das Sich-beschenken-Lassen mit der Fähigkeit zu glauben, zu hoffen und zu lieben in der unmittelbaren Beziehung Gottes zu seinem Volk und in diesem zu jedem einzelnen genannt. Diese, im Neuen Testament häufig zusammen auftretende Trias

---

[12] Bezüglich des logischen Fehlers des Überganges von einem analog symbolischen Sprachspiel in ein univok normatives vgl. G. Virt, Sittliches Handeln als Symbolgeschehen, in: ThQ 163 (1983) 123-131.

[13] Vgl. B. Schüller, Die Begründung sittlicher Urteile. Typen ethischer Argumentation in der Moraltheologie, Düsseldorf [2]1980, 299-305.

von geschenkten Haltungsdispositionen ist eine erste heilsgeschichtlich vermittelte Konkretisierung der Grundentschlossenheit zum sittlich Guten im allgemeinen.

Da die ekklesiologische Dimension der theologischen Tugenden zumindest in der Handbuchmoral der letzten Jahrhunderte weitgehend vergessen wurde, kam es zu einer individualistischen Verengung. Angesichts dieser Tatsache gilt es, ihre sozialethische Dimension wieder bewußt zu machen und zu entfalten.[14]

Aufgrund dieser Überlegungen ergibt sich, daß die Tugenden von dieser Wurzel her in einem inneren Zusammenhang stehen. So wächst grundsätzlich die eine Tugend mit der anderen und fördert diese. In der Scholastik sprach man von der Connexio virtutum, von der Vernetzung der Tugenden. Dennoch ist es wegen der Vielschichtigkeit des menschlichen Wesens zumindest zeitweise möglich, daß jemand in einem Tugendbereich in widersprüchlicher Weise zurückbleibt gegenüber anderen. Solche Widersprüche drängen früher oder später auf eine Lösung. Es ist von dieser Vernetzung der Tugenden her auch zu vermuten, daß eine eindeutig klare Abgrenzung der Tugend der Demut von anderen verwandten Tugenden nicht adäquat möglich ist. Zur näheren Bestimmung des Verständnisses der Demut ist nun in einem nächsten Schritt ein Blick in die Geschichte zu tun.

2. Ein Blick in die Geschichte der Demut

Beim Blick in die Geschichte handelt es sich in mehrfacher Hinsicht um ein hermeneutisches Problem. Zunächst bedarf es eines Vorverständnisses, unter dem die Quellen betrachtet werden, soll es nicht bloß um eine Wortfelduntersuchung gehen. Dieses Vorverständnis unserer Gegenwart wird aus den zwei großen Strömen der abendländischen Geistesgeschichte gespeist, dem Griechischen und dem Biblischen, die in einer sehr komplexen Weise ineinandergeflossen sind. Im vollen Bewußtsein dieses hermeneutischen Zirkels wird der Ethiker den Einstieg in diesen Zirkel anders als der Historiker oder Exeget vielleicht beim gewachsenen Sprachgebrauch suchen. K. Hörmann hat diesen so formuliert, daß man unter Demut die Bereitschaft versteht, „sich selbst richtig einzuschätzen und gemäß einer richtigen Selbsteinschätzung sich zu verhalten.“[15]

2.1 Die Demut bei den Griechen

In der theologischen Literatur findet man häufig das Globalurteil, dem profan griechischen Denken sei das Verständnis für die Demut abgegangen.[16] Wir hätten es bei der Tugend der Demut mit einem Paradigma zu tun für ein spezifisch christ-

---

[14] Vgl. A. Auer, Glaube, Hoffnung und Liebe. Die Öffnung eines traditionellen moraltheologischen Traktaktes in die Dimension des Gesellschaftlichen, in: Funktion und Struktur christl. Gemeinde (FS H. Fleckenstein), Würzburg 1971, 91-114.

[15] K. Hörmann, Art. Demut, in: LchrM 1969, 190.

[16] Z.B. E. Przywara, Demut – Geduld – Liebe, Düsseldorf 1960, 9: „Für den Sinn der Demut ist es negativ grundlegend, daß sie in der klassischen griechischen Philosophie, die das Denken des Abendlandes geformt hat, keinen Platz hat.“

liches Ethos, das im Bereich einer profanen, sozusagen autonomen Ethik keinen Platz hätte. Es wird darauf verwiesen, daß das griechische Wort tapeinos zunächst eine niedrige soziale Stellung ausdrücke, dann aber auch die Niedrigkeit der Gesinnung. Dieser im heidnischen Kontext nur negativ besetzte Begriff der Demut sei in der christlichen Botschaft nun nicht nur positiv bewertet, sondern geradezu zur Bezeichnung der Offenbarung Gottes in Jesus Christus (Phil 2,8) geworden. Daraus wird dann abgeleitet, „daß die Demut auf einer, erst durch das Christentum hervorgebrachten, völligen Umkehrung des dem alten Menschen Natürlichen beruhe.“[17] „Was den Heiden ein Laster ist, ist den Christen eine Tugend.“[18] S. Rehrl arbeitet scharfsinnig drei mögliche Bedeutungen einer solchen Globalformulierung heraus.[19]

1. Das Wort tapeinophrosyne bezeichnet bei den profanen Autoren das Laster der Kleinsinnigkeit und Servilität (und das gilt auch bei den Christen als Laster) und dasselbe Wort bedeutet bei den Christen Tugend. So interpretiert wird nichts anderes als ein Bedeutungsunterschied festgestellt, der den Philologen interessiert.
2. Ein solcher Satz kann aber auch bedeuten, daß ein und derselbe Begriff – und damit die Sache – von den Griechen als Laster, von den Christen hingegen als Tugend gewertet wird. So interpretiert würde der Satz besagen, daß die Griechen den Begriff der Demut wohl gehabt hätten, aber es für sie ein negativer – ein Lasterbegriff – war.
3. Der genannte Satz kann aber auch bedeuten, die Griechen hätten überhaupt keinen Begriff der Demut gehabt, wohl aber kannten sie ein Laster der niedrigen servilen Gesinnung, die sie mit demselben Wort belegten wie die Christen die Demut. So aufgefaßt würde der Satz bedeuten, daß den Griechen der Begriff für die Demut gefehlt hätte, was immerhin von großer geistesgeschichtlicher Tragweite wäre.

Wenn man nun mit dem uns geläufigen Vorverständnis, Demut sei jene haltungsmäßige Selbsteinschätzung, in der ein Mensch gleichsam auf dem Boden der Realität bleibt und unter diesem Gesichtspunkt die Texte ansieht, ergibt sich ein wesentlich differenzierteres Bild.[20] Hierbei zeigt sich, daß im Laufe der Geschichte

[17] E. Haupt, Die Gefangenschaftsbriefe, Göttingen 1902, 140 f.

[18] F. Zorell, Lexicon Graecum Novi Testamenti, Paris 1931, Sp. 1299 f.

[19] S. Rehrl, Das Problem der Demut in der profan-griechischen Literatur im Vergleich zu Septuaginta und Neuem Testament, Münster 1961, 10.

[20] Ich berufe mich in dieser Passage auf das materialreiche Standardwerk von S. Rehrl, Das Problem der Demut in der profan-griechischen Literatur im Vergleich zur Septuaginta und Neuem Testament, Münster 1961, sosehr man über die Interpretation einzelner Textstellen unterschiedlicher Meinung sein kann. Vgl. H. Giesen, Art. Tapeinos, in: G. Schneider/H. Balz (Hg.), Exegetisches Wörterbuch zum Neuen Testament, Stuttgart 1983, Bd. 3, Sp. 798 und W. Grundmann, Art. Tapeinos, in: ThWNT, Bd. 8, bes. 3-5. Neuerdings hat K. Wengst, Demut – Solidarität der Gedemütigten, Wandlungen eines Begriffes und seines sozialen Bezugs in griechisch-römischer, alttestamentlich-jüdischer und urchristlicher Tradition, München 1987, einen kleinen Exkurs über den positiven Gebrauch von Demut (32-34) verfasst.

ein zunächst eher negativ besetzter Begriff zunehmend positive Aspekte gewinnt. Hochmut und Stolz sind dem griechischen Menschen zutiefst zuwider. Aristoteles, der wie kein anderer Philosoph das mittelalterlich christliche Denken beeinflußte, bestimmt die Tugend immer von der Mitte her zwischen einem Zuviel und einem Zuwenig. Diese Mitte hat keineswegs etwas mit Mittelmäßigkeit zu tun, sondern bezeichnet zugleich immer auch eine der höchsten menschlichen Möglichkeiten.[21] Die Bestimmung der Tugend als Mitte ließe sich also am ehesten mit dem Bild einer Gratwanderung vergleichen. Im Verhältnis der von Aristoteles so hoch geschätzten äußeren Anerkennung und Ehre gibt es nun zwei Extreme. Das aufschneiderische Wesen und das Verhalten, das diesem diametral entgegengesetzt ist. Doch dafür, sagt er, gibt es keinen eigenen Begriff. „Der Vertreter der Mitte aber ist ein Mann, der die Dinge beim richtigen Namen nennt, aufrichtig im Wort und Werk, sich schlicht zu dem bekennend was an ihm ist, nicht mehr und nicht weniger."[22]

Griechisches Ethos ist durch und durch ein Ethos des Maßes. Es wäre schon von daher verwunderlich, wenn jener spezifische Teilaspekt der Mäßigung, der sich auf die Selbsteinschätzung und öffentliche Ehre bezieht und den wir Demut nennen, der Sache nach bei den Griechen keinen Platz hätte und zwar nicht nur als äußerliche Bescheidenheit, sondern als wirkliche innere Demutshaltung. Die Wortgruppe tapeinos, die zunächst eine überwiegend negative Bedeutung hatte, wurde nach und nach auch zur Kennzeichnung jenes authentisch edlen Menschentums herangezogen, das sich seiner Grenzen bewußt ist und diese akzeptierend der Ordnung Gottes demütig fügt.

2.2 Demut im Alten Testament

Wenn man bei der Vielfältigkeit alttestamentlicher Texte zunächst auf die sozialen Lebensbedingungen als dem Boden der Realität und auf die Ursprünge in denen sie entstanden sind schaut, legt sich der Einstieg bei der Theologie der Armen nahe. Im ganzen alten Orient wurde schon vor und außerhalb der Bibel die Sorge für die Armen gefordert, wie bei den biblischen Weisen und alttestamentlichen Propheten. Auch im Humanum der anderen Völker zeigt sich Gott, der nicht Not und Tod, sondern Fülle und Reichtum seiner Schöpfung will.[23] Das unterscheidend Biblische zeigt sich da, wo diese Sorge nicht länger zur Stabilisierung und Verschleierung jener gesellschaftlichen Systeme und Mechanismen dient, die zur Demütigung der Armen führt. Das Urbild der Zuwendung Jahwes zu den Armen wird im zentralen Thema des alttestamentlichen Glaubensbekenntnisses deutlich: nach den vergeblichen Versuchen der Hilfe für den einzelnen (Ex 2,1-10), des Gegenter-

[21] Nikomachische Ethik II, 6; 1107 a: Tugend ist eine Mitte. „Fragen wir jedoch nach Wert und gültiger Leistung, so steht sie auf der höchsten Warte." Aristoteles, Nikomachische Ethik, übersetzt und kommentiert von F. Dirlmeier, Darmstadt [6]1974, 37.
[22] Nikomachische Ethik IV, 13; 1127 a 30-32.
[23] Vgl. N. Lohfink, Option for the poor, Berkley 1987, bes. 10-21.

rors (Ex 2,11-13) und der Verhandlungen (Ex 5,1-23) führt Jahwe die Ausgebeuteten und Gedemütigten Ägyptens aus dem Unrechtsystem heraus. Jahwe erweist sich so als der Gott, der nicht nur da und dort den Armen hilft, sondern grundlegend die Gedemütigten befreit.[24] Diese Befreiung wäre aber bloß negativ als Befreiung „von" beschrieben, wenn Gott nicht zugleich durch sein Handeln an den Gedemütigten aus ihnen eine neue Gesellschaft nach seinen Weisungen schaffen würde, anders als alle Unrechtgesellschaften dieser Welt.[25]

Da dieses sein Volk seinen Gott und seinen Weisungen untreu wird, wird ihm das Gericht angesagt und das Volk gerät ins Exil. Den auf diese Weise gedemütigten Armen wird nun erneut die Befreiung angesagt. Anders als beim ersten Exodus sind die Adressaten aber nun nicht mehr irgendwelche Armen, sondern das von den Völkern ins Elend gestoßene Gottesvolk selbst. Aber der Blick weitet sich. Die Armen werden nicht mehr im Blick auf eine partielle Gesellschaft definiert, sondern das gesamte Weltsystem erscheint als Struktur der Demütigung und Unterdrückung. Das Opfer ist der demütige Knecht Jahwes, an dem sich die Schuld der ganzen Welt konzentriert (Jes 53,6). Im Drama zwischen Jahwe und seinem Volk erscheint der Gottesplan nun umfassender als beim ersten Exodus. Nicht mehr ein Kontrastvolk gegenüber den anderen Völkern, sondern sein Volk, das schon eine lange Geschichte mit ihm hinter sich hat und um seinetwillen verfolgt wurde, wird zum Modell allen Gesellschaften gegenüber. Ja, das Wunder der Bekehrung der gesamten Weltgesellschaft soll durch die Neukonstituierung seines Volkes angebahnt werden.[26]

2.3 Demut im Neuen Testament

Wenn in der Wiedergabe der Botschaft Jesu durch die Synoptiker mehrfach zum Ausdruck gebracht wird, daß der, der sich selbst erhöht, erniedrigt werden wird, so nimmt Jesus darin eine weisheitliche Erfahrung der israelitischen und außerbiblischen Welt auf. Erniedrigung und Erhöhung konzentrieren sich im Neuen Testament aber nun auf Jesus und seine Kirche. Er wird zum personifizierten Israel als Knecht Gottes und auch seine Jünger bezeichnen sich nach seiner Auferstehung als Knechte Gottes (Apg 4,23-30).

Im eingangs bereits zitierten Philipperhymnus wird nicht nur von einem innergeschichtlichen Geschehen gesprochen, sondern von der Wende der Zeiten schlechthin. In der Menschwerdung und vollends im Kreuzestod Jesu erweist sich seine Selbsterniedrigungsdemut als heilswirksam. Sie ist nicht imitierbares Modell für Christen, wohl aber die Grundlage für das ethische Handeln des Christen.

Von besonderem Interesse in unserem ethischen Zusammenhang ist das Jesuswort bei Mt 11,29, zur Kennzeichnung seiner innersten Gesinnung, die zur Nachfolge einlädt. „Lernt von mir, ich bin gütig und demütig von Herzen." Tapeinos

---

[24] Vgl. a.a.O. 33-42.
[25] A.a.O. 43-47.
[26] Vgl. a.a.O.64-70.

gibt zusammen mit prays an dieser Stelle erst den Sinn von demütig.[27] Will Jesus hier gerade den sozial am schlechtesten Gestellten und Ausgebeuteten das Beispiel seiner Demut vor Augen stellen, damit sie ja nichts für ihre Besserstellung unternehmen? Dies würde ja ein verstärkender Aufruf zur Resignation und Unterwerfung gegenüber den Mächtigen, die ihre Macht mißbrauchen, bedeuten. Gerade die Parallelität mit dem anderen Eigenschaftswort prays scheint in die Richtung zu weisen, daß es hier um ein echtes Empfinden mit den Armen und Verachteten geht, das soweit reicht, daß Jesus sich auf ihre Ebene begibt. Diese Stelle würde dann besagen, daß die Mühseligen und Beladenen, die den Pharisäern schon oft gegenüber gestanden sind, aber nirgends Frieden und menschliche Akzeptanz gefunden haben, bei Jesu echte Solidarität finden. Diese Haltung hindert Jesus aber keineswegs daran, diejenigen zurechtzuweisen, die ihn beleidigen, und unbefangen die üblichen Ehrenbezeugungen zu akzeptieren (Vgl. Lk 7,35-50).

Jesus warnt aber immer wieder davor, nach Ansehen und Ehre vor den Menschen zu streben und daraus gleichsam seine Lebensberechtigung zu beziehen. Er sucht vielmehr in allem die Ehre und Herrlichkeit von seiten des Vaters, mit dem er ganz und gar eins ist. Jesus lebt aus dem Eingehen auf den Vater in jeder Situation seines Lebens, das ist seine Speise. In der Sendung Jesu werden bislang verborgene Tiefen der Wirklichkeit Gottes zugänglich, weil Gott in Jesus Christus selbst und vorbehaltlos aus sich herausgegangen ist. In der Zeichenhandlung der Fußwaschung (Jo 13) wird dieser Lebensplan Jesu, bis hin zu den Füßen zu dienen, unauslöschlich in die Geschichte der Menschen eingetragen. Am Ende liegt er, auf den die ganze Not und Schuld der Menschheit aufprallt, im Ölgarten am Boden. Dieser Boden, im lateinischen humus genannt, gibt auch den Hintergrund für die lateinische Bezeichnung der Demut „Humilitas" ab. „Er erniedrigte sich und ward gehorsam bis zum Tod, bis zum Tod am Kreuz" (Phil 2,6-8). Doch diese demütige Erniedrigung ist keineswegs Selbstzweck oder gar Höchstwert, sondern eine Phase des heilsgeschichtlichen Muß, in der Jesus auf den letzten Platz dieser Welt getreten ist, um sein nun definitives Volk der Gedemütigten und Armen zu sammeln, um es so in seine ursprüngliche Herrlichkeit heimzuholen, damit Gottes Reich ankommen kann. „Darum hat ihn Gott über alle erhöht und ihm den Namen verliehen, der größer ist als alle Namen. Damit alle im Himmel, auf der Erde und unter der Erde ihre Knie beugen vor dem Namen Jesu und jeder Mund bekennt, Jesus Christus ist der Herr, zur Ehre Gottes des Vaters" (Phil 2,9-11).

Im Neuen Testament erhält die Demut noch einmal eine neue Dimension. Zwar kannten schon die Griechen eine Tugend der rechten und realistischen Selbsteinschätzung. Doch die Realität, auf die griechisches Denken bezogen war, war das Edelste in der Geschichte des Ethos der damaligen Gesellschaft. Genau diese Realität wird nun im Leben, Sterben und in der Auferstehung Jesu Christi auf die letzten Gründe im innergöttlichen Geheimnis hin offenbar. In einer für den Menschen unausdenklichen und nicht erreichbaren Liebe teilt sich Gott selbst in einer Weise

[27] H. Giesen, Art. Tapeinos, a. a. 0., Sp. 799.

mit, daß er seinen Sohn so sendet, daß dieser auf alles verzichtet und so gleichsam die größte mögliche Spanne überbrückt: von der Herrlichkeit Gottes bis zum letzten Platz dieser Welt. Jesus wählt in seiner Liebe eine Solidarität mit den Menschen, gerade mit den Unterdrückten, Ausgebeuteten, Verachteten, Ärmsten und sogar den Sündern, die der Mensch von sich aus nie wählen würde. Und doch ist diese freiwillige Selbsterniedrigung Jesu in dieser Demutsgestalt die präziseste Äußerung der Liebe, die in Gott selbst ist und zugleich die intensivste Verwirklichung der Humanität.

Das Zugehen auf das Niedrigste auf dieser Welt, um es anzunehmen und zu befähigen, seiner Würde als Ebenbild Gottes gerecht zu werden und es heimzuholen in das endgültige Gottesvolk, ist nun zum Auftrag der Kirche geworden. Wenn Paulus (Phil 2,3) mahnt, daß nichts aus eitler Ruhmsucht geschehen solle, sondern vielmehr in Demut jeder den anderen höher achte als sich selbst, dann ist damit nicht nur eine Gemeinderegel, sondern eine grundsätzliche Dimension christlicher Existenz angesprochen.

2.4 Demut im Altertum und Mittelalter

Es ist kein Wunder, daß diese Tugend der Demut im christlichen Altertum und Mittelalter besonders hochgeschätzt wurde. So entwickelte Origenes geradezu eine Theologie der Demut,[28] die für ihn die Tugend in der Nachfolge des Magister humilitatis schlechthin ist (nichtsdestoweniger sieht er die Demut bereits als eine griechische Tugend an), und auch Augustinus nennt Christus den Doctor humilitatis (ihm gilt allerdings die Demut als spezifisch christliche Tugend).[29] Demut ist für ihn so bedeutsam, weil sie das diametrale Gegenteil der superbia ist, in der Augustinus das ursprüngliche Wesen der Sünde erblickt.

Auch für das Mönchtum, in dem eine Lebensform gesucht wird, die in zeichenhafter Form die Nachfolge Jesu, zu der jeder Christ berufen ist, zum Ausdruck bringen will, ist die Demut von großer Bedeutung. Johannes Kassian arbeitet zehn Indizien für die Demut heraus.[30] Auf diese beruft sich dann der hl. Benedikt[31] und stellt sie unter dem Bild der Jacobsleiter als Aufstieg des Menschen zu Gott dar. Die zwölf Stufen der Demut sind dem hl. Ordensgründer Entfaltung und konkrete Form der Übereignung des Lebens an Gott. Demut wird zur Zusammenfassung aller christlichen Tugenden, Anfang und Ende des Strebens nach Vollkommenheit. Wesentlich für die Demut ist es, daß sie nicht das Außergewöhnliche sucht. Es gilt, nichts zu tun, als die allgemeine Regel und die anerkannten Beispiele sagen (8. Stufe). Demut erscheint in gewöhnlicher guter Sitte. Dazu in Paräntese: In dieser

---

[28] W. Schütz, Art. Demut, in: HWPh, Bd. 2, Sp. 57-59.

[29] Vgl. O. Schaffner, Christliche Demut. Des hl. Augustinus Lehre von der Humilitas, Würzburg 1959.

[30] Vgl. Cassian, De Institutis Renuntiantium Nr. 39, in: CSEL 17, 75 f.

[31] Die Benediktusregel, übersetzt und erklärt von G. Holzherr, Zürich–Einsiedeln–Köln ²1982,119, der darauf hinweist, daß der Ursprung des Demutkapitels in einem schon vor Kassian (+ 430) in Südfrankreich bekannten und einem Abt Pinuphius zugeschriebenen Libellus gesucht wird.

Weisheit wird etwas sichtbar, was für das spezifisch Christliche, also auch für die Moraltheologie gilt, nämlich, daß „die unbedingte Heilszuwendung Gottes zum Menschen in Jesus Christus nicht in einer triumphalen Evidenz erscheint, sondern sich im Verborgenen offenbart, einladend und fordernd...das eigentlich Christliche erscheint in dem, was vor allem die paulinische Theologie mit Kenosis umschreibt."[32]

Für Thomas von Aquin, der in seiner Summa theologiae sechs Artikel der Tugend der humilitas widmet,[33] fällt die Demut unter die übergeordnete Kardinaltugend des Maßes. Sie regelt unser naturales Streben nach persönlichem Hervorragen.

Nicht nur bei den Mystikern und vor allem in den Exerzitien des Ignatius von Loyola spielt die Demut eine große Rolle, auch die Reformatoren bewerten sie positiv. M. Luther weiß etwas Wesentliches von der Demut, wenn er sagt: „Rechte Demut weiß nimmer daß sie demütig ist."[34]

Auch die großen neuzeitlichen Philosophen halten große Stücke von der Demut. Bei I. Kant besteht sie im Bewußtsein der Geringfügigkeit des eigenen moralischen Werts im Vergleich mit dem Gesetz.[35] Sie bewahrt uns davor, durch Vergleich mit anderen Menschen hochmütig zu werden. Für G. W. Hegel besteht die Demut darin, daß der Geist sich in die Wahrheit versenkt und unter Zurücknahme des Subjektiven die Objektivität hervortritt.[36]

Abschließend sei aus der Fülle der geschichtlichen Zeugnisse noch Max Scheler erwähnt, der in der Demut die christliche Antithese gegenüber den antiken und modernen bürgerlichen Tugenden erblickt. „Sie ist die innere seelische Nachzeichnung der einen großen Bewegung des Christlich-Göttlichen, in der er sich freiwillig seiner Hoheit und Majestät begibt, zum Menschen kommt, um jedermanns und aller Kreatur freier und seliger Knecht zu werden."[37] Scheler macht darauf aufmerksam, daß es die Angst ist, die den Menschen hindert, sich einzulassen auf diese göttliche Bewegung von oben nach unten. Von der Demut unterscheidet er die Bescheidenheit, die ebenso flach ist wie das ihr entgegengesetzte Laster: Eitelkeit sei nur lächerlich. Der teuflische Stolz als Gegenteil der Demut hingegen sei der Sittenstolz: der Stolz auf den eigenen moralischen als den höchsten Wert. Auch Scheler kommt auf die andere Zerrform der Demut, nämlich die Servilität, zu sprechen. „Der Servile will herrschen und ein Mangel an Kraft und Reichtum läßt ihn sich verbeugen vor seinem Herrn" (Ebd.). Demut hingegen ist die Bewegung des

---

[32] F. Furger, „Kenosis" und das Christliche einer christlichen Ethik, in: K. Demmer/B. Schüller (Hg.), Christlich glauben und handeln, Düsseldorf 1977, 104.

[33] S.Th. II-II,q. 161.

[34] WA 7, 562.

[35] I. Kant, Werke, hg. v. Königl. preußischer Akademie der Wissenschaften, Berlin 1907, Bd. 6, 435.

[36] G. W. F. Hegel, Jubiläumsausgabe hg. V. H. Glockner, Stuttgart–Bad Canstatt 1965, Bd. 15, 206; Bd. 16, 553.

[37] M. Scheler, Vom Umsturz der Werte, Bd. 3, Bern 1955, 17.

Herkommens von oben, des sich Hinabgleitenlassens Gottes zu den Menschen, eine kühne, angstlose Bewegung des Geistes.

Nach diesem ganz kurzen und fragmentarischen Durchgang durch die Begriffsgeschichte der Demut ist nun erneut und vertieft die Frage zu stellen nach der Zeitgemäßheit und Dringlichkeit einer solchen Tugend.

3. Zeitgemäße Demut?

3.1 Elemente einer Zeitanalyse

In unserer hochkomplexen modernen Kommunikationsgesellschaft sind individual- und sozialethische Aspekte nicht mehr adäquat zu trennen. Die Selbstüberschätzung des Menschen wird uns tagtäglich durch die Medien ins Haus und von dort auch ins Hirn und ins Herz geliefert. Die Information darüber ist eine ambivalente Angelegenheit. Sie kann den Verlust des Augenmaßes nun auch des Einzelnen bis in das letzte Dorf bewirken, sie kann aber auch wachrütteln und Betroffenheit erzeugen, wenn sie uns die globalen Folgen solcher Selbstüberschätzung vor Augen führt. Der moderne Mensch langt mit seinen technischen Fähigkeiten buchstäblich nach den Sternen. Die ethischen Fähigkeiten scheinen nicht schrittgehalten zu haben mit seinen technischen. Gegenstand der Ethik aber ist das Glücken des Menschseins in Humanität und die Selbstgestaltung des Menschen in Freiheit. Solche Selbstgestaltung, die unteilbar immer auch Gesellschafts- und Weltgestaltung ist, entspringt dem Kulturauftrag des Menschen. Ethik ist ein Kultur- und kein Naturphänomen. Sie hat mit der Dynamik des Menschseins zu tun, d.h. daß der Mensch immer mehr ist als er gerade zu sein scheint. Der Mensch hat nicht nur die Möglichkeit, sondern auch den verbindlichen Auftrag, diese seine dynamischen Kräfte zu sammeln und zu lenken und ihnen nicht einfach naturhaft freien Lauf zu lassen. Theologisch vertieft gedeutet bedeutet dies, daß der Mensch zum Statthalter Gottes auf Erden, als Gottes Ebenbild eingesetzt ist.

Was der Mensch nun aus dieser Erde gemacht hat, das sehen wir am Beispiel der Umweltzerstörung, die vielleicht das vordringlichste Problem unserer Zeit und der handgreiflichste Ausdruck der verlorenen Demut und des eingeschlichenen Hochmutes ist.

Der Mensch legt aber auch Hand an die Fundamente der Wirklichkeit, um in der Herrschaft über diese seine Macht ins Ungemessene auszudehnen. Er legt Hand an die elementaren Bausteine der Materie und ist imstande, durch die Beherrschung der Atomkraft im militärischen Einsatz ungeheure Zerstörungen anzurichten und im friedlichen Einsatz zumindest zu riskieren. Er legt Hand aber auch an die elementaren Bausteine des Lebens von Pflanzen, Tieren und seiner Selbst, die das genetische Programm für die Entfaltung dieses Lebens enthalten. Da die Folgen der Reichweite der neuen technischen Möglichkeiten des Menschen unübersehbar geworden sind, verschwimmen auch die Grenzen einer objektbezogenen Furcht und einer objektlosen Angst. Seltsame Widersprüche sind festzustellen, daß man aus dieser berechtigten Sorge heraus die Grenzen bei den medizinisch-technischen Möglichkeiten der Reproduktionsvorgänge innerhalb der Ehe sehr eng zieht, andererseits aber mit den Ängsten, die sich aus dem Einsatz der Atomenergie ergeben, eher sorglos umgeht.

Der Mensch wird der Versuchung zur Zerstörung der Erde und seiner Selbst durch Menschenzüchtung nur entrinnen, wenn er rasch lernt, Maß zu halten und die Demut aufzubringen, die Annahme und Grenzen nicht als Beleidigung und Beeinträchtigung seines Selbstwertgefühles zu empfinden.

Die menschliche Selbstüberhebung zeigt sich aber auch in der Architektur und Planung von Komplexen, die das menschliche Maß zu übersteigen beginnen. Auch ist das ständige Mehr in Produktion und Konsum nicht nur ein Ausdruck des Mehrhaben-Wollens: Denn nicht der größere Konsum von materiellen Gütern an sich macht den Menschen glücklicher, dieser steht vielmehr im Dienst eines noch tieferreichenden Strebens nach sozialer Achtung und Anerkennung. „Hast Du nichts, dann bist Du nichts", ist eine weitverbreitete Maxime.

Auch in der Beziehung zu den armen Völkern dieser Erde geht es nicht nur um materielle Güter, sondern ganz entschieden auch um Stellung, Ehre und Achtung. Die Indios in Südamerika werden beispielsweise von vielen im eigenen Land gar nicht als Menschen behandelt, weil sie eben nichts haben. Es besteht aber ein ursächlicher Zusammenhang zwischen dem Hunger und Elend der armen Völker und unserem Wohlstand.[38] Dies erscheint vordergründig als ein Problem der Gerechtigkeit, tieferliegend aber auch als ein Problem der Selbstüberhebung und Selbstüberschätzung der reichen Völker über die armen. Demut bedeutet in diesem Zusammenhang Solidarität mit den Armen. Sensibilität für die ersten kleinen Schritte: Verzicht auf Kauf und Konsum von Waren, die die Mechanismen der Weltwirtschaft unterstützen und anheizen, durch die die Armen immer ärmer werden; Verzicht auf Verschwendung von Energie und Rohstoffen, die den Armen am meisten abgehen (und die Armen können durchaus auch die nächsten Generationen bei uns sein); wo nötig auch zeichenhaft die Stimme erheben für die Niederen und auf sie zugehen, auch wenn man damit eigene Nachteile unter Umständen in Kauf nimmt.

Aber auch die Medien selbst wirken kräftig mit an einem ganz tiefsitzenden Hochmut, indem sie uns alles in perfekter Form ins Haus liefern und damit bei vielen Menschen Minderwertigkeitsgefühle auslösen und eine Lähmung des eigenen Tuns. Die Wirksamkeit der Werbung beruht ja darauf, unter Umgehung des Bewußtseins und der Freiheit assoziativ an das Haben-Wollen und das Gelten-Wollen

---

[38] Auch Johannes Paul II. macht sich in der Sozialenzyklika Sollicitudo rei socialis (1987) Nr. 16 eine modifizierte Dependenztheorie zu eigen: „Auf jeden Fall muß man das Bestehen wirtschaftlicher, finanzieller und sozialer Mechanismen anprangern, die, obgleich vom Willen des Menschen gelenkt, doch fast automatisch wirken, wobei sie die Situation des Reichtums der einen und der Armut der anderen verfestigen. Solche Mechanismen, von den stärker entwickelten Ländern in direkter oder indirekter Weise gesteuert, begünstigen durch die ihnen eigene Wirkweise die Interessen derer, die über sie verfügen, erdrücken oder lenken aber schließlich vollständig die Wirtschaftsordnungen der weniger entwickelten Länder."

des Menschen zu appellieren. Kein Wunder, daß viele Menschen, die da nicht mehr mitkönnen, dann in Resignation verfallen. Das ist der andere Straßengraben, wenn jene Mitte verloren geht, die in einer realistischen Selbsteinschätzung und einem gesunden Selbstwertgefühl des Menschen besteht.

Demut kommt ja von der althochdeutschen Wurzel Diomuoti. Sie ist zusammengesetzt aus Dio (Knecht) und Muot (Gesinnung), bedeutet also die Gesinnung eines Dienenden.[39] In einer Welt, in der die Gesinnung des Dienens immer wieder mit den Interessen der Mächtigen in Konflikt gerät, und in dem Sog zu einer Karriere nach oben gehört Mut dazu, gegen diesen Strom zu schwimmen. Demut und Mut sind also keine Gegensätze. Demut setzt vielmehr Mut und damit ein gesundes Selbstwertgefühl voraus.

Für die Ausbildung eines gesunden Selbstwertgefühles aber sind die ersten Lebensmonate von entscheidender Bedeutung und eine intakte Familie die beste Voraussetzung dafür. Die modernen psychoanalytischen Narzißmustheorien haben zum Teil Licht in die hintergründige Dynamik der Selbstwertstörungen gebracht. Hinter der Fassade von stolzen, hochnäsigen und machtgierigen Erwachsenen verbergen sich oft verletzte kleine Kinder, die alle Kraft darauf verwenden müssen, ihr angeschlagenes, kommunikationsunfähiges Selbst zu schützen und ihm ständig einen übersteigerten Wert beizumessen durch den Vergleich mit anderen oder durch Machtausübung über andere. Gelingt dies nicht, dann ist häufig die resignative Flucht in die Droge die Folge. Solche Kompensationsmechanismen, die frühestkindliche Störungen zu beheben versuchen, verdienen eher unsere Sorge als moralische Entrüstung. In der Therapie geht es um langwierige Nachreifung. Alle erzieherischen und therapeutischen Maßnahmen, die dem Selbstwertgefühl und dem Vertrauen in das eigene Selbst dienen, schaffen die psychischen Voraussetzungen dafür, daß eine realistische Selbsteinschätzung in sittlicher Weise überhaupt erst geformt werden kann. Die Dringlichkeit der Demut im gesellschaftlichen Bereich ist in der katholischen Soziallehre längst mit dem Subsidiaritätsprinzip, d.h. dem Ernstnehmen der jeweils kleineren Einheiten, formuliert. Die Rückkehr zu einem menschlichen Maß in Architektur, Wirtschaft, Politik, Verwaltung, aber auch in der Kirche,[40] stehen als dringliche Probleme an.

Von sittlicher Tugend kann man nur in dem Maß sprechen, als der Mensch Adressat des sittlichen Anspruches sein kann, d.h. frei und selbständig die Ziele seines Handelns wahrnehmen kann. Die Steuerung der menschlichen Lebensdynamik und des menschlichen Expansionsbedürfnisses setzt selbst eine innere Kraft und ein Können voraus, das durch Entscheidungsfreudigkeit und Zivilcourage eingeübt sein will. Die freie Entschlossenheit zum Dienen und zu einer „Karriere nach unten" ist eine Weise der Selbstverwirklichung und nicht deren Alternative. Nicht

---

[39] Vgl. F. Kluge, Etymologisches Wörterbuch der deutschen Sprache, 20. Auflage bearb. v. D. Mitzka, Berlin 1967, 127.

[40] Hinsichtlich der Anwendung des Subsidiaritätsprinzips auf die Kirche selbst vgl. W. Kasper, Der Geheimnischarakter hebt den Sozialcharakter nicht auf. Zur Geltung des Subsidiaritätsprinzips in der Kirche, in: HerKorr 41 (1987) 232 – 236.

Selbstlosigkeit, sondern Selbsteinsatz und Engagement für den Dienst an den Niedrigen sind in der Demut ethisch gefragt. Wer sein Selbst losgeworden ist oder für wertlos hält, hat das Entscheidende nicht mehr zu geben, nämlich sich selbst.

Sprache und Sache sind in der Ethik und Theologie nicht adäquat voneinander zu trennen. Wie schwierig es ist für diese, gerade angesichts der gegenwärtig anstehenden Probleme, so dringliche Haltung einen passenden Namen zu finden, war bereits im begriffsgeschichtlichen Überblick zu sehen. Die Haltung ist ja nicht unmittelbar empirisch greifbar wie das äußere Verhalten. Diese Haltung und das Wort, das sie ausdrückt und auf die ein Wort verweist, sind nicht voneinander zu trennen. Es wird daher viel davon abhängen, eine neue plausible Sprache zu finden. Bei den Griechen machte der Betriff tapeinos eine Wandlung vom zuerst rein Negativen zum sittlich Positiven durch. Aristoteles klagt noch darüber, daß es für die gesuchte Haltung keinen eingebürgerten Namen gibt. Viele christliche Autoren verstehen unter humilitas eine so umfassende Haltung, daß man alles und jedes an sittlich positiver Einstellung darunter verstehen kann, gleichsam den Inbegriff aller Tugenden. Als eigentümlicher Gegenstandsbereich der Demut in engerem Sinn scheint sich aber im Laufe der Geschichte doch die Selbstwerterfahrung und das Streben nach Geltung und Anerkennung herauszukristallisieren. Jeder Mensch will sein Leben in Freiheit gestalten und darin von den anderen anerkannt sein: Etwas sein vor Gott und den Menschen. Demut nennt man nun jene Tugend, die dieses Streben auf die richtige Weise formt. Das rechte Maß für die Formung aber ist die Wirklichkeit, die verfehlt werden kann, sowohl durch ein Zuwenig an Geltungsstreben (Servilität, Kriecherei, Timidität, Ängstlichkeit usw.) als auch durch ein Zuviel (Prahlerei, Ehr- und Machtstreben, herrschen wollen usw.). Jede Tugend ist mit einer Wanderung auf einem Grat zu vergleichen, von dem man sowohl auf die eine wie auf die andere Seite abstürzen kann, die aber in sich jeweils eine höchst menschliche Möglichkeit bietet, die es nun in unserer Sprache zu bezeichnen gilt.

Begriffe wie Solidarität mit den Niedrigen und Armen; Mut zum Dienen, auch dort wo man keine Anerkennung dafür bekommt oder sogar denunziert wird; Courage zum Anpacken, wo sonst keiner anpacken will; nüchterne, sachliche Selbsteinschätzung: Das alles sind Worte, mit denen die in Verruf geratene Demut der Sache nach heute wieder plausibel gemacht werden könnte. Diese Impulse, sowie der geschichtliche Überblick weisen darauf hin, daß die Haltung der Selbstbescheidung als integraler Bestandteil der Humanität über die verschiedenen weltanschaulichen Grenzen und Richtungen hinweg prinzipiell konsensfähig gemacht werden kann.

Freilich darf auch heute nicht übersehen werden, daß diese notwendige und dringliche Haltung der Selbstbescheidung von den tragenden Motiven her unterschiedliche Intensitätsgrade hat und vom weltanschaulichen Zusammenhang her ihr unverwechselbar eigenes Profil erhält. Dies gilt insbesondere für die Tugend der realistischen Selbsteinschätzung, weil der christliche Glaube in einer umfassenden und anderen Weise Wirklichkeit nicht nur interpretiert, sondern erschließt.

4. Theologische Integration der Demut in den christlichen Realismus

Die Integration einer ethischen Tugend in den christlichen Glaubenskontext bedeutet nicht deren Entwertung, bewahrt sie aber vor Absolutsetzung (einer Gefahr, die in jeder säkularen Ethik lauert) und vertieft sie auf den letzten tragenden Grund hin. Gerade die Abwertung des neuzeitlichen Strebens nach sittlicher Autonomie in kirchlicher Verkündigung (in der berechtigten Sorge vor deren Mißbrauch) wie auch der Mißbrauch von Macht und Autorität haben dazu geführt, daß Abhängigkeit fast nur noch negativ bewertet wird. Es gibt aber eine Abhängigkeit, ohne die der Mensch nicht menschlich freiwerden kann, eine Ursprungsbeziehung, durch die wir überhaupt erst freigegeben werden. Zuerst sind wir in anderen Menschen da, bevor wir aus eigener Initiative durch uns selbst existieren dürfen. Die Erfahrung des Freigegebenwerdens in die eigene Lebensverantwortung durch Abhängigkeit und ausgehend von Abhängigkeit weiß der Christ im Glauben an die Heilsgeschichte zu vertiefen in das freigebende Dasein Gottes, das uns durch freigebende Menschen vermittelt oder eben leider oft auch verdunkelt wird. Der Christ weiß, daß Abhängigkeit des Menschen von Gott und Selbständigkeit und Autonomie vor Gott einander nicht ausschließen, ja, daß gerade Abhängigkeit in dieser ursprünglich gelingenden Weise und die Autonomie des Menschen nicht gegeneinander, sondern miteinander wachsen. Je mehr und je tiefer ein Mensch seine Abhängigkeit von Gott realisiert, desto freier wird er in dieser Welt. Daß Gott als Unterdrücker verkündet wurde, als einer, der einengt und aufpaßt, der den Menschen Verfügungsrechte vorenthält, im Grunde als ängstlicher Konkurrent des Menschen, das ist sicher auch eine Mitschuld der Kirche am neuzeitlichen Atheismus. Diese ist auch ausdrücklich im II. Vatikanischen Konzil eingestanden worden: „Denn der Atheismus ist nicht eine ursprüngliche eigenständige Erscheinung, er entsteht vielmehr aus verschiedenen Ursachen, zu denen auch die kritische Reaktion gegen die Religionen, vor allem gegen die christliche Religion zählt.“[41] Angesichts eines so einengend verkündeten Gottes durch einengende Mechanismen in der Kirche, entsteht dann tatsächlich die Alternative: „Gott oder ich. Ich aber will sein, also darf Gott nicht sein.“[42]

Nirgends wird die Abhängigkeit des Menschen von Gott deutlicher zum sittlichen Problem der Lebensgestaltung als an den Grenzen. Unser leibliches Dasein hat seine Grenzen, Krankheit und Alter führen in besonderer Weise an die Todeslinie. Aber schon in jeder Entscheidung mitten im Leben müssen Lebensmöglichkeiten sterben, damit andere leben können und wir uns in ihnen verwirklichen. Unser seelisch geistiges Leben hat seine Grenzen, unsere Begabungen haben ihr begrenztes Maß. Die psychischen Krankheiten, vor allem Depressionen, die heute so weit

---

41 II. Vatikanisches Konzil, Pastoralkonstitution über die Kirche in der Welt von heute, Nr. 20.

42 Grundsätzliches zu einem solchen postulatorischen Atheismus vgl. K. A. Wucherer-Huldenfeld, Marx und Freud, in: ThpQ 122 (1974) 14-23; Th. G. Masaryk, Rußland und Europa, Erste Folge Bd. 2, Zur russischen Geschichts- und Religionsphilosophie, Jena 1913, 15: „Wenn Gott existiert, so ist der Mensch Sklave; aber der Mensch kann, muß frei sein, also existiert Gott nicht“ (Bakunin).

verbreitet sind, können zu fast unausstehlichen Belastungen führen. Und auch unser geistliches Leben hat seine bitteren Grenzen: an den großen Heiligen können wir sehen, daß gerade die Menschen, sie sich besonders um ein geistliches Leben bemühen, oft durch lange Zeit in das Dunkel geistlicher Trostlosigkeit geführt werden.

Die bewußte und freie Annahme dieser Grenzen kann nun zu einer Brücke werden, die zu Gott führt, weil Gott von sich aus diese Grenze auf dem Weg zur Selbstentäußerung zu uns überschritten hat. Gott selbst machte unsere Grenzen zum Mittel der Erlösung und Befreiung. Die Christuswirklichkeit ist nur zu verstehen von dieser Grenze her, daß er sich selbst entäußert und erniedrigt und so die Todesgrenze des Geschaffenen überschreitet. Der gläubige Mensch kann daher die ursprüngliche Liebe Gottes nirgends deutlicher finden, als in der Demutsgestalt des Gekreuzigten. Unsere Grenzen sind seither gleichsam das Material, an dem die göttliche und menschliche Liebe sich vereinen und unser Menschsein zu seiner letzten, von sittlicher Leistung her nicht mehr erreichbaren Reifungsgestalt wächst.[43]

Zum Abschluß sei die Frage gestellt, wie läßt sich solche Demut unter theologischem Aspekt einüben? Zunächst einmal ist zu verweisen auf das Gebet der zweckfreien Kontemplation, wo die Fragen, was dabei herauskommt, nicht mehr gestellt werden. Leistung, Handeln und Aktion treten zurück und der Mensch wird frei, die Wahrheit über sich selbst anzunehmen, nämlich, daß er Geschöpf ist und daß er nichts von sich aus hat. In diesem schweigenden Vollzug des Glaubens entdeckt der Mensch aber auch, daß er einer ist, der dieser Wahrheit seines Lebens immer schon davongelaufen ist, also ein Sünder. Die Sünde am Anfang, wie sie die Schrift beschreibt, besteht ja gerade in dem Hochmut der Haltung des „Ich-brauche-dich-nicht."

Das gläubige Aushalten dieser Erfahrung, mutet uns in zeichenhafter Deutlichkeit zu, auf jede hochmütige Daseinsrechtfertigung aus eigener Leistung zu verzichten.

Nun genügt es aber nicht, daß wir an unseren Grenzen die Liebe des Gekreuzigten finden und damit die Wahrheit über uns selbst als Basis für eine realistische Selbsteinschätzung; wir sind darüber hinaus berufen, in diese Bewegung Gottes von oben nach unten selbst einzugehen. Diese Liebe entlastet uns nicht nur von ängstlicher und daraus folgend hochmütiger Selbstrechtfertigung durch Leistung; sie bewegt uns vielmehr auch, uns einzusetzen für die Armen und Niedrigen: nicht nur gleichsam von oben herab etwas für sie zu tun, sondern mit ihnen. Ein besonders glaubwürdiges Zeugnis dieser Demut in vollem christlichen Sinn durfte ich bei Seelsorgern in Peru erleben, die im Sinne der Befreiungstheologie und der Dokumente der 2. und 3. Generalversammlung des lateinamerikanischen Episkopates in Medellin und Puebla mit den Ärmsten der Armen leben, in ihre Lebensbedingungen eintauchen, jede Nacht zittern vor einem möglichen Überfall von „Links"

[43] Vgl. H. Schürmann, Geistliches Tun, Freiburg–Basel–Wien 1965, 81-99.

oder von „Rechts“, Hunger und Kälte, mit einem Wort, das Leben mit den Gedemütigten teilen.

Wenn wir gefunden haben, wo wir einem Menschen oder einer Gemeinschaft bis hin zu den Füßen dienen, dann sind wir zu einer wahrhaft realistischen Selbsteinschätzung gereift im Horizont unserer Berufung, die uns die Geschichte Gottes mit seinem Volk erschließt. Demut als realistische Selbsteinschätzung unseres, in seinen Grenzen wertvollen Daseins, wird im christlichen Kontext zur Einweisung in die, hinter der raschlebigen Oberfläche, die Geschichte als Heilsgeschichte bestimmende Lebensbewegung Christi, der zu den Niedrigen gegangen ist, um sie heimzuholen in die ursprüngliche, allerrealste Liebesgemeinschaft, die in Gott selbst ist.

EINHEIT UND VIELFALT ETHISCHER PRINZIPIEN: DIE GEFÄHRDETE MENSCHENWÜRDE*

Die European Group on Ethics (EGE) ist eine unabhängige, pluralistisch zusammengesetzte und multidisziplinäre Gruppe von Wissenschaftlern, die die Europäische Kommission in ethischen Fragen, die sich neu aus den technologischen Entwicklungen ergeben, berät. In ihr spiegelt sich zugleich die europäische Gesellschaft in ihrer Vielfalt und Zusammengehörigkeit wieder. Die Vielfalt bezieht sich nicht nur auf die beruflichen Kompetenzen in den verschiedensten Sachbereichen, sondern vor allem auch auf die Vielfalt der Weltanschauungen und Traditionen, in die ein rationaler ethischer Diskurs eingebettet ist. Was ermöglicht in den oft schwierigen, neu auftretenden ethischen Problemen, für die es vielfach noch wenig Literatur gibt, einen Konsens in der Opinion? Ein solcher Konsens kommt nicht immer zustande, denn die Unabhängigkeit der Mitglieder kann auch ausnahmsweise zu einer Dissenting Opinion führen. Dieser Pluralismus der Moralauffassungen, aber auch der ethischen Systeme sowie der Weltanschauungen, macht vor dem eigenen Gewissen nicht halt und erzeugt oft Unsicherheit. Wie viel Pluralismus aber hält der Mensch aus, ohne in Vereinfachungen zu flüchten und anfällig zu werden für populistische, fundamentalistische und totalitäre Tendenzen? Kann andererseits eine inhaltsleere Liberalität wirklich tragfähig Toleranz begründen? Gibt es Voraussetzungen, ohne die die liberale, freiheitliche Demokratie mit ihrem Pluralismus auf Dauer gefährdet ist und worin bestehen diese Voraussetzungen? Wie die Analyse der menschlichen Existenz noch nicht deren Synthese bedeutet, so auch die analytische Wahrnehmung des Pluralismus in Europa noch nicht das, was diesem Europa seine einheitliche Form, das heißt seine Seele gibt.

Diese Suche nach den gemeinsamen und festen Grundlagen spiegelt sich in der Arbeit der EGE wieder, wenn bei der Formulierung jeder Opinion jeweils neu die Prinzipien transparent zu machen und weiter zu entwickeln sind, mit denen man eine wegweisende Problemlösung für neu auftauchende Fragen sucht. Darin zeigt sich die schwierige Aufgabe, einerseits die sogenannten europäischen Werte in ihrer Substanz gegenüber anderen Kulturen zu bewahren, andererseits aber auch realistisch die Wettbewerbssituation mit anderen Kulturkreisen zu sehen, die sich vor allem in den technisch innovativen Weiterentwicklungen und den damit zusammenhängenden gesellschaftlichen Strukturen zeigt. Ethik aber darf sich nicht einfach wirtschaftlichen Wettbewerbsgesichtspunkten unterordnen.

Der Begriff „Prinzip" als Ausdruck für solche Grundlagen ist selbst noch einmal vieldeutig. Für die einen bedeutet die Kategorie „Prinzip" eine Aneinanderreihung von wichtigen Gesichtspunkten (zum Beispiel der „Autonomie" – dem Prinzip des „Nicht-Schadens" – und des „Wohl-Tuns" und der „Gerechtigkeit" im US ameri-

* Dieser Text wurde für den General Report über die Aktivitäten der Europäischen Ethikerberatergruppe (EGE) 2000-2005 verfasst und ist dort dokumentiert. Die Dokumente der EGE sind im Internet abrufbar unter: http://europa.eu.int/comm/european_group_ethics.

kanischen Principlism, wobei nicht klar ist, wie zu entscheiden ist, wenn diese Axiome in Spannung und Widerspruch zueinander treten), in unserer europäischen Kultur war und ist der Anspruch ein anderer. Hinter die erreichten Standards einer systematischen Reflexion auf die in allen ethischen Aussagen über Moral vorausgesetzten Grundlagen, die ohne Selbstwiderspruch nicht bestritten werden können, kann man ohne künstliche Naivität nicht zurückfallen. Werden diese Reflexionen nicht gründlich vorangetrieben, münden Wertkonflikte in Minimalkonsense. Diese werden nicht nachhaltig tragfähig sein.

In dieser von menschlichen und gesellschaftlichen Katastrophen gekennzeichneten europäischen Krisen-Geschichte, die jeweils von hochstehenden philosophischen Reflexionen begleitet war, kristallisierte sich immer klarer und deutlicher die unveräußerliche und gleiche Würde aller Menschen als Grund der europäischen Kultur heraus. Langsam und in zähem Ringen entstanden und entstehen auf dieser Grundlage die einzelnen Menschenrechte. Sie wurden angesichts von Krisensituationen konkret gefasst und können in diesem Sinn als Krisenlösungsinstrumente gedeutet werden. Es dürfte kein Zufall sein, dass Menschenrechte, die auf Menschenwürde gründen, in dieser und keiner anderen Kultur entstanden sind. Die Wurzeln liegen in der griechischen und stoischen Philosophie, in der jüdisch-christlichen Interpretation des Menschseins ebenso, wie in deren Weiterführung in den verschiedenen Zweigen der Aufklärung, revolutionären und evolutionären gesellschaftlichen Entwicklungen sowie in pragmatischen Überlegungen.

Der Grundsatz der Menschenwürde ist aber ebenso interpretationsbedürftig wie interpretationsfähig, wie alle anderen Axiome auch. Umfang und Reichweite der Menschenwürde sind umstritten. So ist es auch kein Wunder, dass die Menschenwürde nicht nur in der Praxis oft auf schreckliche Weise verletzt, sondern auch in der Theorie bestritten wird. Im deutschen Sprachraum geben Buchtitel wie „Die Würde des Menschen ist antastbar“ (F. J. Wetz), ebenso ein kritischer Zeitungsartikel mit dem Titel „Die Würde des Menschen war unantastbar“ davon Zeugnis. In diesem Diskurs geht es um die Auseinandersetzung mit den vielfältigen Reduktionismen, in denen die Interpretation von Menschsein geführt wird: Ist der Mensch das Produkt gesellschaftlicher Mechanismen? Ist er die Summe seiner Gene? Können alle Kulturleistungen als das Ergebnis der Entwicklung „egoistischer Gene“ interpretiert werden? Ist der menschliche Geist das Ensemble „feuernder Neuronen“? Ist er ein Konglomerat von Fähigkeiten, bestimmte Leistungen zu erbringen und Interessen zu vertreten? Ist er ein von der Evolution hervorgebrachter Computer, der in Zukunft durch in seinen Körper implantierte Chips mit anderen (wem?) vernetzte und so technisch zu einem „Supermenschen“ weiterentwickelt wird (nach wessen Vorstellungen und Wünschen)? Ist der Mensch nur dies, oder handelt es sich hier um Teilaspekte oder Reduktion eines größeren Ganzen? Die jüdisch-christliche Tradition interpretiert den Menschen nicht allein vom Bewusstsein her, sondern von seiner leibseelischen Ganzheit. Es gibt im Christentum keine Befreiung vom Körper, sondern die Botschaft von dessen Wandlung. Was der Mensch letztlich ist, zeigt sich erst von der Vollendung her, die sich aber unserer Erfahrung entzieht, denn jeder Mensch stirbt in einer bestimmten Weise unvollendet. Die Abgründigkeit des Todes, die wir am Tod geliebter Menschen besonders intensiv erfahren und die uns allen bevorsteht, gibt zusätzlich zu denken und verstärkt das Motiv der Unantastbarkeit der Menschenwürde.

Angesichts der vielfältigen Reduktionismen und Verletzungen dieser Würde ist daher an der Einsicht und Interpretation der Menschenwürde weiter zu arbeiten. Wer die Würde leugnet, setzt in seiner Leugnung unweigerlich voraus, dass er für seine Argumentation selbst den Respekt vor seiner Würde beansprucht, sonst handelt es sich um einen oberflächlichen und keinen grundsätzlichen Ernst zu nehmenden Einwand. Wer von der Würde, die er für sich selbst in Anspruch nimmt, andere Menschen oder Phasen des Menschenlebens ausschließt, muss sich fragen lassen, mit welchem Recht er dies tut, oder von welchem Standpunkt jenseits der Würde aus er anderen diese Würde abspricht.

Ein inflationärer Gebrauch des Begriffes Menschenwürde, um bestimmte Wünsche oder auch Positionen gesellschaftlich durchzusetzen, erweist sich als kontraproduktiv. Dies macht eine Besinnung auf den Kernbestand des damit Gemeinten nötig. Die Gesinnung, den Menschen als Menschen zu würdigen, unterliegt keinen Grenzen. Für das Handeln allerdings sind dem Menschen immer Grenzen gesetzt. Wo diese Grenzen genau liegen, das stellt sich erst bei massiven Grenzüberschreitungen, durch die die Würde des Menschen verletzt wird, in oft schrecklichen Kontrasterfahrungen geschichtlich heraus. Wenn Menschen total instrumentalisiert werden, wenn Menschen ohne Zustimmung (informed consent) behandelt oder als Versuchsobjekt in der Forschung verwendet werden, wenn Menschen als Ganze (Sklaverei) oder ihre Körperteile verkauft werden oder man sie zwingt, ihre Organe zu verkaufen, dann ist die Würde des Menschen verletzt. Darüber besteht weitgehend Konsens. Jedes Mal, wenn Menschenrechtsverletzungen dieser und vielleicht neuer Art zunehmen, müssen neue Konsense gesucht oder alte neu bestätigt werden.

Hinter die Fassung der Menschenwürde im Kategorischen Imperativ von Immanuel Kant, „dass der Mensch niemals bloß als Mittel zum Zweck behandelt werden darf, sondern immer auch um seiner selbst willen geachtet werden muss", wird man schwerlich zurückfallen können, ohne die wichtigsten Menschenrechtsdokumente zu verleugnen. Die Anerkennung des Menschen als Selbstzweck bedeutet die Anerkennung seiner Würde. Werte und Güter sind austauschbar, abwägbar und verhandelbar, die Würde des Menschen nicht. Die Menschenwürde ist daher nicht Gegenstand einer ethischen Güterabwägung, sondern deren Voraussetzung. Güterabwägungen, Abwägungen auch humaner Güter in Konfliktsituationen sind daher kein Anschlag auf die Menschenwürde, sondern vielmehr ein Ansporn zu immer besseren Abwägungen, um in einem geschichtlichen Einsichtsprozess die Würde des Menschen immer deutlicher zum Ausdruck zu bringen und in konkrete ethische Problemlösungen umzusetzen. Das Kriterium der Proportionalität hat in diesem Sinn seine Verankerung in der Menschenwürde, es kann daher keine Abstufung in der Würde bedeuten; es ist vielmehr eine Wegweisung, die Konsequenzen aus der Würde immer besser zu ziehen. Proportionalität bedeutet, die Vorteile und Risiken für den Schutz der Menschenwürde so abzuwägen, dass durch eine bestimmte Maßnahme nicht größere Probleme geschaffen, als damit gelöst werden.

Aus der Anerkennung der Würde eines jeden Menschen ergeben sich eine Reihe von Kriterien – oft auch „Prinzipien" genannt –, die grundsätzlich mit dem Schutz des Menschen einerseits und der Respektierung seiner Freiheit andererseits zusammenhängen. Beide Kriterienreihen (protect and respect) gehen gleich ursprünglich aus der Menschenwürde hervor.

Im Vordergrund der bioethischen Debatten stehen derzeit meist die Autonomie- und Freiheitsrechte (respect): Keine Behandlung, keine Eingriffe, keine Einbeziehung in Forschungsprojekte ohne informed consent, Respekt der Privatsphäre in einer immer mehr mit Überwachungselementen durchsetzten Gesellschaft, für Forscher und Forschungszusammenarbeit die Forschungsfreiheit usw. Eine zunehmende ethische Sensibilität ist für die Menschenwürde und Menschenrechte künftiger Generationen positiv zu vermerken. Künftige Generationen haben ein Recht darauf, über Freiheitsmöglichkeiten zu verfügen und über die Möglichkeiten, jene Probleme aufzuarbeiten, die unsere Generation ihnen hinterlässt (z.B. Umweltprobleme, Endlagerung von tödlichem Atommüll usw.).

Angesichts einer oft einseitigen Schwerpunktsetzung auf die Kriterien der Freiheit ist in letzter Zeit – keineswegs nur von Seiten einer feministischen Ethik – der andere genauso wichtige Zweig der Schutzkriterien (protect) in Form einer Sorgepflicht („care ethics") zu vermerken. Weil der Mensch in seiner endlichen Freiheit oft eingeschränkt, verletzbar und begrenzt ist, folgt die Betonung der Sorge für den Menschen als notwendige Konsequenz der Achtung und Anerkennung der Menschenwürde. Durch die Menschenwürde erhalten die grundlegenden Güter des Menschseins jene Bedeutung, die in Grundrechten geschützt werden. Die Schutzrechte können anknüpfen bei der in der Medizinethik seit Jahrtausenden anerkannten Verpflichtung, dem Menschen nicht zu schaden (nil nocere) und sich um das Wohl des Patienten zu sorgen (beneficience). Seinen grundlegenden Ausdruck findet die der Würde des Menschen gebührende Sorge in seinem Recht auf Leben und Lebensschutz (Art. 2 der Europäischen Menschenrechtskonvention). Wenn, um in tragischen Konfliktsituationen handlungsfähig zu bleiben, das Menschenleben abgewogen werden muss, gilt es, darauf zu achten, dass Leben nur gegen Leben abgewogen werden kann und nicht gegen unvergleichbare andere Güter ökonomischer, politischer, utilitaristischer und anderer Art. Auch kann gegenwärtiges Leben nicht gegen zukünftiges abgewogen werden.

Zu den Schutzkriterien gehören vor allem der Schutz vor Diskriminierung auf Grund von Religion, Hautfarbe, Geschlecht, genetischer u.a. Veranlagung oder mangelnder Fähigkeiten, insbesondere Behinderungen. Menschenwürde und daraus sich ergebende Schutzkriterien müssen vor allem bezüglich der besonders verletzlichen Gruppen von Menschen, wie z.B. Menschen mit Behinderungen, betont werden. Aus der Würde eines jeden Menschen, der aufgrund seiner Endlichkeit oder durch Lebensform in einer bestimmten Weise eingeschränkt und behindert ist oder es jederzeit werden kann, folgt nicht nur das Recht auf Schutz gegenüber Ansprüchen Dritter und Fremdnutzen, es folgt darüber hinaus das Recht, von anderen Menschen umsorgt zu werden.

Das damit angesprochene Solidaritätskriterium umfasst sowohl die fairen und gleichen Zugangsmöglichkeiten zu den gesundheitsbezogenen Mitteln, wie die solidarische Verteilung der Risiken für Krankheitslasten, wie auch die Berücksichtigung der in der Gesellschaft Schwachen in der gesundheitsbezogenen Forschung: Dies trifft vor allem für die Forschung an Kindern und hochbetagten Menschen und weltweit gesehen an stillenden Frauen zu (vgl. den WHO Bericht über priority medicine). Eine sozialverträgliche Forschungsallokation muss genderspezifischen Gesichtspunkten, die bislang viel zu wenig berücksichtigt wurden, Rechnung tragen. Aus der gleichen Würde von Männern und Frauen wurden, vor allem bezüglich der Frauen, bislang keineswegs ausreichend die entsprechenden Konsequenzen gezogen.

Das Kriterium des Rechts auf Wahrheit zum Schutz der Menschen vor Täuschung und tendenziösen Halbwahrheiten ist vor allem in Form von Transparenz einzulösen. Jeder Mensch hat ein Recht auf wahrhaftige und einfühlsame Mitteilung der Informationen, die über seine Gesundheits- oder Krankheitszustände erhoben wurden, und bei Teilnahme an Forschungen auch über die Billigung des Zustandekommens der Forschung (Ethikkommission) bei der Durchführung der Forschung und nicht zuletzt bei der Berichtlegung (Publikation) der Forschungsergebnisse. Zur Transparenz gehört die zensurfreie Offenlegung nicht nur der positiven, sondern vor allem auch der unerwarteten, unerwünschten und in diesem Sinn negativen Ergebnisse der Forschung.

Das oft für sich genannte Kriterium der Gerechtigkeit (sofern es sich nicht um eine tugendethische Haltungsaussage handelt, sondern um operationalisierbare Kriterien) wurde in den verschiedenen Ebenen bereits querschnitthaft mitbehandelt und ausdifferenziert. Die explizite Nennung der Gerechtigkeit am Schluss dieser Überlegungen führt aber, trotz der vielfältigen Konzeptionen von Gerechtigkeit, im Kern nochmals zurück zu einer Begründung der Gerechtigkeit in der unveräußerlichen und gleichen Würde aller Menschen.

Der Europarat hat in seinen erläuternden Bemerkungen zur Recommendation 1418/99 „Zum Schutz der Menschenwürde und Menschenrechte Sterbender", die von der parlamentarischen Versammlung mit großer Mehrheit angenommen, vom Ministerrat willkommen geheißen und in der Rechtsprechung des Europäischen Menschenrechtsgerichtshofes bestätigt wurde, festgehalten, was in der europäischen Kultur mit Menschenwürde gemeint ist:

„Würde kommt einem jeden Menschen zu, unabhängig von Alter, Rasse, Geschlecht, Besonderheiten oder Fähigkeiten, von Umständen oder Situationen, wodurch die Gleichheit und Universalität der Menschenrechte gesichert ist. Würde ist eine Konsequenz des Menschseins. Daher gibt es keinen Zustand, der einem Menschen erst seine Würde verleiht oder ihn dieser beraubt.

Würde ist eine innewohnende Eigenschaft menschlichen Seins. Wenn Individuen ihre Würde auf Grund von Besonderheiten, Fähigkeiten oder besonderen Umständen besäßen, würde diese weder jedem Menschen gleich noch universell einem jeden Menschen zukommen. Daher besitzt der Mensch Würde während seines gesamten Lebens. Schmerzen, Leiden oder Schwäche berauben einen Menschen nicht seiner Würde.

Die Gleichheit und Universalität menschlicher Würde und der Menschenrechte entspringen keiner Konvention. Nicht auf Grund der Anerkennung durch andere Menschen besitzt der Einzelne seine Würde und die sich daraus ableitenden Rechte, sondern auf Grund seiner Zugehörigkeit zur Menschheit.

Die Würde des Einzelnen kann geachtet oder verletzt werden, sie kann jedoch nicht gewährt werden oder verloren gehen. Die Achtung der menschlichen Würde ist unabhängig von Gegenseitigkeit. Achtung menschlicher Würde ist auch dort erforderlich, wo dies nicht auf Gegenseitigkeit beruht, weil es noch nicht oder nicht mehr möglich ist (z.B. bei Patienten im Koma). Zu glauben, dass die menschliche Würde geteilt oder auf bestimmte Zustände oder Phasen des Lebens eingegrenzt werden kann, ist eine Form der Missachtung menschlicher Würde.

Es hat sich gezeigt, dass die Anerkennung und der Schutz der Würde der verletzlichsten Mitglieder der Gesellschaft, für die es oft schwierig ist, sich auf gesellschaftlicher Ebene zu äußern, faktisch ungenügend ist. Die Todkranken und Sterbenden gehören zu den verletzbarsten Mitgliedern der Gesellschaft. Auf Grund ihrer gesellschaftlichen Ausgrenzung, sind besonders sie individuellem und gesellschaftlichem Druck ausgesetzt.

Die Verantwortung, einem Todkranken oder Sterbenden die Mittel und die Infrastruktur zur Verfügung zu stellen, die seiner Würde angemessen sind, folgt aus dem grundsätzlichen Verständnis der Unvergänglichkeit menschlicher Würde." Im Sinn dieses Europaratstextes ist die Würde weder teilbar noch abstufbar. Es wird auch in Zukunft zu wenig sein, wenn die EGE nur den ethischen und moralischen Pluralismus Europas widerspiegelt. Es wird vielmehr nötig sein, die Reflexion voranzutreiben, wie mit diesem Pluralismus ethisch so umzugehen ist, dass die erreichten Standards nicht durch Minimalkonsense unterboten werden und das, was Europa angesichts seiner Krisengeschichte zu dem gemacht hat, was es ist, nicht vergessen wird.

Angesichts der In-Frage-Stellung der Menschenwürde und von Versuchen, diese in ihrer Reichweite einzuschränken, ist es nötig, in einem konstruktiven Dialog die Motivationskräfte der verschiedenen Quellen, die im Verständnis der Menschenwürde zusammenfließen, fruchtbar zu machen und darüber hinaus auch jene der anderen Hochkulturen und Religionen, die wir im Detail noch viel zu wenig kennen.

CHRISTLICHE MORAL IM RELIGIONSUNTERRICHT*

gem. m. Franz-Martin Schmölz

Unter christlicher Ethik soll im folgenden Beitrag die systematische Reflexion auf die sittliche Existenz und das Handeln des Menschen in theologischer Perspektive verstanden werden, die sowohl Moraltheologie als auch christliche Gesellschaftslehre umfaßt. Wenn man in einer ersten Annäherung unter dem Sittlichen die Verbindlichkeit des „optimal Menschlichen" versteht (A. Auer mit Bezug auf Thomas von Aquin), dann bedarf Ethik einer anthropologischen Fundierung. Diese grundsätzliche anthropologische Orientierung wiederum bedarf der Entfaltung in die individuelle wie in die soziale Dimension mit ihren spezifischen Strukturen. Daraus ergeben sich Zusammenhang und Unterscheidung von Moraltheologie und christlicher Gesellschaftslehre: die Moraltheologie reflektiert auf die Begründung der Sittlichkeit und auf inhaltliche Sollensregeln (Normen), die christliche Gesellschaftslehre auf die Sittlichkeit der komplexen sozialen Normengefüge (Institutionen). Überschneidungen im Themenbereich Ehe und Familie, Eigentum, Massenkommunikation usw. befruchten die Zusammenarbeit.

1. Inhalte

Auch angesichts der Pluralität von Ansätzen, Methoden und Richtungen in der gegenwärtigen christlichen Ethik dürfte doch Konsens über unverzichtbare Inhalte bestehen. Diese Inhalte ergeben sich aus den aktuell anstehenden alten und neuen ethischen Problemen der Gesellschaft, aus dem Anspruch vernünftiger Argumentationsweisen zur Klärung dieser Probleme und aus dem Zusammenhang dieser mit dem christlichen Glauben.

1.1 Unverzichtbare Inhalte

a) In der Fundamentalmoral

- Die anthropologische Grundlegung menschlicher Freiheit und des Sinnes von Freiheit als Voraussetzung sittlicher Verantwortlichkeit in ihrer Ausfächerung in Grundentscheidung, Vorentscheidung und Einzelentscheidung.
- Das Gewissen als Vermittlungs-[1] oder Symbolbegriff[2] für die zentrale Vermittlungsinstanz sittlich unbedingter Verpflichtung und der konkreten Ansprüche, die verbindlich an den Menschen gerichtet werden.

---

* Dieser Text wurde für einen Sammelband zum Religionsunterricht verfasst; die kurze Passage über die christliche Gesellschaftslehre stammt von F.-M. Schmölz.
Originalpublikation in: A. Biesinger/T. Schreijäck (Hg.), Religionsunterricht heute. Seine elementaren theologischen Inhalte, Freiburg 1989, 117-134.

[1] Vgl. D. Mieth, Gewissen, in: Christlicher Glaube in moderner Gesellschaft, Freiburg–Basel–Wien 1981, Bd. 12, 140-181.

- Die Begründung von Gewissensurteilen (sittlichen Normen) im Sinne konkret inhaltlicher Sollensregeln.
- Die Fehlbarkeit und die tatsächliche Schuld und Sünde des Menschen sowie die Überwindung von Schuld und Sünde.
- Die genuine Eigenart christlichen Handelns im Vergleich zu anderen Handlungstheorien.

b) In der speziellen Moraltheologie

- sittliche Verbindlichkeiten, die sich aus den von Gott geschenkten Grundhaltungen: Glaube, Hoffnung und Liebe ergeben (geistliches Leben, Gebet, Gottesdienst, ökumenische und missionarische Verantwortung usw.).
- Verantwortlicher Umgang mit dem Leben als grundlegendem Gut, auf dem alle anderen humanen Güter erst aufbauen angesichts der Grenzsituationen der conditio humana sowie der neuen medizinisch-technischen Möglichkeiten.
- Verantwortliche Gestaltung von Geschlechtlichkeit in den verschiedenen Lebensphasen und Lebensformen (Ehe und Ehelosigkeit).
- Optimale Humanität in der zwischenmenschlichen Kommunikation (verantwortlicher Umgang mit der Sprache incl. Körpersprache, mit Autorität und Gehorsam, mit Ruf und Ehre, mit dem anvertrauten Geheimnis, mit der brüderlichen Zurechtweisung, in den Prozessen der Massenkommunikation, in Kunst, Spiel, Sport usw.).
- Verantwortung für die Umwelt.
- Verantwortlicher Umgang mit Eigentum und Geld.

c) Im Bereich der christlichen Gesellschaftslehre

Das Lehrfach „Christliche Gesellschaftslehre" hat in vierfacher Weise Wissensstoff zu vermitteln. In der Einleitungsvorlesung sind zunächst die Grundbegriffe der politischen Bildung zu erläutern, die man für das Funktionieren einer Demokratie benötigt (Verfassung, Repräsentation, Wahlen, Wahlverfahren, öffentliche Meinung, Parteien und Verbände). Untersuchungen haben ergeben, daß der Sozialkundeunterricht jener höheren Schulen, aus denen Studenten an unsere Fakultät kommen, die nötigen Kenntnisse nicht vermittelt hat. Zu ergänzen sind überdies die Grundbegriffe des Wirtschaftslebens, wie Arbeit, Kapital, Wirtschaftskreislauf, die Lehre vom Geld, Probleme der Weltwirtschaft usw.

In der Grundlagenvorlesung dominieren die Probleme von Artikulation und Repräsentation, Macht, Gewalt, Autorität, Naturrecht und Positives Recht, Menschenrechte sowie wiederum ausgewählte Kapitel einer Wirtschaftsethik.

---

[2] Vgl. G. Virt, Conscience in Conflict, in: G. Zecha/P. Weingartner, Conscience: an interdisciplinary approach, Dordrecht–Boston–Lancaster–Tokyo 1987, 165-200.

Im Themenblock Kirche und Staat wird nach einem kurzen Abriß der wechselvollen Geschichte der Über- und Unterordnung der beiden Größen der Schwerpunkt auf das Verhältnis von Kirche und Demokratie gelegt, das sich ja erst seit einem halben Jahrhundert angebahnt hat, bis es schließlich in unseren Tagen zu einem offenen Bekenntnis zu dieser Regierungsform gelangt ist; das Verhältnis der Kirche zu Parteien und das der Parteien zur Kirche. Eine Spezialfrage besteht darin: Wie weit ist Demokratie in der Kirche durchführbar?

Zweifellos ist heute der problemgeladenste Bereich der vierte: Kirche und internationale Ordnung. Es stehen nicht nur die Fragen von Krieg und Frieden, Abrüstung und Rüstungswettlauf, sondern auch die Fragen der Dritten Welt und des Nord-Süd-Zivilisationsgefälles an. Theologie der Befreiung muß ausdifferenziert werden, damit das richtige Anliegen vom politischen Mißbrauch durch marxistische Interpretation unterschieden werden kann.

Neben einer in den letzten Jahren entstandenen reichhaltigen Literatur des Lehramtes gibt es zu diesen Fragen eine nahezu unübersehbare wissenschaftliche und politische Literatur.

1.2 Kriterien für die Auswahl der Inhalte

Im Prinzip müßte ein Religionsunterricht, der nicht nur vorübergehende Lebenssituationen und Interessen der Schüler im Auge hat, sondern darüber hinaus auch tiefere Interessen wecken will, die ein sittlich reifer und kompetenter Mensch heute haben sollte, zu den gleichen oder ähnlichen Inhalten kommen. Der Schwerpunkt im Religionsunterricht dürfte jedoch eher bei den konkreten Problemen der speziellen Moral liegen, während die Fachdisziplin derzeit vorrangig an den Fragen der Fundamentalmoral interessiert ist (dies nicht zuletzt wegen des längst fälligen Nachholbedarfs an Auseinandersetzung mit der säkularen Ethik, die durch die neuscholastische Handbuchmoral im deutschen Sprachraum allzu lange hintangehalten wurde). Eine Vermittlung zwischen diesen verschiedenen Interessenschwerpunkten könnte in zweifacher Hinsicht geschehen:

1. Durch die Auswahl für den Schüler relevanter ethischer Probleme, an denen besonders gut und ausführlich die Argumentationsstruktur ethischen Begründens gezeigt werden kann. Diese Auswahl wird aus der Relevanz des Religionsunterrichts für die Persönlichkeitsbildung, für die gesellschaftliche Problemlage und für die kirchliche Identität zu treffen sein.[3] Es ist jedoch darauf zu achten, daß an diesen für den Schüler interessanten Paradigmen dieser sich die Methoden ethischen Argumentierens aneignen kann, die ihn befähigen, selbständig sittliche Urteile zu fällen bei neu auftauchenden Problemen und in Entscheidungssituationen höchst individueller Art (z.B. Berufsentscheidung).

---

[3] D. Mieth, Theologische Ethik, in: G. Biemer/A. Biesinger, Theologie im Religionsunterricht. Zur Begründung der Inhalte des Religionsunterrichtes aus der Theologie, München 1976, 81-92, 83.

2. Eine zweite Vermittlung dieser divergierenden Interessen könnte darin bestehen, daß der Religionsunterricht sich nicht in ethischen Einzelproblemen verliert, sondern den Schwerpunkt auf ethische Haltungen (Tugenden genannt) legt. Wenn man aber nun davon ausgeht, daß eine ethische Tugend in der freien Entschlossenheit zum richtigen Handeln in einem bestimmten Bereich besteht, dann gerät man auch bei diesem Schwerpunkt vor die Aufgabe, das sittlich Richtige zu bestimmen. Aber nicht allein das sittlich richtige Handeln macht eine Tugend aus, sondern dazu gehört auch die sittlich gute Motivation aus gefestigter Haltung.

1.3 Wichtige Begriffsunterscheidungen

Mit diesem Hinweis auf die beiden Elemente jeder sittlichen Handlung, nämlich der Handlung selber und der Motivation, aus der sie entspringt, gerät man vor die Notwendigkeit, grundlegende Unterscheidungen und Begriffserklärungen einzuführen, ohne die ein ethischer Diskurs nicht klar und offen geführt werden kann. Sittlich richtig oder falsch ist die Handlung. Sittlich gut oder böse ist die Absicht oder Motivationsstruktur, der eine Handlung entspringt. So kann durchaus jemand sittlich gut, aber leider sittlich falsch handeln, wie auch umgekehrt.[4] Ein moralischer Dialog in der Gesellschaft, der auf der Ebene sittlich gut oder böse geführt wird und nicht auf der Ebene sittlich richtig oder falsch, wird früher oder später in gegenseitigen Motivverdächtigungen entarten (so z.B. in der Abtreibungsdiskussion, in der man sich gegenseitig als „Mörder" oder „Heuchler" bezeichnet). Aus der Unterscheidung sittlich richtig und sittlich gut ergibt sich auch die Differenz von normativ begründender und ermahnender Rede.

Ebenso ist klar zu unterscheiden zwischen Handlungsaussagen, Haltungsaussagen und Prinzipienaussagen. Normaussagen müssen eine Handlung mit neutralen Begriffen hinreichend genau beschreiben und diese so beschriebene Handlung unter der Differenz von menschlich richtig und menschlich falsch bewerten (z.B. einen Menschen auf Verlangen direkt zu töten ist sittlich falsch). Haltungsaussagen müssen in einem bestimmten Handlungsbereich zu einem richtigen Handeln motivieren (z.B. zur Wahrhaftigkeit in der Kommunikation). Prinzipienaussagen hingegen betreffen jene Grundsätze, die in verschiedenen Formulierungen die notwendigen, aber nicht hinreichenden Bestimmungen des Sittlichen universell zum Ausdruck bringen (z.B. die grundsätzliche Achtung vor der Würde eines jeden Menschen ohne Parteilichkeit im Gebot der Nächstenliebe inkl. Feindesliebe, in der Goldenen Regel, im Kategorischen Imperativ, in den Grundprinzipien der Hochreligionen usw.).

Da aus Prinzipien- und Haltungsaussagen unmittelbar keine konkreten Normen abzuleiten sind, und jede Haltungsaussage zu konkreten Handlungsaussagen drängt, ist die Frage nach der Begründung sittlicher Normen unausweichlich.

---

4 Vgl. B. Schüller, Die Begründung sittlicher Urteile, Düsseldorf ^{2}1980, 141.

2. Modelle moraltheologischen Argumentierens

Der Versuch der sogenannten Glaubensethik, aus der Bibel konkrete Problemlösungen abzuleiten, ist als gescheitert zu betrachten. Für den Religionsunterricht eignet sich am besten ein Modell, in dem die Erfahrung sittlich gelebter Überzeugung der Zeitgenossen ernstgenommen wird, das weithin integrativ die konkreten ethischen Probleme aufnehmen und lösen hilft und das schließlich die Wechselwirkung der verschiedenen Momente des ethischen Diskurses dem heutigen Bewußtseinsstand gemäß differenziert reflektieren hilft (z.B. das Verhältnis von Glaube und Vernunft, von Motiv und Tat usw.). Diese Anliegen sind im Modell der sogenannten autonomen Moral im christlichen Kontext am differenziertesten ausgearbeitet.[5] Der Inhalt dieses Modells sei an der von A. Auer selbst für die Religionspädagogik konzipierten *Kreisskizze* knapp erläutert:

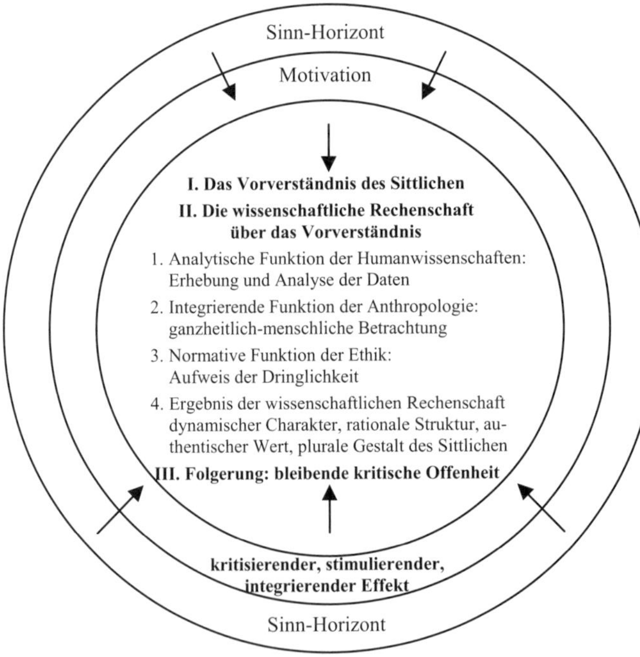

2.1 Der sittliche Einsichtsprozeß

hinsichtlich dessen der Schüler altersspezifisch zu immer größerer Selbständigkeit geführt werden soll, hat zunächst einmal beim Vorverständnis anzusetzen, das jeder über das Sittliche bereits mitbringt. Die Schüler sind dafür zu sensibilisieren,

[5] A. Auer, Autonome Moral und christlicher Glaube, Düsseldorf ^{2}1984.

daß nicht nur sie selbst, sondern jeder an einem ethischen Dialog Beteiligte seine Vorurteile offenlegen und reflektieren lernt.

2.2 Die ethische Reflexion

a) Das ethische Vorverständnis

Dieses meist unreflexe Vorverständnis gilt es spätestens dann argumentativ zu überprüfen oder zu rechtfertigen, wenn moralische Konflikte, Krisen oder neue Problemfelder auftreten (z.B. Umweltethik). Eine methodisch stringente Argumentation hat sich zunächst mit dem humanwissenschaftlichen Wissen der Zeit über die Handlungsprobleme auseinanderzusetzen und das Wissen um die konkreten Sachgesetze des Menschseins und der vom Menschen geschaffenen Institutionen sowie der dem Menschen vorgegebenen Umwelt aufzunehmen. Eine christliche Ethik, die den Menschen befähigen will, in der modernen Gesellschaft menschlich richtig zu handeln, darf dieses Wissensniveau neuzeitlichen Denkens nicht unterbieten. Die Weisheit eines einzelnen reicht nicht mehr aus, um die notwendige Erfahrungsbasis für ein tragfähiges ethisches Urteil zu erstellen.

b) Die ethisch relevanten Güter

Aus empirischen Gegebenheiten aber lassen sich noch keine Orientierungen für das optimale Glücken des Daseins ableiten, insofern es vom freien Handeln des Menschen abhängt (denn nur dies kann Gegenstand einer Ethik sein). Die unvermittelte Folgerung vom „Ist" (im Sinne von Faktizitiäten) zum „Soll" wäre je ein sogenannter naturalistischer Fehlschluß und somit ein Kurzschluß. Was den Menschen zum Menschen macht und den Sinn seiner personalen Existenz konstituiert, dies zu reflektieren ist Sache der Anthropologie. In diesem zweiten Schritt der wissenschaftlichen Rechtfertigung des Sittlichen geht es vor allem darum, die grundlegenden Güter menschlicher Existenz auf den Begriff zu bringen. Nicht nur die Gesetzmäßigkeiten, denen menschliches Handeln unterliegt, sondern die Bedeutung dieser Gesetzmäßigkeiten für das Gelingen von Menschsein stehen hier zur Debatte. Der Schüler soll lernen, in einem ethisch relevanten Disput, diesen auf die Güter hin zu elementarisieren, um die es oft verdeckt in einem gesellschaftlichen Dialog geht (z.B. das Gut des Lebens, die Facetten der Lebensqualität, das Gut des Vertrauens und des vertraulichen Gespräches, das Gut der Rechtssicherheit, usw., usw.). Der Terminus „Gut" als direkte Übersetzung des lateinischen „bonum" erweist sich für die ethische Sprache als günstiger als der Terminus „Wert" wegen der großen Vieldeutigkeit dieses Begriffes und wegen der ungelösten Probleme der dahinterliegenden Wertphilosophie und Wertethik.

c) Die ethische Normierung

Ethisches Fragen aber drängt zur Konkretion und darf daher nicht bei der Aufzählung humaner Güter und sehr allgemeinen Haltungsaussagen, die sich aus einer Anthropologie ergeben könnten, stehen bleiben. Sittliche Urteilsbildung darf aber auch keinen der bisher genannten Gedankenschritte überspringen. Ethische Normfragen werden ja dann aktuell, wenn humane Güter in einer bestimmten, häufig wiederkehrenden Konstellation miteinander in Konflikt geraten. Ethische Normen haben daher die Gestalt von Gütervorzugsregeln. Eine Normaussage muß daher eine Handlung mit neutralen Begriffen (wertende Begriffe wie „morden", „lügen" usw. führen nur zu Tautologien) ausreichend genau beschreiben und diese so beschriebene Handlung als sittlich richtig oder sittlich falsch bewerten. Normen sind konkrete inhaltliche Sollensregeln, die aus dem Gewissen für das Gewissen entwickelt werden. Für eine solche Bewertung sind Prinzipien wie die gleiche und unveräußerliche Würde eines jeden Menschen (z.B. in der Goldenen Regel) notwendige, aber nicht hinreichende Voraussetzungen. Auf dem gedanklichen Weg zu einer konkreten Normaussage müssen zunächst jene Güter herausgearbeitet werden, die in einem bestimmten Handlungsproblem in typisch wiederkehrende Konflikte geraten. Um nun die Dringlichkeiten und Vorrangigkeiten einer Güterrealisierung im menschlichen Handeln hervortreten zu lassen, bedarf es dann erstens einer Klassifizierung der Güter und zweitens der Formulierung rational einsichtiger Vorzugsregeln zur Abwägung dieser Güter.[6]

Die Güterrealisierungen lassen sich grundlegend unterscheiden in solche, für die nur der Mensch selbst verantwortlich ist (sittliche Güter) und solche, die seiner Freiheitsentscheidung vorgegeben sind und die er ganz oder teilweise dem Geschick zuzuschreiben hat (vorsittliche Güter). So gesehen, ist auch das Leben ein vorsittliches Gut, allerdings das fundamentalste. Wenn man das biologische Leben nämlich als höchstes und absolutes Gut ansetzt, führt dies zu einer reinen Überlebensethik; Hingabe des Lebens etwa um der Glaubensüberzeugung willen im Martyrium wäre dann sittlich nicht zu rechtfertigen. Der entscheidende Punkt der gegenwärtigen Debatte um eine deontologische (Begründung einer ethischen Norm nicht nur von den Folgen einer Handlung her) und eine teleologische (Begründung einer ethischen Norm von den Folgen einer Handlung her) Normbegründung liegt ja in der Bestimmung des sittlichen Zieles, auf das hin die Handlungsfolgen abgewogen werden, d.h. in der Begründung der Würde der menschlichen Person und daraus geforderten Achtung und Liebe.[7] Das sittliche Gut der Gewissensfreiheit, das in der Personenwürde des Menschen gründet, und die daraus unmittelbar folgenden Überzeugungen und Haltungen haben ausnahmslos Vorrang vor der Realisierung vorsittlicher Güter. Diese Vorzugswahl gilt universell, da ihre Leugnung auf einen Widerspruch hinausliefe: „Es sei sittlich gut, darauf hinzuarbeiten, daß

6 Das entfaltet insbesondere: B. Schüller, Die Begründung sittlicher Urteile, Düsseldorf ²1980.

7 Vgl. F. Furger, Was Ethik begründet. Ontologie oder Teleologie – Hintergrund und Tragweite einer moraltheologischen Auseinandersetzung, Zürich–Einsiedeln–Köln 1984.

das sittlich Böse, nämlich die Handlung gegen das Gewissen in Freiheit geschehe". Eine solche Position würde die Grundlagen von Sittlichkeit und Humanität aufheben.

Die meisten Konfliktfälle treten aber im Bereich der vorsittlichen Güter auf (z.B. Geld oder Leben, Leben oder Lebensqualität usw.). Rationale Vorzugsregeln berücksichtigen die Fundierungsverhältnisse der Güter (das grundlegende Gut des Lebens hat Vorrang vor allen darauf aufbauenden Güterrealisierungen bzw. Minimalisierung von Übeln), die Dringlichkeit, die Ranghöhe, die Effektivität einer Handlung, die institutionelle Verantwortungszuweisung (wer ist vorrangig für wen verantwortlich) u.a.m. Für viele Situationen können solche Vorzugsregeln nur generell und nicht ausnahmslos universell Geltung beanspruchen. Eine ethische Norm kann nämlich eine Handlung niemals so genau beschreiben, daß sie nicht in einer bestimmten unvorhergesehenen Situation noch exakter beschrieben werden müßte.

2.3 Bleibende Offenheit

Deswegen eignet konkret ethischen Normaussagen hinsichtlich der Realisierung vor sittlicher Güter und ihrer verantwortlichen Gestaltung immer eine gewisse Vorläufigkeit und Korrekturoffenheit. Zur sittlichen Reife gehören die Fähigkeit und auch der Mut, in neu auftretenden Handlungssituationen eine ethische Norm, die wegen ihrer allgemeinen Formulierung notwendig mangelhaft bleibt, wo nötig zu korrigieren, zu verbessern und weiter zu entwickeln.[8]

Dieser geschichtlich unabgeschlossene und auch unabschließbare rationale ethische Denkprozeß, bei dem in verschiedenen weltanschaulichen Begründungszusammenhängen auf weiten Strecken durchaus gleiche ethische Norminhalte zu finden sind, ist nicht nur offen für eine glaubensmäßige Begründung, sondern das Existenzverständnis des Menschen verlangt geradezu danach. Deswegen gilt es, in einem nächsten Schritt die Wechselwirkung zwischen der Glaubensperspektive (auch der Unglaube kann nicht bewiesen, sondern nur geglaubt werden), in der Menschen ihr Dasein verstehen, und diesen autonom ethischen Einsichtsprozeß zu reflektieren.

2.4 Der christliche Glaubenshorizont

Die christlichen Glaubensvoraussetzungen (von A. Auer Sinnhorizont genannt) wirken auf die Lebensgestaltung eines jeden Menschen mehr oder weniger reflex bewußt, aber in umfassender Weise bestimmend ein. Aus diesem Existenzverständnis des Menschen erwachsen seine sittlichen Grundhaltungen, seine Vorentscheidungen in bestimmten Handlungsbereichen (Tugenden oder Laster) und die Motive für seine einzelnen Handlungen. Mit der Einsicht in die Richtigkeit oder

---

[8] In der Ethik heißt diese Tugendhaltung Epikie. Vgl. G. Virt, Epikie. Verantwortlicher Umgang mit Normen, Mainz 1983.

Falschheit einer Handlung ist es ja noch nicht getan. Wissen muß noch nicht Tugend sein. Auf die Dauer kann der Mensch nur richtig handeln, wenn ihm aus seinem Existenzverständnis auch die Kraft und die Ermächtigung dazu zu Gebote steht. Zwischen der glaubensmäßigen Fundierung der sittlichen Existenz und der Kraft zum rechten Handeln besteht ein enger Zusammenhang.

Die spezifisch christlichen Grundhaltungen, die das Handeln des Menschen in der Welt prägen und doch über die Geschichte hinaustragen, sind die von Gott selbst den Menschen in „vermittelter Unmittelbarkeit" geschenkten Ermächtigungen zu glauben, zu hoffen und zu lieben. Auch diese theologischen (weil nicht durch ethische Leistung herzustellenden) Tugenden haben nicht nur eine individuelle, sondern von vornherein eine soziale Dimension. Diese Grundhaltungen durchformen daher nicht nur das Leben des einzelnen, sondern auch das Leben der Gemeinschaft. Sie treffen den einzelnen nicht in unvermittelter Unmittelbarkeit, sondern in geschichtlicher und sozialer Vermittlung und dies bereits in der Heilsgeschichte vor Christus.[9] Durch die vorbehaltslose Selbstmitteilung Gottes in Menschwerdung, Leben, Worten und Taten, Kreuz und Auferstehung Jesu Christi hat Gott den Menschen die Gemeinschaft seines innergöttlichen Lebens der Liebe eröffnet und ihnen damit ein Heil geschenkt, das über alle Projektionen menschlicher Glückssehnsucht hinausreicht. Dieses Heil aber setzt beim authentischen Glückverlangen des Menschen in dieser Welt an und bestätigt es, darf also keineswegs gegen dieses ausgespielt werden.[10] Der Sinn der menschlichen Existenz kann sich nun nicht mehr innerweltlich runden. Christliches Handeln ist daher geschenktes Handeln in geschenkten Grenzen. Der Weg Jesu Christi zum letzten Platz dieser Welt (Phil 2,5-11) hat eine Bewegung in Gang gebracht, in der die Geschichte aller Menschen, besonders dringlich aber die Geschichte der Ärmsten dieser Welt durch menschliches Mitwirken eingebracht werden soll in die in Jesus Christus unwiderruflich zugesagte Gemeinschaft, die in Gott selbst ist. Für den Getauften ist Nachfolge Christi auf diesem Weg der Grundduktus seiner Existenz und damit das genuin christliche Motiv der Sittlichkeit.[11]

Nachfolge bedeutet nicht einfach Nachahmung, sondern Ausschöpfen und Ausprägen der ureigensten von Gott geschenkten Talente eines jeden Menschen auf diesen von Jesus eröffneten Weg zum Vater in seinem Geist. In der noch ausstehenden Geschichte nach Christus ist die von ihm initiierte Gemeinschaft des Glaubens der Raum, in dem Gottes Ermächtigung zu Glaube, Hoffnung und Liebe – zu einem sinnvollen Leben in dieser Welt, ohne ihr zu verfallen – vermittelt werden. Daraus folgt der sittliche Auftrag jedes Getauften nicht nur zum Mitleben in der Gemeinde, sondern auch zur Mitarbeit am Aufbau der Gemeinde nach innen und nach außen, je nach den eigenen Möglichkeiten und Charismen. In einem solchen

[9] Vgl. H. Rotter, (Hg.), Heilsgeschichte und ethische Normen, Freiburg–Basel–Wien 1984.

[10] Vgl. G. Greshake, Glück und Heil, in: Christlicher Glaube in moderner Gesellschaft, Freiburg–Basel–Wien 1981, Bd. 9,102-146.

[11] H. Halter, Taufe und Ethos, Paulinische Kriterien für das Proprium christlicher Moral, Freiburg–Basel–Wien 1977.

Raum, in dem Glaube, Hoffnung und Liebe als spezifisch christliche Grundhaltungen auch ihre Stütze in der Gemeinschaft erfahren, werden ethische Konflikte nicht einfach aus der Welt geschafft, wohl aber Lösungsmöglichkeiten erfahrbar, die die „Welt" auf diese Weise nicht hat. Konfliktlösung wird nicht mehr als bloß innerweltliche Wiedergutmachung denkbar, sondern grundsätzlich unterfangen von der von Gott ausgehenden Versöhnung, die dem ethischen Bemühen des Menschen zuvorkommt. Das innerweltliche Handlungskalkül wird aufgebrochen. Es gilt nicht mehr, „wie du mir, so ich dir" , sondern „wie Gott mir, so ich dir". Bei einem Ehekonflikt wird z.B. von der gläubig erfahrbaren Tiefendimension menschlicher Liebe eher ein neuer Anfang aus Vergebung gewagt werden können, als dort, wo diese Hoffnung, die von einer Gemeinde mitgetragen wird, nicht vorhanden ist.

Ethos ist in jeglicher Ethik vorausgesetzt. Aus solchen Modellen können aber ebensowenig unmittelbar generelle Normen abgeleitet werden, wie aus zeichenhaften Ausdruckshandlungen. Auch in der Ethik gilt: wer zu viel beweisen will, beweist gar nichts. Wohl aber gehen dynamische Einflüsse auf einen Normfindungsprozeß der menschlichen Vernunft in Geschichte und Gesellschaft von solchen Modellen aus. Die Kirche darf sich ja gerade vom Evangelium, in dem uns die proexistente Lebensdynamik Jesu verkündet wird, nicht als eine Gruppe verstehen, die mit dem Gesicht zueinander der Welt den Rücken kehrt, sondern umgekehrt. Gerade die so beschriebene Kirchlichkeit eines christlichen Ethos bedeutet daher immer auch Dienst am säkularen Ethos und den ethischen Weltproblemen.

A. Auer schlüsselt diesen Einfluß unter den drei Aspekten des kritischen, integrierenden und stimulierenden Effektes der christlichen Grundhaltungen für den ethischen Normfindungsprozeß in der Gesellschaft auf.

a) Die integrierende Funktion:

Der christliche Glaube entwertet nicht das Eigensein und die Eigengesetzlichkeit weltlicher Strukturen und ebensowenig richtiges säkulares Ethos in seiner ganzen Vielfalt. Gerade in Zeiten, da der Zug zur Irrationalität unverkennbar ist, kann und soll vom Schöpfungs- und Erlösungsglauben her die Vernünftigkeit menschlicher (praktischer) Vernunft gestützt werden. Allerdings bedeutet Integration autonomer Ethik in ein christliches Existenzverständnis niemals bloß Übernahme, sondern immer auch Aufbrechen aller Tendenzen zur Absolutsetzung endlicher Güter und Aufschließung auf die größere Wahrheit des Glaubens. „Die Kirche fördert und übernimmt Anlagen, Fähigkeiten und Sitten (Mores) der Völker, soweit sie gut sind. Bei dieser Übernahme reinigt, kräftigt und hebt sie sie aber auch."[12]

b) Die stimulierende Funktion:

Sittliche Normen zeigen gerade in offenen Gesellschaften ein Gefälle auf das ethische Minimum. Christen dienen der Welt besser, indem sie hochethische Im-

[12] Kirchenkonstitution des II. Vatikanums, Lumen gentium 13.

pulse des Evangeliums durch konkrete Handlungsmodelle in den Kommunikationsprozeß einbringen, als durch bloßes Moralisieren. Unverkennbar hat beispielsweise die liebende Zuwendung Mutter Teresas und ihres Ordens zu den Ärmsten und Sterbenden diese Funktion wahrgenommen. Die größte Herausforderung zur Liebe bedeutet ja der, der selbst am meisten liebt. Niemand wird behaupten können, daß der dynamische Effekt etwa der Antithesen der Bergpredigt für die Geschichte bereits voll ausgeschöpft sei.

c) Die kritisierende Funktion:

Die originäre Aufgabe von Kirche kann es nicht sein, für die unübersehbar vielen sittlich relevanten Probleme der modernen Welt Programme und Rezepte zu erstellen, sondern die autonom ethischen Überlegungen auf ihre Vereinbarkeit mit dem Wort Gottes über den Menschen und das menschliche Heil zu überprüfen. In der Kirche wird nicht nur das Wissen um Schuld, Irrtum und Selbstverschließung des Menschen wachgehalten und vor Verdrängung geschützt, sondern diese Entfremdungen, denen nicht nur das autonome Ethos, sondern auch die Geschichte der sündigen Kirche in all ihren Gliedern und Institutionen unterliegt, auf ihre Hintergründe und ihr Gewicht hin theologisch gedeutet. Kirche und christliche Ethik kritisieren nicht die autonome Sittlichkeit als solche, sondern ihre naiv-utopischen und ihre pessimistischen Verfälschungen. Ethische Modelle, die der geoffenbarten Wahrheit über Mensch, Welt und Geschichte widersprechen, müssen mit der ganz moralischen Autorität der Kirche kritisiert werden.

3. Methoden und Quellen:

Den vielschichtigen Aspekten der ethischen Wahrheit und den differenzierten Gedankenschritten auf dem Weg sittlicher Einsicht im Gewissen des Einzelnen und der Gesellschaft entspricht notwendigerweise eine Vielfalt von Methoden in der Ethik. Da Methoden zu Quellen führen und Umgang mit Quellen bedeuten, können diese beiden Aspekte zusammen behandelt werden. Die Reihenfolge der Hinweise auf die Methoden schließt wegen der Übersichtlichkeit an die eben genannten Gedankenschritte an.

3.1 Ethische Hermeneutik:

Die wichtigsten und weitreichendsten Methoden sind die hermeneutischen. Diese Verfahrensweisen gehen vom Ethos sittlich erfahrener Menschen und Gruppen aus und begreifen diese Wirklichkeiten nach der Art eines Textes. Nach den Regeln menschlichen Verstehens interpretiert die hermeneutische Methode diese Texte, unterzieht sie einer kritischen Überprüfung hinsichtlich ihrer Verstehbarkeit, Vermittelbarkeit und Begründbarkeit und ihrer Beziehung zu anderen Modellen und Überzeugungen. Auf diese Weise werden mehr oder weniger verborgene Vorverständnisse ans Licht gebracht. Ebenso wird auch der Horizont des Verstehens durch diese kritische In-Beziehung-Setzung zu anderen Modellen erweitert (Horizontverschmelzung). Der um die Interpretation nun erweiterte „Text" ergibt einen neuen „Text" und entwickelt bestehende Normensysteme kritisch weiter. Sittlichkeit wird so als Verpflichtung zum frei eingesehenen Sinn der in diesem Text ausgesprochenen Wirklichkeit entfaltet. Schlechterdings unverzichtbar ist das hermeneutische Verfahren bei der Erhebung der Bedeutung biblischer und anderer Texte der Tradition für die Lösung ethischer Probleme über den zeitlichen Abstand von fast 2000 Jahren und geänderten gesellschaftlichen Bedingungen hinweg. Bei der Erschließung der Texte, die Worte und Taten Jesu betreffend, hat der christliche Ethiker keinen anderen Schlüssel als die hermeneutischen Methoden der Bibelwissenschaften. Schon Paulus rät, Jesu Weisungen in veränderter Situation nicht legalistisch, sondern intentional, bzw. approximativ zu befolgen.[13] Dasselbe gilt für die Erschließung großer spiritueller Gestalten und Bewegungen für die christliche Ethik. Besondere Aufmerksamkeit ist in einer christlichen Ethik auch der Hermeneutik von Texten des kirchlichen Lehramtes hinsichtlich der Verbindlichkeit und einer differenzierten Kompetenz zuzuwenden. Die Kompetenz des kirchlichen Lehramtes bezieht sich originär auf die Verkündigung des Evangeliums.[14] Dies entspricht der ursprünglichen Aufgabe der Kirche, das Heil durch Wort und Sakramente zu vermitteln und die Gläubigen zu einem Leben nach den theologischen Tugenden und zu einem christlich motivierten Einsatz in der Welt zu befähigen. Je mehr in konkreten ethischen Aussagen diese Sinnaussagen mit innerweltlichen Sachgesetzmäßigkeiten vermittelt werden müssen, desto mehr wird damit das Feld originärer Kompetenz der Kirche verlassen und das Feld originärer Zuständigkeit der praktischen Vernunft betreten. In diesem Bereich hat die Kirche eine subsidiäre Aufgabe, in der gemeinsamen Suche der Gewissen um eine bessere Erkenntnis der Wahrheit.[15] Ob und wo man beispielsweise umweltverantwortlich ein Kraftwerk bauen soll oder nicht, läßt sich nicht einfach vom Evangelium her deduzieren oder auf dem Weg reiner Intuition ermitteln.

Mit der hermeneutischen Methode können aber auch Familien, Gruppen, Kirchen – und gesellschaftsspezifische Vorverständnisse zu sittlichen Fragen herausgearbeitet werden. Auch die modernen Humanwissenschaften enthalten anthropologische Konzepte und Aspekte, die es hermeneutisch zu explizieren gilt. Ebenso ist die Vermittlung von Sinn- und Sachaussagen im ethischen Normierungsprozeß hermeneutisch zu entschlüsseln.

Bei der humanwissenschaftlichen Grundlegung spielen naturgemäß die vielfältigen empirischen Methoden der Humanwissenschaften (Psychologie, Soziologie, Ethnologie, Ethologie, Medizin, Biologie, usw.) eine entscheidende Rolle. Gerade beim Einsatz dieser Methoden in der Ethik ist auf die Vermeidung des naturalistischen Fehlschlusses zu achten. Aus Ist-Aussagen im Sinne naturaler Gesetzmäßig-

---

[13] H. Schürmann, Die Frage nach der Verbindlichkeit neutestamentlicher Wertungen und Weisungen, in: J. Ratzinger (Hg.), Prinzipien christlicher Moral, Einsiedeln 1975, 9-39.
[14] Vgl. Lumen gentium 25.
[15] A. Auer, Autonome Moral und christlicher Glaube, Düsseldorf ^{2}1984, 187 f.

keiten und festgestellter Faktizitäten sind keine Sollens-Aussagen abzuleiten. Um von Kenntnissen zu Urteilen zu kommen, bedarf es zusätzlicher Verfahren, die wiederum auf die Hermeneutik verweisen.

3.2 Sprachanalytische, normanalytische und systemtheoretische Verfahren

Vor allem im Vorgang der ethischen Normierung (s.o.) ist auf eine ausreichend präzise Sprache zu achten. Wenn auch in ethischen Fragen mit einer mathematischen Methode nicht dem Erkenntnisgegenstand entsprochen werden kann, der ja immer auch die unübersehbar vielfältigen und wechselnden Bedingungen, denen menschliches Handeln in der Welt unterworfen ist, impliziert, so hat die Sprachanalyse dennoch einen wesentlichen Beitrag geleistet zu einer ausreichenden Genauigkeit ethischen Redens und Argumentierens. Sprachanalytische Methoden bedeuten für jede ethische Überlegung eine notwendige Überprüfung, reichen aber nicht aus, um die Verbindlichkeit und den Geltungsanspruch logisch konsistent formulierter Sollens-Sätze zu rechtfertigen. Zur Lösung dieser Probleme bedarf es normanalytischer und systemtheoretischer Verfahrensweisen. Jeder ethische Satz ist nur zu verstehen, als Bestandteil eines Systems mit innerer logischer Kohärenz von Prinzipien, Begriffen, Klassifizierungen und Gütern, Regeln zur Erstellung von Vorzugsurteilen usw. Da es keine systemunabhängige Begründung sittlicher Urteile gibt, ist auf die systematische Rekonstruierbarkeit von ethischen Normen im System zu achten.

Eine Integration der vielfältigen Aspekte und Quellen sittlicher Erkenntnis in ihrer differenzierten Wechselwirkung ist die schwierige Aufgabe christlicher Ethik. Diese Aufgabe ist weder mit einer einzigen (Super-)Methode zu bewältigen (deswegen wurden nur einige, wohl aber die wichtigsten Methoden dargestellt, deren sorgfältiger Einsatz unabdingbare Voraussetzung ist) noch kann sie mit einem Abstraktionsverfahren einfach auf den kleinsten gemeinsamen Nenner gebracht werden: das Ergebnis wäre eine nichtssagende Konvention. Die anspruchsvolle Aufgabe der Integration kann nur von einem Moralprinzip her gelingen, das das Christsein eindeutig und unverkürzt zum Ausdruck bringt und dennoch offen ist für die vernünftige Bewältigung der stets wechselnden Handlungsprobleme in dieser Welt. Diese Frage wird häufig unter dem Stichwort Kurzformel abgehandelt.

4. Kurzformel für christliches Handeln

Das spezifisch Christliche liegt unbestreitbar auch für die Ethik in der Gestalt Jesu Christi, der die göttliche Selbstgabe an die Welt (göttliche Natur) und Vollendung von Humanität (menschliche Natur) in sich vermittelt. Von daher muß die Kurzformel „Nachfolge Christi“ für den Inbegriff christlichen Lebens entfaltet werden. Konkrete Normen können nun nicht einfach aus diesem Prinzip abgeleitet werden, sie müssen aber innerhalb der Perspektive dieses Prinzips erarbeitet werden. Das Handeln, das in der Nachfolge Christi ermöglicht ist, ist ein geschenktes

Handeln in geschenkten Grenzen. Das bewahrt menschliches Handeln von der insgeheim ständig drohenden Gefahr der Selbsterlösung.

Die Grundintention solchen Handelns ist nicht Eigenmächtigkeit, sondern verdanktes Handeln, das zur Verantwortung gegenüber dem Geber jener Gaben auffordert, auf die sich unser Handeln bezieht. Aber auch die Grenzen menschlichen Handelns können als Geschenk gedeutet werden. Sie bewahren vor Überforderung, wenn Verantwortung in unrealistischer Weise überzogen wird. Christlicher Realismus führt zu einer gestuften Verantwortung und gewährt Freiheit in der Verschiebung der Grenzen, wo dies möglich ist und der Graben zwischen „Sein“ und „Sollen“ verringert werden kann; Freiheit aber auch zu einer sinnvollen Annahme der Grenzen, die nicht übersprungen werden können durch menschliches Handeln wie Leiden und Tod. Das Verhältnis zwischen Grenzen der einen und anderen Art unterliegt selbst noch einmal einem geschichtlichen Wandel.

Christliches Handeln, verstanden als Nachfolge Christi, enthält den Grundimpuls zu geschwisterlichem Handeln mit allen Menschen guten Willens. Nachfolge Christi bezieht sich auf eine Motivation, die Maß nimmt an der Ganzhingabe Jesu, der seine Jünger niemals durch dies oder jenes überfordert hat, sondern schlicht und einfach in dem ihnen gegebenen Rahmen verlangte, ganz da und ganz solidarisch zu sein.

Nachfolge Christi bedeutet immer auch sachgerechtes und vernünftiges Handeln. Auf dem Hintergrund einer Christologie, die von der biblischen Botschaft ausgeht, daß alles in Christus geschaffen ist und in ihm auch vollendet wird (Joh 1; Kol 1,16 ff.; Eph 1,10 ff.), wird der Mensch aufgefordert, die Wahrheit der Wirklichkeit immer besser mit seiner Vernunft zu erforschen und christlich zu deuten.

Die Vernünftigkeit und Autonomie sittlichen Handelns ist nicht nur schöpfungstheologisch, sondern auch christologisch begründet und integriert. Gerade eine solche christologisch fundierte Grundmotivation läßt bereits die Schöpfung als Sakrament Gottes verstehen und entsprechend achten.

Zusammenfassend läßt sich christliche Ethik als Lehre vom guten und richtigen Leben und Handeln des Menschen auf dem von Christus eröffneten Weg zur definitiven Gemeinschaft mit dem dreieinigen Gott bestimmen.

Teil 2

Bioethische Problemstellungen

ZUKUNFTSWELTEN – LEBENSWELTEN*

Besten Dank für die ehrende Einladung, über das Verhältnis von Ethik und Politik zu sprechen.

Ethik war von ihrem Beginn an eine Lehre vom glückenden Leben, von einem Leben nach Maßstäben, die dieses Leben gelingen lassen. Ethik hat es aber genauso wie Politik mit der Spannung zwischen dem was ist und dem was sein soll, zu tun.

1. Zur Situation

Wer sich um Zukunftswelten bemüht, muss zunächst einmal realistisch und nüchtern zur Kenntnis nehmen, dass viele Menschen Angst vor dieser Zukunft haben, die im letzten immer Angst ums Leben ist. Da ist die Angst vor alten und neuen Seuchen. Die Angst um die Gesundheit und ihre ökologischen Grundlagen. Die Angst um gerechten Zugang zu gesundheitsbezogenen Leistungen, Armut, Not und vor dem Sterben. Angst kommt von Enge und Angst lähmt.

Angst ist daher kein guter Ratgeber. Die Furcht hingegen vor konkreten, analysierbaren und voraussehbaren Gefahren weckt Kräfte, sich aktiv mit Gefahren auseinanderzusetzen. Es geht also darum, Angst in Furcht zu verwandeln. Das ist eine sehr breite Bildungsaufgabe, zu der nicht nur Wissenschaft und intellektuelle Bildung und Information gehören. (Viele Menschen spüren, dass wir oft einseitig über Erfolge und Verheißungen der Wissenschaft informiert werden, dass aber negative und unerwünschte Ergebnisse oft verschwiegen werden, auch das macht Angst). Es ist aber nicht nur Information, sondern auch eine wertbezogene Persönlichkeitsbildung in Aus-, Fort und Weiterbildung nötig. Es bedarf auch einer optimalen Einbindung der Bürger, einer Motivation gegen die Resignation angesichts anonymer Großstrukturen, in denen der einzelne meint, in seinem Verantwortungsbereich ohnedies nichts mehr ausrichten zu können.

Aus der Fülle der Aspekte unserer hochkomplexen und differenzierten Gesellschaft, in der sich Zukunftsprobleme stellen, greife ich in meinen Überlegungen zum Verhältnis von Politik und Ethik jene grundlegenden Probleme heraus, auf die alle anderen erst aufbauen, nämlich die des Lebens, des Lebensschutzes und der Lebensförderung.

2. Ethik und Politik: Gegensätze?

Auf den ersten Blick, vor allem in den Medien, erscheint Politik, in der viel Lobby am Werk ist, in einem krassen Gegensatz zur Ethik, die in den Medien kaum vorkommt und keine Lobby hat. Politik wird bestimmt vom Streit der Interessen, vom Kampf um Einfluss und Macht, von oft verwirrenden Durchsetzungs-

---

* Rede bei der Alpbach-Buchpräsentation am 7.5.2001 im Haus der Musik, Wien; der Vortragsstil wurde unverändert beibehalten.

manövern, bis hin zu den vielen Lobbys. Der Einfluss der Politik auf die Menschen scheint gerade in den Wahlzeiten von machen erschreckend populistisch, vereinfachend und beängstigend angstmachend betrieben zu werden.

Ethik hingegen ist nicht Interessen und Ideologien, nicht einzelnen Gruppen, sondern der Wahrheit über den Menschen und daher allen Menschen verpflichtet. *Ethik ist nicht mit Moral zu verwechseln: Ethik ist die Theorie der Moral, die Theorie einer heute sehr pluralen Moral. Wie auch in anderen Bereichen gilt auch hier, „grau ist alle Theorie, doch gräulich alle Praxis ohne sie".*

Ethik kann daher die Moral der Bürger, die in verschiedensten Bereichen der Wissenschaft, der Wirtschaft, der Technik, in den Medien usw. tätig sind, nicht immer bestätigen. Ethik hat vielmehr manchmal vor Moral geradezu zu warnen. Ethik ist der Wahrheit über den Menschen verpflichtet, darüber mit Argumenten nach- und vor allem vorauszudenken, darüber was auf die Dauer und aufs Ganze gesehen menschlich geht – Menschsein gelingen lässt. Nachhaltigkeit gehört also zum eisernen Bestand jeder ethischen Theorie.

Eine doppelte Wahrheit über den Menschen kann es nicht geben, aber viele Zugänge und Dimensionen müssen berücksichtigt werden und deswegen ist Ethik eine der wenigen integrativen Wissenschaften in einem sich immer mehr spezialisierenden Spezialistentum. Ethik darf nicht zu einer *weichen* Verträglichkeitsethik oder einer Summe von guten Ratschlägen für bestimmte Dialogverfahren verkommen. Die in einer Gesellschaft unausweichlichen Kompromisse dürfen nicht vom politischen und rechtlichen Anwendungsbereich in die ethischen Prinzipien selbst verlagert werden. Dann wäre Ethik nichts anderes als eine Ideologie unter vielen anderen – die Fortführung von Politik mit anderen Mitteln.

Wenn Ethik sich von Politik vereinnahmen ließe, hätte sie eine reine Feigenblattfunktion und wäre dann früher oder später überflüssig. Ethik muss die kritischen und bisweilen unangenehmen Fragen nicht nur in ihre Bücher, sondern auch in den gesellschaftlichen Dialog einbringen.

3. Wichtige Anfragen der Ethik

Gerade in einer pluralistischen Gesellschaft gilt es, darauf zu reflektieren und die Frage zu stellen: „Wie viel Pluralismus hält der Mensch für seine Existenzbewältigung aus, ohne für Vereinfachungen fundamentalistischer oder totalitärer Art anfällig zu werden? Die Wahrnehmung verschiedener Kulturen scheint zunächst nicht ein „Mehr" an Toleranz für den Anderen und Fremden hervorzubringen, sondern man hat bisweilen den Eindruck des Gegenteils.

In Einschätzungsfragen, in Sach- und Durchführungsfragen sind Kompromisse unumgänglich. In Glaubens- und Gewissensfragen kann es aber keine Kompromisse geben. Dafür ist Toleranz um so dringlicher. Beides muss erlernt werden.

Gerade in einer Gesellschaft, die angetreten ist, alle Tabus zu brechen, gilt es, die neuen und meist nicht benannten Tabus zu hinterfragen.

René Descartes hat Ende des 17. Jh. der Wissenschaft und vor allem der Medizin das Motto mitgegeben: „Die Medizin wird eines Tages alle Ursachen von Krankheiten erkennen, diese heilen und vielleicht auch die Altersschwäche loswerden.“ Angesichts dieser Illusion, die weithin unseren gesellschaftlichen und wissenschaftlichen Betrieb bestimmt, besteht die Tendenz, dass für die Erreichung dieses Zieles jedes Mittel recht sein muss. Vor allem sind es die technischen Reparatur-Mittel, an denen der ganze Optimismus hängt, etwa auch im Bereich der Fortpflanzungsmedizin, während die detaillierte Erforschung der Ursachen und zum Teil auch Auswirkungen fast tabuisiert werden. Es könnten unangenehme Wahrheiten ans Licht kommen, die vielleicht auch unseren Lebensstil betreffen.

4. Gemeinsam herausgefordert

Ethik ist nicht Politik und kann es nie werden, ohne sich aufzugeben. Aber Politik ist auch nicht Ethik. Und dennoch sind Politik und Ethik, aber genauso Ökonomie, Wissenschaft, Recht usw. gemeinsam herausgefordert – vor allem durch die modernen Lebenswissenschaften, von denen die Fortpflanzungsmedizin und Gentechnik nur einen kleinen Teil ausmachen, aber jenen Teil, der besonders tief in das Leben, in die Lebenswelt der Menschen und in die uns tragende Natur eingreift. Die einen meinen, dass die neuen Technologien die Kultur, die Ethik und Religionen verändern werden und sich alles dem „Machbaren“ anpassen wird. Die anderen sind etwas vorsichtiger, weil jede beantwortete Frage – das zeigt die Wissenschaftsgeschichte – neue Fragen aufwirft, so dass der Sinn für das uns und die Welt tragende und daseinsgewährende Geheimnis mit dem wachsenden Wissen der Lebenswissenschaft zugleich zunehmen wird.

Politik und Ethik sind aber nicht nur gemeinsam herausgefordert, sie sind beide auf ihre Weise der Suche nach dem optimal Menschlichen und dem menschlichen Gemeinwohl verpflichtet, so dass jedem Menschen Gerechtigkeit widerfährt im Schutz der Menschenwürde und der darauf aufbauenden stets weiter zu konkretisierenden Menschenrechte. Beide, Politik und Ethik, sind der Suche einer gerechten Verteilung der Güter, insbesondere der gesundheitsbezogenen Güter, verpflichtet. Da die Güter dieser Erde genauso begrenzt sind wie das Leben des Menschen und seine Handlungsmöglichkeiten, gilt es Prioritäten zu setzen. Politik und Ethik sind beide einer optimalen menschlichen Prioritätensetzung verpflichtet.

5. Was kann die Ethik? Was kann sie nicht?

Ethik als eine der ältesten Theorien der Prioritätensetzung geht auf Aristoteles, den Begründer der Ethik als eigenständiger Disziplin, zurück. In seinem Werk finden sich vor mehr als 2300 Jahren bereits eine Summe von Vorzugsregeln oder Kriterien für die Prioritätensetzung in individuellen und strukturellen Konflikten, und vor allem die Methode der Abwägung.

Jede Abwägung, in der das Prioritätensetzen sich konkret vollzieht, setzt eine Waage mit Fixpunkt voraus. Es wäre methodisch unbedarft – wie es leider so oft geschieht – gleich mit dem Abwägen von Vor- und Nachteilen zu beginnen, ohne sich vorher Rechenschaft zu geben über den Gesichtspunkt, unter dem abgewogen wird. Der entscheidende Gesichtspunkt, der eine ethische Abwägung von anderen unterscheidet, ist die unveräußerliche Würde eines jeden Menschen. Zur Begründung der Menschenwürde gibt es in unserer Gesellschaft verschiedene Quellen und Zugänge.

Gerade in einer pluralistischen Gesellschaft dient es der Transparenz und Redlichkeit des Dialoges, das eigene Vorverständnis offen zu legen, nicht um dem Gesprächspartner die eigene Weltanschauung aufzuzwingen, sondern um ihn einzuladen, über sein eigenes, oft unbedachtes Vorverständnis nachzudenken, und damit über die Fixpunkte in der Waage seines Abwägens. Der Mensch hat nicht nur Wert, ist nicht nur Wert: Denn Werte sind austauschbar. Der Mensch hat eine unveräußerliche Würde, weil es dem Menschen eigen ist, nicht nur als Exemplar einer Gattung zu existieren, sondern als Person in unvertretbarer Einmaligkeit und Beziehungsverantwortung zugleich.

Aus der Vielfalt der Vorzugsregeln, die es jeweils für die einzelnen Sachbereiche zu konkretisieren gilt, sei nur jene genannt, die besonders relevant ist für unsere Frage: Das sogenannte Problemlösungskriterium, das besagt, dass der Einsatz einer neuen Technik und Technologie nicht größere Probleme schaffen soll, als er zu lösen vermag. Das gilt es im Allgemeinen wie im Einzelnen durchzubuchstabieren.

Am Ende solcher Abwägungsvorgänge steht dann eine konkrete Norm, die gemeinsam unter Einsatz aller relevanten Vorzugsregeln gefunden wird. Wer von der Ethik fertige Rezepte erwartet, wird enttäuscht werden. Wer aber an methodisch-kritischer Fähigkeit interessiert ist, den Vorgang ethischer Urteilsbildung und Überprüfung kennen zu lernen, wird auf Ethik nicht verzichten können.

6. Reduktionistische Menschenbilder

Im Gefolge der zum Teil sehr vereinfachten und nicht sehr realistischen Verheißungen, die in den Medien anlässlich der Entschlüsselung des menschlichen Genoms verbreitet wurden, werden nun alte reduktionistische Menschenbilder, die es auch schon vorher gab, wiederbelebt.

Wir stellen solches fest etwa in theoretischen Modellen der modernen Soziobiologie, die von der Annahme ausgehen, dass der Mensch nichts anderes sei, als die Summe seiner genetischen Funktionen; alle menschlichen Phänomene bis hin zur Kultur, zur Moral und Religion werden aus dem Zusammenspiel der egoistischen Gene erklärt. Aber nicht nur in solchen Modellen, sondern immer dann, wenn es heißt, „der Mensch ist nichts anderes als ...“: Funktion gesellschaftlicher Zwänge – Bestandteil von Interaktionseinheiten eines Systems – Ergebnis physiologischer Vorgänge – Spiegelbild der ihn umgebenden Natur und Kohlenwasserstoffe usw. –

immer dann, wenn dieses „nichts als“ drinnen steckt, zeigt sich ein reduktionistisches Menschenbild: Dann wird der Mensch nicht mehr als weltoffenes, auf das Sein im Ganzen erschlossenes Wesen wahrgenommen. Und immer dann, wenn der Mensch sich nicht mehr als Ausdruck eines letzten Geheimnisses, auf das hin er erschlossen ist, verstehen kann, liegt die Gefahr für solche reduktionistische Verständnisse des Menschen nahe. Dann wird der Fixpunkt der Waage ein anderer, und dann kommt es mit fast innerer Logik zur Spaltung des Menschlichen: Zur Spaltung der Menschen in solche, die instrumentalisierbar sind und in solche, die nicht instrumentalisierbar sind.

7. Konkrete Gefahren der Spaltung des Menschlichen angesichts der modernen Lebenswissenschaften an fünf konkreten Punkten

Gentechnik ist aus der Arzneimittelproduktion, aus der Herstellung reiner Impfstoffe und generell aus der Medizin nicht mehr wegzudenken. Hoffnungen auf rasche somatische Gentherapien hingegen haben sich bisher noch nicht erfüllt. Leider! Aber es werden zunehmend prädiktive Tests angeboten für genetisch bedingte ererbte Dispositionen für bestimmte Krankheiten. Dem phänotypisch gesunden Menschen kann mit mehr oder weniger großer Wahrscheinlichkeit eine Krankheit vorausgesagt werden, was enorme Erwartungsängste auslösen kann. Es entsteht durch diese Möglichkeit gleichsam eine neue Gruppe von Menschen, nämlich die Gesund-Kranken. Ich fürchte, die Schere zwischen möglicher prädiktiver Diagnose und mangelnder Prophylaxe und Therapie wird in den nächsten Jahren noch größer werden. Diese Schere kann nun zu einer Aufteilung der Menschheit führen: In solche, die gute Gene haben und am Arbeitsplatz und bei der Versicherung daher gute Karten, und solche, die schlechte Gene haben und in diesen und anderen Bereichen daher schlechte Karten. Wir haben in Österreich diesbezüglich ein sehr gutes Gentechnikgesetz und sollten unbedingt an diesen Bestimmungen festhalten. Aber wir sollten darüber hinaus auch versuchen, international diesen Standard einzumahnen, dass wir nicht von außen her eines Tages unter Druck kommen, unsere Gesetze zu ändern. Diese prädiktiven Tests dürfen nur nach angemessener Beratung und mit schriftlicher Zustimmung der Erwachsenen vorgenommen werden. Aber damit ist es noch nicht getan. Es bedarf nicht nur der Qualitätssicherung der Labors, sondern insbesondere der Qualitätssicherung der nichtmedizinischen Anteile der Beratung bei oft gravierenden existentiellen Entscheidungen.

Prädiktive Tests bei Kindern sollten wegen des Rechts auf Nichtwissen nur dann vorgenommen werden, wenn diese für eine rechtzeitige therapeutische Intervention nötig sind.

Bei solchen Tests vor der Geburt – bei der Pränataldiagnose – handelt es sich gar um zwei Patienten von denen nur einer zustimmen kann. Aufs Ganze gesehen ist die Pränataldiagnose Teil einer umfassenderen Pränatalmedizin und vielfach lebensdienlich. Oft tragische Probleme ergeben sich aber bei Nachweis einer Schädigung des Föten. Nicht nur für die einzelne Frau stellt sich vor allem die Frage, ob sie vor der Zustimmung zum Test wirklich gut und qualitätsgesichert beraten wurde. Große Probleme ergeben sich auch für das gesellschaftliche Bewusstsein, wenn der österreichische Gesetzgeber im StGB 97 die Tötung eines Ungeborenen bis zur Geburt zulässt, wenn es genügt, dass „die Gefahr“ einer Schädigung des ungeborenen Kindes vorliegt. Eine klassisch eugenische Formulierung im österreichischen Gesetz; sie heißt ja im Klartext: „Was, du hast schlechte Gene oder Chromosomen? – Weg mit dir!“ Eine solche eugenische Formulierung geht gleichsam selbstverständlich von einer Unterscheidung der Menschen in solche mit guten und solche mit schlechten Genen aus. Eine schleichende Eugenik von unten ist eine sehr realistische Gefahr.

Ein weiterer Punkt: Ein eigenes Problem ist die Präimplantationsdiagnose, also ein Test vor dem Embryonentransfer. Auf den ersten Blick und für die unmittelbare Beziehung zwischen Arzt und der Frau, die ja noch nicht schwanger ist und meist auf ganz natürlichem Weg Kinder bekommen kann, sieht diese Diagnose in vitro vor dem Embryonentransfer bloß aus wie eine vorgezogene Pränataldiagnose. Die Sorgen bei einer entsprechenden Familienanamnese sind mehr als ernst zu nehmen. Aber ist die Präimplantationsdiagnose wirklich ohne Alternative, ohne ethische Alternative? Was ist denn ihr Ziel? Das einzige Ziel der Präimplantationsdiagnose ist derzeit nur die Selektion von Embryonen nach genetischen Gesichtspunkten. Jede solche Selektion bedeutet aber wiederum eine Spaltung des Menschlichen, wenn auch in der frühesten Phase unseres Daseins, die aber auch zu unserem Menschsein gehört.

1999 hat der Hersteller des ersten Retortenbabys bei einem EU-Projekt klipp und klar gesagt, dass es ihm von Anfang an nicht darum ging, mit der In-vitro-Fertilisation Paaren eigene Kinder zu ermöglichen, sondern das genetische Design dieser Kinder zu bestimmen. Er hat das damals in renommierten Zeitschriften auch publiziert. Dass man nebenbei natürlich das Geschlecht bestimmt, ist völlig klar. Äußerungen solcher Spitzenwissenschaftler sprechen Bände.

Ein dritter Bereich: Da die Medizin auf die Dauer nicht Embryonenselektion betreiben will, sondern heilen, wird der Druck immer größer, auch die verbrauchende Embryonenforschung zu ermöglichen. In Deutschland und Österreich ist solches derzeit nicht möglich. Das Fernziel einer Therapie in diesem Stadium würde aber vermutlich eine Keimbahnveränderung und in der Forschung Keimbastelei bedeuten. Die Gesellschaft muss sich also jetzt bereits bei der Präimplantationsdiagnose überlegen, ob sie langfristig die Keimbahnmanipulation akzeptieren und damit alle künftigen Generationen den Plänen und dem Können heute lebender Wissenschaftler ausliefern möchte. Die Menschenrechtskonvention des Europarates zur Biomedizin, die Österreich noch nicht unterzeichnet hat, verbietet in Artikel 18 die Erzeugung von Embryonen zur Forschungszwecken kategorisch.

Aber dann gibt es einen zweiten Absatz, dass in jenen Staaten, wo die Forschung an Embryonen in vitro zugelassen ist – also an überzähligen Embryonen – die Rechtsordnung einen adäquaten Schutz des Embryos zu gewährleisten hat. Was dies bedeutet, sehen wir in England. Der Schutz ist dann schon gewährleistet, wenn eine Ethikkommission, die fast nur aus Naturwissenschaftlern besteht, zustimmt.

Weil bei den Versuchen oft Kernklonen eine Rolle spielt, hat man in der EU-Grundrechtscharta wie in anderen Dokumenten die Unterscheidung zwischen reproduktivem Klonen, das verboten bleibt, und dem sogenannten nichtreproduktiven Klonen eingeführt. Je nach Interesse des Forschers bekommt dann der eine Embryo den Implantationsbonus und damit eine Lebenschance und der andere den Forschermalus, d.h. in der Forschung vernichtet zu werden. Eine Spaltung des Menschlichen in der Frühphase unseres Menschseins zeichnet sich auch hier ab. Der Druck zur Gewinnung von embryonalen Stammzellen wird immer größer in Hinblick auf künftig vielleicht einmal mögliche Therapien. Der Verbund von Wirtschaft, Wissenschaft und Technik übt einen unheimlichen Sog aus, dem sich der einzelne Wissenschaftler und der einzelne Mensch kaum entziehen kann.

Eine prädiktive Medizin aber fordert eine vorausschauende Ethik, die die Forschung begleitet und Weichenstellungen rechtzeitig und nicht erst hinterher reflektiert. Ich gehe davon aus, dass das ethisch Richtige in einer humanen Gesellschaft sich langfristig auch als das Nützlichere erweisen wird. Eine doppelte Wahrheit kann es nicht geben. An der Weichenstellung, wohin die Forschungsenergien gelenkt werden, noch dazu bei oft unsicheren und entfernten Prognosen gilt es, rechtzeitig ethische Alternativen zu befürworten.

Diese Alternativen zur Vernichtung von Embryonen gibt es, so z.B. die Gewinnung von Stammzellen aus Nabelschnurblut oder aus erwachsenen Stammzellen. Jeden Tag steht eine neue Nachricht in der Zeitung. Laut Times vom 23.4.2001 finden sich diese Stammzellen vor allem im Fettgewebe, wo sie auch leicht zu finden sind. Dieser ethisch grundsätzlich unproblematischere und ebenso zielführende, langfristig gesehen auch medizinisch elegantere Weg, ist gegenüber dem Weg über die Herstellung und Zerstörung von Embryonen zu bevorzugen. Ethik darf also nicht nur auf der Bremse stehen, sondern muss vielmehr die sinnvollen und nachhaltigen Möglichkeiten ins Gespräch zu bringen, in ein Gespräch, an dem sich alle relevanten Wissenschaften und gesellschaftlichen Gruppen beteiligen sollten.

Ein vierter, vorletzter Gedanke: Die entscheidende Frage in diesem Bereich ist aber die nach dem anthropologischen Status der frühen Stadien unseres Menschseins. Eine seltsame Formulierung in der deutschen Fassung der EU-Grundrechtscharta von Nizza lässt aufhorchen. Artikel 1: Die Würde des *Menschen* ist zu achten und zu schützen. Artikel 2: Jede *Person* hat das Recht auf Leben. In der Europäischen Menschenrechtskonvention von 1950 heißt es in Artikel 2 noch: Das Recht jedes *Menschen* auf das Leben wird gesetzlich geschützt. Was soll dieser Unterschied? Soll hier einer grundsätzlichen Spaltung des Menschlichen Vorschub geleistet werden, wie sie der australische und derzeit in den USA wirkende Ethiker Peter Singer vertritt, wenn er sagt, dass nicht alle Menschen Personen sind, sondern nur jene, die ein gewisses Maß an geistigen und kommunikativen Fähigkeiten zeigen? Dieser utilitaristische Ethiker gehört zur Spielart der sogenannten Präferenzutilitaristen. D.h. nur jenen Menschen wird personale Würde und daher

Lebensschutz zuteil, die Präferenzen, d.h. Interessen zeigen und vertreten können. Hier tritt die Logik der Spaltung des Menschlichen, die sich sonst eher nur schleichend da und dort zeigt, klar zu Tage. Denn Peter Singer definiert die Person über ihre Eigenschaften. Aber er richtet ein Tabu auf, wenn man ihm die Frage stellt, *wer* denn derjenige ist, der diese Eigenschaften hat. Ungeborene haben kein Lebensrecht und behinderte Kinder bis zum ersten Lebensmonat können nach seiner Theorie getötet werden, um Platz zu machen für ein gesundes Kind.

Und damit komme ich zum Schluss auf eine letzte Spaltung des Menschlichen am Ende unseres Lebens zu sprechen. Die Euthanasiedebatte hat nicht nur eine theoretische medizin-ethische und rechtliche Dimension, sondern in Europa gibt es seit geraumer Zeit ein gesellschaftliches Laboratorium. In den Niederlanden ist die direkte aktive gezielte Tötung eines Schwerkranken und Sterbenden unter bestimmten Voraussetzungen nicht mehr strafbar.

„Sie wünschen, wir töten" – ab dem 12. Lebensjahr mit Zustimmung der Eltern, ab dem 16. Lebensjahr ohne Zustimmung der Eltern. Gefordert wird zwar eine sogenannte autonome und freie Entscheidung des Sterbenden, dass er getötet werden will. Faktisch aber entscheiden die Ärzte und Angehörigen nach dem Urteil über Lebensqualität. Wer den Text genau liest, nimmt wahr, dass es ja genügt, dass der Arzt zur Überzeugung kommt, dass der Patient sich die Tötung gewünscht hat. Es muss gar nicht nachweisbar sein, dass er es gewünscht hat. Es genügt, dass der Arzt zur Überzeugung kommt, dass er sich das gewünscht hat. Und ein zweiter Arzt auch. Ein sehr arztbezogenes Recht – ein neuer Paternalismus. Die Autonomie des Patienten kippt genau in ihr Gegenteil. Menschen, deren Lebensqualität noch einigermaßen gut eingeschätzt wird, dürfen leben. Menschen, deren Lebensqualität schlecht eingeschätzt wird, geraten solange unter Druck, bis sie den Wunsch äußern, getötet zu werden. Eine Spaltung des Menschlichen unter dem Vorwand der Lebensqualität.

Wiederum zeigt der Vergleich mit der EU-Charta und der Europäischen Menschenrechtskonvention große Unterschiede. Der Satz der Europäischen Menschenrechtskonvention, „dass niemand absichtlich seines Lebens beraubt werden darf", fällt in der EU-Charta ersatzlos aus. Mit welcher Absicht wohl hat der Konvent, der die EU-Charta ausgearbeitet hat, abweichend von der Europäischen Menschenrechtskonvention so formuliert?

8. Anthropologische Schlussüberlegung

Wir haben Jahre irdischen Lebens hinzugewonnen und werden durch die moderne Wissenschaft und durch unseren Wohlstand weitere hinzugewinnen. Wir haben aber auch große Probleme, diese gewonnenen Jahre zu kultivieren. Zugleich geht der Glaube an die Vollendung dieses endlichen gebrochenen Lebens verloren, jeder stirbt in einer bestimmten Weise unvollendet. Wir gewinnen 20 und mehr Jahre und verlieren eine ganze Ewigkeit. Alles muss daher stresshaft in dieses Leben integriert werden. Diese Endlichkeit kann vermutlich nur dann wirklich angenommen werden, wenn der Mensch dieses endliche Leben mit seinen unvollendeten und gebrochenen Aspekten annehmen und zugleich in Frieden loslassen kann im Vertrauen darauf, dass, wie ihm dieses Leben geschenkt war, eine Vollendung über dieses Leben hinaus geschenkt wird. Wenn der Mensch sich nicht mehr als Ausdruck eines ihn in seinem einmaligen Personsein bejahenden Geheimnisses verstehen kann, ist die Gefahr eines reduktionistischen und ultilitaristischen Menschenbildes groß mit der logischen Konsequenz der Spaltung des Menschlichen. Dann geht die Logik des Personalen in der Logik des Nützlichen und verschiedener anderer Logiken unter.

Wenn eine der Zukunft zugewandte Ethik und eine Politik umfassender ökologischer, sozialer und humaner Nachhaltigkeit sich von der Einsicht leiten lassen, dass es eine doppelte Wahrheit nicht geben kann; wenn beide, Ethik und Politik, sich von der Annahme leiten lassen, dass das ethisch Richtige in einer humanen Gesellschaft langfristig auch das für den Menschen Nützliche sein wird, dann muss man realistisch zwar damit rechnen, dass sich einzelne Gruppen und vielleicht sogar Gesellschaften durch ethische Grenzüberschreitungen kurzfristig Vorteile verschaffen wollen. Zum Vorteil der meisten Menschen und der Lebenswelt kommender Generationen wird es aber dann nicht sein. Im Interesse der Sicherung der Humanität der gegenwärtigen und der künftigen Gesellschaft müssen Politik und Ethik ihre Eigenständigkeit bewahren, dürfen aber niemals als Gegensatz gegeneinander ausgespielt werden und sich ausspielen lassen.

DIE BEDEUTUNG DER SPIRITUALITÄT FÜR DEN BIOETHISCHEN DIALOG

Religiöse Erfahrung, Glaubenserfahrung und sittliche Erfahrungen in ihrer Unterschiedenheit und Wechselwirkung[*]

Die gewählte Thematik greift nicht nur eine aktuell dringliche Dimension des bioethischen Dialoges auf, da dieser Zusammenhang meist wenig reflektiert wird. Er dürfte aber vermutlich eine größere Rolle spielen, als meistens ausdrücklich bedacht. Das Thema dieses Beitrages hat auch eine enge Beziehung zu Leben, Werk und Engagement von Franz Kardinal König, dem Mann der Spiritualität und der Wissenschaft. Der theologische Ethiker ist unmittelbar nicht zuständig für die Frage, ob der Megatrend Spiritualität empirisch tatsächlich feststellbar ist und wenn ja, in welcher Hinsicht. Dieser Essay kann auch keine Lösung in den offenen Fragen des Spiritualitätsbegriffes und des Religionsbegriffes beitragen. Allerdings werden in diesen empirischen Fragen und auch in den Definitionsfragen indirekt normative Probleme berührt, die meist nur wenig ausführlich bedacht werden und die theologische Ethik berühren.

Unbestritten dürfte sein, dass von der Krise der Institutionen auch die institutionalisierten Kirchen betroffen sind und Menschen, wenn sie in diesen Institutionen leben, in ihnen selbst mehr Raum für ursprüngliche Erfahrung und Interpretationshilfen für diese einfordern. Hinzu kommt, dass in einer unüberschaubar globalen Welt die Sehnsucht nach Überschaubarkeit durch Religion wächst. Da Religionen und vor allem der Glaube sich aber nicht einfach darauf hin funktionalisieren lassen, suchen viele Menschen in selbstgebastelten Nischen Selbstvergewisserung inmitten der Unüberschaubarkeit. Hinzu kommt weiterhin, dass selbst innerhalb der Kirchen der universale Wahrheitsanspruch des Glaubens mit dessen geschichtlichen Brechungen in Balance zu halten ist. Der Pluralismus an kulturell unterschiedlich geprägten Erfahrungsweisen will berücksichtigt werden. Literarische Monotheismuskritik ist „in". Peter Sloterdijk ironisierte die für die monotheistischen Religionen grundlegende Unterscheidung zwischen dem einen wahren Gott und den falschen Göttern als etwas, das schon die übernächste Generation als „halbarchaische Konfliktfolklore" belächeln werde.[1] Das Lob des Polytheismus

[*] Dieser Beitrag war ursprünglich für die Festschrift des großen Kirchenmannes und Erzbischofs von Wien, DDr. Franz Kardinal König – dem unter vielen, vielen Menschen auch ich viel verdanke – verfasst und nach desssen Tod in einer Gedenkschrift publiziert. Die Authentizität von Spiritualität spielt in der Arbeit der Theologie, auch in jenen Grenzbereichen wie den hochdiffizilen bioethischen Problemen, eine größere Rolle, als gemeinhin wahrgenommen wird.
Originalpublikation in: P. M. Zulehner (Hg.), Spiritualität – mehr als ein Megatrend (Gedenkschrift f. Kard. DDr. Franz König), Ostfildern 2004, 107-119.

[1] P. Sloterdijk; Tau von den Bermudas. Über einige Regime der Einbildungskraft, Frankfurt 2001, 11-24, zitiert und verarbeitet in: K. Müller, Genauer hinschauen. Das Christentum, der Westen und die Wahrheit, in : HerKorr 58 (2004) 235-240.

von Odo Maquard ist bereits 25 Jahre alt.[2] Unbedingte und universale Wahrheiten, die auf ebenso umfassend gültigen Erfahrungen beruhen, haben es in unserer Gesellschaft nicht leicht. Die „Gotteskrise", wie Johann Baptist Metz ein Zeichen der Zeit diagnostiziert, wird durch einen schwammigen Religionsbegriff nicht behoben, sondern eher vernebelt.

Einen Pluralismus an spirituellen Traditionen gibt es aber durchaus auch in den großen Kirchen. Durch vielfältige Begegnungen und Austausch kommen darüber hinaus die Spiritualitäten der großen Religionen nicht nur in den Blick, sondern entfalten auch motivierende Kräfte. Gibt es darüber hinaus vielleicht nicht nur die selbstgebastelten „esoterischen Spiritualitäten", sondern sogar so etwas wie „agnostische Spiritualität"? Bei einer bioethischen Debatte über die Bedeutung des Glaubens beim Sterben des Menschen wurde ich ausdrücklich mit einem prominenten „Atheisten" zu einer Diskussion in die Ärztegesellschaft geladen. Der Diskussionsleiter war fast enttäuscht, als er feststellen musste, dass der sogenannte Atheist und der Theologe sich gut auf einer „spirituellen" Basis miteinander verstehen konnten. Ich habe versucht, die agnostische Erfahrung der Unsicherheit und des Zweifels, mit Hilfe des berechtigten Anliegens einer negativen Theologie zu interpretieren, worauf der sogenannte „atheistische" Gesprächspartner meinte, so wie ich theologisch versuchte, Glaube, Hoffnung und Liebe in ihrer Bedeutung für das Bestehen des Sterbens ins Gespräch zu bringen, wünsche auch er sich, als gläubiger Mensch zu sterben. Auch Kardinal König meinte nach seinem erfüllten und dialogreichen Leben, dass er einem wirklichen Atheisten nicht begegnet sei.

Die Abwesenheit Gottes selbst kann zum Wort religiöser Erfahrung werden – zumindestens der Suche nach Gott.[3] Aber liegt diese durchaus auch in agnostischer Form spirituell auftretende Frage nach Gott der Offenbarung voraus, oder wird sie in einer Geschichte, in der die Offenbarung bereits ergangen ist, nicht von dieser erst provoziert? Wäre die Offenbarung überhaupt verständlich, wenn sie nicht an die bereits in der Schöpfungsordnung angelegte religiöse Suche des Menschen anknüpfen könnte? Verkündet nicht der Apostel Paulus, wenn er Jesus Christus den „Heiden" verkündet, wie die Apostelgeschichte immer wieder sagt, den „Theoseibes"? Könnte es sein, dass bei allen Unterschieden zwischen den Gottsuchern in Kleinasien in biblischen Zeiten und vielen Agnostikern unserer Tage nicht nur Unterschiede, sondern auch Ähnlichkeiten bestehen? Offenbar konnten die ersten Missionare mit Paulus an einem Pluralismus spiritueller Erfahrungen anknüpfen und das Apostelkonzil (Apg 15) hat normativ für einen Pluralismus auch auf Christus bezogener Spiritualitäten entschieden. Kardinal König ist immer entschieden für den legitimen Pluralismus der Spiritualitäten in der Kirche eingetreten.

Diese vielfältigen Formen von Spiritualität bedürfen aber einer Kriteriologie, die, der Wahrheitsfrage noch vorgängig, authentische von nichtauthentischen Spiri-

---

2 O. Maquard, Abschied vom Prinzipiellen, Stuttgart 1981, 91-116, vgl. K. Müller a.a.O.

3 Vgl. K. J. Kuschel, „Wir wissen ja nicht was gilt". Paul Celan, Nelly Sachs und das Reden von Gott, in: W. Haug/D. Mieth (Hg.), Religiöse Erfahrung. Historische Modelle in christlicher Tradition, München 1992, 453-469.

tualitäten zu unterscheiden hilft. Erst dann kann in logischer Reihenfolge die Unterscheidung des Christlichen im modernen Spiritualitätenkosmos angegangen werden.

Als unhintergehbarer Zugang bietet sich der Begriff der Erfahrung an. Die Erfahrung ist zugleich auch die Brücke zu einer ethischen Handlungstheorie. Wenn nämlich die Erfahrungsbasis des Menschen verkürzt oder zerstört wird, wird das Handeln des Menschen selbst zerstörerisch. Folgende Gedankenschritte legen sich für die Bewältigung des gestellten Themas nahe.

1. Die Analyse menschlicher Erfahrung im Hinblick auf religiöse Erfahrung als Grundlage und Kriterium für authentische Spiritualität.
2. Wesentliche Momente der christlichen Erfahrung, die diese von allgemein religiösen Erfahrungen unterscheidet.
3. Die sittliche Erfahrung in ihrer Unterschiedenheit und Beziehung zur religiösen Erfahrung.
4. Die Wechselwirkung zwischen der religiösen Erfahrung, der christlichen Glaubenserfahrung und der sittlichen Erfahrung.

1. Religiöse Erfahrung als Spiritualität

Wer nach Kriterien authentisch religiöser Erfahrung fragt, muss sich komplexen und zum Teil widersprüchlichen Erfahrungskonzepten stellen. Das Bildwort vom Durchfahren und so Er-reisen der Wirklichkeit steht für sehr komplexe Weisen der Entstehung menschlicher Einsichten und Befindlichkeiten, in der aber bestimmte Elemente immer wiederkehren: Anschauung, Beobachtung, Erlebnis, Einsicht, Verstehen, Deuten, Mitteilen usw.[4] Im derzeit dominant alltäglichen Sprachgebrauch wird unter Erfahrung zunächst meist die *Empirie* im Sinne der positiven Wissenschaften, vor allem der Natur- und Sozialwissenschaften verstanden. Selbst die Psychologie wird weithin dominiert von experimentell angeordneten Versuchen und Wahrnehmungen, die in Statistiken und Tabellen fassbar zu machen sind. Was außerhalb dieses Horizontes liegt, wird als unwissenschaftlich, als nicht „evidence based“ angesehen, wie in der modernen, naturwissenschaftlich geprägten Medizin. Es ist verständlich, dass ein so reduzierter und heillos unterbestimmter menschlicher Erfahrungsbegriff zu Gegenreaktionen führt. Oft sind es gerade mit Technik, Naturwissenschaft und Computer beschäftigte Menschen, die sich nach der verlorenen Dimension der nicht planbaren, alle Enge in die Weite der Transzendenz führenden *Erlebnisse* sehnen. Das Wort Ganzheitlichkeit findet sich häufig in der Kritik einer einseitig naturwissenschaftlich konzipierten Medizin: Ein berechtigtes Anliegen, wenn die Berücksichtigung der psychosomatischen Dimension der Medizin damit eingefordert wird; ein theologisch fragwürdiger Begriff, wenn damit in der Heilung ein immanentes Heil angepeilt wird und Heil und Hei-

4 Zu den folgenden Überlegungen vergleiche D. Mieth: Annäherung an Erfahrung – Modelle religiöser Erfahrung im Christentum, in: W. Haug/D. Mieth (Hg.): Religiöse Erfahrung, München 1992, 1-16.

lung verwechselt werden. Gerade technisch dominierte Menschen – und wer ist das in unserer Gesellschaft nicht – suchen nach spirituellen Erlebnissen im Sinne existentieller Wellnessbäder zum Ausgleich. Esoterische Gurus, Schulen und Literatur nützen ihre Chancen auf diesem gewinnträchtigen Markt.

Wenn man unter religiöser Erfahrung aber jene versteht, die das Ganze und die Tiefe der menschlichen Existenz erfasst, dann greift auch diese Dimension in mehrfacher Weise zu kurz: Religiöse Erfahrung kann nicht ohne das existentielle Wagnis des Einsatzes der Person gemacht werden. Dies gilt es, später noch genauer zu verdeutlichen. Religiöse Erfahrung ist darüber hinaus keine Privatangelegenheit individueller psychischer Befindlichkeit, sondern umfasst in bestimmter Weise immer auch die gesellschaftliche und kulturelle Dimension, die wir Menschen miteinander teilen. Religiöse Erfahrung kann man zwar nicht weitergeben, indem man objektiv etwas mitteilt, wohl aber, indem man das Leben miteinander teilt. „Komm und sieh", sagt Jesus.

Eine voll menschliche Erfahrung ist also weder mit der Empirie, noch mit dem unmittelbaren Erlebnis gegeben, sondern erst, wenn das Mitsein mit anderen Menschen mit umfasst wird und ein Mensch sich selbst wagend auch gesellschaftlich ins Spiel bringt (Bonaventura spricht von der *cognitio experimentalis* und moderne Autoren von der *experientiellen Dimension* der Erfahrung). Erst dann ist eine Erfahrung ganz menschlich, und dies gilt umso mehr für die religiöse Erfahrung, die aber zusätzliche Spannungsmomente aufweist:

Dietmar Mieth führt sechs solcher Widersprüche und deren Vermittlung auf:[5]

- Erfahrung als Prozess oder als Ereignis: Auch Erfahrungen in unmittelbarer Begegnung und intuitivem Erfassen im Sinne eines punktuellen Ereignisses erweisen sich als integrativ und prägend erst in dem Maß, als man auf eine Kette von tragenden Einzelerfahrungen in ihrer Kontinuität stößt. Dies gilt auch und gerade für sogenannte überraschende Bekehrungserlebnisse.
- Mittelbarkeit oder Unmittelbarkeit: Auch mystische Erfahrungen von Entrückung sind immer in allen menschlichen Dimensionen vermittelte Erfahrungen, denn der Mensch, der solche Erfahrungen macht, geht mit seiner Leiblichkeit, seiner Psyche, seiner Geschichte und seinen sozialen und gesellschaftlichen Beziehungen in diese Erfahrung ein und wird darin zu einem erfahrenen Menschen.
- Einzigartigkeit oder Wiederholbarkeit: Die Intensität einer Einzelerfahrung in ihrer Prägekraft spielt für religiöse Erfahrungen eine besondere Rolle. Als authentisch wird diese Erfahrung erst gelten können, wenn sie das Ganze und auch die Tiefe der menschlichen Existenz auf Zukunft hin nachhaltig erfasst.
- Widerfahrnis oder strukturelle Entsprechung: In einer tragenden, religiösen Erfahrung muss etwas sein, was sich auch geltend machen kann gegen den Erfahrungsträger und wenn nötig gegen die ganze Welt. Als herausragendes Beispiel eines Moraltheologen könnte Friedrich von Spee gelten, der gegen

[5] a.a.O. 3-6.

den gesellschaftlich und kirchlich lehramtlich verordneten Hexenwahn seiner Zeit den abgründigen Unsinn und die Bosheit dieses Hexenwahns erfahren hat. Ein weiteres hochaktuelles Beispiel könnte Bartolomé de las Casas sein, der – entgegen dem allgemeinen Gold- und Gewinnrausch der Conquistadoren – bei der Vorbereitung einer Pfingstpredigt der abgründigen Bosheit dieses größten Völkermordes aller Zeiten inne wurde, in dem unsere christlichen Vorfahren zwischen 70 und 80 Millionen einheimische Menschen auf die grässlichste Weise umgebracht haben. Doch dieser negative Aspekt reicht nicht aus. Die Entsprechung zwischen den verschiedenen Ordnungsdimensionen des Lebens (nach Pascal des Leibes, des Geistes und des Herzens) ist unübersehbar. Versteht man das Sein in seiner Analogie, dann kann der integrierende Charakter religiöser Widerfahrnis-Erfahrungen verstanden werden, ohne die Differenz einzuebnen.
- Geschichte und praktische Vermittlung: Erfahrungen widerfahren dem Einzelnen immer in einem geschichtsträchtigen, bevorzugten Augenblick (Kairos) und wirken fort in der Geschichte oder eben auch nicht – je nach Interessenslage. In dieser Kontinuität der Geschichte gehen praktische Absichten ein. Auch hier deutet sich wiederum eine Brücke zwischen religiöser und sittlicher Erfahrung an. Erfahrungen tragen weiter, solange sie noch nicht abgeschlossen sind, sondern in Bewegung, das heißt offen bleiben. Eine abgeschlossene Erfahrung, die sich im Bewahren von Konventionen, unveränderlichen, konkreten Normen und für dogmatisch gehaltenen Formulierungen endgültig ausdrückt, zwingt die Erfahrung ihres Schwindens geradezu herbei.
- Erfahrung und Engagement: Authentische Erfahrung zeigt sich in der Bereitschaft zu verbindlichem Engagement. Eine Erfahrung, die sich nicht in Bereitschaft übersetzt, verliert ihre Kraft.

Der Begriff Spiritualität ist heute in aller Munde. Er wird verwendet, wo man ihn gerade gar nicht vermuten würde, wie zum Beispiel in der Charta der Grundrechte der Europäischen Union von Nizza, sowie in Dokumenten der Weltgesundheitsorganisation. In der bekannten Beschreibung der Palliativmedizin heißt es, dass diese die Linderung physischer, psychischer, sozialer und auch *spiritueller* Leiden umfasst. Doch Spiritualität in welchem Sinn? Hinter Begriffen stehen Erfahrungen, aber auch mit Begriffen macht man seine Erfahrungen. Der Begriff „Frömmigkeit“ wurde im Laufe der Geschichte zunehmend auf den Einzelnen, auf das Gemüt und die Intimität verengt und war so nicht mehr geeignet, die Höhe, Breite und Tiefe religiöser Erfahrung in allen Dimensionen auszusprechen und anzusprechen. Der andere Begriff Religiosität meint heute oft das diffuse Transzendenzbedürfnis eines Menschen, wenn es einem Menschen in seiner Immanenz zu fad wird. Beide Verengungen bedeuten einen Bruch mit der Spiritualität, wie sie in der Geschichte der christlichen Glaubenserfahrung angesprochen wird.

2. Christliche Glaubenserfahrung als Spiritualität

Authentische Glaubenserfahrung gibt es zweifellos in allen großen Religionen. Alle Hochreligionen kennen ihre Mystiker und die Mystiker der verschiedenen Religionen verstehen einander. Eine kritisch unterscheidende Auseinandersetzung nach den eben ausgeführten Kriterien, tut also in allen Religionen Not, die sich zum Teil gegen billige Übernahme in wenig authentische Esoterik zur Wehr setzen, aber auch gegen einfache kontextentzogene Übernahme einzelner spiritueller Wege in andere Religionen.

Ebenso nötig ist es, die spezifisch christliche Glaubenserfahrung, wie sie sich in verschiedenen spirituellen Stilen einerseits in der Geschichte zeigt, andererseits in gegenwärtigen Bewegungen abzeichnet, zu unterscheiden von allgemein religiöser Erfahrung.

Für christliche Glaubenserfahrung ist das Moment der Begegnung mit dem lebendigen und in seiner Lebendigkeit dreifaltigen Gott konstitutiv. Wie jede Gotteserfahrung, auch in anderen großen Religionen, ist diese Erfahrung eine vermittelte. Die Erfahrung Gottes, nicht nur in den allgemeinen Schöpfungsstrukturen, sondern darüber hinaus in einer besonderen Geschichte, ist stets eine in besonderer Weise durch Menschen und menschliche Gemeinschaftsformen vermittelte, die sich in Begegnungen und nicht anders abspielt. Der Glaube an Jesus von Nazareth als den Messias, in dem Gott sich restlos, ohne pädagogische oder andere Vorbehalte, selbst unwiderruflich in Liebe an diese Menschheit mitteilt, ist die Erfahrung einer Begegnung, weitergegeben in vielen Begegnungen mit Menschen, die in dieser tradierenden Weitergabe leben. Begegnungserfahrungen werden nicht einfach objektiv mitgeteilt, sondern indem Menschen miteinander leben und so lebendig ihre Erfahrungen austauschen und weitergeben.

Für christliche Glaubenserfahrung ist konstitutiv aber auch die Interpretation des miteinander Erfahrenen als Wirkung des Geistes Gottes selbst, der der Geist der Beziehung zwischen Jesus und seinem Vater ist. Gerade die Apostelgeschichte, das Dokument, das uns in die Entstehungsgeschichte der Glaubensgemeinschaft der Kirche einführt, drückt dies auf vielfältige Weise aus (zum Beispiel in der Formulierung: „Wir und der Heilige Geist“, Apg 5,32). Der Glaube wird weitergegeben auf dem Rücken persönlicher Beziehungen, in denen Menschen sich füreinander engagieren und sogar viel riskieren.

Christliche Glaubenserfahrung besteht seit ihren Gründungsurkunden nicht in einer Suche nach innerweltlicher Sicherheit und Geborgenheit, oder in einer geplanten Reduktion moderner, unsichermachender Unübersichtlichkeit. In 1 Thess 5,3 heißt es geradezu: „Während die Menschen sagen: Friede und Sicherheit!, kommt plötzlich Verderben über sie, wie die Wehen über eine schwangere Frau und es gibt kein Entrinnen. Ihr aber lebt nicht im Finsteren, so dass euch der Tag nicht wie ein Dieb überraschen kann..., darum wollen wir nicht schlafen wie die anderen, sondern wach und nüchtern sein.“ Diese Grundstruktur biblischer Erfahrung reicht weit zurück bis hin zum Auszug Abrahams aus Ur und zur Flucht kleiner Israelitengruppen aus Ägypten. Spirituelles Leben aus dieser Grunderfahrung lebt nicht von religiösen Empfindungsqualitäten, sondern zentral von vertrauensvoller Existenzentscheidung im Alltag. Gemeinsam in all den vielen christlichen Spiritualitäten findet sich das Moment des Lebensrisikos und Einsatzes für andere. Die großen Lehrer des geistlichen Lebens warnen immer davor, das Gefühl von Gottes Abwesenheit mit seiner tatsächlichen Abwesenheit zu verwechseln. Auch der Umkehrschluss gilt, dass ein besonderes religiöses Wonnegefühl noch kein unfehlbares Zeichen für eine wirklich authentische Gotteserfahrung darstellt. Der heilige Ignatius rät, Lebensentschlüsse, die aus einer solchen Evidenzerfahrung gewonnen werden, selbst noch einmal zur Prüfung einem in der Unterscheidung der Geister erfahrenen Menschen zu unterbreiten.

So wenig eine rein theoretische, intellektuelle Begründung für eine christliche Glaubenserfahrung ausreicht, sosehr fordern die ältesten apostolischen Überlieferungen, die Gründe für unsere Hoffnung zu bedenken und auch mitzuteilen: 1 Petr 3,15 „Seid stets bereit, jedem Rede und Antwort zu stehen, der nach der Hoffnung fragt, die euch erfüllt."

– Christliche Glaubenserfahrung ist also nicht nur eine Erfahrung des verbindlichen Lebenswagnisses und –risikos, die sich auch Rechenschaft über die Gründe gibt. Am Ursprung jeder Religion steht religiöse Erfahrung und die Gegenwart ist gekennzeichnet dadurch, dass Menschen vermehrt nach dieser Erfahrung Ausschau halten, aber wie? Offenbar auf sehr vielfältige Weise und vielleicht mit einem neuen Schub. Religion wird Teil und nimmt teil an einer Erlebnisgesellschaft.[6] Was heißt das für christliche Glaubenserfahrung? Was die christliche Glaubenserfahrung von allen anderen unterscheidet ist zweifellos eine Erfahrung, die Menschen mit Jesus von Nazareth in einer Weise machen, dass sie ihm, wie ursprünglich Petrus, als den Messias glauben (Mt 16,16 par.). Religiöse Erfahrung bezieht sich auf die Begegnung mit der Lebenspraxis eines Menschen, der besondere religiöse Erfahrungen gemacht hat, oder heutzutage auch vorgibt, besondere Erfahrungen dieser Art gemacht zu haben, wenn man damit Geschäfte machen kann. Christliche Erfahrung bedeutet Begegnung mit der fundamentalen Lebenspraxis Jesu.[7] Diese Fundamentalpraxis Jesu ist aus der Geschichte nicht mehr fortzudenken und wird auch in Zukunft richtungsweisend für die Gestaltung menschlicher Praxis bleiben, Gründe für das Handeln von Menschen bieten und Orientierung für die Lebensbewältigung in einer immer unübersichtlicher werdenden Gesellschaft. „In der Lebenspraxis Jesu zeigt sich – um nur einige Aspekte für unser Thema aufzugreifen – eine hohe Sensibilität für die meist übersehenen kleinen Anfänge (das Reich Gottes gleicht einem Senfkorn, aus dem ein großer Baum wird). Wir sehen bei Jesus die Sensibilität für die Kinder, die in

---

[6] Vgl. G. Schulze, Die Erlebnisgesellschaft, Frankfurt a. Main, 2000 und H. Becks, Der Gottesdienst in der Erlebnisgesellschaft, Waltrop, 1999.

[7] Vgl. C. Sedmak, Theologie in nachtheologischer Zeit, Mainz 2003.

der Welt der erwachsenen Männer seiner Zeit keinerlei Bedeutung haben. Wir sehen Jesu vorrangige Zuwendung zu den Armen und auch zu den Sündern, die von den pharisäischen und schriftgelehrten Tugendbolden ebenso marginalisiert wurden, wie viele Kranke, denen man ihre Krankheit als Strafe Gottes interpretierte und damit den Ausschluss aus der Gesellschaft rechtfertigte."[8]

- Religiös erfahrene Menschen stecken mit ihren Erfahrungen andere Menschen an. Andere Menschen folgen solchen erfahrenen Menschen nach. Aber bereits Sokrates hat die enorme Gefahr dieser Nachfolge gesehen und seinen Schülern verboten, ihn nachzuahmen. Individualisierte Rollen, Interessen, Vorlieben, Einseitigkeiten würden notgedrungener Maßen dem, der einem religiös erfahrenen Menschen nachfolgt, verfremden. Wieso kann Nachfolge Christi nun zum Stichwort christlicher Spiritualität werden? Menschen und auch Christen sind ja heute sehr kritisch gegenüber allen Formen kritikloser Nachfolge von Führergestalten, auch religiöser Führergestalten. Gibt es hier Unterschiede zur Nachfolge Christi? Nachfolge Christi kann nie und nimmer einfache Nachahmung bedeuten und kritikloses Kopieren eines Vorbildes, wie das oft in unkritischer Hagiographie von großen Heiligen geschehen ist.
- Christus hingegen vermag deshalb Nachfolge zu verlangen, weil seine Darstellung der absoluten Hingabe des uneingeschränkten Liebesdienstes an anderen, die einzige Form ethischer Gestalt ist, die keine individualisierbare Rolle mehr vorstellt, die den Einzelnen überfremden könnte. Deshalb kann nur Christus Nachfolge fordern. Sein Leben an Jesus Christus binden – im Sinne der Nachfolge – bedeutet, in Jesus von Nazareth eine neue menschliche Qualität erkennen und sich für sie entscheiden. Diese neue Qualität ist nicht nur faktisch im Vergleich mit anderen Großen der Weltgeschichte unüberboten, sondern darüber hinaus unüberbietbar – unüberbietbar, weil sie mehr ist, als eine neue, bloß menschliche Qualität. Die eigene Identität und Würde ist in der Botschaft Jesu so sehr göttlich garantiert, dass wir sie nicht mehr krampfhaft festhalten müssen, um ein Selbstwertgefühl in leistungszentrierter Selbstverwirklichung aufzubauen. Wer sein Leben krampfhaft festhält, wird es verlieren, wer es aber hingibt, wird es gewinnen. Das ist das Grundparadox der neuen menschlichen Qualität, die an Jesus Christus erfahren wird. Die neue menschliche Qualität Jesu Christi bedeutet Bestimmung des eigenen Lebens als Dasein für andere als Grundlage und Verbindung aller Ausformungen christlicher Spiritualität.

Aus dieser ursprünglichen Gottesbeziehung Jesu Christi („Ich und der Vater sind eins", Joh 10,30 und inhaltlich durchgängig im Neuen Testament) können einzelne Menschen, einzelne Menschengruppen – zum Beispiel in den Orden – und auch einzelne Epochen der Kirchengeschichte jeweils nur in geschichtlicher Bre-

[8] G. Virt, Theologie als Dimension bioethischer Politikberatung, in: Salzburger Theologische Zeitschrift 7 (2003) 193.

chung ausschnitthaft Nachfolge in kreativer Eigenverantwortung verwirklichen. Genau diese Brechungen aber sind die Grundlage für die vielfältigen, unterschiedlichen, christlichen Spiritualitäten, die aber doch auf die gleiche Wurzel zurückgehen und grundsätzlich offen sind für das Ganze der religiösen Erfahrung Jesu.

Je tiefer verwurzelt ein Mensch in dieser christlichen Glaubenserfahrung spiritueller Form ist, desto offener und dialogbereiter wird ein spirituell erfahrener Mensch auch gegenüber anderen, authentischen, religiösen Erfahrungen sein, diese aber auch um so kritischer von nichtauthentischen oder verkürzten religiösen Erfahrungen unterscheiden können. Für beides ist Kardinal König ein überzeugendes, persönliches Beispiel.

Wie verhält sich nun authentische, religiöse Erfahrung im Allgemeinen und spezifisch christliche Erfahrung im Besonderen zur sittlichen Erfahrung?

3. Religiöse versus sittliche Erfahrung

Zunächst fällt die unterscheidende Tatsache ins Auge, dass Menschen, die sich für „religiös unbegabt" halten oder meinen, gar keine religiösen Erfahrungen zu haben, durchaus ethisch hochstehende Menschen sein können. Auch in der Theorie der Moral haben Menschen, die sich ausdrücklich selbst so beschreiben, hervorragende und prägende ethische Bücher geschrieben.

Ein fundamentaler Unterschied zwischen religiöser und sittlicher Erfahrung ergibt sich zumindestens im christlichen Kontext auch daher, dass religiöse Erfahrung primär Gnadenerfahrung und erst sekundär Sollenserfahrung meint. Allerdings sind Gnadenerfahrung und Sollenserfahrung auch untrennbar miteinander verwoben. Auf die Zusage der Nähe der Gottesherrschaft folgt unmittelbar der Ruf nach Umkehr (Mk 1,15). Auf die Verkündigung des Glaubens folgt in den Paulusbriefen im zweiten Teil die Paränese im Sinn moralischer Sollensaussagen auf den Fuß.

Der innere Zusammenhang von Glaubenserfahrung und sittlicher Erfahrung ergibt sich formal aus dem Charakter der unbedingten Verbindlichkeit und inhaltlich aus der Einsicht, dass in jedem sittlichen Urteil Sachaspekte und Sinnaspekte miteinander vermittelt sind. Beide Erfahrungsweisen, die des heiligen und die des sittlichen Anspruchs, gehören wurzelhaft zur Wirklichkeit des Menschen, wenn auch in unterschiedlicher und bisweilen sogar in Spannung zueinander stehender Entfaltung.

Diesem Zusammenhang trägt das Zweite Vatikanische Konzil in der Kirchenkonstitution Lumen Gentium Nr. 16 Rechnung, wenn das Lehramt ausdrücklich anerkennt, dass, „wer das Evangelium Christi und seine Kirche ohne Schuld nicht kennt, Gott aber aus ehrlichem Herzen sucht, seinen im Anruf des Gewissens erkannten Willen unter dem Einfluss der Gnade, in der Tat zu erfüllen trachtet, das ewige Heil erlangen kann". In seinem Kommentar vermerkt Aloys Grillmeier: „Im eigenen Gewissen vernehmen sie (die, die Gott nicht ausdrücklich kennen, ihn aber suchen) Gottes Stimme und können seinen Willen unter dem Einfluss seiner heilenden, helfenden, inneren Gnade erfüllen. Der Gott, den sie damit erfassen, ist objektiv nicht nur der Gott der Schöpfung, sondern der eine Gott von Schöpfung und Heil. Dieser Gott des Heils ist auch für die unwissenden, aber ehrlich Suchenden schon präsent und tätig... Jedenfalls wird die sittliche Einstellung eines solchen Atheisten als Präparatio Evangelica genannt."[9] Das Konzil geht also von der inneren Verschränkung der religiösen und sittlichen Erfahrung aus – auch in einem Menschen, der explizit Gott nicht kennt –, ohne diesen Zusammenhang näher auszuführen. Diese Verschränkung setzt aber voraus, dass in der sittlichen Erfahrung und in der gnadenhaften Erfahrung, die in der Voraussetzung gründet, dass sich Gottes universaler Heilswille (1 Tim 2,4) in Christus zeigt, der alle Menschen erlöst, gleichermaßen der universale Charakter dieser Erfahrung zutage tritt.

Die spezifische Erfahrung, mit der ethische Theorie sich befasst, ist die Wiederspiegelung einer ursprünglichen Tiefenerfahrung, die jeden Menschen vor die Forderung stellt, das Gute zu tun und das Böse zu meiden, sosehr der Mensch sich in der kategorialen Bestimmung, was nun für ihn das konkret Gute sei, sich auch täuschen kann. Diese Erfahrung ist in ihrer Unbedingtheit universal. In der christlichen Tradition zeigt sich diese auch in dem in sich differenzierten Begriff des Gewissens. In dem vermutlich durch einen Verschreiber entstandenen Begriff der Synteresis befassten sich seit dem Mittelalter alle Theologen mit dem Verhältnis dieser in diesem Begriff angesprochenen Urerfahrung des Guten (Urgewissen), mit der Erfahrung der konkreten sittlichen Urteilsbildung und Entscheidung (Funktionsgewissen oder Conscientia). Dieses Urwissen um Gut und Böse ist offen für verschiedene Interpretationen und diese Interpretationen hängen dann durchaus mit einer auch für einen säkularen Bereich erfahrbaren Form von Spiritualität zusammen.

In der konkreten Gewissenserfahrung bei der Suche nach dem sittlich Richtigen in der konkreten Daseinssituation zeigt sich noch einmal eine doppelte spezifische Rationalität der Wirklichkeit. Jedes sittliche Urteil und jede sittliche Norm setzt nicht nur einen Sachgehalt voraus, auf den sich die sittliche Entscheidung bezieht, sondern ebenso auch einen Sinngehalt der Wirklichkeit. Die ethische Reflexion hängt damit zusammen, dass die Realität im Hinblick auf ihre uneingelösten Möglichkeiten als sinnvoll erfahren wird, obwohl diese Erfahrung als Sollenserfahrung zur Realität in Kontrast steht. In jeder Sinnerfahrung, wie sie unausweichlich in jede sittliche Urteilsfindung eingeht, steckt ein Stück Urvertrauen oder hoffende Antizipation einer umfassenderen, zukommenden und erwartbaren Wirklichkeit. Eine solche Hoffnung unterscheidet sich von der Prognose, die die Gegenwart extrapoliert, während Hoffnung mit Unvorhersehbarem rechnet, welches im Urvertrauen nicht als Objekt der Verzweiflung adaptiert wird. Dass es aber auch Objekt

[9] A. Grillmeier, Kommentar zur dogmatischen Konstitution über die Kirche, in: Lexikon für Theologie und Kirche Ergänzungsband 1, Freiburg 1966, 206 f.

der Verzweiflung sein könnte, gibt dem Faszinierenden der Hoffnung auch das Erschütternde.[10]

Diese Grundstruktur sittlicher Erfahrung findet ihren Niederschlag auch im Recht. Das Deutsche Bundesverfassungsgericht beschreibt die Gewissensentscheidung als ein real erfahrbares seelisches Phänomen, dessen Forderungen, Mahnungen und Warnungen für den Menschen unmittelbar evidente Gebote unbedingten Sollens darstellen. Als Gewissensentscheidung, die in allen Menschenrechtskonventionen und zuletzt in der EU-Verfassung ausdrücklich geschützt wird, gilt „jede ernste sittliche, das heißt an den Kategorien von Gut und Böse orientierte, Entscheidung..., die der Einzelne in einer bestimmten Lage als für sich bindend und unbedingt verpflichtend innerlich erfährt, so dass er gegen sie nicht ohne ernste Not handeln könnte." Eine solch ernsthafte unbedingte Gewissensbindung aber berührt sich mit der spirituellen Dimension menschlicher Existenz.

In ethischen Diskursen bleibt die Frage der Letztbegründung aber meist offen. Im Vordergrund steht die pragmatische Verständigung und das weitmögliche Vorantreiben eines Konsenses im ethischen Diskurs. Der Weg zur Überwindung der Binnenmoralen kann nicht über Letztbegründungen geführt werden. Für einen gläubigen Menschen mag der Rekurs auf den Willen Gottes als naheliegende Formulierung für eine Letztbegründung seines sittlichen Handelns und Suchens plausibel erscheinen. Hier aber gilt es, genau zu unterscheiden. Eine Letztbegründung ist der Rekurs auf den Willen Gottes nicht in dem Sinn, dass eine solche Berufung die Mühe vernunftgemäßer Begründung und eines gesellschaftlich ethischen Dialoges ersetzen könnte. Sehr wohl aber ist die Suche nach dem persönlichen Willen Gottes für einen gläubigen Menschen die Begründung für sein sittliches Engagement – das, was den Menschen in seinem Leben eigentlich bewegt und in diesem Sinne motiviert.

Deswegen lassen sich durchaus auch andere Formulierungszugänge mehr philosophischer Art für eine Letztbegründung von Ethik denken, etwa von den transzendentalen Bedingungen der Möglichkeit der Verbindung von Freiheit und Solidarität. In diesem Sinne kann auch in der Philosophie Gott philosophisch als Idee einer solidarischen Freiheit gedacht werden. Wiederum zielt auch ein solcher Gedanke nicht auf eine Ersetzung des rational ethischen Diskurses, sondern vielmehr auf das Fundament der Begründung sittlicher Suche. Diese und weitere, hier nicht auszuführende Gedanken einer Letztbegründung von Ethik dürfen nicht als Verlängerung des konkreten Begründungsbedarfes oder gar als deren Ersatz erscheinen. Sie stellen vielmehr eine eigene Überlegung dar. Helmut Peukert schlägt vor, den Grund und den Sinn von Ethik von einem Grund zur Hoffnung her zu verstehen. Dieser Grund liegt im Vertrauen auf die personale Intensität und universale Extensität der Liebe Gottes zu den Menschen, die sich jedes beschädigten und zer-

[10] Vgl. D. Mieth, Die Begründung sittlicher Urteile, in Moral und Erfahrung II, Freiburg/Schweiz 1998, 31.

störten Lebens wirksam erinnert und vor allem auch die kleinen Anfänge des Lebens mit besonderer Liebe umgibt.[11]

In den heute so heftig geführten bioethischen Diskursen, in denen es um gravierende Weichenstellungen für die Lebenswelt von morgen geht, wird dieser Diskurs auch von politischen Instanzen an nationale und internationale Ethikkomitees delegiert.[12] In diesen institutionalisierten bioethischen Debatten geht es um eine Verständigung auf pragmatischer Ebene, die selbst noch einmal ethisch, politisch und theologisch zu hinterfragen wäre.[13] Es hängt sehr viel von der Gruppendynamik in diesen Ethikkommissionen ab, in denen oft auch Theologen Mitglieder sind. Die französische nationale Ethikkommission CCNE sieht in ihrer Zusammensetzung ausdrücklich Mitglieder der „spirituellen Familien" und Gruppen vor. Damit sind wir zum letzten Gedankenschritt gelangt.

4. Die Wechselwirkung zwischen ethischer Begründung und spiritueller Motivation

Unterschiedliche Persönlichkeiten mit unterschiedlichen Motivationen, Spiritualitäten und Interessen kennzeichnen die Gruppendynamik dieser Ethikkommissionen. Hinter den konkreten Denkformen stehen oft auch existentielle und religiöse Befindlichkeiten. So zeigt sich etwa in letzter Zeit vielfach der Unterschied zwischen katholischer und reformierter Denkform und Spiritualität. Während die katholische Tradition von der Kontinuität des Naturverständnisses ausgeht und den hermeneutischen Zirkel an dem Punkt betritt, wo das Sein den sittlichen Anspruch an den Menschen stellt (agere sequitur esse), steigt eine reformierte Tradition eher bei der Kategorie der Zuschreibung ein. Die Wirklichkeit sei nicht einfach zu beschreiben, sondern sei das, was ihr von Gott zugeschrieben wird – dem Sünder Rechtfertigung, dem Menschen Gottebenbildlichkeit usw. Dieser unterschiedliche Einstieg führt auch zu unterschiedlichen Bewertungen, etwa in der Frage nach dem anthropologischen, moralischen und rechtlichen Status des menschlichen Embryos. Katholische Moraltheologie geht von einer Wirklichkeit aus, die kontinuierlich interpretiert und das Naturverständnis kontinuierlich entfaltet. So werden auch die

---

[11] Vgl. H. Peukert, Wissenschaftstheorie und Handlungstheorie. Fundamentale Theologie, Frankfurt 1975.

[12] In der Europäischen Union haben alle 25 derzeitigen Mitgliedsstaaten nationale Ethikkomitees. Über die Aktivitäten dieser Ethikkomitees informiert die European Group on Ethics der Europäischen Kommission in einem regelmäßigen Newsletter: Ethically speaking. Diese European Group on Ethics hat als unabhängige Gruppe von derzeit 12 Mitgliedern die Europäische Kommission in den wichtigen ethischen Entscheidungen über den Einsatz und die Anwendung neuer Technologien zu beraten. Auch der Europarat hat in CdBI ein ethisches Leitungsgremium.

[13] G. Virt, Von der (gesellschafts-)ethischen Relevanz des christlichen Glaubens. Indirekte Theologie am Beispiel der Bioethik; in: Baumgartner, I./Friesl, Ch./Máté-Tóth, A.: Den Himmel offen halten. Ein Plädoyer für Kirchenentwicklung in Europa; FS für Paul M. Zulehner, Innsbruck 2000, 39-48. G. Virt, Theologische Ethik - in der Politikberatung gefragt?, in: Holderegger, A./Wils, J. (Hg.): Interdisziplinäre Ethik: Grundlagen, Methoden, Bereiche; FS f. Dietmar Mieth, Studien zur theologischen Ethik 89, Feiburg/Schweiz 2001, 445-458.

kleinen, ersten Anfänge des Menschenlebens in ihrer intrinsischen Schutzwürdigkeit gesehen, während eine protestantische Annäherung mit der Kategorie der Zuschreibung von außen her, nicht von der intrinsischen Würde, sondern von der Beziehungskategorie her denkt.

Ein rein rationaler ethischer Diskurs, so unverzichtbar und entscheidend er ist, greift ohne ausdrückliche Berücksichtigung der Wechselwirkung zu den hintergründigen Denkformen, Befindlichkeitsformen und Spiritualitäten zu kurz. Unterschiedliche Spiritualitäten motivieren auch in unterschiedlicher Weise. Diese unterschiedliche Motivationskraft von Spiritualitäten wirkt sich auch gesellschaftlich in dem kritischen Potential, in der stimulierenden Kraft und in der Integrationsfähigkeit dieser Spiritualität aus.[14]

Jeder auch noch so naturwissenschaftlich orientierte Forscher ist ein Mensch mit einer bestimmten Geistigkeit. In solchen Geistigkeiten lassen sich unter Umständen auch Einseitigkeiten und Reduktionismen finden. So notwendig und wichtig ein Ethos der Sachlichkeit und auch der Nützlichkeit ist, so sehr können Interessen und Gewohnheiten Wirklichkeitsdimensionen ausblenden. Wenn ein Forscher viele Jahre hindurch menschliche Embryonen im Mikroskop beobachtet, kann die vordergründig empiristisch verkürzte Wahrnehmungsweise zu einer existentiellen Abstumpfung führen. Auch Alltagsintuitionen haben mit Spiritualität zu tun. Am anderen Ende des Spektrums finden sich viele Wissenschaftler, die gerade in der Spitzenforschung immer wieder neue Erkenntnistore aufstoßen, aber dann erkennen, dass sie vor neuen verschlossenen Türen stehen. Eine solche Erfahrung kann durchaus zum Sinn für das je größere Geheimnis, das sich in der Schöpfung zeigt, führen – und damit zu einer Spiritualität der Ehrfurcht.[15]

Eine christliche Motivation und Spiritualität führt zudem auch zu einer hohen Sensibilität für die ganz kleinen Anfänge des Menschenlebens, das sich bis in die Sprache hinein auswirkt. So sprechen die einen vom Beginn des Menschenlebens als einem embryonalen Menschen, währenddessen die anderen von einem menschlichen Embryo sprechen. Beide Redeweisen enthalten durchaus bereits Zugangsperspektiven und Sensibilitäten. Wer vom menschlichen Embryo spricht, hat zunächst die allgemeine Kategorie Embryo, die Tier und Mensch übergreift, im Auge, in der die menschliche Qualität zumindestens am Beginn zurücktritt. Ähnliches zeigt sich in der Sprechweise und im Umgang mit Menschen mit Behinderungen. Landläufig wird in unserer Gesellschaft von „Behinderten" gesprochen, was wiederum einen Ausgang von einer allgemeinen Kategorie bedeutet, die zu wenig sensibel auf den Einzelnen und seine Situation eingeht. Eine gut begründete, spirituell sensiblere Redeweise spricht von Menschen mit Behinderungen, nimmt also zuerst den Menschen in den Blick und dann die unterschiedlichen Situationen seines Menschseins. Zudem kommt in dieser Weise auch das Solidarische mehr zum Tragen und das Bewusstsein, dass jeder Mensch in einer bestimmten Weise mit Be-

---

[14] Vgl. A. Auer, Autonome Moral und christlicher Glaube, Düsseldorf 1971.
[15] Vgl. G. Marschütz, Die verlorene Ehrfurcht, Würzburg 1992.

hinderungen und Begrenzungen lebt und jederzeit jeden eine schicksalhafte Behinderung treffen kann. Der gläubige Mensch wird in seiner Spiritualität verstehen, dass wir in jedem Augenblick und in jeder Situation in Gottes Hand sind und auch jede Begrenzung und Behinderung ihre Bedeutung haben kann.

Das Thema, dem dieser Band zu Ehren Kardinal Königs gewidmet ist, wurde in diesem Essay aus theologisch-ethischer Perspektive behandelt. Dabei wurde versucht, den Begriff Spiritualität mit dem Begriff der Erfahrung im Sinne von Erfahrungsstilen zu verbinden. Solche Erfahrungsstile betreffen die verschiedenen Formen religiöser Erfahrung und stellen uns nicht nur vor die Aufgabe, diese Stile zu beschreiben, sondern auch Kriterien für die Unterscheidung authentischer Erfahrung zu suchen und diese zur Unterscheidung des Christlichen weiterzuführen. Solche Erfahrungsstile betreffen auch die verschiedenen Formen sittlicher Erfahrung und der darauf aufbauenden ethischen Reflexion. Unterschiedliche Denk- und Befindlichkeitsformen treffen im gesellschaftlichen Dialog – und somit auch in dem in Ethikkommissionen institutionalisierten Diskurs – aufeinander. Besonders sensibel sind die Wechselwirkungen zwischen religiösen Erfahrungsstilen (Spiritualitäten) und sittlichen Erfahrungsstilen, die implizit ja auch mit Spiritualität zu tun haben. Für die Zukunft gilt es, diese Wechselwirkung weiter und differenzierter zu beachten und zu bedenken, vor allem auch dahingehend, wie sie sich bis in den gesellschaftlich eingebürgerten Sprachgebrauch hinein auswirken.

MEDIZINISCHE ETHIK IM HORIZONT ÖKONOMISCHER PROBLEME*

Ethik hat trotz der fast allmächtigen Dominanz der Wirtschaft wieder Konjunktur. Es waren gerade die rasanten Fortschritte der Medizin, die der eine Weile wenig beachteten Ethik gleichsam das Leben gerettet haben. Offenbar sind beide wichtig, Ökonomie und Ethik und hängen vielleicht nirgends so eng zusammen wie in der Medizin und im Gesundheitswesen, aber wie?

Brauchen wir eine neue Ethik, vielleicht eine angepasste Ethik, die sich stromlinienförmig dem Interessensverbund von Wirtschaft, Wissenschaft und Technik anpasst – eine Verträglichkeitsethik? Oder ist Ethik geradezu ein Kontrastprogramm zu einer im Neoliberalismus rücksichtslos gewordenen Wirtschaft?

Wie lange können wir uns die Ethik noch leisten – vor allem, wenn sie eine menschengerechte Behandlung hochbetagter und sterbender Menschen fordert – ein Anspruch, der Geld kostet?

Auf diese Frage ist zunächst mit einer Unterscheidung zu antworten. Ethik ist nicht einfach Moral, sondern die Theorie der Moral. Ethik abschaffen hieße, den Menschen verbieten, systematisch, begrifflich und methodisch klar über die gelebte Moral im Singular wie im Plural nachzudenken, sie zu überprüfen und zu bewerten.

Die folgenden Überlegungen werden in fünf Schritten gegliedert: (1.) Was kann die Ethik und was kann sie nicht? (2.) Welche Art von Gerechtigkeit im Gesundheitswesen? (3.) Allokationszuteilungen auf fünf Ebenen mit jeweils eigener Problematik; (4.) die moralischen Wurzeln der Problemzuspitzung; (5.) ein kurzes anthropologisches Finale.

1. Was kann die Ethik und was kann sie nicht?

Bei einem ersten Blick in die fast unübersehbare Menge medizinethischer Literatur lässt sich in vielen Bereichen ein gemeinsamer Trend absehen, bei aktuellen Problemen gleich mit dem Abwägen von Vor– und Nachteilen zu beginnen. Ein solches Vorgehen, das sich aber der anthropologischen Voraussetzung solchen Abwägens nicht vergewissert, ist methodisch unbedarft, wie eine Waage ohne Fixpunkt. Sicher kann eine Ethik, die es zu konkreten Urteilen bringen will, nicht auf Abwägungsvorgänge verzichten. Eine ethische Abwägung unterscheidet sich aber von einer rein ökonomischen, technischen, politischen, ja auch juridischen dadurch, dass sie nicht unter dem Aspekt der Nützlichkeit und Praktikabilität, sondern präzis unter dem Gesichtspunkt der unveräußerlichen und gleichen Würde al-

* Dieser Text geht auf einen Festvortrag des Symposiums des Grünen Kreuzes „Medizinische Ethik in ökonomischen Zwängen" am 21.1.2001 in Bad Hofgastein zurück und wurde mehrfach auszugsweise in Fachzeitschriften abgedruckt. Der Sprechstil der Vortrages wurde beibehalten, die Auseinandersetzung mit der These von O. Höffe, im Gesundheitswesen von der distributiven zur kommunikativen Gerechtigkeit überzugehen, hat seither nichts an Aktualität verloren.

ler Menschen geschieht. Diese Würde kommt einem jeden Menschen zu, unabhängig von Alter, Rasse, Geschlecht, Behinderung, Besonderheiten und Fähigkeiten, von Umständen oder Situationen, wodurch die Gleichheit und Universalität der Menschenrechte, die auf dieser Würde aufbauen, gesichert sind. Würde ist Konsequenz des Menschseins und nicht eines bestimmten Nutzens. Auch Schmerzen, Leiden und Schwäche, Behinderung, ja nicht einmal Schuld berauben den Menschen seiner Würde. Diese Würde des Menschen kann geachtet oder verletzt werden, sie kann jedoch nicht gewährt werden oder verloren gehen oder aberkannt werden. Die Achtung der menschlichen Würde ist auch unabhängig von Gegenseitigkeit. Sie besteht auch dort, wo solche Gegenseitigkeit nicht mehr möglich ist, z.B. bei einem Patienten im Koma. Ein Patient, der sich nicht mehr selber helfen kann, bedarf in besonderer Weise der sorgenden Würdigung seiner Person.

Die Einsicht in die Menschenwürde ist allerdings nicht nur in der Praxis gefährdet, wenn Menschen unwürdig behandelt werden, sondern auch in der Theorie zunehmend diskutiert. Diese Einsicht muss stets neu errungen und begründet werden und an den Menschenrechten, der rechtlichen Konkretisierung der Menschenwürde, muss stets weitergearbeitet werden, sonst besteht die Gefahr, dass hinter erreichte Standards zurückgefallen wird. Wenn etwa der australische und derzeit in den USA lehrende Ethiker Peter Singer zwischen Mensch und Person unterscheidet und Personsein an einen Katalog von bestimmten geistigen und kommunikativen Leistungen bindet, dann kommt es zu einer Spaltung des Menschlichen: Ein Teil der Menschen ist Person und ein anderer, der diese Leistung nicht erbringt wird dann nicht als Person bezeichnet, wird instrumentalisiert und verliert seinen Lebensschutz, der auf Menschenwürde basiert. Er verliert auch sein Lebensrecht. Ein reduktionistisches Menschenverständnis führt unweigerlich zur Spaltung des Menschlichen: in Menschen mit guten und solche mit schlechten Genen usw. – die Übergänge zu lebenswert und lebensunwert sind fließend. Peter Singer will alle religiösen und metaphysischen Tabus wie die Unantastbarkeit des Lebens abschaffen. Wer aber Personsein – wie Peter Singer – ohne ausreichend begründeten anthropologischen Hintergrund durch die Summe der Eigenschaften begründet, verwechselt Person und Persönlichkeit und richtet darüber hinaus ein neues Fragetabu auf: nämlich wer denn der ist, der diese Eigenschaft hat oder nicht.

Allerdings sind die meisten aktuellen medizinethischen Probleme nicht unmittelbar dadurch zu lösen, dass ein direkter Verstoß gegen die Menschenwürde aufgewiesen werden kann. Ein solcher ist nur dort gegeben, wo ein Mensch nur als Mittel zum Zweck für andere verwendet wird und nicht auch als Selbstzweck geachtet wird. In den meisten ethischen Problemen ist diese Menschenwürde eine notwendige aber nicht hinreichende Voraussetzung für ethische Urteilsbildung: etwa in allen schwierigen Abwägungsfragen, ob und wie man in einer bestimmten Phase in einer Krankheit – die vielleicht bald zum Tod führt – intervenieren soll. Eine ethische Güterabwägung unterscheidet sich aber von allen anderen Güterabwägungen dadurch, dass sie unter dem Aspekt der Menschenwürde und keinem anderen vorgenommen wird, also nicht unter dem Aspekt der Nützlichkeit, der ökonomischen Vorteile, der politischen Opportunität usw.

Ethik kann aus ihren verschiedenen Traditionen heraus helfen, Begriffe zu klären, die Güterkonflikte elementar herauszuarbeiten und auch Methoden für die Erhebung der Dringlichkeit beizutragen, welche Güter im Konflikt vorrangig zu realisieren sind. Die Ethik hat mit ihren verschiedenen Traditionen ein ganzes Ensemble von Kriterien, d.h. Gütervorzugsregeln dafür erarbeitet. Ethik kann auch verschiedene Methoden der ethischen Urteilsbildung und der Schritte auf dem Wege zur Normfindung und damit zur Normüberprüfung beisteuern. Ethik kann auch helfen, sittliche Probleme als solche zu identifizieren. Sie tut dies, indem sie hermeneutisch die oft verborgenen Wertungsbegriffe und Maßstäbe ans Licht bringt und transparent macht.

Ethik bringt in der Suche nach Orientierung, etwa im Bereich der neuen Biotechnologien, immer wieder folgende Fragen ins Gespräch, um die ethische Dimension einzelwissenschaftlicher Probleme aufzudecken:

- Wer oder was ist das, an dem da geforscht wird? Wer wird da verändert und womöglich vernichtet bei der verbrauchenden Embryonenforschung? Wer ist wie zu schützen? In welcher Lebenslage und welcher Biographie?
- Welche Ziele verfolgt man mit einer bestimmten Vorgangsweise? Sind diese zu rechtfertigen? Wer gewinnt und wer verliert dabei? Wie transparent sind die Ziele? Werden wirklich alle benannt?
- Welche Mittel werden zur Erreichung eingesetzt?
- Welche Risiken geht man bei der Verfolgung auch eines ethisch gerechtfertigten Zieles ein?
- Gerade im Bereich der Risikoforschung sind die Wertungen oft hinter rein fachlich-empirischen Diskussionen verborgen. Ein Risiko ist etwas anderes als eine Gefahr, die auch in der Natur vorkommt und sich schicksalhaft ergibt. Ein Risiko ist eine vom Menschen heraufbeschworene Gefahr, die Menschen bewusst in Kauf nehmen, bei der Verfolgung bestimmter Ziele. Alles, was der Mensch tut, hat seinen Preis, nicht nur im ökonomischen Sinn, den wir aber im einzelnen gerade bei den neuen Technologien noch nicht kennen. Die darin verborgene Wertungsfrage besteht darin, welches Gewicht wir diesen Zielen geben und welchen Preis wir bereit sind, womöglich dafür zu bezahlen.

Alle diese Fragen hängen mit Wertungen zusammen, die immer rückbezogen sind auf ein bestimmtes Verständnis von Menschen und das was für den Menschen und das Gelingen seines Lebens in der Gemeinschaft der Menschheit und den Mitgeschöpfen wichtig ist. Ethik kann aber entgegen weit verbreiteten Erwartungen keine Rezepte und fertigen Lösungen anbieten. Ethik kann auch keinem Arzt oder Apotheker die Verantwortung abnehmen und nicht einmal Ethikkommissionen können bei Forschungsprojekten am Menschen dem Forscher Entscheidungen abnehmen, sondern nur beraten.

Ethik darf wohl nicht mit Moral (Ethos oder Sitte) verwechselt werden, sie ist aber immer auch an die gelebte Moral rückgebunden. Unter Ethos oder Moral versteht man das Insgesamt von Einstellungen und Normen aus denen heraus ein Mensch, eine Gruppe, eine Kultur usw. handelt. Ethik ist insofern auch Erfahrungswissenschaft.

Ethik darf auch nicht mit Recht verwechselt werden. Ethik und Recht sind wohl dadurch verbunden, dass sie beide normative Disziplinen sind, die Aussagen machen über das, was sein soll, und nicht nur über das, was empirisch feststellbar ist. Ethik und Recht unterscheiden sich aber dadurch, dass nicht alles, was ethisch relevant ist, auch rechtlich relevant ist, und umgekehrt. Nicht alles was rechtlich relevant ist, ist auch von ethischer Dringlichkeit. Dennoch gibt es zwischen Ethik und Recht Überschneidungen in jenen Bereichen, die sowohl ethisch als auch rechtlich relevant sind. Dieser Bereich ist besonders sensibel. Ethik unterscheidet sich vom Recht dadurch, dass die Ethik nicht sanktionsbewährt ist. Ethik wendet sich mit ihren Argumenten an das Gewissen der Menschen. Das ist ihre Stärke und Schwäche zugleich. Die Stärke besteht darin, dass sie methodisch über die Wurzeln des Handelns nachdenkt und nicht bloß über das äußere Verhalten. Ihre Schwäche besteht in der mangelnden Sanktionsbewährtheit und heutzutage auch in ihrer mangelnden Lobby. Sittliche Wahrheit kann wie religiöse Wahrheit immer nur in Freiheit eingesehen werden.

Dennoch ist das ethische ABC für alle Menschen gleich. Ethische Überlegungen müssen allgemein verständlich angestellt werden, damit sie auch allgemein gültig sein können. Deswegen begleitet Ethik als normative Lehre von den menschlichen Handlungen und Haltungen, insofern diese in der Differenz von Gut und Böse stehen, sowohl die Suche nach gerechten Gesetzen wie auch die Suche nach politisch richtigen Entscheidungen bei den nötigen Reformen im Gesundheitsbereich. Angesichts der Tatsache der knapper werdenden Ressourcen ergeht zunächst die Herausforderung an die Politik, wie mit weniger Geld ein mehr an Qualität und Gütern verbunden werden kann – im Gesundheitsbereich vor allem für immer mehr chronisch Kranke und Hochbetagte. Die Frage richtet sich aber auch an das Recht, wie in diesen nötigen Reformen im Gesundheitsbereich die richtigen Regelungen getroffen werden können. Beide, Politik und Recht, die sich an Gerechtigkeitsprinzipien orientieren wollen, sind damit auch an die Ethik, näherhin an die Sozialethik, verwiesen.

Durch einen Leitartikel des bekannten Tübinger Sozialphilosophen O. Höffe im deutschen Ärzteblatt wurde neuerdings die Auseinandersetzung um die Gerechtigkeit im Gesundheitswesen entfacht.[1] Mit dem auf Platon zurückgehenden Begriff der Pleonexie, der weder im Pschyrembel noch in einem mittleren Konversationslexikon zu finden ist, meint Höffe die dem Menschen tendenziell innewohnende Unersättlichkeit der Begehrlichkeit: Die Naturgüter sind begrenzt, die Erarbeitung

---

[1] O. Höffe, Medizin in Zeiten knapper Ressourcen – oder Besonnenheit statt Pleonexie, in: Deutsches Ärzteblatt 95(1998), 174-177.

der Lebensgrundlage mühevoll und daher gerne minimal gehalten und die durch die moderne Medizin mit ihrer Leistungsexplosion geweckte Begehrlichkeit maximal steigend. So die Diagnose, aber was ist die Therapie? Was kann die Ethik zu dieser Diskussion beitragen?

Ethik kann nicht in die Ordnungspolitik eingreifen oder ihr gar Vorschriften machen. Aber sie kann hinsichtlich der Klärung der grundlegenden Voraussetzungen mitberaten. Im Begründungsdiskurs werden noch lange vor jeder pragmatischen Anwendung Weichen gestellt. Dieser Begründungsdiskurs aber ist selbst kontrovers. Zwei alternative Ansätze, mit dem Problem der Knappheit kritisch umzugehen, verwirft Höffe: Zum einen den Utilitarismus, weil dieser dem Würdeprinzip der Menschenrechtstradition widersprechend erlaubt, das Wohlergehen der einen gegen das der anderen aufzurechnen; zum anderen weist Höffe den Ansatz der Barmherzigkeit als Zumessungsmaßstab zurück, wie die Knappheit der Güter reguliert werden soll, denn übermäßige Ausschüttung an einer Stelle hätte umso größere Not an einer anderen zur Folge, was erneut Ungerechtigkeit erzeugen würde und nur schwer gegen Willkür abzugrenzen wäre. Deshalb bleibt als sittlich einzig legitime Leitidee des gesellschaftlichen Umgangs mit Knappheit die Gerechtigkeit übrig.

2. Welche Art von Gerechtigkeit im Gesundheitssystem?

Bislang geschieht hierzulande die Zuteilung gesundheitsbezogener Leistungen nach dem Solidarsystem der gesetzlichen Krankenversicherung, das auf den Säulen der einkommensabhängigen Beitragszahlungen, der Sachabrechnung sowie der Risikofolgenverteilung aufruht: ein klassisches Modell der verteilenden Gerechtigkeit. Höffe plädiert aber zur Lösung der anstehenden ökonomischen Probleme im Gesundheitswesen für einen Paradigmenwechsel von der Form der Verteilungsgerechtigkeit zur Tauschgerechtigkeit, von einem Anspruchs- zu einem Verantwortungsdenken mit der Vorordnung von Freiheit vor Gleichheit. Dies ist in der Tat eine Umwertung von bisherigen Wertungen innerhalb der Gerechtigkeit und damit eine ethische Kernfrage. Wie ist mit diesem Vorschlag umzugehen?

Wir alle sind oder werden eines Tages von einem solchen Paradigmenwechsel betroffen sein.

2.1 Zur Situationsanalyse

Zunächst ist methodisch bei der Situationsanalyse anzusetzen, denn diese ist selbst ein Problem von sittlich bedeutsamer Relevanz. Worauf bezieht sich die Kostensteigerung: Wie ist der Anteil des Gesundheitswesens am Bruttoinlandsprodukt in den letzten Jahren gestiegen? Wie haben sich innerhalb der Gesundheitsleistungen die Ausgaben in den einzelnen Bereichen verschoben? Welche Tendenzen zeichnen sich ab, wenn beispielsweise immer mehr neue und teure molekularbiologische prädiktive Testverfahren auf den Markt kommen werden, ohne dass eine Therapie und nur sehr begrenzt Prophylaxe in Sicht ist? Wie werden wir mit der immer größer werdenden Schere zwischen prädiktiver Diagnose und mangelnder Therapie in den nächsten Jahrzehnten umgehen? Müssen wir wirklich alles nachmachen, was anderswo geschieht? Die Diskussion um die Präimplantationsdiagnose etwa ist ja auch keine Diskussion um eine Therapie, sondern um Selektion von Embryonen nach genetischen Gesichtspunkten und damit die Eröffnung eines ethisch mehr als bedenklichen Weges, der an den Nerv unserer Menschenrechtslogik geht. Wie Zahlen interpretiert werden, in welche Relationen sie gesetzt werden und welche Zahlen womöglich verschwiegen werden, dies stellt ebenso ein Problem von sittlicher Relevanz dar wie die Analyse der anthropologischen Faktoren.

Der Schwerpunkt der anthropologischen Analyse liegt bei Höffe bei der Pleonexie der individuellen Handlungssubjekte, also der einzelnen Patienten. Die Pleonexie der Institutionen, wie z.B. Krankenversicherungen, Standesvertretungen, Pharma- und Medizintechnikindustrie und vor allem die fast einseitige Konzentration auf die moderne Gentechnik, findet bei ihm nur geringe Erwähnung. Provokant und überspitzt möchte ich im Unterschied zu Höffe zu bedenken geben, ob es nicht so ist, dass nicht nur die Nachfrage das Angebot provoziert, sondern zunehmend das Angebot auch Nachfrage stimuliert, nicht zuletzt angeheizt durch Werbung in den Medien. So wäre zu analysieren, welche Kosten durch den medizinischen Fortschritt induziert sind und wie viel aus der Eigendynamik des Geldes kommt, das vermehrt werden will. Hier Begehrlichkeitsinteressen anzunehmen, ist vermutlich weniger abwegig als nur beim einzelnen Patienten, der schon einen Hang zum hypochondrischen Masochismus braucht, wenn er alle medizinischen Leistungen als Trittbrettfahrer auszuschöpfen sucht.

2.2 Zu den Therapievorschlägen Höffes

Dass eine Lösung der Probleme nur in einer gerechten Weise der Zuteilung von Gesundheitsgütern gesucht werden kann, sodass jedem das Seine zuteil wird, darüber besteht Übereinstimmung. Doch wie lässt sich das „Suum" im „Suum cuique" bestimmen? Seit Aristoteles – dem Begründer der Ethik als eigenständiger Disziplin – muss dieser Teil der Anerkennung, die wir als Menschen einander schulden und die wir Gerechtigkeit nennen, für die verschiedenen Bereiche differenziert bestimmt werden. Der grundlegende Gesichtspunkt für das gerechterweise Geschuldete besteht in der Gleichheit, die Minimalforderung in der Unparteilichkeit, die Willkür ausschließt. Doch was als gleich zu gelten hat, wird seit Aristoteles in der ganzen Tradition auf dreifache Weise entsprechend den unterschiedlichen Handlungsbereichen differenziert bestimmt.

- Für die Tauschbeziehungen auf dem freien Markt gilt die arithmetisch verfahrende Tauschgerechtigkeit, die darin besteht, dass getauschte Güter gleichviel wert sein sollen (Kommutative Gerechtigkeit).
- Für die gesellschaftlichen Beziehungen in einem Gemeinwesen hingegen gilt nicht die arithmetische Gleichheit, sondern ein proportionales Verhältnis, das

Gleiche nach dem Maß der Ungleichheit der Beteiligten, sodass Ungleichheiten in einem Gemeinwesen durch distributive Gerechtigkeit behoben werden. *Die „ungleiche Leistung", dergemäß Verteilungsgerechtigkeit im Gesundheitswesen vorgeht, besteht in der Bedürftigkeit des Patienten nach medizinischen Leistungen.*
- Und schließlich die korrektive (vindikative) Gerechtigkeit für die Berichtigung von Unrechtstaten, die in unserem Zusammenhang aber eingeklammert werden kann.

Nun aber erhebt sich erst recht die Frage, nach welchem Maßstab entschieden wird, welche Vorgangsweise, die arithmetische der Tauschgerechtigkeit oder die proportionale der austeilenden Gerechtigkeit, zu wählen ist. Ist Gesundheit ein privates Gut, das man beliebig tauschen kann, oder ein öffentliches?

Entgegen der Tradition, die die verteilende Gerechtigkeit als Grundform der Gerechtigkeit wertet, plädiert Höffe für die Tauschgerechtigkeit der Marktbeziehungen als Grundform für die Begründung von Recht und auch des Gesundheitssystems. Er begründet diese Umkehr der Gesichtspunkte wie folgt:
- Die Gesundheitsmittel müssen zunächst erarbeitet werden und können dann erst im Fall einer Arbeitsteilung wechselseitig getauscht werden. Deswegen könne man nicht bei der Zuteilung sondern nur beim Tausch beginnen.
- Es würden ja nicht nur Wirtschaftsgüter getauscht, sondern auch Gewaltverzicht, was dann zu den Freiheitsrechten führt, insbesondere dem Recht auf Schutz und Integrität von Leib und Leben.
- Zudem setzt die Verteilungsgerechtigkeit Hierarchien voraus, beim Tausch hingegen herrscht Gleichheit und Autonomie gleichrangiger Partner.

Kritisch anzufragen bleibt bei diesem Modell zunächst mal grundsätzlich, ob der freie Markt überhaupt funktionieren kann ohne eine garantierte Rahmenordnung, die in jeder Staatsform, gerade auch in der Demokratie Hierarchien impliziert zur Garantie dieser Ordnung. Jenseits von Recht und Staat versagt das Tauschmodell. Dem Gemeinwesen kommt hiebei nicht nur nachträglich korrigierende Ausgleichsaufgabe zu, sondern als originäre Aufgabe der Schutz für benachteiligte Bürger. Darüberhinaus kann ein Tauschen nur dann gerecht genannt werden, wenn eine gleiche Ausstattung und Ausgangsposition der Ausgangspartner gesichert ist. Wenn Kultur, Bildung, Sicherheit und Wohlfahrt usw. dem Gemeinwesen nicht gleichgültig sind, um wieviel weniger dann das mit dem grundlegenden Gut des Lebens so eng zusammenhängende Gut der Gesundheit. Dies lässt sich an vielen Beispielen zeigen, z.B. bei der Schutzimpfung, in dem nicht nur der Geimpfte, sondern auch die anderen Mitglieder des Gemeinwesen Vorteile haben, wie etwa bei der Meldepflicht bestimmter ansteckender Krankheiten, das dem Wissen entspringt, dass der Markt nicht das für die Organisation der Gesundheit relevante Wissen offenbart. Das betrifft die Frage des Einsatzes der Antibiotika in der Tiermast mit der Gefahr der Resistenz beim Menschen. In jüngster Zeit zeigte der BSE Skandal, dass Gesundheit und Gesundheitsschutz auch ein öffentliches Gut ist. Gesundheit ist, wie an diesem und vielen anderen Beispielen aufgezeigt werden kann, grundsätzlich kein tauschfähiges privates Gut. Aber sie beinhaltet wie Bildung, Sicherheit usw. ein Güterbündel, in dem Teilaspekte als Privatgut zu bedenken sind.

Die Problematik der Allokation jener Güter, die nicht ohne weiteres marktfähig sind und die daher bewusst diesem Mechanismus entzogen werden, wurden und werden in der Finanzwissenschaft unter dem Stichwort der „Theorie der öffentlichen Güter" abgehandelt. Öffentliche Güter – und das spielt sicherlich vor allem auch im Zusammenhang der Globalisierung eine große Rolle – sind ein zentraler Topos des Marktversagens. Der Markt versagt, wenn keine Rivalität im Konsum besteht. Der Markt versagt, wenn positive und negative externe Defekte nicht adäquat in den Marktpreis übergeführt werden können. Das Exklusionsprinzip versagt auch dann, wenn eine große Anzahl Beteiligter die Informations- und Kontrollkosten in die Höhe treibt und folglich mangels effizienter Kontrolle nicht ausgeschlossen werden kann, dass manche Menschen Leistungen ohne Anspruch bzw. im Übermaß genießen.

Höffe schlägt nun ein Dreistufenmodell im Gesundheitssystem vor, eine Grundstufe für basale Versorgungen, eine Aufbaustufe mit höheren Beiträgen für qualifizierte Leistungen, wobei die Versicherung Risikoparameter wie Übergewicht, Alkohol- oder Nikotinmissbrauch mitkalkulieren kann und in eine dritte Stufe für nicht notwendige Zusatzwünsche. Höffe begründet diese Forderung mit der Transparenz, dass auf diese Weise sichtbar würde, dass es bei medizinischer Versorgung ein Mehr oder Weniger gibt, und dass man selber entscheiden soll, wie viel man davon will.

Abgesehen von der Frage, ob die Analogie, sich wie bei einem Autokauf frei zwischen einer einfachen Ausführung, einer qualifizierten Ausstattung (wie z.B. Klimaanlage) und schließlich einer Luxusstufe entscheiden zu können, auf die Gesundheit angewendet werden kann, bleibt bei Höffe noch offen, ob ein solches System einkommensabhängig zu gestalten ist. Hinzu kommt, dass vielen Menschen die sachliche und monetäre Kompetenz fehlt, derartige Entscheidungen im Wissen um die Konsequenzen adäquat treffen zu können. Vermutlich könnte das nur eine finanzpolitisch versierte Elite. Andere, v.a. Jugendliche, lassen sich dagegen eher von Suggestivangeboten beeindrucken.

2.3 Zwischenresümee

Das Verhältnis von Patient und professionellem Helfer ist sachgerecht nicht mit dem Paradigma des freien Marktes zu erfassen, auf dem Menschen als Verkäufer und Käufer von Waren auftreten. Der Patient ist gerade nicht der Kunde, der im Kommerz „König" ist, sondern ein Mensch, der sich nicht helfen kann und auf die Hilfe anderer angewiesen ist. Wenn wir schon eine ökonomische Analogie anziehen wollen, könnte es eher das Verhältnis zwischen einer Person und ihrem Treuhänder sein. Für den Treuhänder ist die Person, die sich ihm anvertraut, nicht bloß ein Fall in einer Masse, wo dann vielleicht Mengenrabatte zum Tragen kommen, sondern ein solches Verhältnis ist immer ein individuelles. Der medizinisch und pflegerisch professionelle Helfer soll immer herausfinden, was für diesen Menschen in dieser Phase seiner Biographie angebracht ist. Seit den Tagen des Aristoteles, dessen Vater Arzt war, galt Medizin als Wissenschaft und Kunst gleichermaßen, wobei die Kunst darin besteht, die wissenschaftlichen Fähigkeiten in der richtigen Weise auf die individuelle Situation des Patienten anzuwenden.[2]

Die Gesundheit ist kein technisch herstellbares und handelbares Produkt. Sie lässt sich nicht einfach von einem Produzenten an einen Konsumenten verkaufen. Gesundheit und Krankheit sind von der Person und ihrer Biographie nicht abzutrennen. Sie sind darüber hinaus auch unmittelbar gesellschaftsrelevant. Gesundheitsmittel, wie Medikamente, Geräte, Diagnostika, Räume, Häuser, Verwaltungsabläufe usw. hingegen sind rationalisierbar und auch rationalisierungspflichtig. Es gilt z.B. ein Krankenhaus so zu organisieren, dass die auch ethisch geforderte Rationalisierung derart vorangetrieben wird, dass sie der individuellen Hilfe für den Patienten untergeordnet bleibt. Gerade konfessionelle Krankenhäuser haben oft unter Beweis gestellt, dass sie in diesem Sinn rationell arbeiten und die Verantwortlichen der Gesundheitspolitik wären ethisch verpflichtet, daran Maß zu nehmen. Rationierungen sollten nur in Notfällen in Erwägung gezogen werden.

Jeder Versuch, medizinische Hilfe total zu kommerzialisieren, würde das Ethos der heilenden Berufe zerstören und einen Einbruch in das Vertrauensverhältnis bedeuten, das auf einem kulturübergreifenden Ethos der Heilberufe beruht, das sich, solange wir geschichtliche Quellen haben, zurückverfolgen lässt.

Grundsätzlich sprechen viele Gründe dafür, am Leitgedanken der Verteilungsgerechtigkeit festzuhalten, in einem Solidarsystem zu bleiben und dieses gegen auf einer reinen Tauschgerechtigkeit basierende Alternativvorschläge, die strukturell zu einer Mehrklassenmedizin führen würden, zu verteidigen – nicht ohne wichtige Korrekturen im Sinne notwendiger Rationalisierungsmaßnahmen anzubringen.

3. Ethik und Ökonomie auf den verschiedenen Allokationsebenen

Allokations- oder Zuteilungsprobleme und damit Verteilungsfragen der distributiven Gerechtigkeit begegnen auf verschiedenen Ebenen und sind jeweils gesondert zu behandeln.

3.1 Mikroallokation – untere Ebene

In der konkreten Diagnose und Therapie erwachsen Kosten für die der Arzt der unmittelbare Ressourcenzuteiler ist. Er ist die erste Einlasspforte für Gesundheitsressourcen.

Ethisch steht außer Zweifel, dass das Wohl des Kranken Vorrang hat und der Arzt verpflichtet ist, dem Patienten die bestmögliche medizinische Betreuung zu-

[2] Vgl. dazu insgesamt: Patienten oder Kunden, Workshop in Verbindung mit der Jahrestagung der Akademie für Ethik in der Medizin e.V., Marburg 1997.

kommen zu lassen. Die Gesellschaft muss den Arzt in dieser ethischen Verantwortung auch schützen und darf ihn nicht unmöglichen Dilemmata ausliefern. Allerdings bedeutet dieser Vorrang des medizinisch Indizierten vor dem Gesichtspunkt der Wirtschaftlichkeit nicht, dass der Arzt zu keinerlei Kostenerwägungen verpflichtet wäre. Der Arzt und der Patient gleichermaßen tragen Mitverantwortung dafür, weil innerhalb eines Budgets die Kosten für den einen den Handlungsspielraum für andere Patienten einengen. So gewinnt z.B. der Wirtschaftlichkeitsaspekt Bedeutung, wenn es gilt, im Fall gleichwertiger Handlungsalternativen die kostengünstigere zu wählen. Die Gleichwertigkeit zu beurteilen, obliegt aber dem Arzt und darf ihm nicht von bürokratischer Bevormundung abgenommen werden.

Ein anderes Beispiel wäre die immer wieder angesprochene Frage, ob nicht zuviel operiert wird und ob dies wirklich immer im Sinne des Patienten ist. Oft ist die Entscheidung klar und eindeutig, aber eben nicht immer. Entscheidungen zur Vornahme oder Unterlassung eines chirurgischen Eingriffes werden von Intention, Motivation des Chirurgen, aber auch von ökonomischen Faktoren beeinflusst. So sollte es zu denken geben, wenn seit der Einführung der sog. „leistungsorientierten Krankenanstaltenfinanzierung" (LKF) bestimmte Grundoperationen signifikant zugenommen haben. Geschah dies immer im Sinne des Patienten oder einfach, weil die Operation mehr Punkte und damit Geld brachte? Ein weiteres Beispiel wäre eine rationellere Zuteilung von Medikamenten, damit solche nicht weggeworfen werden, die von der Solidargemeinschaft bezahlt wurden. Schließlich wäre noch das Problem der Überdiagnostik auf dieser untersten Ebene der Zuteilung anzuführen, die aus Routine, aus Erwerbsinteressen, aus mangelnder Koordination oder aus zunehmender Verrechtlichung kommen kann, aber nicht mehr im Interesse des Patienten indiziert ist. Hier liegen Beispiele für ethisch geforderte Rationalisierungsmaßnahmen.

Beim Ausschluss in ihrer Wirkung fragwürdiger, überteurer oder nicht notwendiger Behandlungsmethoden sollte die Allokationsentscheidung aber nicht dem einzelnen Arzt aufgebürdet werden, sondern nach allgemeinen Richtlinien und Leitbildern erfolgen als Ergebnis eines offenen Dialoges, in den Ärzte, Pfleger, Patienten, wie Gesunde, Krankenversicherungen und auch die Öffentlichkeit eingebunden ist.

3.2 Mikroallokation – obere Ebene

Die nächst höhere Ebene der Allokation betrifft die Kriterien, nach denen Gesundheitsleistungen an bestimmte Patientengruppen zugeteilt werden sollen, etwa nach dem Gesichtspunkt des Alters, der Lebensqualität, der Lebenserwartung, der sozialen Situation, riskanter Lebensformen usw.

Diese Frage gewinnt besondere Brisanz, da in letzter Zeit die Einschränkung der Leistung der Solidargemeinschaft für Patienten ab einem gewissen Alter diskutiert und in manchen Ländern auch schon verwirklicht wurde. Diese Überlegungen werden von der Tatsache ausgelöst, dass ein überproportionaler Teil der Gesundheitskosten von den alten Menschen verursacht wird und der Anteil dieser Altersgruppe an der Gesamtbevölkerung überdurchschnittlich zugenommen hat und weiter zunehmen wird. Es muss nicht immer so krass sein, wie die Verweigerung von Dialyse ab 60 Jahren. Es wird zunehmend versucht, Güter wie Leben, Lebensqualität, Lebenszeit, Gesundheit usw. in eine für den Nutzenvergleich taugliche und monetär umsetzbare quantitative Dimension zu transformieren, so dass man die Kosten einer medizinischen Maßnahme dem Nutzen gegenüberstellen kann, der dann in qualitätsbereinigten Lebensjahren quantifiziert wird.

Solche Tendenzen widersprechen meines Erachtens der gleichen Würde aller Menschen, wenn man im Rahmen von unterschiedlichen Würdigkeiten, d.h. Behandlungswürdigkeiten nach dem Alter, dieses Fundament unserer Ethik und aller Menschenrechte relativiert. Ebenso halte ich es für problematisch, Menschen mit riskanten Lebensnotwendigkeiten (beruflicher Art) oder Lebensstilen (z.B. Extremsportler, Raucher, Fettesser, Vielesser, Vieltrinker usw.) aus der Solidargemeinschaft auszuschließen oder sie zu benachteiligen. Die Frage nach den zureichenden Kriterien wäre wohl schwer zu klären, gesellschaftliche Moralvorstellungen, unter Umständen sehr relativer Art, würden bestimmen. Angesichts der meist multifaktoriellen Genese von Krankheiten und der Frage, wo die Grenzen zwischen Krankheit und Freiheit von bestimmten Verhaltensweisen verlaufen, würde allein der Versuch, solche Schuldzuweisungen zu quantifizieren, hohe Kosten auflaufen lassen und zusätzliches Konfliktpotential in der Gesellschaft schaffen, das wiederum Geld kostet. Hier müssen andere Maßnahmen zur Vermeidung vermeidbarer Risiken bedacht werden durch Bildung, Werbung und andere bewusstseinsbildende Maßnahmen.

Die Goldene Regel als ethisches Prinzip wäre missverstanden, wenn sie mit einem platten „wie du mir, so ich dir – wie du gegenüber der Gemeinschaft, so die Gemeinschaft gegenüber dir“, falsch interpretiert würde. Versuche dieser Art zeigen sich z.B. in der sogenannten Klublösung, dass nur solche Menschen Organe bekommen sollen oder zumindest bevorzugt werden, die auch bereit sind, Organe zu spenden. Die Goldene Regel ist viel mehr eine Unparteilichkeitsregel unter Personen.

Bezüglich der zunehmenden Krankheitskosten alter und hochbetagter Menschen, wäre die ungehobene soziale Reserve der vielen Frühpensionisten zu bedenken, wie weit diese in der Pflege und Begleitung der Hochbetagten miteinbezogen werden könnten, was manches billiger machen würde und zudem auch eine langsame und existentielle Annahme des eigenen Sterbens begünstigen könnte. Bewusstseinsbildung müsste aber schon in jungem Alter ansetzen, etwa in der Richtung, dass wir frühzeitig lernen, unser Leben nicht nur in Arbeitszeit und Freizeit, sondern auch in Sozialzeit einzuteilen.

Bei Menschen im terminalen Stadium wird vermutlich viel Geld durch aussichtslose Behandlung immer noch vergeudet, das besser und effizienter im Bereich der palliativen Maßnahmen verwendet werden könnte. *Palliativmedizin ist sicher nicht die teuerste, wohl aber eine der menschlichsten Formen der Medizin.*

Wiederum ein konkretes Beispiel dafür, dass Ethik und Ökonomie einander nicht widersprechen müssen. Der entscheidende ethische Gesichtspunkt ist dabei jedoch, in der letzten Lebensphase, die ja am teuersten kommt, nicht bloß Kosten sparen zu wollen, sondern sich vielmehr daran zu orientieren, was dem Patienten in dieser seiner letzten Lebenszeit wirklich am besten entspricht und hilft.

3.3 Makroallokation – untere Ebene

Auf der unteren Ebene der Makroallokation geht es um die Verteilung des vorhandenen Gesundheitsbudgets auf die verschiedenen Bereiche der Medizin, wie präventive und kurative Medizin, Spitzenmedizin und Basisversorgung, Krankenhaus und ambulante und extramurale Versorgung, dem Stellenwert der Pflegewissenschaft und deren Umsetzung, sowie der geriatrischen Forschung und deren Umsetzung in der Praxis usw. Auf dieser Ebene geht es auch um eine faire Lastenaufteilung beim Aufkommen der Kosten der Spitäler. Solche Institutionen, die besonders kostengünstig arbeiten, sollten nicht noch bestraft, benachteiligt oder gar aufgelassen werden. Bei der Behebung der Mängel in der Zusammenarbeit von ambulanten und stationären Institutionen wäre ein wichtiger Rationalisierungsfaktor zu orten. Es ist auch ein ethischer Imperativ, über Defizite in der Rehabilitierung nachzudenken. Rehabilitierte und wieder mobile Personen kommen auch billiger als stationäre Pflegepatienten.

Entscheidend ist bei der Lösung dieser hoch komplexen Fragen, dass über die ökonomischen Zweckmäßigkeitsüberlegungen hinaus auch die Gerechtigkeits- und Solidaritätsüberlegungen nicht vergessen werden. Wenn sich nach Ausschöpfung aller Rationalisierungsmöglichkeiten angesichts der wachsenden Kosten die Notwendigkeit der Begrenzung in einzelnen Bereichen ergeben sollte, sind bei der Suche nach Gerechtigkeit folgende Aspekte zu beachten:

- Auf der *Entscheidungsebene*: dass diese möglichst auf der höheren Entscheidungsebene, weit weg vom Patienten, getroffen werden sollte, so dass der Arzt damit nicht überfordert oder blockiert wird oder versucht wird, nach dem Ansehen der Person zu entscheiden.
- Was die *Entscheidungskriterien* betrifft, sollte unter dem Gesichtspunkt der Solidarität in so wesentlichen Grundgütern, wie der Gesundheit, ein Mehrklassensystem vermieden werden. Gesundheit soll nicht kommerzialisiert werden wie rein private Güter.
- Was die *Entscheidungsform* betrifft, müssen die Interessen aller Beteiligten transparent und argumentativ eingebracht und berücksichtigt werden. Möglichst alle Gruppen sind partizipativ mit einzubinden, besonders jene, die sich nicht artikulieren können, eben durch Stellvertretung. Stellvertretung ist eine wichtige und in vielen Bereichen der Sorge entscheidende ethische Kategorie.

3.4 Makroallokation – obere Ebene

Auf der oberen Ebene der Makroallokation hat die Gesellschaft durch ihre politischen Mechanismen die Entscheidung zu treffen, wie das Bruttosozialprodukt auf die verschiedenen Bereiche, wie Bildung, Recht, Sicherheit, Pflege, Altersvorsorge usw. und eben auch Gesundheit aufgeteilt wird. Auch hier zeigt sich beim internationalen Vergleich, dass jene Gesellschaften, die einen größeren Prozentanteil ihres Bruttoinlandsprodukts für das Gesundheitswesen ausgeben, vielleicht in einigen isolierten Bereichen der Spitzenmedizin besondere Erfolge verzeichnen können, keineswegs aber die beste oder gar gerechteste Versorgung der Bevölkerung gewährleisten.[3]

3.5 Forschungsallokation

Als eine besondere Ebene weitreichender und zukunftsbezogener Allokation müsste angesichts der Globalisierung der Forschung vermutlich als fünfte noch die Forschungsallokation hinzugefügt werden.[4] Ich kann die Probleme eben nur kurz in Frageform andeuten. Für welche Forschung gibt es Ressourcen? Welche Krankheiten werden erforscht und welche bleiben in der Forschung zurück? Haben Forschungen bezüglich der Krankheiten, die in den armen Ländern häufig vorkommen, wie z.B. Malaria usw., mit denen sich nicht viel verdienen lässt, überhaupt eine Chance? Haben Krankheiten, die selten vorkommen, eine Chance?

Wie transparent wird publiziert? Werden nicht aus Risikokapitalgründen manche Forschungsbereiche, so z.B. derzeit die Gentechnik, auf Kosten anderer derartig favorisiert, dass es zu einer Verzerrung der Forschung der Krankheitsursachen kommt? Zunehmend deutlich werden auch die ethischen Probleme bezüglich der Publikation von Forschungen. Müssten nicht auch unerwünschte und in diesem Sinn negative Ergebnisse publiziert werden? Würden dadurch nicht unnötige und Kosten und Ressourcen verzehrende Parallel- und Wiederholungsforschungen vermieden?

Hat die Öffentlichkeit nicht ein Recht darauf zu erfahren, was in der Forschung alles schief läuft und nicht nur die Jubelmeldungen zu erfahren, die vielfach auch durch die Boulevardpresse viel zu früh und undifferenziert kolportiert werden und damit falsche Erwartungen und Anspruchshaltungen wecken? Welche Rolle spielt das Internet bei der Verbreitung gesundheitsbezogener Informationen? Sind nicht viele dieser Informationen angesichts der die religiöse Gläubigkeit ablösenden Internetgläubigkeit der modernen Menschen oft veraltet und gefährlich, z.B. Werbung für Gentests im Internet?

---

3 Vgl. G. Luf, Verteilungsgerechtigkeit im Bereich der modernen Medizin. Rechtsethische Überlegungen, RdM 1997, 99-106, sowie C. Kopetzki (Hg.), Behandlungsanspruch und Wirtschaftlichkeitsgebot, Wien 1998.

4 Vgl. auch G. Virt /M. Beck, Versagen des Marktes. Prioritäten pharmazeutischer Forschung als ethisches Problem, in: HerKorr 59 (2005) 253-257.

4. Die moralischen Wurzeln der Problemzuspitzung

Damit ergibt sich die Frage, welche Einstellung denn an der Wurzel jener Entwicklungen steht, die zu diesem zunehmenden ökonomischen Engpass im Gesundheitswesen führen. Wenn die Steigerung der Gesundheitskosten auf die immer größer werdenden medizinisch-technischen Möglichkeiten und noch mehr auf die Zunahme der alten und hochbetagten Menschen zurückzuführen ist, dann hat dies eine gemeinsame Wurzel. Die Medizin wird nämlich zum Opfer ihres eigenen Erfolges: Wir haben eine Leistungssteigerung, Menschen werden immer älter und viel mehr chronisch krank, gerade durch die moderne Medizin. Die geistige Wurzel für diese Haltung und das Wissenschaftsideal in der Medizin hat René Descartes in seinem „Discours de la méthode" am Ende des 17. Jahrhunderts wie folgt, formuliert: „... dass man sich vor einer unendlichen Zahl von Krankheiten sowohl des Körpers wie des Geistes, ja vielleicht sogar auch vor Altersschwäche bewahren könnte, wenn man eine hinreichende Kenntnis ihrer Ursachen besäße."[5] Diese auch von einer rein naturwissenschaftlichen Medizin kritisierbare Illusion hat beim neuzeitlichen Menschen eine übersteigerte Anspruchs-, ja Habsuchtshaltung hervorgerufen. Insoferne gebe ich Höffe in seiner moralisch-anthropologischen Analyse durchaus recht.

Aber wen betrifft diese übersteigerte Anspruchshaltung, die Höffe Pleonexie nennt? Nur den einfachen Patienten? Sind die berechtigten Mahnungen zur Gelassenheit als Annahme der Grenzen der eigenen Macht und die Aufforderung zur Besonnenheit als Annahme der Grenzen des Begehrens allen gleichermaßen zugemutet oder gibt es nicht auch hier Prioritäten? Gelassenheit und Besonnenheit sind ja vorrangig von dem zu wünschen, der über die entsprechende Macht und Ressourcen im Überfluss verfügt und nicht so sehr von dem Armen, der ohnedies nichts hat. Die Erfahrung zeigt ja auch, dass ein Mensch, je mehr er besitzt, desto größere Ansprüche stellt. Je reicher der Mensch wird, desto gieriger wird er. Das gilt gleichermaßen für Patienten wie für die Konzerne.

Die Antwort der Ethik auf diese tiefsitzende Anlage im Menschen war, soweit wir ethische Überlegungen zurückverfolgen können, das Maßhalten, eine der Kardinaltugenden schon seit den Griechen. Auch die biblischen Quellen rekurrieren in anthropologisch begründeter Weisheit auf die bewusste Annahme der eigenen Endlichkeit, der endlichen Lebenszeit, der endlichen Möglichkeiten und der Art, diese mit der Sehnsucht des Menschen nach Unendlichkeit zu vermitteln. Der Mensch ist ja das weltoffene Wesen mit einer unersättlichen Dynamik und doch mit sehr konkreten und oft leidvollen Grenzen der Endlichkeit. Nur wenn das Leben mit allen seinen Facetten, also auch mit der eigenen Endlichkeit und dem eigenen Sterbenmüssen und den vielfältigen Vorboten des Todes mitten im Leben angenommen wird, kann dieses Leben auch gelingen.

---

[5] R. Descartes, Discours de la méthode, französisch–deutsch, Hamburg 1969, 103

Es gilt allerdings zu bedenken, dass der Hebel zur Kostenreduzierung nicht nur mit individualmoralischen Appellen anzusetzen ist, angesichts der hochkomplexen Zusammenhänge von Wirtschaft, Wissenschaft, Technik, Versicherung etc. Die Preise für Gesundheitsmittel und Maßnahmen können angesichts des hochsensiblen Gutes Gesundheit nicht einfach auf dem freien Markt ausgehandelt werden, sondern in der integrativen und transparenten Lösung von Verteilungs- und Allokationsaufgaben.

Das Ziel des Gesundheitswesens ist die Gesundheit und nicht der Profit. Dass dieses Ziel nicht verloren geht, dafür tragen nicht nur die Politiker, sondern alle in der Praxis um die Verteilung ringenden beteiligten Parteien, Lobbyisten, Berufsgruppen, Sozialpartner, Institutionen, Konzerne usw. Verantwortung. Die Ökonomie erörtert heute im Rahmen gerade der Finanzwissenschaften Wege, öffentliche Güter im Sinne einer effizienten Ressourcenverwendung und im Anschluss an einen gesellschaftlichen Grundkonsens optimal bereitzustellen. Gesundheit ist eines der wichtigsten dieser Güter. Es ist vor allem die Aufgabe der Politik, den Spielraum für sozial verträgliche Reformen innerhalb des bestehenden Solidarsystems auszuloten und die ökonomische Debatte nicht nur als Spardebatte, sondern als gesellschaftspolitische Gestaltungsdebatte zu führen. Ein Gesundheitssystem ist immer so gerecht oder ungerecht wie das gesellschaftliche System generell.

Was diese Einsicht für unser Problem an Konsequenzen mit sich bringt, kann eben nur mehr an einigen Beispielen angedeutet werden:

- Den Patienten selbst müsste klar gemacht werden, was die Gesundheitsleistungen angesichts eines begrenzten Budgets kosten und wie damit die Solidargemeinschaft auch belastet wird. Wege zu dieser Bewusstseinsbildung sind ethisch zu begrüßen, denn allein die Diskussion regt zum Nachdenken über die allgemein verbreitete Habsucht an und wie man ihr entgegen wirken kann.
- Bereits dem Gesunden müsste auf allen Bildungsebenen klar gemacht werden, dass er selbst mit seinem Lebensstil der Hauptverantwortliche für seine eigene Gesundheit ist und bleibt. Strukturelle, auch finanzielle Anreize und bewusstseinsbildende Maßnahmen zur Unterstützung der Klugheit wären zu diskutieren.
- Den Ärzten und Krankenhäusern müsste nachdrücklich klar werden, dass sie z.B. auf bestimmte kostenintensive Einrichtungen im eigenen Haus verzichten könnten, weil eine bessere Zusammenarbeit mit anderen Institutionen billiger wäre – ganz abgesehen davon, dass Zuwendung oft effizienter ist als der Einsatz teuerer Geräte, weil der motivierte Patient bessere Genesungschancen hat.
- In der Forschung ist das von Descartes zitierte Wissenschaftsideal besonders verbreitet. Gerade die Schwerpunkte der Forschung wären zu überprüfen, wie weit wichtige Bereiche hinter anderen zurückbleiben. So wird mit der weiteren Ausgestaltung der gendiagnostischen Methoden die Schere zwischen

möglicher Diagnose und mangelnder Prophylaxe und Therapie immer größer. Ein Übermaß dieser Diskrepanz ist wohl kaum erträglich; die ethische Vorzugsregel lautet: „Lieber weniger Gentests mit guter Beratung und Begleitung als viele mit schlechter oder gar keiner Beratung und Begleitung". Eine neue Methode soll nicht mehr Probleme schaffen als lösen.

- Den Versicherungen müsste klar werden, dass auch sie in ihrer eigenen Organisationsstruktur einsparen und maßhalten sollen.
- Krankenhaus und ambulante Gesundheitseinrichtungen müssten besser aufeinander abgestimmt werden, um unnötige Doppelungen und Reibungsverluste zu vermeiden.

Dies sind nur einige von vielen konkreten Schritten, die gemeinsam getan werden könnten und sollten.

5. Ein kurzes anthropologisches Finale

Am Beginn und am Ende des Lebens ist der Mensch am meisten auf die Hilfe anderer angewiesen, also an den Grenzen seines Daseins. Die ethische Dringlichkeit besteht darin, den Menschen gerade in diesen Situationen mit den Mitteln der Solidargemeinschaft beizustehen. Ethische Fragen der Medizin können nicht vollständig kommerzialisiert werden. Allerdings kann die Ethik als Voraussetzung für eine gute moralische Bildung viel dazu beitragen, dass Grenzen angenommen werden, dass Verschwendungen unterbleiben, dass mit den Ressourcen sparsamer und gewissenhafter umgegangen wird und Menschen sich in den verschiedenen Berufen als professionelle Helfer, als Wissenschaftler, in Behörden und auch als Patienten ihr Leben so gestalten und mit den Ressourcen so maßvoll umgehen, dass sie dies auch vor der Solidargemeinschaft verantworten können.

Eine Gesellschaft, die in dem unaufhebbaren Zusammenhang von Ethik und Ökonomie nur auf die Ökonomie setzt und auf Ethik verzichten wollte, würde sich einen Bärendienst erweisen, nämlich die Dinge noch teurer und damit die Ressourcen noch knapper machen und die Verteilung willkürlich. Die Medizin hat mit ihren Problemen der Ethik das Leben gerettet, vielleicht kann die Ethik auch etwas zur Rettung der Gesundheitsökonomie beitragen, ohne dass eine Gesellschaft durch ungerechte Verteilungsmuster belastet und die Grundlage unseres demokratischen Lebens gestört wird, die in der Achtung der unveräußerlichen Würde eines jeden Menschen besteht und in Gewährleistung der grundlegenden Güter für das Gelingen von Mensch-Sein. Die Einsicht in Selbstzwecklichkeit des Menschen ist die Grundlage aller Menschenrechtsdokumente und der Bemühung um weitere nötige Dokumente, wie derzeit etwa im Europarat um die Menschenrechte terminal Kranker und Sterbender.

Wenn wir nicht mehr wissen, was Menschenwürde ist, dann stürzt das ganze Gebäude der Menschenrechte früher oder später ohne dieses Fundament zusammen. Der mit diesem abstrakten Begriff „Würde" angesprochene Grund des ethischen Anspruchs kommt aus verschiedenen geistigen Wurzeln und darauf bauen die Menschenrechte in ihrer ethischen Richtigkeit auf. Die Motivation, den Menschen auch zu würdigen, wenn es schwierig ist, stammt aber nicht aus abstrakten Begriffen, sondern aus jener weltanschaulich begründeten Mitte, aus der ein Mensch lebt und auch die Kraft schöpft zu einem Handeln gemäß dem, was er als richtig einsieht.

Für den Christen kommt diese Motivation aus dem Bild vom Menschen, den er mit der jüdisch-christlichen Tradition als Gottes Ebenbild versteht: Im Antlitz eines jeden Menschen wird etwas vom Geheimnis Gottes sichtbar, der den Menschen unmittelbar anspricht. Personsein wird dadurch konstituiert, dass wir als Personen angesprochen werden. Die Macht dazu, den Menschen so anzusprechen, dass er Person ist und in Ewigkeit zum Personsein bestimmt ist, stammt nicht aus uns selber, sondern kommt von weiter her. Dies hat mit dem Geheimnis unseres Daseins zu tun. Wenn der Mensch sich nicht mehr als Ausdruck eines ihm in seiner Einmaligkeit bejahenden Geheimnisses verstehen kann, ist die Gefahr eines reduktionistischen Menschenbildes groß mit der logischen Konsequenz der Spaltung der Menschen. Geheimnis ist etwas völlig anderes als ein Rätsel, sondern vielmehr der umfassende und uns tragende Raum an daseinsgewährenden Beziehungen, in dem wir alle daheim sind und der größer ist als wir selbst.

VERSAGEN DES MARKTES

Prioritäten pharmazeutischer Forschung als ethisches Problem[*]

gem. m. Matthias Beck

Medizin muss begrenzte Ressourcen verteilen, z.B. Organe, Medikamente, Medizinprodukte. Lange bevor diese verteilt werden können, wird über den Einsatz der Ressourcen in der Forschung entschieden. Hier werden von vornherein die entscheidenden Weichen gestellt.

Die ethische Problematik der gerechten Verteilung von gesundheitsbezogenen Mitteln wurde in ihrem Gewicht zunächst im Bereich der *Organtransplantation* wahrgenommen. Die Transplantationsmedizin leidet vor allem an der Knappheit der zur Verfügung stehenden Organe. Viele Menschen, deren Leben mit Hilfe einer Organtransplantation gerettet werden könnte, sterben auf der Warteliste, weil es nicht genügend verfügbare Organe gibt. Viele Vorschläge zur Behebung dieses Problems wurden gemacht – zuletzt sogar die Eröffnung eines legalen Organmarktes.[1] Ein solcher Vorschlag dürfte allerdings kaum mit dem Artikel 21 der Menschenrechtskonvention zur Biomedizin vereinbar sein, der lapidar das Verbot des finanziellen Gewinnes bei der Verwendung von menschlichen Körperteilen festhält: „Der menschliche Körper und Teile davon dürfen als solche nicht zur Erzielung eines finanziellen Gewinnes verwendet werden."[2]

1. Ein Problem der gesellschaftlichen Wertungen

Weit über dieses Teilproblem hinaus wird die Zuweisung der *Ressourcen im Gesundheitswesen* mit zunehmender Dringlichkeit nicht nur als ökonomisches, sondern als ethisches Problem gesehen. Unter dem Begriff der *Allokation* wird die Verteilung von begrenzten finanziellen und sachlichen Mitteln diskutiert.

Es hat sich eine Unterscheidung von vier Ebenen eingebürgert. Auf der unteren Ebene der sogenannten *Mikroallokation* geht es um die Zuteilung von gesundheitsbezogenen Mitteln und Leistungen an den einzelnen Patienten. Auf der oberen Ebene der Mikroallokation geht es um die Zuteilung, nach denen Gesundheitsleistungen an bestimmte Patientengruppen geschehen sollen.

Auf der nächsten Ebene – der unteren Ebene der *Makroallokation* – handelt es sich um die Verteilung des vorhandenen Gesundheitsbudgets auf die verschiedenen

---

* Dieser Beitrag entstand aus der Betroffenheit über den immer größeren Graben zwischen den Bedürfnissen erkrankter Menschen einerseits und den Interessen der Wirtschaft bei der Prioritätensetzung der medizinischen Forschung andererseits, anlässlich der Präsentation der WHO 2004 und wurde mit Hilfe von Matthias Beck in der Herder Korrespondenz veröffentlicht.
Originalpublikation in: HerKorr 59(2005) 253-257.

1 C. Aumann/W. Gärtner: Die Organknappheit. Ein Plädoyer für eine Marktlösung, in: Ethik in der Medizin 16 (2004) 105-111.

2 Übereinkommen zum Schutz der Menschenrechte und der Menschenwürde im Hinblick auf die Anwendung von Biologie und Medizin des Europarates, Oviedo 4. 4. 1997, http://bioethik.tripod.com/bioet-en.htm

Bereiche der Medizin und schließlich hat auf der oberen Ebene der Makroallokation die Gesellschaft durch ihre politischen Entscheidungsträger und Vorgänge die Entscheidung zu treffen, wie das Bruttosozialprodukt auf die verschiedenen Bereiche wie Bildung, Recht, Sicherheit, Pflege, Altersvorsorge oder ähnliches und eben auf die Gesundheit aufgeteilt wird.[3]

Wie sehr die Allokation im Gesundheitswesen nicht nur eine Frage der Ökonomie, sondern vor allem ein Problem der gesellschaftlichen Wertungen ist, zeigt sich bei den besonders teuren *Behandlungen am Ende des Lebens*. Meist verborgen, aber umso wirksamer, wird die Allokationsproblematik in der Diskussion um die Euthanasie virulent. Bisweilen bekommt man erst nach dem offiziellen Teil von Diskussionen in diesem Zusammenhang die Frage gestellt: „Wie lange können wir uns die Ethik noch leisten?“[4]

Die moderne Medizin, auf deren Errungenschaften wohl niemand von uns verzichten möchte, wird zunehmend zum *Opfer ihres eigenen Erfolges*. Die Menschen werden immer älter, die chronischen Krankheiten nehmen zu, die Behandlungen werden teurer. Hier stellt sich die Frage, worin umfassend gesehen der Fortschritt besteht.

Der Fortschritt beginnt mit der *Forschung*. Die erste und wichtigste Allokation, die den klassischen vier Allokationsebenen vorgelagert ist, liegt in der Forschungsallokation: Wofür gibt es in der Forschung Geld und Ressourcen? Wer finanziert die Forschung? Welche Interessen sind mit der Forschung verbunden? Was sind die vorrangigen Ziele der Forschung? Welche Krankheiten und Leiden sind Gegenstand der Forschung? Für welche Krankheiten gibt es kein oder zuwenig Geld und Interesse? Nach welchen Kriterien werden die Forschungsschwerpunkte gesetzt? Wer erhofft sich von der Forschung welchen Gewinn? Grob gesagt besteht die Tendenz, dass der Staat sich von der Forschungsfinanzierung tendenziell zurückzieht und diese den großen und kleinen Konzernen überlässt.

Wenn von Forschungsschwerpunkten die Rede ist, dann denken die meisten an die Forschungsprogramme der Europäischen Union. Im April 2005 wurde das 7. Forschungsrahmenprogramm der EU vorgestellt. Verstärkt werden die ethischen Themen diskutiert, wie Embryonenforschung, die verschiedenen Formen des Klonens, die neuen Forschungsgebiete im Überschneidungsbereich von Biotechnologie, Kommunikationstechnologie, Nanotechnologie und Kognitionswissenschaften („Converging technologies“).

Die eben gestellten strukturellen Fragen nach der Schwerpunktsetzung in der Forschung aber reichen weiter. Die Freiheit der Forschung gehört zu den großen und wichtigen Errungenschaften der Neuzeit und sie ist in den meisten Verfassungen verankert. Die Zukunft der Medizin und der Therapiemöglichkeiten beginnt

---

3 Vgl. G. Luf, Verteilungsgerechtigkeit im Bereich der modernen Medizin. Rechts-ethische Überlegungen, RdM 1997, 99-106.

4 G. Virt, Leben bis zum Ende, Innsbruck 1998.

mit der Forschung. In der Forschungsallokation werden die Weichen gestellt. Zur Forschungsfreiheit gehört die Forschungsverantwortung.

Die Differenz zwischen den Bedürfnissen der kranken Menschen einerseits und den Marktinteressen andererseits, die die Forschung leiten, war eine der wichtigen Problemstellungen des Berichtes der Weltgesundheitsorganisation (WHO) „Priority medicines for Europe and the World“, der Ende November 2004 in Den Haag vorgestellt und diskutiert wurde.[5]

Shareholderinteressen und Stakeholderinteressen – wie das neudeutsch so schön heißt – klaffen zunehmend auseinander. Die Sozialverträglichkeit der Medizin fängt bei der Sozialverträglichkeit der Forschung an. Die Freiheit der Forschung ist eine Freiheit in Verantwortung. Diese Verantwortung bezieht sich vor allem auf die soziale Dimension. Anders als in den USA ist in Europa das Gesundheitssystem ein Solidarsystem, eine Tatsache, die bereits in der Entscheidung über die Forschungsprioritäten von Anfang an bedacht werden muss.

2. Erstellung einer Prioritätenliste für die Forschung

Ziel und Gegenstand des Berichtes ist es, die pharmazeutischen Innovationen unter dem Aspekt der öffentlichen Gesundheit zu studieren und die Kluft zwischen den Bedürfnissen der europäischen Bürger einerseits, jener der armen Länder andererseits, und den tatsächlichen Forschungsschwerpunkten zu identifizieren und Lösungsvorschläge zur Überbrückung zu unterbreiten. In vielen Bereichen fallen öffentliche Gesundheitsinteressen und Interessen der Pharmaindustrie zusammen. In anderen Bereichen aber, wie den vernachlässigten Krankheiten in armen Ländern und seltenen Krankheiten in reichen Ländern, versagt der Markt. Aber auch Volkskrankheiten in unseren Ländern werden viel zu wenig beforscht. So muss ein sehr hoher Anteil unserer Bevölkerung wegen Erkrankungen der Haltungs- und Bewegungsorgane in Frühpension gehen. Osteoarthrosen gehören zu den häufigsten und volkswirtschaftlich belastendsten chronischen Krankheiten. Auch die Zahl und die Leiden der Menschen mit *Depressionen* sind in Europa enorm hoch. Der WHO-Bericht erwähnt sie an vorletzter Stelle der Liste von 16 Krankheiten, die besonders der Forschung bedürfen. Die Forderung nach Forschung bezieht sich in dem Bereich vor allem auf die Biologie und Behandlung der Depressionen bei Jugendlichen und Älteren. An der Überbrückung der Kluft zu arbeiten, ist eine wichtige Aufgabe für das 7. Forschungsrahmenprogramm der EU.

Für die *Prioritätensetzung* im WHO-Bericht wurden verschiedene Methoden gewählt: Erstens eine systematische Aufarbeitung des gegenwärtigen Standes der Effektivität und Wirksamkeit der Medikamente aus den verschiedenen Institutionen und Datenbanken; zweitens die Vorausschau auf Fragen der menschlichen Gesundheit, die sich als Herausforderung in der Zukunft stellen werden; drittens die

[5] Im Internet unter: http://mednet3.who.int/prioritymeds/report/index.htm

Identifizierung jener Krankheiten, für die es keinen Markt gibt und die in der Forschung daher vernachlässigt werden.

Mit verschiedenen Kriterien werden die Dringlichkeitsstufen der Gesundheitsprobleme erhoben, die als Grundlage für die Erstellung einer Prioritätenliste für die Forschung dienen.

– Am Beginn der Gesichtspunkte stehen die *demographischen Veränderungen* infolge steigender Lebenserwartung. Danach folgen Infektions- und akute Krankheiten in den Entwicklungsländern.
– *Chronische Krankheiten* hingegen gewinnen vor allem in Europa noch weiter an Bedeutung. Hier werden vor allem Herz- und Kreislauferkrankungen, Schlaganfälle, Diabetes, Krebs, Depressionen, Osteoarthritis und Alzheimer genannt. Wenngleich letztere wegen der steigenden Lebenserwartung auch in den armen Ländern zunehmen werden, darf die akute Notwendigkeit für Forschung an Tuberkulose, Malaria und Aids nicht übersehen werden.
– Akute Krankheiten und vor allem *Infektionskrankheiten* sind in Europa weithin behandelbar. Viele Pharmafirmen haben daher ihre Forschungsanstrengungen im Antibiotika-Bereich reduziert. Dies kann für die Zukunft tiefgreifende Auswirkungen im Hinblick auf weltweit zunehmende Anibiotika-Resistenzen haben.
– Ein weiteres Problem stellen die *Virusinfektionen* dar. Es wird an die Grippeepidemien von 1918/19 erinnert, die 40 bis 50 Millionen Menschenleben gefordert haben. Eine solche Epidemie kann wiederkehren. Für derartige Eventualitäten ist die Welt nicht vorbereitet.
– Auch bei schweren Krankheiten, für die *Präventionsmöglichkeiten* bestehen, gibt es große Probleme. Diese zeigen sich sowohl bei präventiven Einnahmen von Medikamenten (vor allem bei Herzattacken und Schlaganfällen), als auch bei Krankheiten, die durch Tabak- und Alkoholmissbrauch entstehen.
– Hierauf werden solche Krankheiten genannt, für die es keine kurativen Behandlungsmöglichkeiten gibt (Osteoarthritis und Alzheimer).
– Schließlich geht es um Krankheiten, für die es zwar Therapiemöglichkeiten gibt, die aber *inadäquat* sind. Hier handelt es sich vor allem um Krebs und Diabetes. Bei Depressionen gibt es Behandlungen für manche Gruppen, aber mit starken Nebenwirkungen, bei Adoleszenten hingegen ist die Behandlung zweifelhaft.
– Unter den *vernachlässigten Krankheiten* werden Malaria, Tuberkulose und HIV, aber auch seltenere wie Schlafkrankheit und einige andere aufgezählt. Der Tod von Müttern nach der Entbindung infolge von postpartalen Blutungen ist in Entwicklungsländern nach wie vor ein sehr großes Problem, da es kaum hitzestabile Medikamente gibt.
– Schließlich werden als der besonders der Forschung für die *Gesundheitsfürsorge* bedürftige Gruppen alte Menschen, Frauen und Kinder genannt.

3. Ziel der Gesundheitsfürsorge sind nicht Medikamente

Mit diesem Analyse- und Differenzierungsinstrumentarium kommt der WHO-Report zu folgender Liste von prioritär zu beforschenden Krankheiten: Infektionen auf Grund von Resistenzen, Grippeepidemien, Verhinderung des Rauchens, Sekundärprävention bei Herz-Kreislauf-Erkrankungen, Diabetes, Krebs, akute Schlaganfälle, HIV, Tuberkulose, vernachlässigte Krankheiten, Malaria, Alzheimererkrankungen, Osteoarthritis, chronisch obstruktive Lungenerkrankungen, Alkoholmissbrauch, Depressionen, vor allem bei den Älteren und Adoleszenten, mütterlicher Tod durch postpartale Blutungen.

Unter den Folgerungen empfiehlt der Report eine Stärkung der gemeinsamen Interessen zwischen Europa und den Entwicklungsländern, Abbau von bürokratischen Hemmnissen und Hindernissen für vergleichende Studien, die zu einem besseren Austausch führen sollen, bessere Zusammenarbeit von öffentlicher und privater Forschungsfinanzierung, bessere Einbindung von Patienten und Patientenvereinigungen in die Forschung sowie eine ethisch verantwortliche Preisgestaltung. Eine Technologieplattform für die Pharmaindustrie wird angeregt und sollte für die Realisierung der Prioritätenliste, aber auch für ethisch verantwortliche Preisgestaltung – vor allem in den armen Ländern – sorgen.

Die *ethische Diskussion des Berichtes* setzt an jener Stelle ein, wo dieser die Differenz zwischen den tatsächlichen Bedürfnissen der Menschen und den realen Forschungsschwerpunkten ortet. Die Diskussion dieser Problematik gilt es zu vertiefen.

Der Markt ist gesteuert von Kauf und Verkauf von Medikamenten und gesundheitsbezogenen Mitteln, die Forschung außerdem gesteuert von der Erteilung von Patenten. Mit dem Verkauf und der Nutzung von Lizenzen wird viel Geld verdient. Die Solidarität in Europa und weltweit ist von den reinen Marktinteressen schon bei der ersten Entscheidung über Forschungsschwerpunkte herausgefordert. Die Sorge um die Gesundheit reicht entschieden weiter als die Anwendung von Medikamenten. Das Ziel der Gesundheitsfürsorge sind nicht Medikamente – diese sind eines unter vielen Mitteln – sondern Prophylaxe und Therapie, wenn die Gesundheit gefährdet oder gestört ist.

Hinzu kommt, dass auch die Therapiebedürfnisse in den verschiedenen Regionen der Erde unterschiedlich sind. Die Europäische Ethikberatergruppe hat in ihrer Opinion 17 aus dem Jahr 2003 über ethische Aspekte klinischer Forschung in Entwicklungsländern darauf hingewiesen, dass die Hauptursache von Krankheiten die Armut ist.[6] Weithin bestimmen Patente die Preispolitik und machen Medikamente in den armen Ländern unerschwinglich. Die Europäische Ethikberatergruppe hat für solche Situationen in ihrer Opinion 16 (2002) die Erteilung von Zwangslizenzen angeregt.

---

[6] Die Dokumente der Europäischen Ethikberatergruppe sind abrufbar: http://ec.europa.eu/european_group_ethics/

4. Reduktionismen im Menschenbild

Medizinische Forschung darf nicht auf die Entwicklung von Pharmazeutika beschränkt werden, sondern muss die *psychosomatische Ganzheit* des Menschen berücksichtigen. Das Ziel der Medizin ist die Gesundheit des ganzen Menschen. Um der Ganzheit des Menschen gerecht zu werden, ist es notwendig, die Komplexität von Krankheitsentstehungen und -verläufen zu erforschen. Die Erforschung der Wechselwirkungen zwischen den mit den Methoden der Naturwissenschaft (z.B. Genetik) erforschbaren Grundlagen einerseits und den Umwelteinflüssen, der Lebensgestaltung und der inneren Befindlichkeit des Menschen andererseits, kommt im Mainstream der Forschungslandschaft zu kurz. Es gibt wohl erste Ansätze groß angelegter Langzeitstudien, die zumindest den Zusammenhang zwischen Genetik, Umwelteinflüssen und Lebensstil im Blick haben. Im WHO-Bericht kommen solche Forschungsprioritäten nicht zum Vorschein, sie sollten aber im 7. Forschungsrahmenprogramm der EU Berücksichtigung finden.

Auch solche Forschungsprojekte betrachten vornehmlich die äußere Umgebung des Menschen, blenden aber seine innere Befindlichkeit weitgehend aus. Erste Forschungsansätze und Ergebnisse zeigen, dass das neuronale Netzwerk und das Gehirn in die An- und Abschaltmechanismen von Genen involviert sind. Über diese Wechselwirkungen wird auch das Immunsystem beeinflusst und somit das Krankheitsgeschehen.

Da der Letztverantwortliche für seine Gesundheit der Mensch selbst ist (beziehungsweise die Eltern für ihre Kinder), muss er in den öffentlichen Bildungseinrichtungen – angefangen von der Schule – über die Komplexität dieser Zusammenhänge ausreichend informiert werden. Für diese *gesundheitsbezogene Bildung* ist wiederum die Forschung die Voraussetzung. In der naturwissenschaftlichen Forschung sind bereits Ansätze vorhanden, den Einzelnen in seiner besonderen genetischen und immunologischen Prägung zu erfassen. Solche Forschungen gilt es vermehrt und vorrangig zu fördern.

Falsche Versprechungen aus einer verkürzten, rein naturwissenschaftlichen Perspektive aber führen nicht nur zur Täuschung und Enttäuschung, sondern auch dazu, dass Menschen ihre Verantwortung für die eigene Lebensgestaltung im Gesundheitsbereich gerne an medizinisch technische Experten abgeben. Für viele Menschen werden überzogene Versprechungen der Medizin zum Religionsersatz.

Das mangelhafte Verständnis von Krankheit und der Mangel an Bereitschaft zur Verantwortungsübernahme für die eigene Gesundheit hängen mit *Reduktionismen im Menschenbild* zusammen, die sich bis in konkrete Forschungs-, Bildungs- und Therapiegestaltungen hinein auswirken. Durch die Konzentration der Medizin auf die Naturwissenschaft konnten einerseits bewundernswerte Fortschritte erzielt werden, auf die niemand verzichten möchte.

Durch die Ausweitung des notwendigen methodischen Reduktionismus auf das Menschenbild kam es andererseits zu einer *Mechanisierung des Menschenbildes* und dazu, dass Medizin nicht mehr kranke Menschen, sondern kranke Organe und

Gewebe behandelt. Ein weiterer Reduktionismus spielt sich derzeit unter dem Stichwort *Genetisierung des Menschenbildes* ab, so als ob die Hauptursache von Krankheiten in den Genen selber liegen würde. Seriöse Wissenschaft weiß, dass die Zusammenhänge sehr viel komplexer sind. Ein dritter Reduktionismus besteht in der zunehmenden *Ökonomisierung des Menschenbildes*, das sich vor allem im Bereich der Medizin abspielt.

Vermutlich stehen wir bereits an der Schwelle zu einem neuen Reduktionismus, den man *Roboterisierung des Menschenbildes* nennen könnte. Durch die sogenannten „Converging technologies" und eine zunehmende Implantation von Chips in den menschlichen Körper entstehen nicht nur ethische Detailprobleme wie Datenschutz, Schutz der Integrität und Identität der menschlichen Person, sondern sehr grundlegende Probleme im Umgang mit dem Menschen.

Wenn Forschung etwas verspricht (etwa nur durch embryonale Stammzellen viele Krankheiten heilen zu können), müssen diese Versprechungen noch lange nicht zum Erfolg führen. Bereits eine reduktionistische Fragestellung in der Forschung wird andere Ergebnisse liefern, als eine von Anfang an interdisziplinär angelegte Studie, denn die Theorie bestimmt, was wir beobachten und erforschen können. Forschung gibt nur Antwort auf gestellte Fragen.

Werden bestimmte Fragen methodisch nicht gestellt, bekommt man auch keine Antworten. Hier zeigt sich, welche große Verantwortung bereits in der Forschungsplanung und Finanzierung liegt. Die Weichen werden am Anfang gestellt. Eine zu enge Fragestellung wird zu verkürzten Antworten führen. Hier zeigt sich der Dreiklang zwischen Forschungsansatz, Forschungsergebnis und Heilung. Letztlich hat der Recht, der dem ganzen Menschen gerecht wird und dadurch zu seiner Heilung beiträgt.

ZUM ETHOS DER PUBLIKATION
oder Geheimhaltung von negativen Forschungsergebnissen*

Ethik in der medizinischen Forschung hat viele Facetten und Ebenen. Eine keineswegs unbedeutende ist das Ethos des Publizierens. Eine nicht unbeträchtliche Triebfeder für den Forscher ist die Publikation seiner Ergebnisse für die persönliche Karriere, den wissenschaftlichen Ruf, aber auch für ökonomische Ziele. Die folgenden Überlegungen greifen nur einen kleinen Ausschnitt, nämlich den der Publikation in wissenschaftlichen Journalen auf. Die Art des Publizierens in der populären Presse und Boulevardpresse kann nur am Rande gestreift werden.

Das Ethos des Publizierens betrifft nicht nur die medizinische Forschung im engeren Sinn, sondern den größeren Bereich der Grundlagenforschung und Themen der biotechnologischen Forschungen generell. Unter ethischem Aspekt scheint diese Facette der Ethik in der medizinischen Forschung im Vergleich zu anderen relativ wenig diskutiert. Eher sporadisch stößt man bei der Lektüre soziologischer und politologischer Literatur auf das Problem, wenn etwa I. Schneider in dem Buch „Föten – der neue medizinische Rohstoff", (Frankfurt/ New York 1995) einen ganzen Abschnitt mit der Überschrift „Geheimniskrämerei und Politik der verschlossenen Türen" übertitelt und mehrfach behauptet, daß fehlgeschlagene Experimente vielfach nicht veröffentlicht werden. Aber auch im Bereich der Tierversuche, vor allem im Zusammenhang mit den verschiedenen Klonierungstechniken, wird auf Fehlversuche eher selten und wenn, nur abstrakt hingewiesen. Dabei würde man gerne genaueres über mögliche Mißbildungen erfahren – sowohl im Hinblick auf die Schmerzen der Tiere als auch auf eine mögliche Übertragung auf den Menschen. Auch im Gespräch mit Fachkollegen stößt man immer wieder auf das Problem, daß ähnlich gelagerte Studien sehr unterschiedliche Chancen haben, publiziert zu werden. So verdanke ich etwa einem profunden Kenner den Hinweis auf folgende Tatsache: eine mit großem Sample gemachte deutsche Fischölstudie, die zu einem negativen Ergebnis führte, wurde lange Zeit nicht veröffentlicht, eine viel weniger repräsentative gleichartige italienische Studie, die zu einem positiven Ergebnis führte, wurde umgehend in einer großen Zeitschrift veröffentlicht. Man kann sich leicht ausmalen, wie sich dann solche Tendenzen vor allem auf Übersichtsarbeiten auswirken, wenn diese nur positive Studienergebnisse berücksichtigen können, weil sie publiziert sind, nicht aber ganz ähnliche oder gleichgelagerte Studien, die zu einem negativen Ergebnis führten und daher nicht publiziert wurden. Aber auch in der alltäglichen Arbeit in Ethikkommissionen zeigt sich immer wieder folgendes Problem: Es werden Studienprotokolle eingereicht, die nach den Standards der Helsinkideklaration und von „Good Clinical Practice" nicht abge-

---

* Dieser Text beruht auf einem Vortrag bei der Jahrestagung der Akademie für Ethik in der Medizin, Leipzig 1999.
Originalpublikation unter dem Titel: Negative Forschungsergebnisse – Geheimhalten oder publizieren? In: Medical Tribune 33 (2001) Nr.22, S.17.

lehnt werden können, bei denen aber die Fachleute ihre Zweifel zu erkennen geben, ob bei dieser Studie ein positives Ergebnis herauskommen kann oder ob eine Firma bloß eine Alibistudie braucht. In solchen Situationen bin ich in letzter Zeit vermehrt dazu übergegangen, meine Zustimmung daran zu binden, daß die Ergebnisse – was immer dabei herauskommt oder nicht herauskommt – auf alle Fälle veröffentlicht werden. Aus den Reaktionen anderer Mitglieder der Ethikkommission entsteht dann der Eindruck, daß dies nicht üblich ist, und diese Bedingung doch eher überraschend eingeführt wurde. Besteht eine solche Bedingung zu Recht? Ob es sinnvoll ist zu verlangen, daß auch unerwünschte Ergebnisse publiziert werden, bedarf zunächst einer grundsätzlichen ethischen Überlegung.

Bevor auf dieses Problem eingegangen wird, scheint es sinnvoll, das Terrain generell noch einmal abzustecken. In der populären Presse und Boulevardpresse kommen meist nur Berichte über wissenschaftliche Erfolge vor, die dann oft voreilig überzogene Hoffnungen wecken oder wenn in der Forschung ein Skandal passiert ist.

Was sind solche Skandale? Meistens sind es Schlampereien, Schwindel oder Lüge in der wissenschaftlichen Forschung. Das ethische Urteil ist in diesem Bereich klar. Es handelt sich eher um ein Problem der Moral, denn um eines der Ethik. Dennoch wird gleich sichtbar werden, daß auch hier bereits Differenzierungen anzubringen sind.

Ohne jeden Anspruch auf Vollständigkeit, nicht einmal auf Repräsentativität, konnten beim Durchblick von etwa 20 Artikeln im „Science und Nature" zwischen 1997 und 1999 etliche Veröffentlichungen gefunden werden, die sich mit der Publikation von wissenschaftlichen Ergebnissen, die auf Schwindel beruhen, befassen.

Wie häufig so etwas vorkommt, darüber gehen die Meinungen sehr auseinander. Einigkeit besteht aber darüber, daß es dieses Problem gibt, und Einigkeit besteht auch in der Forderung nach bestmöglichen Vorbeugungsmaßnahmen. Laut „Nature" vom 4.3.1999 ist das „Office of Research Integrity" tausend Anschuldigungen in den USA nachgegangen; demnach wurden 150 Untersuchungen durchgeführt und in 76 Fällen Betrug nachgewiesen.

Die konkreten Beispiele kreisen um den „Baltimore Case", der sich auf die Forschung mit Immunität von transgenen Mäusen in den Jahren von 1986 bis 1996 bezog, weiterhin um gefälschte Ergebnisse im „Plant Journal", auf die Fälschungen von F. Hermann und M. Brach in der Krebsforschung sowie um das historische Beispiel von E. Abderhalden (1877-1950), der fälschlich die Existenz sogenannter Abwehrfermente behauptete und alle Wiederholungsversuche vereitelte. Abderhalden gab in den dreißiger Jahren sogar eine Zeitschrift mit dem Titel „Ethik" heraus und erst in den sechziger Jahren verschwanden seine auf Betrug basierenden Thesen, die Brockmann als einen Schwindel von Anfang bis zum Ende bezeichnet (Nature 14.5.1998), ohne dass in der Fachliteratur eindeutige Klarstellungen erfolgt wären.

In diesen eingesehenen Artikeln kommt auch zum Ausdruck, daß Zeitschriften bei der Richtigstellung unterschiedliche Usancen haben und viele auf Forschungsbetrug beruhende Papiere ohne Widerruf bleiben. Positiv wird erwähnt, daß das „Plant Journal" z.B. dazu übergeht, Listen von nicht wiederholbaren Versuchen zu veröffentlichen. Oft genug aber bleiben Ergebnisse über viele Jahre ohne Überprüfung, sodaß die Nichtwiederholbarkeit oft erst nach langer Zeit publiziert werden kann.

So einhellig die Notwendigkeit von Maßnahmen zur Verhinderung und Vorbeugung von Betrug in der wissenschaftlichen Publikation gefordert wird, so unterschiedlich sind die Vorschläge: Von der Verstärkung der Selbstkontrolle der Wissenschaft, die ausreichen sollte, über die Einführung von Ombudsmännern bis hin zur Schaffung von nationalen Instanzen, die über die Integrität der Forschung wachen und auch Sanktionen verhängen können. Das „Office of Research Integrity" in den USA kann nur tätig werden, wenn öffentliche Forschungsgelder im Spiel sind. Ein in Dänemark installiertes nationales Komitee kann hingegen im ganzen Forschungsbereich tätig werden.

Nur wenige Fakultäten haben bisher klare Richtlinien herausgegeben wie etwa die Faculty of Medicine der Harward University im Juli 1994, die aber nicht auf unser Problem der Publikation von unerwünschten und in diesem Sinn negativen Ergebnissen eingeht.

Probleme schafft auch eine klare Definition der verschiedenen Formen von wissenschaftlichem Betrug und darauf basierenden Publikationen: von erfundenen Daten über bewußte Verfälschung von Ergebnissen bis zum Plagiat. Albo Esa und seine Gruppe unterscheiden 15 verschiedene Gruppen und Typen von wissenschaftlichem Fehlverhalten (Nature 4.12.1997), die bereits zum Kern der im Titel angedeuteten Überlegungen führen, denn differenzierte Probleme bedürfen differenzierter Antworten. Die Frage lautet erstens, ob ein falscher Eindruck nur durch Publikation von Ergebnissen hervorgerufen werden kann, die auf wissenschaftlichem Fehlverhalten beruhen, oder nicht vielmehr auch durch Verschweigen von unerwünschten Ergebnissen. Zweitens stellt sich die Frage, ob es nicht eine ethische Verpflichtung zur Publikation von unerwünschten wissenschaftlichen Ergebnissen gibt.

In der Ethiktradition wurde immer klar unterschieden zwischen bewußter Falschaussage mit Täuschungsabsicht gegenüber jemandem bzw. einer Öffentlichkeit, die ein Recht auf Wahrheit hat, einerseits und einer mangelnden Offenheit andererseits. Niemand ist im Stande, alles was er weiß, anderen und der Öffentlichkeit mitzuteilen und niemand ist grundsätzlich verpflichtet, dem anderen etwas auf die Nase zu binden. Die differenzierende Frage aber lautet, ob es Situationen gibt, in denen jemand nicht nur zur Wahrhaftigkeit sondern auch zu Offenheit ethisch verpflichtet ist. Wir kennen Beispiele aus dem politischen Bereich, wo mangelnde Offenheit einfach unverantwortlich ist. Gibt es Situationen, in denen ein Forscher zur Offenheit, d.h. zur Publikation nicht nur seiner positiven sondern auch seiner unerwünschten und in diesem Sinn negativen Ergebnisse verpflichtet ist?

In der Wissenschaft – genauso wie in der Wirtschaft – ist Wettbewerb ein Motor und eine wichtige Quelle der Motivation. Konkurrenzverhalten und damit verbundene Haltungen gehören wesentlich zum wissenschaftlichen Betrieb und sind daher nicht einfach ethisch negativ zu bewerten. Die Frage lautet aber nicht nur, ob ein besonders ausgeprägtes Konkurrenz- und Gewinnstreben dazu verleiten kann, eindeutige ethische Regeln zu verletzen, wie eingangs dargestellt, sondern ob es darüber hinaus Güter gibt, die in der Abwägung gewichtiger sind als die Motivationskraft des Wettbewerbs, auch wenn damit kein direkter Betrug und keine Lüge verbunden sind.

Relativ klar dürfte die Abwägung sein, wenn Erkenntnisse, die zur Heilung von Krankheit und zur Erhaltung von Gesundheit von Bedeutung sind, zurückgehalten werden. In diesem Fall aber handelt es sich um positive Ergebnisse. Darauf bezieht sich auch ein Absatz aus einem Entwurf der WHO zu Prinzipien, die die Forschung in der Biotechnologie leiten sollen. Das Zurückhalten von Ergebnissen aus finanziellen oder persönlichen Gründen mit signifikanten Implikationen für die öffentliche Gesundheit wird als Widerspruch zu einem wissenschaftlichen Berufsethos bezeichnet. Diese eindeutige und gut begründete prinzipielle Feststellung führt zu weiterreichenden Fragen, ob nicht auch das Zurückhalten von wichtigen unerwünschten Ergebnissen unter bestimmten Voraussetzungen ebenso als unethisch bewertet werden muß. Welche sind die denkbaren Situationen ohne Anspruch auf Vollständigkeit?

Es kann sein, daß bei Grundlagenforschungen ebenso wie bei angewandter Forschung nicht nur frustrane Versuche unternommen werden, sondern Mißbildungen oder andere unerwünschte Ergebnisse auftreten. Für die Einschätzung der Risiken in der Öffentlichkeit und bei den Entscheidungsträgern ist das Wissen um solche negativen Ereignisse von entscheidender Bedeutung, sodaß die Frage weiterverfolgt werden muß, ob es ethisch vertretbar ist, solche unerwünschte und in diesem Sinn negative Ergebnisse geheim zu halten und nicht zu publizieren.

Es kann aber auch sein, daß das Ergebnis einer Studie nicht oder nur mangelhaft publiziert wird. Wird ein solches unerwünschtes Ergebnis nicht veröffentlicht, sind insofern auch die Interessen anderer und im weiteren Sinn die der Öffentlichkeit betroffen, die dann unter Umständen diese oder eine ähnliche Studienanlage wiederholen und damit Ressourcen vergeuden, die besser anders angelegt wären.

Es kann aber auch sein, daß es sich um eine methodisch unzureichende Forschungsanlage handelt, die bei der Überlegung, ob sie publiziert werden soll, bekannt oder noch unbekannt sein kann. In beiden Fällen stellt sich die Frage, ob das Publizieren einer solchen Erfahrung unter Umständen nicht genauso wichtig für den wissenschaftlichen Fortschritt sein kann, wie ein positives Ergebnis. Das Zurückhalten einer solchen Information kann dazu führen, daß andere in eine ähnliche Sackgasse laufen, weil sie nicht rechtzeitig gewarnt waren.

Bei der Annahme oder Ablehnung einer Studie zum Druck in einer Zeitschrift spielt nicht nur die Linie des Blattes, sondern auch der Reviewer eine große Rolle. Bei Konkurrenzverhalten von Wissenschaftlern ist nun durchaus der Fall denkbar, daß ein Papier, das unerwartete und unerwünschte Ergebnisse enthält, abgelehnt wird, obwohl gerade die weitere Diskussion dieses unerwarteten Ergebnisses wissenschaftliche Anregungen bringen könnte, wenn diese publiziert würden.

Eine methodisch sauber durchgeführte Studie, die zu unerwarteten und unerwünschten Ergebnissen kommt, ist unter wissenschaftlichem Aspekt genauso wertvoll und kann genauso für das gesundheitsbezogene Gemeinwohl Bedeutung haben wie Studien, die zu einem positiven Ergebnis kommen. Eine Aufwertung der Publikation unerwarteter Ergebnisse, hinter denen oft sehr viel Arbeit steckt, könnte auch helfen, die Reduktion auf den Mainstream Forschung zu überwinden und wäre für eine differenzierte Urteilsbildung in der Öffentlichkeit höchst dringlich.

Dies sind nur einige konkrete Probleme, mit denen eine Diskussion eröffnet werden könnte, in der immer mehr Konfliktkonstellationen aufgedeckt und ethisch für eine saubere Güterabwägung elementarisiert würden.

Aus diesen und vermutlich vielen anderen Gründen ist es wichtig, die Fachwelt für die ethische Problematik der faktischen Publikationspraxis medizinischer Forschung zu sensibilisieren. Es wäre dringlich, nicht nur allgemeine, sondern auch spezifische Kriterien und Vorzugsregeln für die Lösung solcher Güterkonflikte zu entwickeln. Solche Kriterien sollten in die Richtlinien der Fakultäten über Publikationspraxis ebenso aufgenommen werden wie in jene der Herausgeber wissenschaftlicher Zeitschriften. Auch alle rechtlichen Regelungen bedürfen einer ethischen Legitimation, die auf der Begründung solcher Vorzugsregeln beruhen.

Die Schwierigkeiten mit der praktischen Umsetzung einer solchen Umwertung, die auch unerwünschten Ergebnissen zu einer transparenten Publikation verhelfen, sind kein grundsätzlicher Einwand gegen die vorgetragenen Überlegungen. Erst wenn die ethische Debatte ausreichend geführt wird, werden darin auch die Motive sichtbar, die zu einer größeren Offenheit und damit Repräsentativität in der Publikation medizinischer und biotechnologischer Forschung generell führen könnten.

„WAHRHEIT“ STATT „AUFKLÄRUNG“ IN DER ARZT-PATIENTEN-BEZIEHUNG*

Der Titel dieses Essays mag auf den ersten Blick provokant, ja sogar unsinnig erscheinen. Die Provokation ist gewollt, denn der so geläufige Begriff der Aufklärung von Patienten durch den Arzt, soll in den folgenden Überlegungen gerade wegen seines routinehaften Gebrauches problematisiert werden. Diese kurze Abhandlung ist Adrian Holderegger gewidmet, dem wir viele wertvolle medizinethische Werke verdanken. Es sei daran erinnert, dass er mit seiner Habilitation – einer Monographie über den Suizid[1] – als einer der ersten Moraltheologen, die nach dem 2. Vatikanischen Konzil erneuerten Argumentationsformen des Faches auf ein wichtiges, wenn auch leidvolles medizinisches Thema angewendet hat. Dies ist ein Beispiel über die Fruchtbarkeit eines vertieft kritischen Nachdenkens über in der Moraltheologie routinehaft verwendete Argumente und Begriffe. Sollte dies nicht auch auf Routinebegriffe der Medizin und Medizinethik zutreffen?

Die Sprache drückt Beziehungsformen aus und wirkt auf Beziehungsformen zurück. Eine Reinigung der Worte von Zeit zu Zeit tut gut. Für bestimmte Krankheiten und Tumore hat sich der wertende Begriff „bösartig“ eingebürgert. Es wäre an der Zeit, diesen Begriff mit seinen Konnotationen, der in krisenhaften Situationen so häufig verwendet wird, einer kritischen Prüfung zu unterziehen. Könnte es nicht sein, dass bei der Aufklärung eines Patienten über eine bösartige Krankheit unbewusst Beschuldigungen mitschwingen? Gerade in einer solchen ernsthaften Situation kann der Kranke aber nichts weniger brauchen als Anschuldigungen, da es ja gerade gilt, alle Kräfte für die Krisenbewältigung zu mobilisieren.

Auch beim Begriff Aufklärung gilt es, nicht nur die vielen sachlichen Probleme zu bedenken, sondern, gleichsam eine Etage tiefer, der Obertonreihe dieses Ausdrucks nachzuspüren.

Der Begriff Aufklärung erinnert einmal an die Beziehung von Eltern zu ihren unmündigen Kindern. In ihm schwingt vermutlich immer noch ein gutes Stück ärztlicher Paternalismus mit. Es besteht wohl eine rechtlich fassbare Aufklärungspflicht von Seiten des Arztes. Das Interesse richtet sich oft mehr auf den Arzt und seinen Beitrag zum rechtlich gültigen und überprüfbaren Zustandekommen. Die sogenannte Aufklärung wird oft auf den Zeitpunkt eines Aufklärungsgespräches eingegrenzt. Michael Peintinger meint in seinem schönen Buch über die therapeutische Partnerschaft,[2] dass „zwischen der umgangssprachlichen Verwendung des

* Bei diesen Überlegungen geht es um ein stets aktuelles Thema medizinischer Ethik, das jeden von uns betreffen kann und wird, genauerhin um Sensibilität für Sprache und Begriffe in der Medizin. Originalpublikation in: J.-P. Wils/M. Zahner (Hg.), Theologische Ethik zwischen Tradition und Modernitätsanspruch, Festschrift für Adrian Holderegger (STE 110), Freiburg 2005, 217-228.

1 *Adrian, Holderegger,* Suizid und Suizidgefährdung, Freiburg 1979.

2 *Michael Peintinger,* Therapeutische Partnerschaft. Aufklärung zwischen Patientenautonomie und ärztlicher Selbstbestimmung, Wien–New York 2003; dort auch eine umfangreiche Literaturverarbei-

Terminus ‚Aufklärung' und seiner tatsächlichen Bedeutung keine ausreichende Kongruenz mehr gegeben ist."[3] Dies ist beispielsweise im Hinblick auf die juristische Terminologie von Belang, die den eigentlichen Sachverhalt einer Aufklärungspflicht nach Ansicht einiger Autoren schon jetzt nicht ausreichend erfasst. Peintinger optiert für eine Erweiterung der Aufklärung und spricht von einem Aufklärungsprozess, der sowohl sachbezogene Information, Aspekte des Kommunikationsvorganges, als auch das Bemühen, Sachinformation mit der persönlichen Situation und den Wertungen des Patienten in Bezug zu setzen, umfasst.

Der Begriff Aufklärung erinnert aber zum anderen auch an die zeitgeschichtliche Epoche, hinter die wir sicher nicht mehr zurück können, in der aber die Intellektualität des Menschen einseitig betont wird. Der Mensch ist ein vielschichtiges Wesen, bei dem das Unbewusste, seine Emotionen und Wertungen seine Befindlichkeit ebenso bestimmen wie seine Ratio. Aufklärung als bloße Information für den Verstand wird dem Menschen in seiner Vielschichtigkeit aber gerade nicht gerecht. So könnte es sein, dass der Begriff Aufklärung selbst eine Verkürzung des ethisch Geforderten anzeigt und zumindest Einseitigkeiten und Schieflagen fördert.

Es ist vermutlich leichter, einen Begriff zu kritisieren, als einen besseren zu finden. Es sei mit einem Rückgriff auf ein ursprünglich lebensweltliches Verständnis von Wahrheit gewagt. Eine *wahrheitsgemäße, authentische, einfühlsame und ausreichende Mitteilung,* und zwar auf *Gegenseitigkeit*, ist sehr viel mehr als bloße Aufklärung.

Im gegenwärtigen Ethikboom, vor allem im Bereich der Lebenswissenschaften und der Medizin, wird in vielen Publikationen gleich nach der Problemdarstellung mit der Abwägung von Vor- und Nachteilen, Gründen und Gegengründen begonnen. Die Reflexion auf die anthropologischen Voraussetzungen für alles Abwägen aber kommt meist zu kurz. Eine gewisse Resignation angesichts der Vielfalt unterschiedlicher Menschenbilder in den verschiedenen weltanschaulichen Kontexten, in der geschichtlichen Tradition des Utilitarismus, in seinen noch einmal vielfältigen Formen und vielen anderen Traditionen, scheint sich in dem, was mit einem unscharfen Wort von vielen „Postmoderne" genannt wird, abzuzeichnen. Um so dringlicher erweist sich der Rückgang auf ursprüngliche, gemeinsam menschliche, lebensweltliche Erfahrungen, die in der modernen Lebenswelt bisweilen verstellt sind.[4]

1. Wahrheit

Mit dem Rückgriff auf das Grundwort Wahrheit sollen weder philosophische, theologische oder gar ideologische Überlegungen angestellt werden, sondern es

tung und differenzierte Darstellung der Probleme und Vorschläge zur Verbesserung der Kommunikation zwischen Arzt und Patient

3 *Michael Peintinger*, s. Anm. 2, 224.

4 Vgl. *Günter Virt,* Anthropologisch-ethische Grundlagen der sogenannten Aufklärung, in: WMW 9/10/2001, 213.

soll schlicht diese lebensweltliche Erfahrung angesprochen werden, wie sie im griechischen Wort „aletheia“ zum Ausdruck kommt, was soviel heißt wie Unverborgenheit. Diese Unverborgenheit stellt sich Stück für Stück in einem Prozess des Entbergens ein. Dieses Erhellen von bislang Verborgenem ist gerade im Gespräch zwischen Arzt und Patient nicht ein für allemal getan. Angesichts oft rasch wieder vergessener Aussagen sind Wiederholungen nötig.

Wahrheit muss ja nicht nur mitgeteilt, sondern auch angenommen werden. Michael Peintinger berichtet von einer Studie, dass das Wissen der Patienten schon vier Stunden nach dem Aufklärungsgespräch bei weitem nicht mehr den Anforderungen der Rechtsprechung gerecht wurde.[5] Vergessen und Verdrängen korreliert dabei nicht notwendig mit Alter, Bildung, sozialem Stand usw. Zur Sprache gehört nicht nur das Wort, sondern ebenso das Schweigen. Zuerst muss schweigend wahrgenommen werden, was dann mitgeteilt werden kann und Mitgeteiltes muss im Schweigen verarbeitet werden.

Wahrheit ist daher keine lästige Pflicht, die man mit einer einmaligen Information rasch hinter sich bringen kann. Wahrheit ist ein Prozess des Entbergens von Verborgenem oder halb Verborgenem (der Patient ahnt oft ja schon etwas vor der sogenannten Aufklärung). Dieser Prozess hat seine spezifischen, oft krankheitsbezogenen Phasen und meist auch mehrere Beteiligte, mit dem der Patient im therapeutischen Team die ihm mitgeteilte Wahrheit verarbeiten will.

In der Regel ist ein ganzes Team von Ärzten, Pflegenden und anderen Heilberufen an diesem Prozess der Wahrheit am Krankenbett beteiligt. Michael Peintinger fordert daher mehr Aufklärungshoheit für den Patienten. Er meint damit, dass nach der grundsätzlichen Akzeptanz der Notwendigkeit der Aufklärung und der Miteinbeziehung der Patienten in den Entscheidungsprozess hinsichtlich verschiedener Handlungsoptionen, nun auch überlegt werden solle, dass der Patient selbst entscheiden kann, mit wem er die medizinische Prognose besprechen will. Peintinger, selbst Oberarzt, spricht die heikle Frage an, ob das Aufklärungsmonopol durch den Arzt nicht auch zu hinterfragen sei.[6]

Jeder Patient ist einmalig. Krank sind ja nicht nur Organe, sondern immer Menschen; daher ist eine wahrheitsgemäße Mitteilung auch immer einmalig. Sie verlangt sowohl vom Arzt wie vom Patienten nicht nur richtige Sachinformationen, sondern immer auch gemeinsame Wertreflexionen und damit Interpretationen. Es geht bei der sogenannten Aufklärung ja nicht nur um einen Transfer von medizinischen Informationen (Wie viele Informationen tun dem Patienten gut? Nicht nur ein zu wenig, sondern auch ein zu viel an Informationen, die für den Patienten keine Bedeutung haben, kann nachteilig sein.), sondern darum, dem Patienten zu ermöglichen, in der Krisensituation der Krankheit zu seiner existentiellen und einmaligen Lebenswahrheit Stellung zu nehmen.

---

[5] *Michael Peintinger*, s. Anm. 2, 261.
[6] *Michael Peintinger*, s. Anm. 2, 386.

Wahrheit ist ein unabdingbares Merkmal jeder Selbsterkenntnis. Sie ist unverzichtbar, will der Mensch sein einzigartiges In-der-Welt-Sein so leben, dass er die Möglichkeiten seiner Existenz in der endlichen Lebensspanne des Lebens, das er nur einmal hat, realisieren kann. Auf diesem Weg zur Reifung zur eigenen Lebenswahrheit sind Ent-„Täuschungen" unvermeidlich. Eine „Aufklärung" kann daher kaum wertneutral bleiben. Der Arzt und der Patient haben ihre Weise, Wertungen vorzunehmen. Richtig an dem verkürzenden Ausdruck der Wertneutralität von Aufklärung (und auch Beratung) ist die Forderung, dass der Arzt dem Patienten nichts aufzwingen soll, sondern seine Persönlichkeit so ins Spiel bringt, dass er der Autonomie des Patienten dient. Dies setzt auch eine Sensibilität für die unbewussten Anteile des Patienten und der eigenen Persönlichkeit voraus, so dass die Übertragungen des Patienten wahrgenommen werden und die eigenen Gegenübertragungen des Arztes für den Patienten nicht zum Hindernis werden, seiner ureigenen Lebenswahrheit in dieser Krisensituation auf die Spur zu kommen.

Dass diese Stimmigkeit mit der eigenen Lebenswahrheit bei vielen Krankheiten eine große Bedeutung für eine mögliche Therapie über die Compliance hinaus hat, arbeitet der Arzt und Theologe Matthias Beck in seinem Buch „Der Krebs und die Seele" heraus.[7] Der Dienst an der Lebenswahrheit des Mitmenschen setzt beim Arzt und den heilenden Berufen das Annehmen der eigenen Lebenswahrheit voraus.

Damit sind wir schon bei der zweiten Dimension der vorgeschlagenen Charakterisierung im Arzt-Patienten-Verhältnis, einer wahrheitsgemäßen, authentischen, einfühlsamen und ausreichenden Mitteilung auf Gegenseitigkeit.

2. Authentizität

Das mit Authentizität Gemeinte dürfte durch Umschreibungsversuche wie z.B. „Wohlüberlegtheit" unterbestimmt sein. Authentizität ist wesentlich mehr als Wohlüberlegtheit.[8] Der Arzt und Psychoanalytiker Eckart Wiesenhütter hat in den siebziger Jahren des 20. Jahrhunderts durch einige Aufsätze in Fachzeitschriften und in seinem Buch „Blick nach drüben"[9] von seinen Erfahrungen nach Reanimationen aus einem zweimaligen Lungeninfarkt berichtet, dass es für ihn nicht wichtig war, was ihm einer in dieser Grenzsituation sagte, sondern wer es ihm sagte und wer ihm gegenwärtig war. Diese Erfahrungen deuten darauf hin, dass Authentizität auch nicht auf das Beherrschen von Kommunikationstechniken – so wichtig diese sind und Impulse zur Authentizität geben können – reduziert werden darf.

> „Um es ganz deutlich zu sagen: Es geht nicht um das Einüben bestimmter Kommunikationstechniken – wenn sie nicht das notwendige Maß an Authentizität haben, also mit dem

---

7 *Matthias Beck,* Der Krebs und die Seele. Gen – Geist – Gehirn – Gott, Paderborn 2004.

8 Vgl. *B. Schöne-Seifert,* Medizinethik, in: *J. Nida-Rümelin,* Angewandte Ethik. Die Bereichsethiken und ihre theoretische Fundierung, Stuttgart 1996, 569.

9 *Eckart Wiesenhütter,* Blick nach drüben: Selbsterfahrungen im Sterben, Gütersloh [6]1995.

Arzt-Sein selbst übereinstimmen, erfüllen sie nicht den Anspruch existentieller, heilstiftender Kommunikation.“[10]

Zur Umschreibung der Authentizität kann vielleicht wiederum der Rückgriff auf die griechische Sprachwurzel, „authentes“ (Urheber), hilfreich sein. Authentisch ist ein Mensch, wenn er echt und nicht verstellt mit sich selbst und seiner Lebenswahrheit kongruent ist. Wenn J. F. Malherde die Medizin als die Kunst bezeichnet, die Wissenschaft und biomedizinische Technik an der Entfaltung der Autonomie der Mitmenschen zu beteiligen,[11] dann könnte man – in Abwandlung dieses Wortes – den in der Patientenbeziehung authentischen Arzt als einen Künstler bezeichnen, der seine Wissenschaft in den Dienst der Entfaltung der Autonomie des Patienten stellt.

Schon Aristoteles, der Arztsohn, bezeichnete indirekt die Medizin als Wissenschaft und Kunst in einem. Indem er von der Erfahrung spricht und diese in die Nähe von Wissenschaft und Kunst rückte, bringt er auch die Medizin, die ja weithin auf Erfahrung beruht, mit beiden Bereichen zusammen.[12] Die Kunst besteht wohl darin, die gute wissenschaftliche Ausbildung – mit ständigem Rückbezug auf die evidence based medicine – gemeinsam mit dem Patienten auf die Biographie des Patienten so anzuwenden, dass die Möglichkeiten der Therapie, oder zumindest der Leidensminderung, wenn keine kurative Behandlung mehr anspricht, optimal zum Tragen kommen. Das innere Ja des Patienten zur Therapie ist mehr als Wohlüberlegtheit und kann nur durch einen Arzt gefördert werden, der nicht bloß „wohlüberlegt“ redet und handelt – so sehr dies eine unerlässliche Voraussetzung darstellt.

In diesem Zusammenhang gilt es, auch den Begriff der Autonomie zu reflektieren. Während in der europäischen – vor allem kantischen – Tradition Autonomie sittliche Selbstbestimmung bedeutet, steht dieser Begriff in manchen Zweigen der US-amerikanischen Medizinethik zunehmend im Kontext einer bloßen Wunscherfüllung.

Aber auch mit der Kategorie des Gesetzes, die im Begriff der Autonomie als Selbstgesetzgebung enthalten ist, ist noch nicht automatisch die Wurzel der Sittlichkeit getroffen, die grundlegend mit dem Auffinden der eigenen Lebenswahrheit zu tun hat. Wenn Arzt und Patient für diese Dimension offen sind, wird die Kommunikation als authentisch bezeichnet werden können. Damit ist auch das nächste Kennzeichen, nämlich die einfühlsame Weise der Mitteilung, angesprochen.

3. Einfühlsamkeit

Die vom Ministerrat willkommen geheißene und vom Europäischen Menschenrechtsgerichtshof in seiner Rechtsprechung bestätigte Empfehlung des Europarates

---

[10] *M. Gottschlich,* Sprachloses Leid. Wege zu einer kommunikativen Medizin, die heilsame Kraft des Wortes, Wien 1998, 30.

[11] *M. Peintinger,* s. Anm. 2, 7.

[12] *Vgl. Aristoteles,* Metaphysik, Stuttgart 1970, I, 981a 2.

über den Schutz der Menschenrechte und Menschenwürde Sterbender und terminal Kranker[13] fordert für den Patienten das Recht auf wahrhaftige und einfühlsame Mitteilung über seinen Gesundheitszustand (sowie auch die Berücksichtigung des Rechts auf Nichtwissen). Das alles gilt wohl generell für jede Form von ärztlicher Mitteilung. Die Einfühlsamkeit darf, wie vielfach beschrieben, nicht damit verwechselt werden, dass der Arzt oder heilende Berufe sich in den Strudel der Gefühle des Patienten hineinziehen lassen, und damit auch nicht mehr fähig wären zu helfen.

Der Arzt soll bei seiner spezifischen Aufgabe bleiben, insbesondere bei seiner Pflicht einer wahrheitsgemäßen Mitteilung dessen, was er über den Patienten weiß und was für ihn als Grundlage für Entscheidungen wichtig ist. Mitteilung dient also vorerst der Autonomie des Patienten. Wer aber nur die Autonomie im Auge hat, wird eine schonungslose und radikale Aufklärung des Patienten einfordern. Autonomie ist aber keineswegs das einzige oder das vorrangige Prinzip einer Medizinethik. Autonomie und Fürsorge ergeben sich gleich ursprünglich aus der Würde des Menschen. Autonomie und Fürsorge dürfen daher nicht gegeneinander ausgespielt werden. Während die Mitteilung des wahren Sachverhaltes der Autonomiekompetenz des Patienten dient, orientiert sich die Art und Weise der Vermittlung am unaufgebbaren und nicht einfach nachzureihenden Gesichtspunkt der Fürsorge für den leidenden Menschen.

Dennoch bleibt aber die Wahrheit oft eine Zumutung für den Patienten und bringt Ent-Täuschungen für ihn und seine Lebenspläne mit sich. Dem Patienten soll aber nie die Hoffnung genommen werden. Es gilt, in einem Gespräch – besonders bei ernsthaften Erkrankungen des Patienten – auf seine Hoffnung einzugehen, die ihn in seinem Leben bisher getragen hat, und diese „große Hoffnung“ (*Karl Barth*) mit den immer noch möglichen kleinen und kleinsten Hoffnungen in Beziehung zu setzen. Der Theologe weiß aus seiner Tradition darum, dass diese Hoffnung nicht durch moralische Anstrengung und Zureden gemacht werden kann, sondern von weiter her kommt. Hoffnung wird in der christlichen Tradition als eine göttliche Tugend bezeichnet, gerade weil sie nicht menschlich herstellbar ist und auch nicht mit bloßem Optimismus verwechselt werden darf. Hoffnung kann weder durch Psychotechnik, noch durch Esoterik hergestellt werden. Sie ist vielmehr ein Geschenk, das im Lebensraum Gottes in dieser Welt mitgeteilt wird.

Das bislang mit Aufklärung bezeichnete Geschehen ist immer ein Vorgang der Mitteilung, den es nun in seiner anthropologischen Dimension zu bedenken gilt.

4. Mitteilung als personaler Vorgang

Der Mensch ist ein weltoffenes Wesen. Ein wesentliches Moment dieser Weltoffenheit ist seine Sprache. Das kleine Wort „ist“, das wir so oft verwenden und gar nicht vermeiden können, bedeutet, dass wir eine Wirklichkeit nicht nur in einen

[13] http://assembly.coe.int/documents/adoptedtext/ta99/erec1418.htm

bestimmten Umweltzusammenhang stellen, sondern als grundsätzlich im Horizont alles dessen was ist wahrnehmen, also im Horizont des Seins. Wenn jemand dies leugnen wollte, würde er unweigerlich auch das Wort „ist“ in seiner Argumentation verwenden und damit diese Weltoffenheit in der Bestreitung noch einmal voraussetzen. Wer die Wahrheitsfähigkeit des Menschen bestreiten will, nimmt unweigerlich für diese seine Aussage zumindest die Wahrheit in Anspruch. Unweigerlich nehmen wir aber konkret das, was wir grundsätzlich in der Weite des Seins wahrnehmen, nur perspektivisch und begrenzt wahr. Die Tatsache, dass wir darum wissen und darüber reflektieren können, kann als solche aber selbst nur erkannt werden, wenn sie wiederum in einem umgreifenden Horizont, in dem der Mensch immer schon über die engen Perspektiven hinaus ist, gesehen wird. In einer sprachlichen Mitteilung teilt der Mensch nicht nur einzelne Sachinformationen mit, sondern unweigerlich immer auch seine Welterschlossenheit und seine Welt. Dazu gehört unausweichlich, dass in jeder Mitteilung der Mensch auch sich selber mitteilt. Dies wird insbesondere in der Körpersprache deutlich. Eine Person teilt nicht nur subjektive Belanglosigkeiten mit, sondern immer auch ihren einmaligen Weltbezug, insbesondere ihre sozialen und gesellschaftlichen Relationen.

Bei der sogenannten Patientenaufklärung haben wir es aber vorwiegend nicht allgemein mit Menschen zu tun, sondern näher hin mit Leidenden, mit Patienten. Die allgemeinen Probleme unserer Gesellschaft mit der Kommunikation spitzen sich hier bei Menschen in der Krise auf besondere Weise zu. Ein Mensch, dem nichts mitgeteilt wird, oder das, was für ihn wichtig ist, vorenthalten wird, gerät zunehmend in die Isolation. Dieser Ausschluss aus wahrhaftiger Kommunikation, in der möglicherweise andere über den Patienten reden, aber niemand wahrhaftig mit ihm redet, führt zunächst zu Pseudokommunikationsformen, langfristig aber eben in die Isolation.

Genauso schlimm ist es auch, wenn ein Patient sein Leiden niemandem anderen mitteilen kann. Simone Weil hat dies auf den Punkt gebracht:

> „Wer leidet, sucht sein Leid anderen mitzuteilen..., sei es durch Misshandlung, sei es dadurch, dass er ihr Mitleid hervorruft, um es so zu vermindern und derart vermindert er es in der Tat. Wer ganz unten ist, wen niemand bedauert, wer über niemand Gewalt hat, wer es nicht mitteilen kann, bei dem bleibt das Leid in ihm und vergiftet ihn.“[14]

Wahrheitsgemäße, authentische, einfühlsame Mitteilung ist auch deswegen mehr als Aufklärung, da es im Prozess des Wahrheitssuchens keine Einbahnstraße gibt, sondern mindestens zwei Menschen einander sich und etwas mitzuteilen haben. Für den Arzt, dem es um den Patienten geht, ist es wichtig, dessen Wertungsweise kennenzulernen und darauf Rücksicht zu nehmen. Wenn wir die ursprüngliche Erfahrung unseres Miteinander-Mensch-Seins als weltoffene Wesen nicht aus dem Auge verlieren, dann bedeutet wahrheitsgemäße Mitteilung, dass mindestens zwei Personen einander, sich und ihre Welt in dieser Weltoffenheit mitteilen, auch wenn dies immer nur perspektivisch gelingt und in seiner Perspektivität auch oft

---

[14] *Simone Weil*, Schwerkraft und Gnade, München ^{3}1981, 13 f.

leidvoll bewusst wird. Zum Wahrheitsanspruch gehört auch das Eingestehen und Transparent-Machen der Unsicherheiten medizinischer Prognosen.

Das, was wir Aufklärung nennen, steht also immer im größeren Kontext der Wahrheit. Wahrheit ist keineswegs bloß eine moralische Implikation der Aufklärung, sondern umgekehrt.

Abschließend gilt es, realistisch auch auf die Hindernisse für eine wahrheitsgemäße, authentische, einfühlsame und ausreichende Mitteilung auf Gegenseitigkeit im Arzt-Patienten-Verhältnis einzugehen. Es geht hierbei nicht vordergründig um die vielen technischen und organisatorischen Hindernisse, sondern um die grundlegenden, anthropologischen Gründe im Menschenbild der modernen Medizin, die sich dann in der Praxis auswirken.

5. Hindernisse auf der anthropologischen Ebene

In der Medizinethik werden viele normative Debatten geführt, die sich an der unterschiedlichen moralischen Bewertung von Handlungen festmachen, die aber nicht durch die unterschiedliche Bewertung der Handlung selbstverständlich werden, sondern erst durch das unterschiedliche Menschenbild, das der Bewertung zugrunde liegt. Dies gilt auch für die verschiedenen Konzepte des Arzt-Patienten-Gespräches. Giovanni Maio führt vier Menschenbilder an, die hinter der modernen Medizin stehen, die auf ihre hemmende Bedeutung für die therapeutische Partnerschaft zwischen dem Arzt und seinem Team einerseits und dem Patienten andererseits, zu befragen sind.[15]

5.1 Das mechanistische Menschenbild

Seit dem 19. Jahrhundert wird der Mensch als Mechanismus gesehen, der nach anschaulich naturwissenschaftlichen Gesetzmäßigkeiten funktioniert. Diesem mechanistischen Menschenbild verdanken wir auf der einen Seite enorme Fortschritte der Medizin. Die Übertragung einer sehr erfolgreichen Methode mit ihren Reduktionen auf das Verständnis des Menschen als Ganzes, beschert uns aber heute viele Probleme. Aufklärung bedeutet in diesem Kontext, dass Menschen einfach Mitteilung medizinischer Information über Organfunktionen und andere Parameter erhalten. Als krank werden in diesem Kontext ja nicht Personen, sondern nur Organe und Funktionen betrachtet, die man wägen, messen und zählen kann. Damit ist der Inhalt der Aufklärung erschöpft. Es gibt in diesem Horizont keine weitere Dimension. Wahrheit wird auf korrekte Mitteilung von Informationen reduziert.

Nun ist die naturwissenschaftliche Methode zwar ein wichtiges Instrument der Medizinforschung und Praxis, aber das Wesen der Medizin besteht nicht in der Methode – dies ist wie das Wort Methode sagt ein Weg zu einem Ziel –, sondern in

---

[15] *Giovanni Maio,* Menschenbild als Grundfrage der medizinischen Ethik, in: H. Blum/R. Haas (Hg.), Über das Menschenbild in der Medizin, Stuttgart 2004.

der Zielsetzung selbst, nämlich den Menschen zu heilen und seine Leiden zu lindern.

Die Wahrheit, dass die Medizin zwar Hilfen bereitstellt, die Heilung aber von weiter her kommt und Zeit und günstige Bedingungen braucht, wird weitgehend ausgeblendet. „Medicus curat, natura autem sanat", diese Weisheit gilt auch heute noch und der Theologe ergänzt „Deus autem salvat". Heilung und Heil dürfen nicht verwechselt werden. Die Medizin soll nicht mit Heilsansprüchen überfrachtet werden. Medizinisches Handeln einerseits, sowie Genesung (eine der schönsten Erfahrungen) und Heilung andererseits, sowie die Hoffnung auf ein umfassendes Heil hängen zwar zusammen, sind aber in ihrer Eigenständigkeit zu respektieren, soll es nicht zu Verzerrungen im Menschenbild kommen.

5.2 Das ökonomische Menschenbild in der Medizin

Ein weiterer Schub zur Veränderung des Menschenbildes kommt durch die zunehmende Ökonomisierung des Lebens auch in die Medizin. Vermutlich verändert der Wirtschaftsliberalismus unser Menschenbild mehr als wir glauben.[16] Die kommunikative Komponente wird aus dem Behandlungsschema immer mehr ausgekoppelt und damit das Eingehen auf Sinn- und Wertungsfragen. Dies betrifft auch die Wahrheitsvermittlung und den Wahrheitsaustausch zwischen Arzt und Patient. Das Vertrauensverhältnis und Gesprächsklima zwischen dem Kranken und dem Behandlungsteam leidet darunter. Die Verschränkung des mechanistischen Menschenbildes mit der zunehmenden Ökonomisierung der Medizin verdrängt das Bild des Leidenden, der auf Hilfe, Fürsorge und vertrauensbegründete Beziehung angewiesen ist.

Zunehmend wird das Leitbild des Patienten durch das Leitbild des Kunden ersetzt, der sich medizinische Leistungen souverän kaufen kann und soll – so er das Geld hat. Solche Tendenzen bedürfen einer kritischen Beobachtung. Dieses Leitbild aus der Kombination vom mechanistischen und wirtschaftsliberalistischen Menschenbild entspricht aber nicht der Wahrheit über den leidenden Menschen und auch nicht der Wahrheit über die Aufgabe des Arztes. Die Verknüpfung von Angewiesensein auf Hilfe und die Möglichkeit zum Teil schwerer Eingriffe in die körperliche Integrität des Patienten weisen dem Arzt eine Aufgabe zu, die durch die Kategorie eines Verkaufsvertrages nicht abgegolten werden kann. Aufklärung darf sich nicht auf einen Verweis auf etwaige Vertragsklauseln inklusive des Kleingedruckten reduzieren. Die Kombination von mechanistischem und liberalistischem Menschenbild entspricht nicht der Wahrheit über den Menschen. Die anthropologische Bedeutung der Hilfsbedürftigkeit, der Verletzlichkeit und der Endlichkeit des Menschen wird in diesem Verbund von Wirtschaft und Naturwissenschaft ausgeblendet. Damit ist schon der nächste blinde Fleck angesprochen.

---

[16] Vgl. *Richard Sennett,* Der flexible Mensch, Berlin 1998.

5.3 Medikalisierung und Entfremdung des Sterbens

Unsere Gesellschaft mit ihren allgegenwärtigen Leitbildern tut sich schwer, das Sterben als wesentliche Erfahrung des Menschen wirklich sinnvoll anzunehmen. Davon ist auch die Medizin betroffen, die das Sterben zunehmend so medikalisiert, dass die Kommunikation über Sinnfragen zu kurz kommt. Als ein Sterbender sich diesen Medikalisierungsgesetzen nicht fügen wollte und dafür – wegen seiner Unangepasstheit – kritisiert wurde, soll er nach Tucholsky gesagt haben: „Entschuldigen Sie, ich sterbe zum ersten Mal.“

> „Eine Gesellschaft, die sich nicht wirklich mit dem Sterben auseinandersetzen will, eine Klinik, die sich dafür aus ökonomischen Gründen nicht zuständig fühlt und der Arzt, der für die Sterbebegleitung weder von seinem verinnerlichten und vorgelebten Selbstverständnis, noch von seiner Ausbildung her gerüstet ist, all dies sind Defizite, die von einem reduktionistischen Menschenbild her rühren, von einem Menschenbild, in dem der Tod nicht mehr als Bestandteil der menschlichen Identität betrachtet wird, sondern in dem der Tod als etwas dem Menschen Fremdes und Losgelöstes empfunden wird.“[17]

Dabei wäre der Mensch gerade beim Bestehen seiner letzten und vielleicht schwierigsten Lebensaufgabe, nämlich das zurückliegende Leben als Ganzes anzunehmen und als Angenommenes loszulassen, besonders auf die Hilfe seiner Mitmenschen angewiesen: Auf eine wahrhaftige, authentische, einfühlsame und ausreichende Mitteilung. Das Bild des Menschen als eines Individuums, das autonom seine Wünsche äußert, ist daher genauso reduktionistisch, wie das Bild des Menschen als Mechanismus und des Patienten als Kunde.

5.4 Das genetisierte Menschenbild

Eine vierte große Herausforderung für das Menschenbild ist das neue genetische Paradigma. Wiederum gilt es, ethisch und theologisch seriöse wissenschaftliche Forschung im Dienst des Menschen zu begrüßen, im gleichen Atemzug aber vor der weithin feststellbaren Tendenz zu einer einseitigen Bestimmung des Menschen von den Genen her zu warnen. Wissenschaftlicher Fortschritt wird dann langfristig hilfreich sein, wenn wir gleichzeitig mit dem erweiterten Wissen auch die Reflexion über die menschliche Relevanz dieses Wissens vorantreiben. Dies wirkt sich unmittelbar auf den Prozess der ärztlichen Beratung und darüber hinausgehende Aufklärung aus. Die Europäische Ethikberatergruppe warnte zum Beispiel am 24.2.2003 in einer kurzen Stellungnahme vor der Werbung für genetische Tests im Internet.[18]

Dies ist nur eine besonders krasse Auswirkung, die der genetische Reduktionismus im Menschenbild unmittelbar auf die Kommunikation oder Kommunikationsdefizite zwischen Arzt und Genetiker einerseits und dem Patienten andererseits hat. Hinzu kommt, dass die Schere zwischen möglicher genetischer Diagnose für spät-

---

[17] *Giovanni Maio,* s. Anm. 15, 44.

[18] Die Dokumente der Europäischen Ethikberatergruppe sind im Internet abrufbar: http://europa.eu.int/com/european_group_ethics

manifestierende Krankheiten einerseits und der mangelnden Prophylaxe und Therapie andererseits gleichsam einen neuen medizinischen Menschentyp schafft: „den gesunden Kranken“.

Wenn der Mensch auf seine genetische Ausstattung reduziert wird, ist dies der erste Schritt zur Etikettierung und Stigmatisierung von Menschen mit einer bestimmten Genkonstellation. Schon aus naturwissenschaftlichen Gründen erweist sich eine solche Gruppierung der Menschen mit gesunden und mit kranken Genen in einer mehrfachen Weise als problematisch. Erstens trägt jeder Mensch rezessiv eine bestimmte Anzahl von krankmachenden Genen in sich. Zweitens wird immer deutlicher die Bedeutung der Epikgenetik gesehen, der Wechselwirkung zwischen den Genen und ihrer „Umwelt“. Drittens gilt es, die bislang viel zu wenig erforschte Wechselwirkung zwischen der genetischen Ausstattung und der frei gewählten Lebensform in den Blick zu nehmen.

Von besonderer Bedeutung ist das Gespräch des Arztes und Genetikers im Hinblick auf eine Pränatal- oder Präimplantationsdiagnose. In einer solchen Gesprächssituation hat der Arzt mindestens zwei mögliche PatientInnen vor sich: die Schwangere und das ungeborene Kind: im Falle der Präimplantationsdiagnose eine Frau mit Kinderwunsch und etlichen ihrer Embryonen in der Retorte. Eine bloße „Kundenaufklärung“ hätte in dieser Situation besonders gravierende negative Folgen, nicht nur für den Patienten, sondern auch gesellschaftlich. In der Gesellschaft zeichnen sich ja bereits jetzt Veränderungen des Konzeptes von Elternschaft ab: Kinder werden nicht mehr unbedingt angenommen, sondern nur mehr nach Selektionsprozessen zugelassen. Dies hat nicht nur Folgen für die bei positiver Diagnose vernichteten Embryonen, sondern auch für die geborenen Kinder, die sich nicht um ihrer selbst willen, sondern um ihrer genetischen Eigenschaften willen überhaupt erst zum Leben „zugelassen“ fühlen und dem Wissen, dass viele andere für sie „rechtzeitig vernichtet“ wurden. Die Anforderungen an das ärztliche Gespräch werden immer höher.

Schon aber zeigt sich am Horizont die Gefahr eines neuerlichen Reduktionismus.

5.5 Die Roboterisierung des Menschenbildes

Unter den Neurowissenschaftlern mehren sich Stimmen, die Geist und Freiheit des Menschen mit dem Hinweis bestreiten, dass es sich dabei um eine Illusion handle, da alles im Menschen von „feuernden Neuronen“ bestimmt sei. „Therapievisionen“ beziehen sich auf die Implantation von ICT (Informations- und Kommunikationschip) in Gehirn und Körper des Menschen. Dies stellt keine ferne Utopie mehr dar. Solche Implantate im menschlichen Körper gibt es bereits in der Forschung, als „Eintrittskarten“ in bestimmte Clubs und zur Zahlung, wenn man seine Kreditkarte nicht bei sich hat oder haben möchte; solche Chips in Reiskorngröße können bereits jetzt in den Körper implantiert werden. Angesichts von bereits vorhandenen Konzepten unter dem Titel „Disappearing-Computer“, das heißt immer mehr interaktive Chips in den Körper selbst einzupflanzen und auch mit den Nerven zu verbinden, gilt es, von vornherein wachsam zu sein, da eine Technik, die durchaus zu sinnvollen therapeutischen Anwendungen führen kann, auch gravierend missbrauchbar ist. Vor allem bei Prothesenträgern und Gelähmten zeichnen sich durchaus hilfreiche Anwendungen ab. Aber auch in diesem Zusammenhang ist darauf zu achten, dass diese Technik nicht nur für einige wenige Superreiche leistbar wird und bereits die Forschung sozial verträglich vorangetrieben wird.

Die ethischen Fragen beziehen sich vor allem auf den Datenschutz bei interaktiven Implantaten, auf die Kontrolle der Kontrollanwendungen und auf persönlichkeitsverändernde Applikationen.

Ein Reduktionismus, der zur Roboterisierung des Menschenbildes führt, würde die Kommunikation zwischen Arzt und Patient nochmals verändern und sicher nicht zum Besseren. Die heilende Kraft des Wortes könnte sich dann noch weniger entfalten und dies wäre einer der größten Mängel der Medizin, die auf der einen Seite so große Fortschritte macht und auf der anderen Seite in Gefahr steht, die Zuwendung zum Menschen zu verlieren.

6. Abschluss

Wenn auf dem entwickelten, anthropologischen Hintergrund in der Medizin eine wahrheitsgemäße, authentische, einfühlsame Kommunikation auf Gegenseitigkeit gesucht, gelernt und weiterentwickelt wird, dann kann die Sprache ihre heilende Kraft in der Medizin besser entfalten, auch dann, wenn es – wie jedes medizinische Handeln – immer nur auf begrenzte, endliche Weise möglich ist und bleibt.

VERANTWORTUNG FÜR DAS MENSCHENLEBEN AN SEINEM BEGINN*

Rainer Maria Rilke soll knapp vor seinem Tod gesagt haben: „Vergessen sie nie, das Leben ist eine Herrlichkeit." Wir können diese letzten Worte eines großen Menschen in ihrer Dichte, in der die Kostbarkeit des Menschenlebens ausgesprochen ist, zunächst einmal stehen lassen; es gilt, das Thema einzuschränken auf das Leben an seinem Beginn und in diesem Rahmen die nötigen Differenzierungen anzubringen.

Es ist müßig, darauf hinzuweisen, daß dieses so begrenzte Thema in dieser geschichtlichen Stunde eine besondere Dringlichkeit erhält angesichts des Problems der massenweisen Abtreibung, der künstlichen Herstellung von Embryonen bei der medizinischen Fortpflanzungshilfe und angesichts der Tatsache, daß der Mensch sich anschickt, nicht nur die elementaren Bausteine der Materie, sondern auch die seines eigenen Lebens zu erforschen und eines Tages zu verändern.

Offenbar ergeben sich schon in diesem engen Bereich am Beginn und Anfang des Menschenlebens viele Probleme und Fraglichkeiten und es gilt zunächst, die Frage nach der richtigen Fragestellung zu stellen.

Das gestellte Thema soll – soweit dies in dieser kurzen Zeit möglich ist – in folgenden vier Gedankenschritten behandelt werden. (1.) Die Unterscheidung von Beginn und Anfang menschlichen Daseins; (2.) Wann beginnt die Verantwortung für menschliches Dasein und wie weit reicht sie? (3.) Grundsätzliches zu konkreten Konfliktfeldern wie Fortpflanzungshilfe, Embryonenforschung, pränatale Diagnose, Abtreibungskonflikte und Konfliktberatung; (4.) Ansatzmöglichkeiten und Hindernisse in unserer Gesellschaft für die Lösung der anstehenden Probleme.

1. Die Unterscheidung von Beginn und Anfang menschlichen Daseins

Angesichts der in Wissenschaft und Gesellschaft einander bekämpfenden Positionen über den Zeitpunkt des Beginns menschlichen Lebens wird meist nicht ausdrücklich bedacht, nach wessen Beginn hier eigentlich gefragt wird. Allzu selbstverständlich geht man vom Oberbegriff „Lebewesen" aus und fragt nach dem artspezifischen Leben. Daran ändert auch eine nachträgliche Differenz zwischen dem Menschen und den anderen Lebewesen nichts. „Ob man die rationale Geistigkeit des Menschen als wunderbare Aufstockung durch Hinzufügung einer Geistseele über einen physiologisch vorgestellten Körper oder evolutionistisch als höchste Blüte materieller Entwicklung hält, die Wesensbestimmung des Menschen als eines Lebewesens, zu dem dann seine geistigen Fähigkeiten hinzuaddiert werden,

* Dieser Text beruht auf einem Vortrag in der Katholischen Akademie Bayern unmittelbar vor der gesetzlichen Regelung zum Schwangerschaftsabbruch im wiedervereinigten Deutschland. Er wurde geringfügig begrifflich überarbeitet, der Vortragsstil wurde beibehalten. Eine gekürzte Fassung ist publiziert in: J. Gründel (Hg.), Leben aus christlicher Verantwortung. Ein Grundkurs der Moral, Bd. 3, Düsseldorf 1992, 90-108.

bleibt maßgebend. Der Mensch als Menschenwesen wird nicht grundsätzlich genug bedacht."[1] Der Ausgangspunkt für die Frage, wer hier angefangen hat zu sein, ist jeweils das ganz persönliche Selbstverständnis. Die Frage nach dem Anfang dieses Wesens ist zu vergleichen mit der Frage nach dem Ursprung und nach der Quelle für das Ganze. Die Frage nach dem Beginn hingegen ist die Frage nach dem ersten Tropfen, dem dann viele weitere folgen. Oder in einem anderen Bild: Der erste Pinselstrich bei einem Gemälde läßt uns oft im unklaren darüber, was hier angefangen hat, ins Bild zu treten. Im Ganzen des Kunstwerkes kann sich schließlich dieser erste Strich des Beginns als nebensächliches Moment erweisen. Die Frage nach dem Anfang ist also die nach dem ursprünglichen Eintreten eines Ganzen in sein Sein, in seine konkrete Wesensgeschichte, in sein Sichzeigen in den vielen Momenten, Phasen und Stadien seines Lebens. Die Frage nach dem Beginn hingegen ist die Frage nach dem ersten innerhalb einer Reihe von vielen Momenten. Der Beginn wird im Laufe einer Geschichte zu etwas Vergangenem. Der Anfang hingegen kommt im Laufe des Geschehens immer mehr zum Vorschein und ist erst am Ende voll und ganz da.

So wie der Mensch sich in seiner jeweiligen Gegenwart erfährt, steht er in der Möglichkeit des Ganzseins, des Durchlebens aller seiner Lebensphasen. Wir erfahren uns als Säugling (die pränatale Psychologie erschließt neuerdings auch psychische Wahrnehmungen vor der Geburt), wir erfahren uns als Mädchen oder Knabe, als Mann oder Frau oder als Greis immer in einer bestimmten Altersstufe. Ist uns der Anfang des Ganzen erfahrbar, dann ist innerhalb dieses Horizontes das angemessene Verhältnis der Phasen zum Ganzen sowie des Ganzen zu den einzelnen Lebensphasen von großer Bedeutung. Denn jedes Lebensalter hat seinen eigenen Sinn und kommt nur einmal unumkehrbar vor. Keine Phase, auch die pränatale, ist nicht bloß Vorbereitung auf das Kommende. Aber jede neue Lebensphase soll auch die vorhergehenden aufnehmen und ihren Sinn in neuer eigener Gestalt fortsetzen. Das Ganze ereignet sich innerhalb eines Kontinuums, das die Grundlage für die Identitätsbildung darstellt. In welcher Phase unseres Lebens wir immer uns erfahren, was aus diesem Anfang hervorgehend noch kommen kann, ist durchaus noch offen, ja das Entscheidende steht noch aus, so alt wir auch sein mögen, denn jeder Mensch stirbt in einer bestimmten Weise unvollendet.

Über die ungeheuere Bedeutung der ersten Lebensmonate und -jahre unseres Daseins innerhalb dieses Daseinsganzen besteht heute weitgehende Einigkeit. Dennoch sind die ersten Lebenstage nicht der Ursprung, nicht das Fundament, sondern nur ein erstes zum Vorscheinkommen des Ganzen des menschlichen Daseins. Insofern bleibt der Anfang etwas Unableitbares und Ursprüngliches, das sich verbirgt und immer nur schrittweise enthüllt.

---

[1] A. K. Wucherer-Huldenfeld, Beginn und Anfang menschlichen Daseins, in: M. Benedikt/R. Potz (Hg.), Zygote – Fötus – Mensch. Zur Anthropologie des werdenden Lebens, Wien 1986, 253-264 (dort weitere Literatur). Die Gedanken dieses ersten Punktes verdanken sich den zitierten Grundsatzüberlegungen.

Dieser Anfang, der sich verbirgt, ist unweigerlich ein geschenkter, eröffneter und daher verdankter Anfang. Unser ganzes Dasein verdanken wir zur Gänze unseren Eltern, aber in der Weise, daß wir zu unserem eigenen Anfang freigegeben sind, so daß wir mit uns selber etwas anfangen können. Dagegen spricht nicht, daß dieser Geschenkcharakter in besonderen Lebensumständen auch verhüllt sein kann, wenn z.B. das Kind, das in sich und für es selber Gabe ist, Eltern in eine Notsituation versetzt oder wenn von den Eltern dieses Kind in narzißtischer Weise als ein Stück Besitz, das man haben und über das man verfügen kann, betrachtet wird.

Die Frage nach dem Anfang menschlichen Daseins ist also die Frage nach dem Ursprung des personalen Daseins eines Menschen, aber eben in der Weise der geschichtlichen Entwicklung. Die Frage nach dem Beginn hingegen heißt, eine menschliche Daseinsgeschichte kontinuierlich zurückzuverfolgen zu den ersten Phasen ihres empirischen Inerscheinungtretens. Zusätzlich problematisiert wird die Frage nach dem Beginn dadurch, daß der gegenwärtige Wissensstand uns nicht auf einen Zeitpunkt, sondern einen Prozeß verweist.

Ab wann also ist der Mensch ein Mensch?[2] In dieser äquivok gestellten Frage bedeutet der erste Teil die Frage nach dem Beginn, der zweite Teil die Frage nach dem Anfang. Oder anders herum: Wird der Mensch im Laufe der frühen Entwicklungsphase erst ein Mensch oder ist das, was von Anfang an in Erscheinung tritt, bereits menschliches Dasein, in dem sich ein Daseinsganzes in personaler Würde eröffnet? Das erste Mal wird nach artspezifischem menschlichem Leben, das zweite Mal nach dem menschlichen Daseinsganzen an seinem ersten Inerscheinungtreten gefragt. Wie lassen sich nun diese beiden grundsätzlich unterschiedlichen Frageweisen zueinander in Beziehung bringen? Bei Skiwettkämpfen z.B. ist es mittlerweile möglich, auf eine Tausendstelsekunde genau zu messen. Bei vielen menschlichen Situationen ist dies schon schwieriger, denn es ist sinnlos, den Anfang einer Freundschaft nicht nur auf eine Tausendstel-, sondern auch auf eine Sekunde genau angeben zu wollen. Und dennoch fängt auch Freundschaft an, in Erscheinung zu treten in empirisch meßbarer Zeit. Es gilt also, menschliches Leben – als artspezifisch biologisch diagnostizierbar – zu unterscheiden von der Frage nach dem personalen Dasein eines Menschenlebens. Artspezifisch menschliches Leben sind auch die noch unvereinigten Gameten, sind auch die Krebszellen und auch die Nägel und Haare, die wir uns schneiden.

Wenn wir uns nun im Detail der Diskussion der genannten „Zeitpunkte" zuwenden, so gilt es, gut die jeweils unreflektierte und als solche vorausgesetzte hermeneutische Fragestellung im Blick zu behalten. Die Frage nach dem Beginn ist eine medizinische, eine biologische Frage, die Frage nach der richtigen Frage eine erkenntnistheoretische Frage und die Frage nach dem Anfang eine philosophisch-anthropologische Frage, alle zusammen zunächst einmal keine spezifisch ethischen Fragen. Freilich ist die Beantwortung dieser Fragen grundlegend für ethische Re-

---

2 W. Wolbert, Wann ist der Mensch ein Mensch? Zur Frage nach Beginn und Ende personalen Lebens, in: Moraltheologisches Jahrbuch 1, Mainz 1989, 15-53.

flexion, freilich ist dieses ungeheuer angewachsene Wissen über die frühen Phasen unseres Daseins immer schon interpretiertes Wissen und hinter diesen Interpretationen stehen nicht selten Interessen, die es ethisch zu legitimieren und zu prüfen gilt. Auch „Zuschreibungen" müssen – sollen sie nicht willkürlich sein – Gründe angeben.

Der *erste* und frühest genannte Zeitpunkt ist der Prozeß der Befruchtung. Aber auch die Befruchtung ist ein Prozeß, denn zwischen dem sexuellen Verkehr und dem Eindringen der Spermien durch die Membran des weiblichen Eies können Tage vergehen; auch nach dem Eindringen der Samenzelle in die Eizelle vergehen noch einmal eineinhalb Tage bis die Zellkerne zueinander finden und in der Folge das neue genetische Programm, mit dem die biologische Identität mit vielen Details wie Geschlecht, Augenfarbe usw. bereits festliegt, empirisch nachweisbar ist. Alle Eingriffe vor diesem Zeitpunkt müßten wir, genau genommen, nicht Empfängnis-, sondern Befruchtungsverhütung nennen und die Unterscheidung von allen Eingriffen, die nachher stattfinden, ist ethisch essentiell. Das eine Mal wird Leben verhindert bevor es begonnen hat, das andere Mal wird Leben, das begonnen hat, zerstört.

Als *zweiter* Zeitpunkt wird der gegen Ende der ersten Woche beginnende Prozeß der Nidation genannt, der auch in einer Definition der Weltgesundheitsorganisation den Beginn der klinischen Schwangerschaft markiert. Wenn wir die alltagssprachlichen Bilder für diese Vorgänge, die aus der Landwirtschaft genommen sind, präzise verwenden, müßten wir bei allen Eingriffen, die diese Einnistung und Aufnahme des neuen Wesens in den Mutterboden der Gebärmutter verhindern, Empfängnisverhütung nennen. Dies dürfte auch in der dunklen Passage der Enzyklika „Humanae vitae" Nr. 14 gemeint sein, wo von dem direkten Abbruch einer bereits begonnenen Zeugung gesprochen wird, die wie die direkte Abtreibung absolut verworfen wird (pariter). In der medizinischen Literatur wird immer wieder auf die hohe Risikorate und die hohe Zahl der meist unbemerkten Spontanaborte bis zur Nidation hingewiesen.

Als *dritter* Zeitpunkt wird das irreversible Feststehen der Individualität genannt. Für eine bestimmte Zeit können aus einem Individuum durch Mehrlingsbildung[3] noch mehrere werden. Für die anthropologische Bedeutung dieses Zeitpunktes wird ins Treffen geführt, daß das sittliche Subjekt, dem Würde eignet, an der Individualität hängt, denn es können ja nicht mehrere gemeinsam und zusammen ein Gewissen haben, sondern immer nur ein Individuum. Gewissen haben können als Individuum aber ist die Grundlage der Menschenwürde in allen Menschenrechtskatalogen.

Als *vierter* Zeitpunkt wird der Prozeß der Ausbildung der Großhirnrinde genannt, denn in ihr liege die organische Voraussetzung für spezifisch menschliche Vollzüge. Der Slogan „ohne Großhirn keine Person" mag neben anderen Gründen

---

3 Vgl. J. Langman, Medizinische Embryologie. Die normale menschliche Entwicklung und ihre Fehlbildungen, Stuttgart-New York ^{8}1989, 100.

(so vor allem auch der psychischen Akzeptanz und Überwindung der Ambivalenz am Ende des dritten Monats) die Grundlage für die gesetzliche Festlegung der Dreimonatsfrist bei der sogenannten Fristenregelung in etlichen Staaten gewesen sein.

Als *fünfter* Zeitpunkt wird nicht selten auch heute noch der Zeitpunkt der Geburt genannt mit dem Hinweis auf alte Rechtsordnungen, in denen der Mensch erst durch Annahme bei der Geburt in die menschliche Gesellschaft aufgenommen wird. Und nur als Mitglied der menschlichen Gemeinschaft hätte der Mensch seine Würde und bestehe spezifische Verantwortung für einen Menschen.

Als *sechster* Zeitpunkt wird das Ende des ersten Lebensjahres genannt, jenes Jahres, in dem der Mensch im Vergleich zum Säuger noch nicht eigenständig lebensfähig ist und sich daher in einem sogenannten „sozialen Uterus" befindet.

Als *siebenter* Zeitpunkt schließlich wurde der Spracherwerb als eigentlich spezifisch menschlicher Vollzug genannt.

Die so gestellten Fragen nach dem Beginn des artspezifisch menschlichen Lebens geben aber von sich aus noch keine Auskunft auf die Frage nach dem Anfang menschlichen Daseins. Auch die ethische Rede von der Unverfügbarkeit menschlichen Lebens ist ungenau, denn auch Krebszellen sind artspezifisch menschliches Leben, ebenso jene Zellen, die wir entfernen mit gutem Grund. Relevant für die Verantwortung ist also nicht schon automatisch menschliches Leben, sondern Menschenleben. Der Anfang dieses personalen Daseins allerdings verbirgt sich und bleibt in den frühesten Stadien unbestimmbar. Je später allerdings der Termin für den Anfang des spezifischen Lebensausdrucks eines Menschen und einer Menschengeschichte angesetzt wird, desto willkürlicher ist diese Annahme und desto fragwürdiger sind die Interessen, die zu dieser Annahme führen und desto genauerer ethischer Prüfung bedürfen diese Interessen. Da es sich bei der Verantwortung für Menschenleben aber um die Grundlage aller Ethik handelt, ist hier im Zweifel der jeweils sicherere Weg zu gehen (Tutiorismus). Aus der Unschärfe der Bestimmbarkeit des Anfangs folgt nämlich keineswegs, daß es sich bestimmt nicht um die Äußerung menschlichen Daseins, das im Ganzen angefangen hat da zu sein, handelt. Niemand kann beweisen, daß der Beginn des Menschenlebens in seinem Prozeßcharakter nicht zum Menschenleben und seiner Schutzwürdigkeit gehört. Nach dieser hermeneutischen Einleitung sind wir nun vor die eigentlich ethische Frage gelangt:

2. Wann beginnt und wie weit reicht die Verantwortung für Menschenleben?

Die Verantwortung für menschliches Dasein ist grundgelegt im Prinzip aller christlichen Ethik, wie sie im biblischen Gebot ausgesprochen ist „Du sollst deinen Nächsten lieben wie dich selbst". Dieses Prinzip aller Ethik, das von der unveräußerlichen Würde personalen Daseins, das es in prinzipiell unparteilicher Weise zu respektieren gilt, ausgeht, findet sich in dieser leidvollen abendländischen Geschichte in verschiedenen Formen ausgesprochen; in säkularisierter Weise, etwa im Kategorischen Imperativ I. Kants. Dieses Dasein begegnet uns in geschichtlicher Form in den verschiedenen Lebensphasen. Es ist – auch wenn sich der Anfang verbirgt – von jener Phase an, da wir die kontinuierliche Lebensgeschichte des Menschen zurückverfolgen können, Gegenstand unserer Verantwortung. Alle Momente der Diskontinuität, die wir vorhin diskutiert haben, sind eingebettet und umfangen von dem größeren Zusammenhang der Kontinuität, die die geschichtliche Identität eines Menschen ausmacht. Freilich bleiben alle ethischen Überlegungen rückgebunden an empirische Gegebenheiten, denn nur die Wirklichkeit kann die Grundlage für einen sittlichen Anspruch abgeben. Die Basis für die Annahme, daß es sich um einen Menschen handelt, ist aber nicht die aktuelle Fähigkeit („ability"), sondern die grundsätzlich gegebene reale Potentialität für personale Vollzüge („possibility"). Andernfalls würde die Verantwortung für den Menschen bei einem Schlafenden oder Ohnmächtigen ja ausgesetzt sein. Diese reale Potentialität einer offenen Lebensgeschichte tritt aber empirisch erstmals bereits mit dem Vorliegen eines neuen genetischen Programms in Erscheinung. Die biologischen Gegebenheiten des Lebens gehören untrennbar zum menschlichen Dasein und sind daher als Grundlage für personales Dasein Gegenstand unserer Verantwortung. Die Annahme der Personalität darf hierbei nicht auf bestimmte persönliche Leistungen und Wertigkeiten reduziert werden. Dies hieße Person und Persönlichkeit verwechseln. Jedes vom Menschen gezeugte, jedes vom Menschen geborene Wesen, das lebensfähig ist, ist daher Bezugspunkt sittlicher Verantwortung.

Ist das Leben aber selbst ein sittliches oder ein vorsittliches Gut? Diese disjunktiv gestellte Frage unterscheidet grundsätzlich jene Wirklichkeiten, die nur von der Freiheit des Menschen abhängen, von jenen, die sittlicher Freiheit vorgegeben und in diesem Sinn vorsittlich sind. Als verdanktes und gegebenes Leben, das keiner sich selber hergestellt hat, handelt es sich um ein vorsittliches Gut. Im Konflikt mit dem sittlichen Gut der Überzeugung in tragischen Situationen wie etwa der Verfolgung haben daher die Christen von Anfang an daran festgehalten, daß das sittliche Gut der Glaubensüberzeugung Vorrang hat vor dem irdischen Leben, das im Extremfall im Martyrium hinzugeben ist. Darüber ist sich die ganze christliche Tradition einig.

Die erste Vorzugsregel, an der die christliche Tradition immer festhielt, besagt nun den unbedingten Vorrang der sittlichen Güter der Überzeugungs- und Gewissensfreiheit vor allen vorsittlichen Gütern.

In einem Konfliktfall zwischen vorsittlichen Gütern hingegen ist auf ihre innere Bedingungslogik zu achten, so daß all jene Güter, die die Grundlage abgeben, Vorrang haben in ihrer Verwirklichung vor den darauf aufbauenden. Etwas vereinfacht und elementar ließe sich diese Regel in dem Satz festhalten: Leben hat Vorrang vor Lebensqualität in weitestem Sinn. Auch dort, wo in einer pflichtethischen Argumentationsweise von der absoluten Unverfügbarkeit menschlichen Lebens gesprochen wird, die in dieser Undifferenziertheit ja realistischerweise nicht festgehalten werden kann, ist zu bedenken, daß auch solche Formulierungen das Ergebnis eines langen Ringens und komplexer Abwägungsvorgänge in der Geschichte darstellen.

Aus diesen Grundsatzüberlegungen ergeben sich nun auch einige Hinweise auf konkrete Konfliktfelder.

3. Konkrete Konfliktfelder in der Verantwortung für das Menschenleben an seinem Beginn

Zunächst gilt es, den grundsätzlichen und essentiellen Unterschied zwischen jenen Handlungsweisen, die vor der Befruchtung stattfinden (z.B. Befruchtungsverhütung), und jenen Maßnahmen, die dann eingreifen, wenn Menschenleben in seiner geschichtlichen Identität bereits in Erscheinung getreten ist, zu betonen. Wer den Menschen in seiner Würde ernst nimmt, wird bei aller Unsicherheit in der Bestimmung des Prozesses am Beginn den grundsätzlich sicheren Weg gehen und seine Verantwortung beim Vorliegen der biologischen Identität, die mit dem Vorliegen eines neuen genetischen Programms gegeben ist, beginnen lassen.

Die Kehrseite des Problems der Befruchtungsverhütung ist die medizinische Befruchtungshilfe durch neue medizinische Techniken. Das kirchliche Lehramt hat sich zu dieser Problematik in dem Dokument „Donum vitae" von 1987 geäußert. Drei Grundprinzipien waren für die dort vorgetragene Lehre maßgebend.

1. Die substantielle Einheit der menschlichen Person bedeutet, daß der Leib konstitutiver Teil der Person ist und daß biologische Identität daher untrennbar mit der personalen Identität verbunden ist.
2. Der zweite Grundsatz ist fast identisch mit dem Kategorischen Imperativ und besagt, daß der Mensch niemals bloß als Mittel zum Zweck, sondern immer auch um seiner selbst willen geschätzt und dementsprechend behandelt werden muß.
3. Der dritte Grundsatz geht von der Einheit von Fortpflanzung und ehelicher Liebe aus: Einzig und allein der eheliche Akt ist würdig, die Bedingungen für die Befruchtung, die zur Existenz einer neuen menschlichen Person führen, zu stellen.[4] In diesem Dokument kommt die berechtigte Sorge zum Ausdruck, daß durch die modernen medizinischen Möglichkeiten ein Gefälle entstehen kann, in dem der Mensch sich selbst immer mehr zum Objekt und Produkt technischen Planens macht. Es geht bei den künstlichen Fortpflanzungshilfen nicht nur um die damit unmittelbar gegebenen Probleme, sondern auch um das Schwellenphänomen, das neue, bislang ungeahnte Möglichkeiten des technischen Zugriffs eröffnet. Wer möglicherweise begonnenes Menschenleben in exponierte Lage für die möglichen Zugriffe bringt, hat nicht geringere, sondern größere Schutzverantwortung.

---

[4] Vgl. J. Ratzinger, Einführende Bemerkungen zur Instruktion vor der internationalen Presse „Anthropologische Aspekte für das Verständnis entscheidend", in: Osservatore Romano (deutsch) 13.3.1987.

Fortpflanzungshilfe ist grundsätzlich von Gentechnologie zu unterscheiden, moderne Fortpflanzungstechnik allerdings ermöglicht die neuen Verfahren zur Identifizierung, Isolierung und Übertragung von genetischem Material zu therapeutischen, aber auch zu züchterischen Zwecken (Gentechnik).[5] Die grundsätzlich ethische Problematik jeder Eugenik aber liegt nicht in der Frage, ob wir faktisch Erbgut verändern und dabei die Folgen abschätzen können, sondern im Maßstab, nach dem wir bewerten können, ob dieser Eingriff auch eine humane Verbesserung bedeutet. Der Mensch müßte dafür eine Weisheit haben, die über seine Möglichkeiten hinaus reicht. Denn eine genetische Manipulation an den Keimbahnzellen würde den Betroffenen und alle seine Nachkommen unweigerlich in ihrer genetischen Identität den Plänen und Zielen anderer Menschen ausliefern. Der Mensch aber kann sein Leben nur so seiner Würde entsprechend gestalten, wenn er die Möglichkeit hat, sein Wesen als Ausdruck eines dem Menschen entzogenen Zugriffs und damit eines letzten Geheimnisses zu begreifen. Genetische Macht über kommende Generationen auszuüben und noch dazu in irreversibler Weise, würde unweigerlich zu einer „Herrschaft der Toten über die Lebenden" (R. Löw) führen.

Der therapeutische Einsatz genetischer Möglichkeiten zur Heilung etwa von Erbkrankheiten, der nur das kranke Individuum selber betrifft, unterliegt den üblichen Kriterien medizinischer Ethik. Das Dokument der vatikanischen Glaubenskongregation „Über die Achtung vor dem beginnenden menschlichen Leben und die Würde der Fortpflanzung" vom März 1987 („Donum vitae") will sich nicht auf Aussagen philosophischer Natur festlegen und formuliert daher differenziert, daß die Verantwortung bereits der Zygote zu gelten hat auf der Grundlage jener unbedingten Achtung, die man dem menschlichen Wesen in seiner leiblichen und geistigen Ganzheit sittlich schuldet (DV I,1). Bereits der Embryo sei daher als Person zu behandeln.

Dieses Dokument hält eine pränatale Diagnose auf freiwilliger Basis für sittlich verantwortlich, wenn der Embryo dadurch nicht unverhältnismäßigen Risiken ausgesetzt und auf diese Weise eine frühzeitigere und wirksamere Durchführung therapeutischer Eingriffe ermöglicht wird. Hinzuzufügen ist, daß auf diese Weise „bei mehr als 97% aller untersuchten Risikopatientinnen ein entsprechender Defekt ausgeschlossen"[6] werden kann. Daher werden alle Experimente an Embryonen, die nicht direkt im therapeutischen Interesse des Embryos selber stehen oder gar die Herstellung, verbrauchende Forschung und Vernichtung von Embryonen, auch im frühen Stadium, abgelehnt. Strikt abgelehnt wird auch die Abtreibung, wenn in sel-

5 Vgl. G. Virt, Art. Genetik und Gentechnik, in: Neues Lexikon der christlichen Moral, Innsbruck–Wien 1990, 242-257.

6 F. Böckle/A. W. v. Eiff, Wissenschaft und Ethos, in: Christlicher Glaube in moderner Gesellschaft Bd. 20, Freiburg 1982, 132. Vgl. weiters W. Gross, Was erlebt ein Kind im Mutterleib? Ergebnisse und Forschungen der pränatalen Psychologie, Freiburg ^{2}1985 (populär); N. Krüll, Die Geburt ist nicht der Anfang, Stuttgart 1981; D. Chamberlain, Woran Babys sich erinnern, München 1988; A. Tomatis, Der Klang des Lebens. Vorgeburtliche Kommunikation, Reinbek 1987; G. Clauser, Die vorgeburtliche Entstehung der Sprache, Stuttgart 1971.

tenen Fällen (unter 3%) die vorgeburtliche Diagnose einen Erbschaden oder eine Behinderung feststellt.

Die medizinischen Verfahren, die einem unfruchtbaren Paar zu einem Kind verhelfen wollen, indem sie die Befruchtung anders als durch sexuelle Vereinigung von Mann und Frau erreichen, werden in diesem Dokument allesamt abgelehnt. Dennoch findet sich auch eine bedeutsame Unterscheidung zwischen der ethischen Beurteilung einer sogenannten künstlichen Befruchtung außerhalb der Ehe (heterolog), über deren Ablehnung aufgrund der unabsehbar negativen Konsequenzen für das Kind und dessen Eltern weiterreichender Konsens besteht, und der Beurteilung der künstlichen Befruchtung im homologen System, d.h. zwischen Ehepartnern, von der es heißt, daß sie nicht von all der ethischen Negativität belastet ist, die man in der außerehelichen Fortpflanzung vorfindet. Die Grundlage für diese Bewertung bildet das Prinzip, das schon in „Humanae vitae" vertreten wurde, nämlich daß eheliche Vereinigung und Fortpflanzung niemals getrennt werden dürfen. Nun sind Prinzipien notwendige, aber keineswegs hinreichende Kategorien für eine ethische Urteilsbildung. Prinzipien, Kriterien und Normen werden oft durcheinandergeworfen, müssen aber um der Klarheit der ethischen Argumentation willen sauber unterschieden werden. Das Dokument „Donum vitae" selbst deutet eine Differenzierung an, daß künstliche und technische Mittel durchaus erlaubt sein können, wenn sie den ehelichen Akt nicht ersetzen, sondern erleichtern und ihm helfen, sein natürliches Ziel zu erreichen (DV IIb, 6). In diesem Prinzip spricht das kirchliche Lehramt die Sorge darum aus, daß ursprüngliche menschliche Vollzüge wie sexuelle Begegnung und Zeugung menschlich bleiben und nicht schrittweise in Technik aufgelöst werden mit all den möglichen negativen Folgen solcher Manipulation. Auch in dieser Sorge wird weitestgehender Konsens bestehen. Dieser aber schließt nicht aus, daß eine genauere Überprüfung der Begründung dieses Prinzips und daher auch eine differenziertere Formulierung in der Suche nach der Wahrheit und der wahrheitsgemäßen Lösung der vielen damit zusammenhängenden ethischen Probleme (vgl. GS 16) nicht nur nicht ausgeschlossen, sondern sogar nötig ist. Dies nicht zuletzt wegen der innerkirchlichen Diskussion gerade zu diesem Thema, die so viel Energie bindet und von anderen viel wichtigeren Themen ablenkt.

Eines dieser besonders gravierenden und leidvollen Probleme unserer modernen Gesellschaft ist die Abtreibung, die das II. Vatikanische Konzil ein verabscheuungswürdiges Verbrechen nennt (GS 51). Auch in einer pluralen Gesellschaft und einem weltanschauungsneutralen, aber hoffentlich nicht wertneutralen Staat kann die unveräußerliche und gleiche Würde eines jeden Menschen als Grundlage ethischer Urteilsbildung gelten, wie immer man die Würde des Menschen begründet und wie sehr diese Begründungsfrage auf die letzten Fundamente unseres Daseins zurückweist und damit für eine Letztbegründung offen ist. Wenn aber jeder, der von Menschen gezeugt und geboren ist, diese unveräußerliche Würde in sich trägt, dann hat das ungeborene Kind genau die gleiche Würde wie die Mutter, genau die gleiche Würde wie sein Vater. Dann hat in jeder Urteilsbildung und auch jeder Beratung, niemand in seinen Lebensinteressen einen grundsätzlichen Vorrang vor den

Lebensinteressen eines anderen einzuräumen. Wer anfängt, das Leben einzuteilen in eines, das mehr Wert oder weniger Wert hat oder überhaupt nicht lebenswert ist, begeht nicht nur einen logischen Fehler, indem er nichtquantifizierbare „Würde“ einerseits und quantifizierbaren und daher austauschbaren „Wert“ andererseits miteinander verwechselt, sondern sollte sich auch an die Konsequenzen erinnern, die eine solche Position, die auch lebensunwertes Leben kennt, schon einmal hatte. Die Würde des ungeborenen Kindes kann mit der Zeit nicht zunehmen und die Würde der Mutter und des Vaters mit der Zeit nicht abnehmen. Weil aber gerade im Zusammenhang mit der Abtreibungsproblematik viele verborgene Interessen verbunden sind, gilt es, genau darauf zu achten, wie diese in die ganze Diskussion um den Beginn des Menschenlebens einfließen. Es ist aber ebenso darauf zu achten, daß nie und nimmer der Eindruck entstehen kann, daß das ungeborene Kind gegen und nicht mit der Mutter geschützt wird durch alle gesellschaftlichen Anstrengungen, deren wir heute fähig sind.[7]

Dennoch ist nicht zu leugnen, daß es tatsächlich vielschichtige *Konflikte* zwischen den Menschen gibt, in denen fundamentale Lebensinteressen gegeneinander geraten. Der wohl schrecklichste und auch quantitativ mit Abstand größte ist der zwischen den Menschen in den reichen Ländern des Nordens und den armen Ländern des Südens, dem jährlich Millionen Menschen zum Opfer fallen. Aber auch im Mikrobereich der Familie können ebensolche Konflikte auftreten, die in den sogenannten Indikationen verschlüsselt diskutiert werden. Es gilt, für die ethische Urteilsbildung und Begründung diese Konflikte möglichst elementar zu benennen, wobei zunächst einmal alle subjektiven Einschätzungen und Zumutungen ausgeklammert werden um der Klarheit des Gedankenganges willen. In jenen Ländern, in denen eine sogenannte Indikationenregelung besteht, sind diese Konflikte zumindest noch benannt. In jenen Ländern, in denen eine sogenannte Fristenregelung in den ersten drei Monaten der Schwangerschaft die Abtreibung von der Strafe ausnimmt, wird der Konflikt selber immer mehr verdrängt und Abtreibung im allgemeinen Bewußtsein zu einer normalen und gesellschaftlich akzeptierten Methode der Familienplanung.

Der wohl tragischste Konflikt liegt dann vor, wenn Leben gegen Leben steht und womöglich mit ziemlicher Sicherheit Mutter und Kind bei Fortsetzung der Schwangerschaft sterben, das Leben der Mutter aber um den Preis der Tötung des ungeborenen Kindes gerettet werden könnte. Eine pflichtethische Argumentation, die von der absoluten Unverfügbarkeit menschlichen Lebens ausgeht, muß in einem solchen tragischen Konfliktfall am absoluten Tötungsverbot festhalten und beide dem Tod überliefern, obwohl ein Menschenleben gerettet werden könnte. Die Verantwortung für die Folgen einer solchen Handlung werden in einem sogenannten deontologischen Argumentationszusammenhang auf Gott abgeschoben, auch dann, wenn ein Mensch gerettet werden könnte. Eine verantwortungsethische

[7] Vgl. Gott ist ein Freund des Lebens, hg. v. Kirchenamt der EKD und vom Sekretariat der Deutschen Bischofskonferenz, Trier 1989, 13.

Argumentation hingegen kann sich nicht von dem Blick auf die Folgen dispensieren und wird versuchen, wenn wirklich nicht beide gerettet werden können, wenigstens einen zu retten. Die Begründung dafür kann nicht lauten, daß die Lebensinteressen des einen grundsätzlich den Lebensinteressen des anderen vorzuziehen wären – das hieße ja Leben in lebenswertes und weniger lebenswertes einteilen. Es bedarf vielmehr zusätzlicher konkreter Überlegungen im vorsittlichen Bereich, die bei der Respektierung der Würde beider Menschen, des geborenen wie des ungeborenen, etwa auf Grund der konkreten Umstände abzuschätzen zu versuchen, wer medizinisch die bessere Prognose hat und ähnlicher Kriterien.

Ein weiterer tragischer Konflikt ergibt sich, wenn das Kind einer Vergewaltigung – dem in unserer Gesellschaft häufigsten Gewaltverbrechen – entstammt. Das Gewicht dieses Verbrechens, das nicht nur Schockzustände, körperliche Verletzungen, sondern auch Identitätsprobleme und psychische Störungen durch dieses Eindringen in die Integrität der Person der Frau hervorruft, kann gar nicht ernst genug genommen werden. Es wäre angebracht, daß sich die Kirche mit mehr Gewicht als bisher auch in diesem Bereich für den Schutz der Würde der Frau einsetzen würde und alle Aussagen, in denen auch nur ein Hauch von Verharmlosung dieses Verbrechens zu spüren ist – etwa in dem Hinweis eines Bischofs darauf, daß ohnedies keine Schwangerschaft eintritt, wenn die Frau nicht einwilligt –, vermeiden könnte. Kirchliche Sozialethik sollte der Überwindung der Gewalt einen vorrangigen Platz einräumen.

Eine pflichtethische Argumentation tut sich leicht, weil sie es mit der Behauptung der Unantastbarkeit des menschlichen Lebens bewenden lassen kann. Ein verantwortungsethischer Ansatz hingegen wird differenzierter darauf einzugehen haben, daß ein Verbrechen nicht durch ein anderes Unrecht gutgemacht werden kann. Beim ungeborenen Kind geht es um das Leben, bei der vergewaltigten Frau hingegen ginge es darum, sie wenigstens vor den Folgen des an ihr begangenen Verbrechens zu schützen. Das Verbrechen selber kann ja nicht mehr ungeschehen gemacht werden. Es sind daher alle Anstrengungen zu unternehmen, in einer solchen tragischen Situation die Probleme anders zu lösen als durch die Tötung eines ungeborenen Menschen.

Wenn eine schwere Mißbildung oder mit moralischer Gewißheit erbkranker Nachwuchs zu erwarten ist, spricht man von einer sogenannten embryopathischen Indikation. In diesem Konflikt steht nicht Leben gegen Leben, sondern das Leben des Kindes auf der einen Seite und eine Beeinträchtigung der Lebensqualität des Kindes und der Eltern auf der anderen Seite. Wenn das Kind selbständig lebensfähig ist, dann darf es nach der Geburt, auch wenn es behindert ist, nicht getötet werden. Dasselbe gilt für den alten Menschen, dasselbe auch für den ungeborenen. Es wäre sonst kein wirklicher Grund mehr anzugeben, warum man einen Menschen mit Behinderung nicht auch nach seiner Geburt töten dürfte. An Vorstößen, auch in der Öffentlichkeit, in diese Richtung hat es in letzter Zeit nicht gefehlt. Es sei nur ganz kurz vermerkt, daß in solchen Überlegungen, wie sie etwa der australische Ethiker Peter Singer und dessen Mitarbeiter vorgetragen haben, die personale

Würde an bestimmten geistigen Leistungen und an einem bestimmten Maß an Lebensqualität festgemacht wird. Person und Persönlichkeit werden hier miteinander verwechselt und personale Würde wird von einem bestimmten Maß (wer bestimmt es genau?) an Persönlichkeitsleistungen abhängig gemacht.

Schließlich werden noch jene Konfliktsituationen zusammengefaßt, in denen das ungeborene Kind für die Familie eine zu große wirtschaftliche, soziale oder andere Not heraufbeschwören würde. Hier geht es, elementar gesagt, beim ungeborenen Kind um das Leben, auf seiten der Familie hingegen um Lebensqualität in dieser oder jener Hinsicht. Auch hier gibt es sicher Notsituationen, die in keiner Weise verharmlost werden dürfen. Verantwortung besteht darin, alle Kraft aufzuwenden, diese auftretenden Schwierigkeiten in der Lebensqualität der Eltern in solidarischer Weise zu lösen. Hier ist auch die gesamtgesellschaftliche Verantwortung einzumahnen, solche grundsätzlich reversiblen und überwindbaren Notsituationen solidarisch zu lösen und nicht durch die irreversible Tötung eines Kindes. Es bedeutet ein Armutszeugnis für eine Gesellschaft, wenn in ihr nicht selten um der Lebensqualität des einen das Leben des anderen geopfert wird. Auch in solchen Konfliktfällen hat das grundlegende Gut des Lebens Vorrang in der Respektierung vor all jenen Gütern, die erst darauf aufbauen.

Mit all diesen angedeuteten typischen Konfliktfällen, die da und dort auch vom Gesetzgeber zur Grundlage der Strafrechtsgesetzgebung gemacht wurden, ist aber der weitaus häufigste Konflikt im Hintergrund noch nicht benannt. Nach leider nicht umfassenden, aber immerhin repräsentativen Forschungen[8] dürften Partnerkonflikte der Eltern oder der Lebensgefährten der wohl häufigste Grund für die Abtreibung in diesen verworrenen Lebenssituationen sein, in denen oft die in Not geratenen Menschen so unmittelbar in den Strudel ihrer Probleme gezogen sind, daß sie allein den Ausweg nicht finden. Hier setzt nun die gesellschaftliche Verantwortung ein.

4. Die gesellschaftliche Verantwortung

In der Debatte um die gesellschaftlichen und auch staatlich einzumahnenden Regelungen ist häufig das Wort von den flankierenden Maßnahmen zu hören. In solchen Formulierungen scheint man stillschweigend vorauszusetzen, daß es Maßnahmen gibt, von denen eine Lösung der Probleme in der Substanz zu erwarten wäre; die meisten denken hier an das Strafrecht. Nun hat sich aber gezeigt, daß gerade das Strafrecht mit seiner Strafandrohung für eine Mutter, die abtreibt, die Abtreibung nicht verhindern, ja nicht einmal eindämmen konnte. Weder die Strafandrohung noch die begrenzte Straffreigabe haben in der Sache etwas gebracht. Es soll freilich nicht die Wechselwirkung übersehen werden, daß in der Strafgesetz-

[8] Vgl. B. Wimmer-Puchinger, Familienplanung – Schwangerschaft – Schwangerschaftskonflikt, in: Lebenswelt Familie (hg. v. R. Gisser u. a.), Wien 1990, 463-478. – Dieselbe, Empirische Untersuchung der Motive zum Schwangerschaftsabbruch (hg. v. Bundesministerium für Wissenschaft und Forschung und Bundesministerium für Finanzen), Wien 1983.

gebung sich das Rechtsbewußtsein einer Gesellschaft Ausdruck verschafft, einen Ausdruck, der wiederum zurückwirkt auf die weit verbreiteten Einstellungen, da viele Menschen sich an diesem Ausdruck orientieren. Der Sache nach ist das Strafrecht *ein*, aber beileibe nicht *das* entscheidende Instrument zur Lösung des Abtreibungsproblems und jede Fixierung auf diesen Punkt daher vermutlich kontraproduktiv. In der Sache fallen die Entscheidungen anderswo; das Strafrecht kann nur als flankierende Maßnahme bezeichnet werden, in Umkehrung des allgemeinen Sprachgebrauches. Schon das Instrument des Rechtes ist sehr viel weiter als das Strafrecht. Im Arbeitsrecht ginge es darum, schwangere Frauen in optimaler Weise zu schützen. An der Verbesserung der Adoptionsmöglichkeiten wäre auch in rechtlicher Hinsicht zu arbeiten und in einer gesellschaftlichen Diskussion darüber dafür zu sorgen, daß eine Frau in Not, die ihr Kind zur Welt bringt, aber dann zur Adoption freigibt, nicht als Rabenmutter gebrandmarkt wird, während jene Frau, die ihr ungeborenes Kind tötet, gesellschaftlich akzeptiert wird. Auch im Sozial- und Steuerrecht sind meines Erachtens noch lange nicht alle Möglichkeiten ausgeschöpft, um eben in gerechter Weise jene Leistungen, die eine Familie oder eine Mutter für die Gesellschaft langfristig erbringt, abzugelten und Familien in Not solidarisch beizustehen. Jene, die sich in unverantwortlicher Weise durch Tötung ungeborener Kinder ihren gesellschaftlichen Aufgaben verweigern, sollten dadurch nicht auch noch vergleichsweise finanzielle Vorteile haben.

Noch wirksamer dürften Maßnahmen der Sozialpolitik sein. In der gemeinsamen Erklärung der Kirchen „Gott ist ein Freund des Lebens“ werden etliche solche Beispiele genannt, von der Zahlung eines Pro-Kopf-einkommensbezogenen Kindergeldes in Etappen schon für das ungeborene Kind über die Anhebung des Kindergeldes, die Verlängerung des Anspruchs auf Erziehungsgeld und Erziehungsurlaub, die Anrechnung von Erziehungszeiten auf Rente und Pension, bessere Organisation der Arbeit und Arbeitszeiten, besserer Ausbau von familienergänzenden Einrichtungen, Subventionierung von Selbsthilfeinitiativen auch von Alleinerziehenden, soziale Stabilisierung Alleinerziehender, Berücksichtigung der Kinderzahl bei der Beschaffung von gefördertem Wohnraum, Verbesserung des Wohnumfeldes unter dem Aspekt der Kinderfreundlichkeit usw.

Recht und Sozialpolitik sind in einer freiheitlich demokratischen Gesellschaft Ausdruck des gesellschaftlichen Bewußtseins. Mit welchen grundlegenden Einstellungen in unserer Gesellschaft, die zum Teil gegenläufig sind, aber haben wir zu rechnen? Seit nun schon bald 20 Jahren können wir mit einem wachsenden ökologischen Bewußtsein nicht nur bei der Jugend, sondern kontinuierlich auch bei der Erwachsenengeneration rechnen. Eine größere Sensibilität für das Leben und alles, was Leben ermöglicht, hat eine Chance. Die Umwelt als Lebensbereich steht im Problembewußtsein der Bevölkerung oben an. Die erste Umwelt des Kindes aber ist der Mutterschoß. Daß diese Umwelt wieder mehr Menschsein fördern kann und nicht zerstört, dafür tragen in der Gesellschaft alle solidarisch Mitverantwortung. An den Widersprüchen in manchen grünen Bewegungen, die Frösche geschützt wissen wollen, nicht aber ungeborene Kinder, ist konsequent und beharrlich zu arbeiten. Verborgene Interessen sind aufzudecken.

Aber es gibt auch widersprechende Tendenzen in unserer Gesellschaft. Die Europäische Wertestudie[9] hat zutage gefördert, daß die Beschädigung von Sachwerten, etwa des Autos, für viele Menschen gravierender ist als Gefährdung und Zerstörung des Lebens. Über solche erschreckende Ergebnisse müßte in aller Öffentlichkeit diskutiert werden. Gerade in diesem Bereich aber zeigt sich ein signifikanter Unterschied zwischen religiösen und nicht religiösen Menschen. Das Leben, die Liebe und das Sterben sind im Umkreis der Kirche gut aufgehoben und haben bei religiösen Menschen eine größere Chance, bestanden zu werden. In diesen Bereichen ist auch mit einem hohen Vertrauensvorschuß für die Kirche zu rechnen und werden auch große Erwartungen an sie gerichtet. Eine parallel dazu durchgeführte Studie über die Religion im Leben der Österreicher von P. M. Zulehner aber erhebt, wie eine Kirche sich um die Früchte ihrer Arbeit in diesen Bereichen bringt, wenn sie sich eines autoritären und zentralistischen und damit auch anonym undurchschaubaren Umgangs- und Leitungsstils befleißigt; Menschen gewinnen dann den Eindruck, in ihrem Gewissen und ihrer Kompetenz nicht ernst genommen zu werden, wo es nicht transparent zugeht und Argumente nicht mit Argumenten beantwortet werden, sondern mit Maßnahmen.

Neben solchen widersprüchlichen Tendenzen in der Gesellschaft, daß auf der einen Seite eine höhere Sensibilität für das Leben im gesamten Kontext und im Zusammenhang von Umwelt, Gerechtigkeit und menschlichem Dasein in dieser Welt im Steigen ist, auf der anderen Seite aber Sachwerte höher geschätzt werden als das Leben, scheint immer noch stark mit einem emanzipatorischen Impuls zu rechnen zu sein. Die Emanzipationsbewegung, vor allem der Frauen, ist dort in ihrem Recht und zu unterstützen, wo sie auf tatsächliche Unrechtsstrukturen hinweisen kann und in sensibler Weise Bereiche aufzeigt, in denen die Frau in ihrer Würde nicht voll und ganz ernst genommen wird oder die gesellschaftlichen Konsequenzen aus ihrer Würde nicht gezogen sind. Die Emanzipation des einen aber hat dort ihre Grenzen, wo es um das Lebensrecht des anderen geht. Die Emanzipation der Frau in einer Männergesellschaft darf nicht auf Kosten des Kindes gehen, wie umgekehrt all die Belastungen, die mit Kindern gegeben sind, nicht einseitig den Frauen aufgehalst werden dürfen.

Aus der unbestreitbaren Tatsache, daß es sich bei der Familienplanung um eine höchst persönliche Gewissensangelegenheit der Eltern handelt (vgl. GS 50), wird unversehens häufig gefolgert, daß dies nun eine Privatangelegenheit sei. Eine persönliche Angelegenheit ist aber nie und nimmer bloß eine Privatangelegenheit, gehört doch die Sozialität in die Konstitution der menschlichen Person. Jede höchst persönliche Angelegenheit ist daher immer auch in sozialer Verantwortung zu le-

---

[9] Vgl. P. M. Zulehner, Vom Untertan zum Freiheitskünstler. Eine Kulturdiagnose anhand der Untersuchungen „Religion im Leben der Österreicher 1970 bis 1990“ – „Europäische Wertestudie–Österreichteil 1990“, Freiburg–Wien 1991.

ben und einzubinden. So wie die Gesellschaft eine Verantwortung hat, in solidarischer Weise bei der gemeinsamen Aufgabe der Regeneration und Erhaltung der Gesellschaft jenen beizustehen, die der Hilfe bedürfen, genau so hat eine Familie, die in einen Schwangerschaftskonflikt geraten ist, diesen Konflikt in sozialer Verantwortung zu bestehen und sich daher auch vor der Gesellschaft zu verantworten. Rechte und Pflichten können nur in gegenseitiger Entsprechung formuliert werden.

Abschließend möchte ich auf eine ganz besonders wichtige konkrete Maßnahme in diesem Zusammenhang eingehen, nämlich auf *qualitätsgesicherte Beratung*. Durch ein Netz gut ausgestatteter Beratungsstellen kann die Gesellschaft und kann auch die Kirche am konkretesten in Not geratenen Menschen helfen. Bislang haben wir nur die objektive Seite des Problems betrachtet und sind kaum auf das sittliche Subjekt eingegangen. Neuere Moraltheologie unterscheidet zwischen „sittlich richtig“ und „sittlich gut“. Sittlich richtig ist die Einsicht in die objektive Wahrheit. Sittlich gut ist die Motivation, ist der Wille, der dem Gewissen treu bleiben und das Gewissen bilden möchte, mit einem Wort das sittliche Subjekt auch dort, wo es die sittliche Wahrheit ohne Schuld nicht erreichen kann. Wirkliche Hilfe aber kann nur geboten werden, wenn auf die ganz konkreten Umstände des Lebens eingegangen wird und wenn vor allem auf den persönlichen Zustand der Betroffenen und auf das Zumutbare und Mögliche in freigebender Weise Bedacht genommen wird. Beratungsstellen, in denen gut ausgebildete Männer und Frauen in umfassender und grundsätzlicher Weise sich hilfreich mit Ratsuchenden auseinandersetzen, sind die konkreteste Weise, wie die Gesellschaft ihre Verantwortung wahrnehmen kann. In der Beratung aber kann umgekehrt der in Not geratene Mensch in einem Raum des Vertrauens seinerseits seine Verantwortung in dieser höchst persönlichen und gerade deswegen sozialen Angelegenheit mit ehrlichem Gewissen ablegen. Es gibt keine wertfreie Beratung, das liefe auf eine unverantwortliche Beratung hinaus, genauso wie es keinen wertneutralen Staat gibt. Das, was mit diesem Schlagwort oft gemeint ist, ist der Unterschied zwischen freigebender und einengender Beratung. Eine wirklich hilfreiche Beratung darf alle jene Dimensionen nicht aus dem Auge verlieren, von denen der Berater weiß wie wichtig sie für eine menschlich gelingende Problemlösung sind. Dazu gehört nicht nur die Information über die materiellen Hilfsmöglichkeiten, dazu gehört auch das Eingehen auf jene tieferen Dimensionen des Gewissens, ja wenn der Ratsuchende darüber sprechen möchte, auch das Eingehen auf den Glauben. Dazu gehört auch die Information über die Gestaltung des Intimbereiches und die gewissenhafte Befruchtungsregelung. Wenn die Untersuchungen zeigen, daß am Grunde des Konfliktes, der zur Abtreibung führt, in den meisten Fällen Partnerkonflikte sind, dann ist unbedingt ein Gespräch, in das auch der Vater einbezogen wird, anzustreben. Hinter der emanzipatorischen Fassade sehen Frauen nicht selten unter dem Druck ihres Partners oder anderer Personen keine andere Möglichkeit mehr als die sozial weithin akzeptierte Abtreibung. Partnerkonflikte lassen oft wenig Hoffnung für eine gute Aufnahme und Erziehung des Kindes. Die Beratungsstellen sollten daher ausdrücklich auf familientherapeutische Arbeit vorbereitet werden durch entsprechend qualifizierte Berater.

Das Ziel der Beratung ist es, die Freiheitsmöglichkeiten, die sich in der konkreten Konfliktsituation verengt haben, wiederum zu erweitern, so daß möglichst alle Momente des Konfliktes in einer Atmosphäre des Vertrauens beachtet, alle Informationen und Hilfsmöglichkeiten angenommen werden können und eine Entscheidung gefällt werden kann, in der alle Betroffenen, also Mutter und Vater, auch in Zukunft ohne Schuldgefühle dazu stehen können. Sollte sich eine Frau in einer ausweglosen Konfliktsituation dennoch für die Abtreibung entscheiden, dann dürfte sie von einer solchen Beratungsstelle nicht fallengelassen werden. Auch in einem solchen tragischen Fall soll die psychische, soziale und in kirchlichen Stellen wohl auch seelsorgliche Begleitung gewährt werden, wenn einer Frau oft erst nachträglich die Augen über die Bedeutung ihrer Handlung aufgehen und sie oft ein Leben lang mit großen Schuldgefühlen und Depressionen leben muß.

5. Zusammenfassung

Zusammenfassend kann festgehalten werden: Die Verantwortung für den Mitmenschen beginnt dort, wo wir um sein Dasein wissen, wo wir darum wissen, daß er begonnen hat, ins Dasein zu treten. Verantwortung ist aber nicht nur eine Sache der Vernunft, sondern von vielen Menschen eher ganzheitlich gefühlt. Verantwortung wird existentiell erst dort greifen, so sie spürbar erfahren wird. Durch unser enorm angewachsenes Wissen vergrößert sich der Zeitraum unserer Verantwortung um ein gutes Stück. Existentiell wird Verantwortung oft erst an dem Punkt erfahren, wo eine Mutter spürt, daß sich ein neuer Mensch meldet. Unser Wissen über den Beginn des Inerscheinungtretens des Menschen aber reicht weiter zurück. Diesen zusätzlichen Raum unseres Wissens ethisch zu kultivieren, ist nicht nur in diesem, sondern in vielen Bereichen eine Aufgabe, die frühere Generationen vielleicht nicht in dem Maße hatten. Wir wissen heute wesentlich mehr als wir lebensweltlich existentiell und unmittelbar erfahren.

Für diese Kultur des Lebens und der Liebe, die allein diese Aufgabe erfüllen kann, richten sich immer noch große Hoffnungen auf die Kirchen. In den bisherigen Überlegungen standen theologische Letztbegründungen im Hintergrund. Es ging vielmehr darum, in der faktisch gegebenen Situation einer weltanschauungspluralen Gesellschaft, zunächst einmal möglichst anschlußfähig und kommunikabel die Probleme anzusprechen, so daß sie auch jene Menschen verstehen können, die den christlichen Glauben in geschichtlicher Konkretheit nicht mehr, nicht oder noch nicht teilen können, ohne Angst, daß da jemand Macht über sie ausüben will. Der christliche Glaube bringt tatsächlich in den konkreten Sachfragen kein neues Faktenwissen bei und keine anderen sittlichen Urteile als eine jede Ethik, die den Menschen in jeder Phase seines Lebens als Person ernst nimmt.

Wenn es aber zu Belastungen kommt, reicht Wissen nicht aus. Dann ist die Frage nach der Motivation im Sinne der Quelle gestellt, aus der die Kraft eines Menschen zum sittlichen Handeln kommt. Dann muß sich zeigen, ob die Einsicht in die Würde des Menschen, auch wenn der sittliche Anspruch Schweres von einem verlangt, bloß eine abstrakte philosophische Formel ist oder aus welchem Wurzelgrund sie mit Leben erfüllt wird.

Die christliche Botschaft begründet die Würde des Menschen im Handeln Gottes am Menschen, der jeden Menschen als sein Ebenbild schafft und sosehr schätzt, daß er ihn in direkte Beziehung zu ihm ruft. Gott setzt diesen Menschen zum Statthalter in seiner Schöpfung ein, er macht ihn kompetent und verantwortlich. Auch da, wo der Mensch durch Schuld sich selber und seiner Berufung untreu wird, läßt Gott den Menschen nicht fallen, sondern liebt ihn sosehr, daß er seinen eigenen Sohn in diese Welt sendet und in Liebe sich endgültig dieser Menschheit annimmt. Gott selbst nimmt in Jesus Christus die Konflikte auf sich, läßt sich von ihnen ins Herz treffen und durchleidet sie. In Tod und Auferstehung Jesu Christi wird jene letzte Erfüllung transparent, zu der der Mensch von Anfang an von Gott berufen ist. Jesu Tod und Auferstehung ist noch nicht die Vollendung der Geschichte und das Ende der Welt, sondern die Mitte dieser Geschichte. In Jesus Christus vollzieht sich der Herrschaftswechsel von der Gottesferne zur Gottesnähe, so daß das Neue Testament in seinen späten Schriften sagen kann, daß ursprünglich und von Anfang an alles in ihm und auf ihn hin geschaffen ist. Seine Augen blicken uns daher aus allen Menschenaugen an, ja sie blicken uns an aus der ganzen Schöpfung, mit der wir als Mitgeschöpfe von Gott her in einer grundsätzlichen Weise verbunden und zur Vollendung berufen sind.

Die eingangs gestellte Frage, wer da angefangen hat, da zu sein, d.h. wer der Mensch eigentlich sei, kann endgültig erst von diesem verheißenen Ende her beantwortet werden. Die Würde des Menschen vollendet sich in seiner endgültigen Gemeinschaft mit Gott. Dieser Glaube verleiht der Verantwortung des Menschen für das Leben seiner Mitmenschen eine letzte Dringlichkeit und zugleich Freude und bewahrt ihn davor, diese Verantwortung um ein gutes Stück an seinem Beginn und vielleicht auch an seinem Ende zu verkürzen.

GEBOTENE, ERLAUBTE UND RECHTSWIDRIGE BIOMEDIZINISCHE BEHANDLUNG

Ethische Grundsatzüberlegungen*

1. Einleitung

Ethik und Recht sind normative Disziplinen, das heißt, sie machen Aussagen nicht über das, was faktisch ist, auch nicht nur über Meinungsbildung und Sozialakzeptanz, sondern über das, was sein soll. Die beiden normativen Disziplinen Ethik und Recht sind dennoch voneinander zu unterscheiden, wie zwei einander überschneidende Kreise: Nicht alles, was ethisch relevant ist, ist auch rechtlich relevant und umgekehrt. Jede dieser normativen Disziplinen hat ihre eigenen Quellen, Methoden, Theorien, Durchsetzungsmöglichkeiten usw. Besonders interessant sind in der gesellschaftlichen Diskussion jeweils die Überschneidungsbereiche, weil jeder Mensch, auch jeder Vertreter der Rechtswissenschaft, ethische Legitimität für sich beansprucht.

Ethik ist aber auch nicht Moral (im Sinne des meist nicht reflektierten Insgesamt aller Regeln, die das Handeln faktisch bestimmen), sondern die Theorie der Moral, das heißt die systematische Lehre von den menschlichen Handlungen und Haltungen, insoferne diese unter der Differenz von gut und böse stehen. Ethik und Recht haben geradezu manchmal vor Moral zu warnen.

Ethik, auch theologische Ethik, ist nicht einfach Theologie: Ethische Urteile lassen sich weder aus der Empirie ableiten (dies führt zum sogenannten naturalistischen Fehlschluss, etwa dergestalt: In der Natur geht Leben zu Grunde also darf der Mensch auch Leben vernichten, wo die Natur dies tut.), noch ist Ethik aus theologischen Sätzen oder Dogmen abzuleiten. Ethik hat ihre eigenständige Erfahrungsgrundlage und ihre eigene Logik der praktischen Vernunft, ihr eigenes ABC.

Aber keine noch so autonome ethische Reflexion spielt sich jemals im luftleeren Raum ab, sondern immer in einem bestimmten gesellschaftlichen, geschichtlichen und auch weltanschaulichen Kontext. Gerade in einer auf verschiedenen Ebenen pluralistischen Gesellschaft dient es der Redlichkeit des Dialoges, das eigene Vorverständnis zunächst einmal offen zu legen, mit dem ich an die Probleme herangehe; dies nicht um Gesprächspartner zu vereinnahmen, sondern sie einzuladen, über das in der Hitze der Debatte oft zu wenig reflektierte eigene Vorverständnis nachzudenken. Zwischen diesem Vorverständnis und der konkreten ethischen Urteilsbildung gibt es keine einfache Deduktion, sehr wohl aber eine intensive Wechselwirkung zwischen dem Horizont und dem Ringen um die Einsicht in die sittlich richtigen Normen.

---

* Dieser Artikel beruht auf einem Vortrag beim Symposium über „Gebotene, erlaubte und rechtswidrige biomedizinische Behandlung. Embryonalstammzelltherapie mittels adulter Stammzellen oder mittels Nabelschnurblutstammzellen" des Instituts für Rechtspolitik am internationalen Forschungszentrum in Salzburg, 15.6.2001. Der Sprechstil des Vortrags wurde beibehalten.
Dokumentiert im Symposiumsband: J. Pichler (Hg.), Embryonalstammzelltherapie versus "alternative" Stammzelltherapien, Wien 2002, 87-98.

2. Thesen zum theologischen Vorverständnis

Zunächst sei das Vorverständnis des Theologen, zu dessen Ausbildung auch eine ausführliche philosophische gehört, in fünf Thesen offengelegt, um auf diesem Hintergrund dann das Thema Stammzellen zu behandeln.

1. These

Leben, insbesondere Menschenleben, ist in der biblischen Traditionssicht nicht bloß ein Phänomen der Selbstbewegung wie in der griechischen Philosophie, sondern eine Beziehungsgröße. Leben wird nicht einfach mechanisch gemacht, sondern ist in dieser Sicht gegeben in einer Ursprungsbeziehung vom Schöpfer zum Geschöpf. Schöpfung findet jetzt statt und bedeutet Gabe des Seins an das Geschöpf zum Eigensein und selber leben. Zeugung eines neuen Menschenlebens ist in dieser Sicht nicht bloß Produktion bzw. Reproduktion allein naturaler Art, sondern Gabe Gottes, die allerdings in die Hand des Menschen gelegt ist. *Karl Rahner* hat dies schöpfungstheologisch auf den Punkt gebracht: Der Mensch zeugt den Menschen ganz und Gott schafft den Menschen ganz. Schaffen bedeutet Stiftung einer transzendentalen Ursprungsbeziehung, die nicht mit kategorialen Beziehungen verwechselt werden darf oder dazu in Konkurrenz gerät. Von daher verbietet es sich, eine Aufteilung kategorialer Art in dem Sinn vorzunehmen, dass menschliche Zeugung den Leib erzeugt und Gott dann nachträglich eine Seele erschafft. Aus schöpfungstheologischer Sicht entsteht eine spezifische Form der Verantwortung für menschliches Zeugen nicht nur der Menschen voreinander und füreinander, sondern auch der Verantwortung vor dem Schöpfer. Es sind nicht nur Lebensinteressen der Partner, jedes für sich und miteinander, die Lebensinteressen des neu gezeugten Lebens, sondern auf anderer Ebene gleichsam die „Interessen des Schöpfers“ selbst mitbetroffen, der sich in der Menschwerdung unwiderruflich und öffentlich zum Betroffenen menschlichen Handelns macht.

2. These

Auch eine theologische Ethik kommt, wie jede Ethik, in ihrer konkreten Urteilsbegründung nicht ohne Güter- und – realistischerweise – Übelabwägung aus. Auch scheinbar absolute Normen, die sich bewährt haben, wie das Tötungsverbot, sind über einen langen Zeitraum des Ringens und Suchens oft aus leidvollen Abwägungsvorgängen entstanden, was sich nicht zuletzt in den Ausnahmen vom Tötungsverbot niederschlug: Notwehr, Krieg und in früheren Zeiten die Todesstrafe.[1] Neuerdings wird wieder die Euthanasie diskutiert. Es ist methodisch höchst unbedarft, wie das allerdings oft geschieht, gleich mit dem Abwägen von Vor- und Nachteilen zu beginnen, ohne sich vorher Rechenschaft über den Fixpunkt der Waage zu geben, ohne den ja keine Waage funktionieren kann. Ethische Abwägung, für die in der Tradition ein ganzes Repertoire von Vorzugsregeln entwickelt

[1] Vgl. G. Virt, Leben bis zum Ende, Innsbruck 1998, 73–83.

wurde und weiter entwickelt werden muss, unterscheidet sich von anderen Abwägungen dadurch, dass sie unter dem Aspekt der unveräußerlichen Würde eines jeden Menschen und keinem anderen geschieht. Als Theologe füge ich hinzu, einer theologisch begründeten Menschenwürde, wobei der theologisch reflektierte Glaube nicht in Gegensatz zu kritisch philosophischem Denken tritt, sondern zusätzlich zu denken gibt.

3. These

Im Kontext unseres Problems Stammzellen gilt es, zwischen Anfang und Beginn menschlichen Daseins zu unterscheiden, wie dies etliche Philosophen tun.[2] Die Frage nach dem Anfang bezieht sich auf das Ganze des Menschseins, nach der Grundlegung des Ganzen. Dieses Ganze ist leibhaftig und zeitlich verfasst. Die Frage nach dem Beginn ist die Frage nach der zeitlich zuerst fassbaren Lebensphase. Der Anfang ermöglicht den Beginn und nicht umgekehrt. Der Beginn unseres Menschseins liegt immer weiter zurück, je älter wir werden. Der Anfang unseres Menschseins, wer wir eigentlich sind, tritt im Laufe eines Lebens immer deutlicher hervor. Wer der Mensch ist, kann sich restlos erst am Ende herausstellen. Das macht die anthropologische Grundlagenreflexion ja so schwierig, dass die Vollendung unseres Menschseins sich genauso verbirgt wie der Anfang: Jeder Mensch stirbt in einer bestimmten Weise unvollendet.

Die Frage nach dem artspezifischen menschlichen Leben ist eine empirische, die Frage nach dem Menschenwesen eine philosophisch-theologische. Personsein bedeutet, dass der Mensch ein weltoffenes Freiheitswesen ist. Person ist ein ursprünglicher und nicht durch Kombination von Eigenschaften zusammengesetzter Begriff. Die Frage nach dem Personsein ist die Frage nach dem Wesen, das bestimmte Eigenschaften haben kann, wie z.B. Bewusstsein, Interessen usw., und nicht erst die nach einer a posteriori feststellbaren Summe von Eigenschaften; wobei es zudem realistischerweise zu beachten gilt, dass kein Mensch jeweils alle Möglichkeiten personaler Vollzüge auch aktuell entfalten kann.

Personsein und artspezifisches menschliches Leben sind verschiedene Aspekte, die sich wechselseitig interpretieren. Personsein ist nicht ein Titel, der erst nach bestimmten Leistungsnachweisen verliehen wird, sondern eine Grundbestimmtheit, die die sittliche Antwort der Anerkennung herausfordert. Die Frage nach dem Anfang und die Frage nach dem Beginn sind daher zu unterscheiden, aber nicht zu trennen. I. Kant, der für die Fassung der modernen Menschenrechte eine wichtige Rolle spielt, tritt mit guten Gründen dafür ein, dass Menschsein und Personsein umfangsgleich zu sehen sind: Alle Menschen sind als Personen zu achten. Wer anders denkt, hat die Beweislast gegenüber der Tradition, die zu den Menschenrechten geführt hat, zu tragen: Warum soll es Menschen geben, die keine Personen sind und warum soll es Phasen im Menschenleben geben, in denen das Personsein nicht anerkannt werden

---

2 Vgl. A. Wucherer-Huldenfeld, Beginn und Anfang des menschlichen Daseins, in: ders., Ursprüngliche Erfahrung und personales Sein, Wien 1994.

muss. Der Schutzanspruch ergibt sich nicht schon aus dem Beginn menschlichen Lebens, aber er ergibt sich aus dem Anfang eines Menschenwesens und die beiden können nicht getrennt werden.

4. These

Die Frage nach der Gewinnung von embryonalen Stammzellen wird in der gesellschaftlichen Debatte meist begleitet von der Abtreibungsdiskussion. Dies ist vermutlich auch der Grund, warum in Österreich die öffentliche Diskussion so verhalten geführt wird. Es besteht aber ein wesentlicher ethischer Unterschied zwischen diesen beiden Problemlagen. Bei der Abtreibungsfrage steht das Strafrecht im Vordergrund. In Deutschland und Österreich wird Schwangerschaftsabbruch grundsätzlich als Unrecht angesehen; es wird aber der Tatsache Rechnung getragen, dass zum Teil sogar tragische, jedenfalls aber Ausnahmesituationen schicksalhaft und spontan eingetreten sind, in denen die schutzwürdige Position einer schwangeren Frau sich mit solcher Dringlichkeit geltend macht, dass die staatliche Rechtsordnung auf Strafsanktionen verzichtet. Hinter diesen Regelungen steht die Annahme, dass der Staat eine bessere Chance zum Schutz des ungeborenen Menschenlebens sieht, wenn er mit der Schwangeren zusammenwirkt; dies setzt allerdings eine *qualitätsgesicherte* Beratung voraus.

Bei der sogenannten verbrauchenden Embryonenforschung, von der die Gewinnung der embryonalen Stammzellen nur einen Teilaspekt darstellt, geht es aber um eine gezielte Herstellung oder Verwendung von Embryonen, die im Prozess der Forschung gezielt vernichtet werden.

5. These

Da es eine doppelte Wahrheit über den Menschen nicht geben kann, gehe ich davon aus, dass das ethisch Richtige in einer humanen Gesellschaft langfristig und aufs Ganze gesehen auch das wirklich Nützliche ist. Als realistischer Ethiker verkenne ich allerdings nicht die Tatsache, dass einzelne Forscher, Institutionen, Firmen, die sich embryonale Stammzellen patentieren lassen möchten, ja sogar ganze Gesellschaften sich in diesem Wettrennen durch ethisch bedenkliche Vorgangsweisen einen kurz- oder mittelfristigen Vorteil verschaffen möchten. Zum Wohl der Menschen in einer Gesellschaft wird das auf die Dauer aber nicht sein können.

3. Hoffnungen und Befürchtungen in Bezug auf die Stammzellenforschung

Hoffnungen und Befürchtungen stehen im Zusammenhang mit den Stammzellen im Raum wie schon lange nicht mehr. Deren Bewertung ist eine ethische Frage. Auf komplexe Fragen muss die Ethik differenzierte Antworten suchen, was in einer massenmedialen Kultur nicht einfach ist, da Vereinfachungen im Vordergrund stehen und differenzierte Gedankengänge schwierig zu kommunizieren sind. In der öffentlichen

Diskussion stehen meist die empirischen Probleme im Vordergrund. Die darin implizierten ethischen Fragestellungen gilt es zunächst aufzudecken, zu identifizieren und dafür nicht nur individual, sondern auch sozialethisch zu sensibilisieren. Ich schlage folgenden Frageraster in ihrer logischen Reihenfolge vor. Wer oder was ist das, an dem geforscht wird (3.1)? Welches sind die Ziele und wie realistisch sind sie (3.2)? Welches sind die Mittel zur Erreichung dieser Ziele (3.3)? Welche Risiken sind zu verantworten (3.4)?

3.1 Wer oder was sind Stammzellen?

Nach dem derzeitigen Stand (Opinion der Europäischen Beratergruppe für Ethik vom Januar 2001) gilt es, drei verschiedene Typen zu unterscheiden:

- Vorläuferstammzellen, z.B. Epidermstammzellen oder spermatogene Ursamenzellen, die sich nur in bestimmte Zelltypen differenzieren können.
- Multipotente Stammzellen, die begrenzt in verschiedene Zelltypen entwickelt werden können, z.B. Hautstammzellen oder blutbildende Stammzellen, die in verschiede Blutzellen entwickelt werden können; es handelt sich hierbei um bereits etablierte Verfahren, bei deren Gewinnung und Anwendung keine ethischen Sonderprobleme entstehen und die üblichen medizin-ethischen Kriterien zu berücksichtigen sind.
- Pluripotente Stammzellen, die in vitro zu allen verschiedenen Zelltypen entwickelt werden können, aus denen aber kein Embryo entstehen kann (also keine totipotenten Zellen im Sinne des deutschen Embryonenschutzgesetzes). Diese pluripotenten Stammzellen kommen im Gegensatz zu den Vorläuferstammzellen und den multipotenten Stammzellen natürlicherweise im erwachsenen Körper nicht vor. Allerdings gibt es Forscher, die neuerdings darauf hinweisen, dass die Möglichkeit der direkten Entwicklung von embryonalen Stammzellen zu Embryonen nicht sicher auszuschließen ist. Auf diese pluripotenten Stammzellen richtet sich derzeit das Augenmerk der medizinischen Forschung aus verschiedenen Gründen.

Ethische Probleme bestehen vor allem in der Weise der Gewinnung dieser pluripotenten Stammzellen, entweder aus der inneren Zellmasse eines Embryos (Blastozyste), oder aus embryonalen Keimzellen im Fötus. Bei der Gewinnung aus Keimzellen aus dem Fötus setzt dies normalerweise die Abtreibung voraus; die ethischen Probleme der Abtreibung und der Druck, der unweigerlich entstehen kann, sowie die Vivisektion des Fötus zu einem ganz bestimmten Zeitpunkt, sind gravierende ethische Probleme.

Bei der Gewinnung von embryonalen Stammzellen aus der Blastozyste handelt es sich entweder um die gezielte Herstellung von Embryonen, um diese unweigerlich gezielt zu vernichten (dieses ist in der „Menschenrechtskonvention zur Biomedizin" Artikel 18,2 verboten), oder es handelt sich um sogenannte überzählige Embryonen (MRB 18,1 sieht den adäquaten Schutz der Embryonen vor). Lässt sich Vernichtung von Embryonen und deren adäquater Schutz vereinbaren?

Das österreichische Fortpflanzungsmedizingesetz (FMG) gestattet die Herstellung von Embryonen nur für die medizinisch unterstütze Fortpflanzung und zwar nur von so vielen Embryonen, wie innerhalb *eines* Zyklus implantiert werden. Die Regelung der Aufbewahrung von kryokonservierten Embryonen für maximal ein Jahr wurde bei der Verfassung des Gesetzes für jene seltenen Fälle vorgesehen, dass zwischen IVF und Embryonentransfer eine Krankheit oder ein Unfall solches unmöglich machen und der Embryo gerettet werden sollte. Für die vorhandenen überzähligen Embryonen, die nach der Gesetzesintention eigentlich nicht vorhanden sein sollten, ist deren Vernichtung ethisch abzulehnen, ob mit oder ohne Forschung. Als ethisch gangbare Alternative bietet sich die pränatale Adoption an, die ernsthaft gesellschaftlich diskutiert werden sollte und die es von der Leihmutterschaft zu unterscheiden gilt, mit der diese überhaupt nichts zu tun hat. Die erb- und personenstandsrechtlichen Probleme müssten rechtlich lösbar sein. Es wäre auch deutlich zu machen, dass es sich um ein Notstandsrecht handelt: Nur bei einer Verwaisung ist ein solcher Notstand gegeben und die rechtliche Regelung müsste streng auf diesen Fall beschränkt bleiben. Die Möglichkeit eines Embryonenhandels ist striktest zu unterbinden; ebenso ist die Akzeptanz des heterologen Systems zu vermeiden.

Der ethisch begründete Schutz des Menschenlebens, der als Würdeschutz und nicht bloß als Pietätsschutz konzipiert ist, bezieht sich ethisch gesehen auch auf die Frühphase des Menschenlebens, soweit wir dies heute zurückverfolgen können und das heißt bis zum Prozess der Kernverschmelzung. Es gilt, in der Forschung Weichenstellungen und Alternativen zu forcieren, die nicht die gezielte Vernichtung von Menschenleben – auch in der Frühphase eines Menschenwesens nicht – voraussetzen, z.B. Gewinnung von Stammzellen aus Nabelschnurblut, adulte Stammzellen und eventuell auch Stammzellen aus Hirntoten, analog zur Organentnahme.

3.2 Ziele der Stammzellenforschung

Wofür sollen embryonale Stammzellen in Kultur genommen werden, welche Anwendungen erhofft man sich und wie realistisch sind diese Hoffnungen? Die Liste der Krankheiten, für die vielleicht in ferner Zukunft eine Therapie mittels embryonalen Stammzellen gelingen könnte, ist unter Wissenschaftlern umstritten. Der Einsatz von multipotenten Stammzellen entspricht einer unter den normalen medizin-ethischen Kriterien etablierten Forschungs- und Behandlungsmethode und wirft keine ethischen Sonderprobleme auf dieser Ebene der Zielsetzung auf. Die Gewinnung von embryonalen Stammzellen hingegen, die die Vernichtung von Menschenleben in ihrer Frühphase voraussetzt, wird um des möglichen hohen Therapiepotentials und für die Grundlagenforschung angestrebt. Tierversuche sind vielversprechend, funktionieren aber oft bei einer anderen Tierart schon nicht mehr. Nach der Opinion der Europäischen Beratergruppe für Ethik sind diese Formen einer klinischen Anwendung noch Jahrzehnte entfernt.

Als weitere Ziele werden genannt: Studien von Krankheiten im Tiermodell mit Hilfe von embryonalen menschlichen Stammzellen, Toxikologiestudien, Verwendung von Stammzellen als Vektoren in der Suche nach somatischer Gentherapie.

Ein spezifisches Ziel liegt auch in der Forschung zur Reprogrammierung adulter Stammzellen, sowie zum Kerntransfer – oft auch mit einem semantischen Trick „therapeutisches" Klonen genannt. Die Europäische Beratergruppe bezeichnet den Realitätsgehalt dieser Erwartungen als höchst spekulativ und höchst umstritten unter den Wissenschaftlern. Die Herstellung von Embryonen durch Zellaustausch wird daher als voreilig bezeichnet und der Weg zu Alternativen gewiesen.

3.3 Mittel der Stammzellenforschung

Selbst wenn die Ziele über die bereits etablierten Anwendungen multipotenter Stammzellen hinaus auch bei pluripotenten Stammzellen sich eines Tages als klinisch realistisch erweisen sollten, ist unter ethischem Aspekt die Frage zu stellen, ob das Ziel jedes Mittel rechtfertigt. In der Neuzeit geriet die Medizin unter das Motto Renè Descartes: Die Medizin wird eines Tages alle Krankheiten heilen können und vielleicht auch die Altersschwäche los werden. Dieses Motto erzeugt eine enorme Anspruchshaltung, dass alles für die Gesundheit getan werden muss und zwar um jeden Preis unter Einsatz jedes Mittels. Diese naturwissenschaftliche Medizin geriet dadurch unter einen enormen Erwartungsdruck weiter Kreise der Bevölkerung, vor allem in den reichen Ländern, dass alles für die eigene Gesundheit getan werden muss und jedes Mittel ohne Rücksicht eingesetzt werden soll.

Wir sind sicher verpflichtet, Leiden zu lindern und Krankheiten zu heilen, die wir heilen können, und einen gerechten Zugang aller zu den Gesundheitsmitteln zu gewährleisten. Wir sind aber ethisch nicht verpflichtet, ethische Grenzen zu überschreiten, um höchst unsichere Heilversuche vorzubereiten.

3.4 Risiken der Stammzellenforschung

Risiken sind etwas anderes als Gefahren, die in der Natur vorkommen, sondern vielmehr vom Menschen zu verantwortende Gefahren bei der Erreichung von menschlichen Handlungszielen. Obwohl in einigen Ländern per Inserat Stammzelllinien angeboten werden, würde vermutlich keine Ethikkommission zustimmen, mit diesen Zelllinien bereits in die Forschung am Menschen einzutreten. Zu groß sind die Risiken, die ich nur noch stichwortartig andeuten kann:

- Krebsrisiko,
- Risiko der Bildung von ektopischem Gewebe,
- Infektionsgefahren,
- psychische Enttäuschungen, wenn anfängliche Versuche, vielleicht auch über längere Zeit, misslingen, wie beim Einsatz von fötalen Zellen bei Parkinsonkrankheit.

4. Zusammenfassung

Unter der Voraussetzung, dass das ethisch Richtige in einer humanen Gesellschaft langfristig sich auch als das wirklich Nützliche erweisen wird, gilt es, das grundlegende Prinzip des Würdeschutzes auch für die frühen Phasen des Menschenlebens durchzuhalten, und diesen Schutz aber unter Einbeziehung der abgeleiteten Axiome („Autonomie“, „Nicht schaden“, „Wohltun“, Gerechtigkeit, Proportionalität usw.) und ethisch legitimer Alternativen durchzubuchstabieren. Auf alle Fälle muss auch bei den einzelnen Schritten einer neuen Technologie das Problemlösungskriterium angewandt werden, das besagt, dass der Einsatz einer neuen Technik nicht größere Probleme schaffen soll als sie löst.

Sozialethisch ist es wichtig, darauf zu achten, dass die Ziele nicht utopisch überzogen werden und ein verfrüht in die Medien gestelltes Angebot illusionäre Nachfrage erzeugt, das weder erfüllt werden kann noch ethisch gerechtfertigt ist. Wenn die Tür für verbrauchende Embryonenforschung einmal geöffnet ist, wird sie kaum mehr zu schließen sein. Dann können menschliche Embryonen und ihre Derivate zum medizinischen Rohstoff von morgen werden. Die Produzenten dieses medizinischen Rohstoffes werden die Frauen sein und sie werden sich dem Druck, sich dafür zur Verfügung zu stellen, nur schwer entziehen können.

Die Interessen künftiger Kranker, die vielleicht einmal in unsicher ferner Zukunft mit embryonalen Stammzellen geheilt werden können sind wichtig, aber sie rechtfertigen nicht, Menschenwesen jetzt und unwiderruflich für diese Interessen total zu instrumentalisieren.

Auch wirtschaftliche Ziele und Erwägungen (meist steht die Arbeitsplatzerwägung aber auch die Rendite von Risikokapital im Vordergrund) dürfen keine Rechtfertigung für eine Spaltung von Menschenwesen – wenn auch in der Frühphase – sein, wenn der eine Embryo den Implantationsbonus bekommt und der andere dem Forschermalus zum Opfer fällt, das heißt im Vollzug der Forschung vernichtet wird. Die Lizenz für eine Totalinstrumentalisierung von Menschenwesen betrifft die ethischen Grundlagen der schwierig und leidvoll genug errungenen Menschenrechtsstandards und öffnet eine gefährliche Logik. Eine solche Unterteilung von Menschen in instrumentalisierbare und nichtinstrumentalisierbare zeichnet sich auch auf anderen Ebenen ab und muss ebenfalls beachtet werden: Bei der Diskussion um die Präimplantationsdiagnose, in der es einzig und allein um die Selektion von Menschen geht, bei der Diskussion um die Euthanasie, wenn nach der Überzeugung des Arztes Menschen mit schlechter Lebensqualität vorzeitig getötet werden dürfen (die Freiwilligkeit ist in dieser Situation eine höchst problematische Angelegenheit) und schließlich bei Versuche, Menschenrechtsstandards weiterzuentwickeln und umzuformulieren. Letzteres zeigt sich z.B. darin, dass die EU Charta von Nizza signifikante Abweichungen gegenüber der Europäischen Menschenrechtskonvention (EMRK) enthält: In der deutschen Übersetzung fällt ein Subjektwechsel von Mensch zu Person auf: In Artikel 1 wird die unveräußerliche Würde eines jeden *Menschen* anerkannt, in Artikel 2 aber wird der Lebensschutz nicht für jeden Menschen, sondern für jede *Person* gewährleistet. Warum nicht für jeden *Menschen*? Soll hier etwa in Menschenrechtsdokumente stillschweigend die Unterscheidung von Mensch und Person im Sinne Peter Singers eingeführt werden? Die Passage aus EMRK Art 2, „dass niemand absichtlich seines Lebens beraubt werden darf" fällt in der EU Charta völlig aus.

Entgegen oft geäußerter Befürchtungen, hat Ethik aber keineswegs auf der Bremse zu stehen, sondern kritisch und vorausschauend die Weichenstellungen zu begleiten, die bei der Interpretation der Weiterführung von Menschenrechtsdokumenten und in der Regelung der Forschung vorgenommen werden. Ethik hat hierbei, auch angesichts von aktuell gerade forcierten neuen wissenschaftlichen Einsichten die Frage differenzierend einzubringen, welche Handlungsweisen unter Berücksichtigung aller Aspekte nachhaltig humane Folgen nicht nur für Einzelne, sondern für die ganze Gesellschaft zeitigen und welche nicht.

ZUR ETHISCHEN DEBATTE UM DAS KLONEN*

In der gesellschaftlichen Bioethikdebatte treten Intuitionen, verborgene und offene Interessen, Nützlichkeitserwägungen, politisch-taktische und ethische Argumente oft vermischt auf. Wir stehen mit dem rasanten Fortschritt der empirischen Biowissenschaften vor entscheidenden Weichenstellungen, die unsere und die folgenden Generationen nachhaltig beeinflussen werden.

Im Zusammenhang mit dem Klonen geht es um verbrauchende Embryonenforschung, bei der menschliche Embryonen oder embryonale Menschen – beide Ausdrücke beinhalten bereits bestimmte Standpunkte – als Mittel zum Zweck eingesetzt werden. Zudem ist die Präimplantationsdiagnose zur Selektion begonnenen Menschenlebens vor der Implantation in den Mutterschoß Gegenstand ethischer Erwägungen.

1. Das Babyklonen

Die erst 1997 eingeführte Bezeichnung „reproduktives Klonen" ist irreführend, da es sich bei jeder Herstellung eines menschlichen Embryos – auf welchem Weg auch immer – um ein reproduktives Handeln dreht. Die Unterscheidung dient von vornherein der Legitimation des sogenannten „therapeutischen Klonens" und der vorläufigen Untersagung des Babyklonens.

Bezüglich des Babyklonens scheint auf den ersten Blick eine breite Verbotsallianz zu bestehen. Ein UNO-Abkommen zum weltweiten Verbot des Klonens ist in Verhandlung. Soll hier nur das Babyklonen oder auch das sogenannte therapeutische Klonen, das im englischen Sprachraum viel ehrlicher „research cloning" (Forschungsklonen) heißt, verboten werden?

Bezüglich des Babyklonens sind derzeit keine wirtschaftlichen Interessen damit verbunden. Aber was sind die entscheidenden ethischen Gründe?

Man weiß, dass durch das Klonen mittels Kerntransfer mit hoher Wahrscheinlichkeit schwere Schäden bei dem so hergestellten Embryo entstehen. Insofern ist das Babyklonen von den *Folgen* her ethisch derzeit nicht vertretbar. Aber dies ist noch kein grundsätzliches ethisches Argument gegen das Klonen, denn eines Tages könnten sich durch verbesserte Technik Risiken minimieren lassen. Ähnlich wird beim provisorischen Verbot der Keimbahnintervention argumentiert: Diese basiere auf unverantwortlichen Risiken. Auch hier gilt: Durch verbesserte Techniken könnte sich das Risiko eines Tages minimieren lassen. Auch bei der In-Vitro-Fertilisation (IVF) haben 9% der auf diesem Weg „gezeugten" Kinder nach einer neuen Untersuchung schwere Schäden, die leichten wurden in dieser Studie gar nicht untersucht.[1] Eine großflächige Studie über alle körperlichen, aber auch psy-

* Dieser kurze Artikel, der einige Aspekte der Argumentation zum Problem des Klonens von Menschen mit der Argumentation in anderen Problembereichen auf ihre Konsistenz hin betrachtet, erschien ursprünglich in: IKZ Communio 33(2004) 105-112.

[1] Vgl. New England Journal of Medizin Nr.10 (7.3.2002), 725-730

chosozialen Nah- und Spätfolgen wäre wünschenswert. Auch die „Erfolgsrate" hat sich in den letzten 25 Jahren nicht wirklich erhöht.

Im Kontext des Babyklonens könnte ein Paar einen so starken Kinderwunsch haben, dass es bereit ist, auch ein hohes Risiko dafür in Kauf zu nehmen. Alle diese Risiken und negativen Erfahrungen müssen transparent gemacht werden. Die ethische Verpflichtung, unerwartet unerwünschte und in diesem Sinn negative Studienergebnisse zu veröffentlichen ist gerade in diesen Bereichen besonders dringlich. Ein gesellschaftlicher Dialog kann nur gelingen, wenn Gewissheit besteht, dass die Gesellschaft nicht einseitig nur über positive, sondern auch über negative Ergebnisse und die „Kollateralschäden" der Wissenschaft auf dem laufenden gehalten wird.

Als weiteres Argument gegen das Babyklonen wird vorgebracht, dass hier ein Mensch als Kopie eines anderen hergestellt und so total instrumentalisiert wird. Worin aber besteht diese Totalinstrumentalisierung? Es wird argumentiert, dass hier ein Mensch nur als Kopie eines zweiten Menschen auf Wunsch eines dritten intendiert wird.

Das Argument ist *objektiv* nicht so einfach, da der genetische Anteil zwar eine notwendige aber keine hinreichende Voraussetzung für Identität ist. Ein so geborenes Kind würde eine ganz individuelle Biographie haben: Andere Umstände, andere Zeit, andere Lebenserfahrungen sowie alle Momente der Lebensgestaltung würden dazu beitragen, dass es trotz weitgehender genetischer Identität eine eigenständige Biographie entwickelt. Auch ein geklonter Mensch wäre niemals die Kopie eines anderen, sondern hätte seine eigene Personwürde.

Von der *subjektiven* Intention wäre der Fall denkbar, dass Eltern meinen, auf anderem Weg den Wunsch nach einem eigenen Kind nicht realisieren zu können. Dann wäre dies keine Herstellung eines Menschen zu einem Zweck, der nicht er selbst ist. Allerdings wäre ein solches durch Klonen hergestelltes Baby nicht aus der Vereinigung männlicher Samen und weiblicher Eizellen hervorgegangen, sondern aus einer medizinischen Technik, die die genetische Kopie nur der Mutter, nur des Vaters oder gar eines Dritten bewerkstelligt. Gravierende Folgen für die lebensweltlichen Familien- und Verwandtschaftsverhältnisse (z.B. könnte ein Klon der zeitversetzte Zwilling seiner Mutter sein) sowie das Selbstverständnis eines solchen Menschen sind nicht zu verantworten.

Die Würde eines so geborenen Menschen kann ihm auch durch die Klontechnik nicht genommen werden, aber sie wird verletzt. Sie wird verletzt, weil die Individualität dieses geklonten Menschen einem schon existierenden genetischen Programm und daher einem ihm äußerlichen Muster unterworfen wird. Wegen der leibseelischen Einheit des Menschen bedeutet die genetische Fremdbestimmung durch die Pläne anderer Menschen eine Instrumentalisierung, die an den Kern der Person geht.

Welches also sind die entscheidenden ethischen Gründe gegen das reproduktive Klonen? Die Diskussion konzentriert sich vor allem auf die Folgen für Körper, Psyche und soziales Verhalten des Kindes. (Eine ähnliche Problematik ergibt sich auch bei heterologer Insemination, bei der Same oder Eizelle von einem anderen Partner als dem Ehepartner stammen.) Die Diskussion konzentriert sich weiter auf die Gewinnung der Eizellen. Frauen – besonders Frauen aus armen Ländern – laufen Gefahr, zu Eizelllieferantinnen degradiert zu werden.

Neue Techniken werden nicht im luftleeren Raum angewandt, sondern finden in einem sozialen Kontext statt, der von ökonomischen Gegebenheiten und Abhängigkeiten geprägt ist. Feministinnen machen weiter ausdrücklich auf das Problem der Verteilungsgerechtigkeit aufmerksam: Wem kommen die neuen Reproduktionstechniken zugute? Gelten diese Bedenken schon der IVF, so gelten sie umso mehr für das Klonen, und zwar für Babyklonen wie für Forschungsklonen gleichermaßen. Sie gelten auch für die Stammzelllinien, die durch Zerstörung embryonaler Menschen gewonnen werden generell – zusätzlich, wenn sich herausstellt, dass die vorhandenen in Qualität und Quantität nicht ausreichen und stets neue embryonale Stammzelllinien produziert werden müssen.

Ein entscheidendes ethisches Argument gegen das Klonen von Menschen besteht darin, dass die medizinischen und biologischen Versuche, die zur Herstellung eines Menschen nötig wären, mit den Grundsätzen der Medizin- und Forschungsethik im Widerspruch stehen: Sie haben eine Totalinstrumentalisierung des Menschenlebens zur Voraussetzung. Diese Totalinstrumentalisierung ist immer dann gegeben, wenn das Dasein eines Menschen nicht um seiner selbst willen angenommen wird, sondern erst auf Grund seines geplanten und gewollten „Soseins“. Um beim Babyklonen ein „gesundes“ Kind zu erhalten, müssen unabsehbar viele Embryonen und auch Föten wegselektiert und geopfert werden. Dann wird tatsächlich das Sosein eines Menschen auf jene Zwecke reduziert, die von außen an ihn herangetragen werden. Eine ähnliche Gefahr ergibt sich aber auch bei der Präimplantationsdiagnose, wenn ein Mensch nur auf Grund bestimmter Qualitäten angenommen wird. Andere Embryonen werden aufgrund schlechter genetischer Qualität verworfen und die geborenen nur aufgrund ihrer genetischen Fitness akzeptiert. Einer bloß bedingten Annahme eines Kindes wird dadurch Vorschub geleistet.

Nach Sichtung der wichtigsten Argumente ist also Babyklonen eng verknüpft mit ethischen Problemen, die sich auch beim sogenannten therapeutischen Klonen, IVF und Präimplantationsdiagnostik (PID) ergeben.

Der Versuch, nur das Babyklonen in einer UNO-Konvention zu bannen und nicht auch das Forschungsklonen, übersieht zudem die Schwierigkeiten der Kontrolle und Überwachung: Wie soll verhindert werden, dass zu Forschungszwecken hergestellte menschliche Klone nicht auch tatsächlich implantiert und eines Tages geboren werden? Es ist naiv, zu glauben, dass dieser Übergang wirksam und umfassend kontrolliert werden kann. Der Preis dafür wäre eine totale Polizeikontrolle aller diesbezüglichen Laboratorien rund um die Uhr. Wenn bekannt wird, dass ein Forschungsklon implantiert wurde, was soll dann geschehen?

2. „Therapeutisches" Klonen

Der Ausdruck „therapeutisches Klonen" ist in einer doppelten Weise irreführend, da nach lange bewährtem Sprachgebrauch als therapeutisch nur eine Maßnahme gilt, die in Forschung oder Behandlung dem betroffenen Individuum selbst zugute kommt und das Individuum selbst nicht als Mittel zum Zweck für andere eingesetzt wird. Im Fall des „therapeutischen Klonens" geht der Einsatz jedoch bis zur Vernichtung des Embryos. Irreführend ist der Ausdruck „therapeutisch" auch, weil nicht eine Therapie, sondern bestenfalls eine Hypothese im Raume steht. Wer etwas verspricht, was er noch nicht einlösen kann, muss noch nicht automatisch Recht haben. Ehrlicherweise müsste man derzeit vom Forschungsklonen sprechen. Dies bedeutet die gezielte Herstellung von Menschenleben durch Kerntransfer, um dieses Menschenleben in der Forschung dann wieder gezielt zu vernichten. In dieser Hinsicht ist das Forschungsklonen sogar ein *fundamentalerer* Verstoß gegen das Instrumentalisierungsverbot als das reproduktive Klonen – besonders dann, wenn Eltern nicht gezielt eine Kopie, sondern einfach nur ein Kind wollten.

Der Weg, über das Forschungsklonen pluripotente Stammzellen zu gewinnen, bedeutet eine Totalverzweckung eigens dafür hergestellten menschlichen Lebens.

Die Herstellung von menschlichen Embryonen zu Forschungszwecken ist in der Menschenrechtskonvention zur Biomedizin in Art. 18 klar verboten. Eine Unterscheidung zwischen Herstellung durch Vereinigung von Ei- und Samenzelle einerseits und durch Kerntransfer andererseits wird nicht vorgenommen und wäre aus ethischen und anthropologischen Gründen auch nicht richtig. Der Unterschied zwischen Forschungsklonen und Babyklonen liegt nämlich allein in der äußeren Zwecksetzung, die an den Embryo herangetragen wird und würde den Embryonenschutz völlig aushöhlen. Welcher Embryo den Implantationsbonus bekommt und welcher den Forschungsmalus erhält, hängt dann allein von fremder Zwecksetzung ab und bedeutet daher eine Totalinstrumentalisierung.

3. Die sogenannten „überzähligen" Embryonen

Ein in diesem Zusammenhang auftretendes gravierendes ethisches Problem ist die eingeplante Überzähligkeit von Embryonen bei der IVF. Nach den in Deutschland und Österreich geltenden Gesetzen sollte es keine überzähligen Embryonen geben. Für den seltenen Fall der Erkrankung der Frau (oder einen Unfall) in der kurzen Zeit zwischen der Fertilisation in vitro und dem Embryonentransfer, hat der Gesetzgeber die Kryokonservierung vorgesehen und diese im Österreichischen Fortpflanzungsmedizingesetz 1992 auf ein Jahr beschränkt. Eine Verlängerung dieser Aufbewahrungsfrist ist ethisch nicht problematisch, wenn die Vernichtung der Embryonen aufgeschoben wird, um mögliche Lebenschancen zu eröffnen und wenn damit aus medizinischen Gründen einem Paar geholfen werden kann.

Auf keinen Fall darf aber dadurch der zunehmenden Zahl an überzähligen Embryonen weiter Vorschub geleistet werden. Dies wäre ein eindeutiger Verstoß gegen die Intention der Gesetze und unethisch. Für die Eröffnung von Lebenschancen für die derzeit in nicht umfassend kontrollierter Weise vorhandenen überzähligen Embryonen, wäre die Zulassung der in vielen Ländern vorgesehenen Embryonenspende zur pränatalen Adoption zu erwägen. Wenn man erstens IVF auch unter der derzeitig unbefriedigenden Technik mit der von Zentrum zu Zentrum unterschiedlichen Anzahl von überzähligen Embryonen akzeptiert und wenn man zweitens das Institut der Adoption akzeptiert und zudem weiß, dass eine möglichst frühe Adoption besser für das Kind ist – dann spricht grundsätzlich weniger gegen die Möglichkeit der pränatalen Adoption als gegen die Vernichtung oder Instrumentalisierung dieser Embryonen. Unter der Bedingung, dass die Kinder ihre biologische Herkunft erfahren können und ein solches Notstandsrecht nicht für die Ausweitung der Überzähligkeit benutzt wird, könnte eine solche Regelung akzeptiert werden.

Embryonenspende zur pränatalen Adoption sind klar von der weiterhin zu untersagenden Leihmutterschaft zu unterschieden, da es bei dieser um die Austragung eines Kindes gegen Entgelt geht, das nach Beendigung der Schwangerschaft und Auszahlung einer vereinbarten Summe einer anderen Frau übergeben wird. Bei der Embryonenspende zur pränatalen Adoption wäre deutlich zu machen, dass es sich um ein Notstandsrecht handelt, das nur so lange zu rechtfertigen ist, als das große ethische Problem der Überzähligkeit von menschlichen Embryonen besteht. Nur bei einer ungeplanten Verwaisung eines Embryos ist ein solcher Notstand gegeben, und die rechtliche Regelung müsste streng auf diesen Fall beschränkt bleiben. Die Möglichkeit jedes Embryonenhandels ist strikt zu unterbinden. Ebenso darf der Akzeptanz des heterologen Systems kein Vorschub geleistet werden.

Ethisch zu fordern sind Maßnahmen zur Eindämmung und Kontrolle der Überzähligkeit von Embryonen: Woher kommt es, dass manche Zentren viele und andere kaum überzählige Embryonen hervorbringen? Es bedarf einer verbindlichen Qualitätskontrolle der IVF-Zentren in einer der Wichtigkeit dieses Problems angemessenen Form. Eine solche würde allen Beteiligten zugute kommen.

Eine Kryokonservierung von menschlichen Embryonen ist nur so lange als Notlösung vertretbar, bis die Techniken verbessert und weitere Fortschritte mit der getrennten Kryokonservierung von Oocyten und Samen gemacht worden sind. Es sind bereits Kinder nach dieser neuen Technik geboren worden. Forschungen auf diesem Gebiet sind aus ethischen Überlegungen zu begrüßen.

4. Verbrauchende Embryonenforschung

Trotz der zu fordernden Qualitätskontrollen und Einschränkung der Überzähligkeit von Embryonen, steht das Entscheidungsproblem einer Verwerfung oder Beforschung der vorhandenen Embryonen mit unterschiedlicher Zielsetzung und unterschiedlichen Interessen an. Woher kommen die Maßstäbe zur ethischen Beurteilung?

In einer ethischen Argumentation sind die empirischen Aspekte und die Aspekte der Interpretation dieser empirischen Ergebnisse zu unterscheiden, aber auch miteinander zu vermitteln. Nach dem gegenwärtigen Erkenntnisstand ist der empirisch greifbare Beginn des konkreten Menschenlebens kein Zeitpunkt, sondern ein Prozess. Auf diesen Prozess sind die Interpretationskategorien, mit denen Menschenleben generell verstanden und geschützt wird, anzuwenden – aber wie?

Grundsätzlich gilt der Würdeschutz für den gesamten Verlauf des menschlichen Lebenszyklus. Wer bestimmte Phasen von diesem Würdeschutz ausnimmt, hat die Beweislast zu tragen, warum dieser Schutz erst ab einem späteren Zeitpunkt in diesem Prozess gewährt werden soll und wie zu vermeiden ist, dass es zu einer willkürlichen Zuschreibung des Würdeschutzes, je nach Interessenslage, kommt. Würdeschutz ist nach den gemeinsamen europäischen Werten dem Menschen nicht zu gewähren, sondern zu gewährleisten und zwar während der gesamten Dauer seines Lebens und in allen Situationen und Umständen. Ein vager, bloß abgestufter Pietätsschutz, sowie ein Verfahrensschutz, wie er etwa auch bei Tierexperimenten vorgesehen ist, täuscht über dieses Grundproblem hinweg. Menschenwürde zeichnet jedes menschliche Wesen dadurch aus, dass dieses nicht auf einen Wert für etwas anderes oder andere reduzierbar sein darf. Menschenwürde ist die Voraussetzung für eine ethische Güterabwägung und nicht selbst Gegenstand der Güterabwägung. Leben hingegen kann, wenn es gegen gleichwertige Güter – also gegen Leben anderer – in Konflikt steht, durchaus unter dem Aspekt der Menschenwürde in eine Güterabwägung geraten (z.B. Notwehr, vitalmedizinische Indikation).

Die Argumentation, dass diese überzähligen Embryonen ohnedies verloren seien, übersieht, dass Verstöße gegen das Lebensrecht und Verstöße gegen die Menschenwürde unterschieden werden müssen. Auch wenn es in einer tragischen oder schuldhaft herbeigeführten Situation dazu kommt, dass der Embryo zum Absterben verurteilt wird, ist der Schutzbereich der Menschenwürde und damit das Instrumentalisierungsverbot für diesen Embryo nach wie vor relevant. Niemand sollte in analoger Weise, unter dem Hinweis auf den nahen Tod eines sterbenden Menschen, diesen, mit dem Hinweis auf einen möglichen Nutzen für andere Patienten, einer Totalinstrumentalisierung aussetzen. Mit der Chromosomenvereinigung und der Bildung der Metaphasenplatte liegen in diesem kontinuierlichen Prozess des Beginns des Menschenlebens bereits so viele Vorentscheidungen grundgelegt vor, dass die Beweislast, warum diese Phase des Menschenlebens aus dem Würdeschutz ausgenommen sein sollte, erst zu erbringen wäre.

Zusätzlich verschärft würde das Problem der Überzähligkeit von Embryonen für die Testung bei der Zulässigkeit der Präimplantationsdiagnose, bei der ja weit mehr Embryonen benötigt werden.

5. Präimplantationsdiagnose

Für die Zulässigkeit der Präimplantationsdiagnose wird meist ins Treffen geführt, dass diese eine bessere Alternative zum gesetzlich straffreien Schwangerschaftsabbruch darstelle. Da auch Pränataldiagnose erlaubt sei, sei absurderweise der embryonale Mensch in vitro besser geschützt als in vivo.

Wenn man aber akzeptiert, dass auch die frühen Phasen des begonnenen menschlichen Lebens zum Menschenleben gehören, dann ist jede Selektion auf Grund genetischer und anderer biologischer Merkmale ein Verstoß gegen den Würdeschutz und widerspricht tendenziell dem verfassungsmäßig garantierten Diskriminierungsverbot. Die Präimplantationsdiagnostik (PID) hat anders als die Pränatale Diagnostik (PND), die in den meisten Situationen lebensdienlich ist und mehrere Entscheidungsoptionen offen lässt, exklusiv nur Selektion von Menschenleben an Hand von Testbarem – und das sind meist genetische Parameter – zum Ziel. Die gezielte Erzeugung von menschlichen Embryonen zu dem Zweck, eine Auswahl unter mehreren treffen zu können und diejenigen, die genetisch nicht passen zu vernichten, verletzt den würdigen Umgang mit menschlichem Leben in der Gesellschaft. (Davon zu unterscheiden wäre eine Testung, ob ein Embryo überhaupt lebensfähig ist.)

Die Belastung von Paaren im Falle einer familiären Häufung einer letalen genetischen Erkrankung bedeutet ein großes Leid und begründet den Anspruch auf Hilfe. Diese besteht aber nicht nur alternativlos in der PID, sondern wie bisher in einer guten Beratung und Begleitung, die Akzeptanz der Kinderlosigkeit auszuloten oder alle erdenklichen Hilfen bei der Adoption zu vermitteln. Die Zahl der Paare, bei denen eine solche Situation etwa nach den vorgeschlagenen Richtlinien der deutschen Bundesärztekammer vorliegt, beläuft sich in Österreich auf unter zehn pro Jahr. Die meisten Wünsche, die nach aller vorliegenden Erfahrung tatsächlich geäußert werden, betreffen aber die Geschlechtswahl durch PID.

Die Grenzen zwischen den ganz wenigen Situationen einer eng gesetzten Indikation und sich stets ausweitenden Ansprüchen sind kaum zu ziehen. Das legale Angebot der PID würde die in der Gesellschaft stets vorhandenen unterschwelligen eugenischen Einstellungen und Illusionen unausweichlich befördern. In der Abwägung zwischen den wenigen durchaus einfühlbaren individuellen Aspekten und den gesellschaftlichen Gefahren ist vorrangig auf letztere zu achten. Der durch die PND ohnehin schon erhebliche soziale Druck auf Frauen, möglichst perfekte Kinder zu gebären, könnte durch die PID noch verstärkt werden.

Ein Wertungswiderspruch zwischen dem Schutz des Embryos im Mutterschoß und in der Petrischale besteht nicht. Die Auswahl von Embryonen *vor* der Implantation in die Gebärmutter zur Erfüllung des Wunsches der Eltern nach einem genetischen eigenen und gesunden Kind ist grundsätzlich zu unterscheiden von einer *bereits* eingetretenen Konfliktsituation in der Schwangerschaft, die zwischen der Schwangeren und ihrem ungeborenen Kind in dieser analogielos engen Verbindung besteht. Ein Embryo in vitro dagegen ist anderen Interessen zugänglich und ausgesetzt. Wer einen menschlichen Embryo in die exponierte Situation der Petrischale außerhalb des Mutterschoßes bringt, hat nicht eine geringere, sondern eine noch höhere Verantwortung für seinen Schutz.

Hinzu kommen die sozialethischen Argumente: Bei Zulassung der Präimplantationsdiagnose würden sich die Zielsetzungen und Akzeptanzen der IVF gründlich verändern. Außerdem zeigen die Erfahrungen mit der PND: Was am Anfang zunächst in Einzelfällen angeboten wird, wird zunehmend von mehr und mehr Menschen verlangt und am Ende unter Umständen sogar verordnet.

Medizin will langfristig auch genetisch geschädigtes Leben nicht vernichten, sondern heilen. Jeder Versuch zur Therapie in dieser frühen Phase wäre aber unweigerlich ein Versuch, die Keimbahn zu verändern und damit eine Keimbahnbastelei, die von allen internationalen Dokumenten verboten ist. Die behauptete Alternative, entweder PID oder nachfolgende PND mit Schwangerschaftsabbruch, ist auch insofern nicht zutreffend, als nach der PID meist auch eine oder mehrfache PND nachgeschoben wird. Zur Rechtfertigung der PID, den Wunsch nach einem noch nicht existierenden gesunden Kind ins Treffen zu führen für das selektive Verwerfen existierender erblich belasteter Embryonen, würde bedeuten, das Recht eines nicht Existierenden höher zu stellen als das Lebensrecht eines bereits begonnenen menschlichen Lebewesens.

6. Resümee

Das Babyklonen kann nicht gesondert von anderen ethischen Problemen behandelt werden. Es verschärft die vielen individual- und sozialethischen Bedenken, die schon bei IVF und der PID bzw. der PND zu diskutieren sind. Insgesamt ist der Weg zum Klonen mit so vielen ethischen und naturwissenschaftlichen Problemen belastet, dass Babyklonen wie auch Forschungsklonen abzulehnen sind.

AKTUELLE DEBATTEN UM DIE EUTHANASIE*

Die Debatte um die Euthanasie hat einen neuen Schub bekommen. Dafür gibt es *sachliche* Gründe[1]:

- Der Anteil an hochbetagten Menschen in der Gesamtbevölkerung und die Lebenserwartung nehmen in unseren Gesellschaften zu und werden vermutlich weiter zunehmen.
- Rund die Hälfte des Gesundheitsbudgets wird in den letzten Lebensmonaten ausgegeben, und die Ressourcen dafür werden immer knapper. Das meist nicht ausgesprochene Ansinnen, das in einer zunehmend rein ökonomisch denkenden Gesellschaft naheliegt, wird meist erst inoffiziell nach Veranstaltungen geäußert: Wie wäre es, wenn wir diese Hälfte des Gesundheitsbudgets einsparen könnten, indem wir die letzte Lebensphase abkürzen durch beschleunigte Herbeiführung des Todes? Es fehlt wahrlich nicht an sozialtechnischen und psychotechnischen Möglichkeiten, den Menschen, die uns zur Last fallen, nahezulegen, diesen Wunsch zu äußern.
- Das Bewußtsein der Autonomie im Sinne der Selbstbestimmung ist das Signum der Neuzeit. Trotz der von manchen „postmodern" genannten Kritik an der die Neuzeit prägenden Aufklärung wird die Wichtigkeit der Autonomie noch größer. Aber in welchem Sinn?
- Die Bereitschaft, unvermeidbares Leiden als schicksalhaft anzunehmen, und das Leiden anderer solidarisch in alltäglichen Situationen und über längere Zeit mitzutragen, nimmt ab. Die Angst, durch den Einsatz für andere etwas vom Leben zu versäumen, ist größer als der Wunsch nach Solidarität.

Dies alles hängt nicht nur mit einer allgemeinen Bewußtseinslage der Machbarkeit aller Dinge zusammen, sondern insbesondere mit dem Fortschritt der modernen Medizin, die uns vor schwierige Entscheidungsfragen stellt: Vor allem dort, wo der Einsatz dieser Medizin keine Heilung mehr verspricht, sondern nur mehr eine Verlängerung eines unter Umständen qualvollen Lebens.

Für diesen neuen Schub gibt es aber auch *politische* Gründe. In den Niederlanden und Belgien sind mittlerweile Gesetze in Kraft getreten, die es Ärzten unter

---

* Dieser Berichtsartikel entstand nach einem sehr einseitig besetzten Hearing im Europarat am 25.10.2002 in Paris, in dem die Befürworter der Euthanasie für die Gesetzesänderung in den Niederlanden und Belgien warben. Es zeichnete sich ab, daß ein Vorstoß im Europarat zu erwarten war, der die Liberalisierung der Euthanasie für den Bereich aller 46 Mitgliedsstaaten des Europarates empfehlen und die Recommendation 1418/99, die vom Ministerrat bereits mehrfach willkommen geheißen worden war, aufweichen würde. Diese Recommendation setzt auf Ausbau und Umsetzung der Palliativmedizin, sowie auf die Stärkung der Autonomie der Patienten, enthält aber eine klare Absage an die aktive direkte Euthanasie.
Originalpublikation in: Orientierung 67(2003) 16-19.

1 Vgl. M. Zimmermann-Aklin, Euthanasie. Eine theologisch-ethische Untersuchung. (STE 79), Fribourg–Freiburg/Br. [2]2003.

bestimmten Voraussetzungen gestatten, Menschen auf Verlangen zu töten.[2] Im Europarat ist ein Antrag des belgischen Senators Philippe Monfils eingebracht worden, demgemäß die Minister aufgefordert werden, Ärzten in Europa unter bestimmten Voraussetzungen zu gestatten, straffrei auf Verlangen zu töten.

1. Die Recommendation 1418

Der Vorschlag einer *Recommendation*, das heißt Empfehlung an die parlamentarische Versammlung und das Ministerkomitee, ist vom Schweizer Abgeordneten Dick Marty zu erwarten: Die Beihilfe zum Suizid als Lösung für Menschen, die nicht mehr leben wollen, soll ganz Europa schmackhaft gemacht werden. Und dies soll als Türöffner gelten für die künftige Einführung der Euthanasie in den 44 Mitgliedsstaaten des Europarates. Im Dezember 2001 ist eine Initiative zur Straffreistellung der Tötung auf Verlangen vom Schweizer Parlament abgelehnt worden. Soll das, was vom Schweizer Parlament abgelehnt wurde, über eine Europaratsinitiative langfristig erreicht werden?

Die Strategie der Euthanasiebefürworter läßt sich absehen: Sie hatte bereits Vorboten im "Ausschuß für Umweltfragen, Volksgesundheit und Verbraucherschutz" des Europäischen Parlaments am 30. April 1991, als ein Antrag von Léon Schwartzenberg bereits eine Mehrheit gefunden hatte, daß beim Fehlen jeder kurativen Therapie, korrekt angewandter palliativer Behandlung und wenn ein Kranker nachdrücklich und unablässig fordert, daß seiner Existenz, die für ihn jede Würde verloren hat, ein Ende gesetzt wird, diese Forderung befriedigt werden muß.

Sie hatte aber auch Vorboten im Europarat. Die österreichische Abgeordnete des Europarates, Edeltraud Gatterer, fand einen Entwurf für eine Empfehlung aus dem Jahr 1995 zur Erfüllung der Wünsche Todkranker vor, deren erster Satz bereits die Stoßrichtung angab: Eine medizinische Intervention zur Beschleunigung der Herbeiführung des Todes zu rechtfertigen. Frau Gatterer nahm sich geistesgegenwärtig selbst des Themas an und ließ den Text einer neuen *Recommendation* zum Schutz der Menschenwürde und Menschenrechte Sterbender und terminal Kranker ausarbeiten. Dieser Text wurde unter außergewöhnlich großem Interesse der Abgeordneten im Gesundheits- und Sozialausschuß des Europarates im Januar 1999 von Experten vorgestellt, erläutert und diskutiert.

Diese *Recommendation 1418* analysiert zunächst die spezifischen Probleme mit dem Sterben in unserer Gesellschaft, wie sie sich in den Ängsten der Bevölkerung widerspiegeln. In drei Schritten werden hierauf die Mitgliedsstaaten des Europarates aufgefordert, rechtliche und politische Maßnahmen zum Schutz der Menschenrechte Sterbender zu ergreifen.

Erstens: Es soll dem Ausbau und der Umsetzung der Palliativmedizin, die in ihrer Umsetzung vielfach weit hinter dem wissenschaftlich erreichten Niveau zu-

---

2 J. Jans, "Sterbehilfe" in den Niederlanden und Belgien. Rechtslage, Kirchen und ethische Diskussion, in: ZEE 46 (2002) 283-300.

rückbleiben, Vorrang eingeräumt werden. Sie umfaßt nach der Beschreibung der WHO die Linderung physischer, psychischer, sozialer und spiritueller Leiden. Jeder Bürger in Europa soll einen rechtlich gesicherten Zugang zur palliativmedizinischen Behandlung auf qualitätsgesichertem hohem Niveau haben.

Zweitens: Es soll die Autonomie terminal Kranker dahingehend gestärkt werden, daß niemand in Europa gegen seinen Willen behandelt oder weiterbehandelt wird. Auch Patientenverfügungen sollen berücksichtigt werden, und diese Berücksichtigung soll in den Mitgliedsstaaten auch rechtlich abgesichert werden. Wenn ein Arzt es nicht verantworten kann, sich an den Wortlaut einer solchen Verfügung zu halten, soll er dies schriftlich in einer für Angehörige und Patientenanwälte nachvollziehbaren Form begründen. Sterben soll also auf Wunsch des Patienten zugelassen werden, wenn er soweit ist.

Drittens: Es soll das unveräußerliche Recht auf Leben gemäß Art. 2 der Europäischen Menschenrechtskonvention (1950), „daß niemand absichtlich seines Lebens beraubt werden darf", ausdrücklich auch für terminal Kranke in dem Sinn gelten, daß der Tötungswunsch keine Rechtfertigung für eine Tötungshandlung darstellt.

Ein ausführliches *Explanatory Memorandum*, in dem Verständnis und Gehalt von Menschenwürde ebenso ausgeführt werden wie viele Anregungen zu den drei Kapiteln, ergänzt dieses Dokument.

Im Juni 1999 wurde diese *Recommendation* von der parlamentarischen Versammlung des Europarates mit überwältigender Mehrheit angenommen, so daß diese fast ein Konsensdokument darstellt.[3] Diese *Recommendation* wurde am 26. März 2002 auch ausdrücklich vom Ministerrat des Europarates willkommen geheißen, insbesondere Paragraph 9 (c) mit der Aufrechterhaltung des Verbotes einer absichtlichen Tötung terminal Kranker. Der Europäische Gerichtshof für Menschenrechte hat ausdrücklich in seiner Entscheidung im Fall Diane Pretty auf die *Recommendation* Bezug genommen.

Doch die Debatte geht weiter. Bevor die *Recommendation 1418/99* voll umgesetzt wurde, haben die Niederlande und Belgien die Euthanasiegesetze liberalisiert und betreiben nun eine neuerliche Diskussion im Europarat. Am 25. Oktober 2002 fand im Gesundheits- und Sozialausschuß des Europarates in Paris ein ziemlich einseitig besetztes Hearing statt, zu dem mehrheitlich Befürworter der Euthanasie eingeladen wurden. Der Ausschußberichterstatter, der Abgeordnete Dick Marty, eröffnete das Hearing mit dem Hinweis, daß die neue Euthanasiegesetzgebung in den Niederlanden und in Belgien eine Herausforderung für die anderen Mitgliedsstaaten darstelle und daß Euthanasie in den verschiedenen Formen überall alltägliche Praxis sei. Er sieht darin eine Verpflichtung, die in den Mitgliedsstaaten bestehenden Gesetze unter dieser doppelten Herausforderung neu zu betrachten. Die von der parlamentarischen Versammlung mit großer Mehrheit angenommene *Recommendation 1418/99* soll neu aufgerollt werden.

---

3 Der Text ist im Internet auf der Homepage der parlamentarischen Versammlung des Europarates abrufbar: http://assembly.coe.int.

2. Neue Debatten

Der Autor des hier vorliegenden Artikels hielt beim abschließenden Round Table das im folgenden dokumentierte Schlußwort:

Die letzten Lebensaufgaben liegen noch vor einem jeden von uns, nämlich zum zurückliegenden Leben an seinem Ende Stellung zu nehmen, dieses akzeptierte Leben loszulassen und Abschied zu nehmen. Dies ist nicht nur eine intellektuelle, sondern auch eine emotionelle Aufgabe, wie alle wichtigen Lebensaufgaben, bei denen wir Zeit und Hilfe unserer Mitmenschen brauchen.

Das Thema Euthanasie wird daher nicht nur intellektuell, sondern mit vielen Emotionen diskutiert. Sterben wird mehr und mehr gestaltet durch medizinische Assistenz. Diese neuen medizinischen Handlungssituationen nötigen uns zu Entscheidungen, die frühere Generationen nicht kannten. Diese Probleme werden oft unter dem Begriff Euthanasie verhandelt.

Allerdings spiegeln sich seit geraumer Zeit auch viele Bedeutungen, die der Begriff Euthanasie in der Literatur gewonnen hat, in diesem wider: Von der *freiwilligen* Euthanasie im Sinne der Tötung auf eigenes Verlangen, zur *nichtfreiwilligen* Euthanasie bei Menschen, die den Tod nicht mehr (z.B. Koma- oder demente Patienten) oder noch nicht (z.B. Neugeborene) verstehen können, zur *unfreiwilligen* Euthanasie im Sinne der Fremdverfügung auf Grund fremder Werturteile der Vernichtung unwerten Lebens.

Von all diesen Bedeutungen ist das sogenannte Zulassen des Sterbens zu unterscheiden: Hier steht keine Tötungsabsicht im Vordergrund, sondern der Respekt vor dem zu Ende gehenden Leben, dessen Ende zugelassen, aber nicht herbeigeführt, aber auch nicht aufgehalten wird. Auch die Schmerzstillung mit unter Umständen in Kauf genommener Lebensverkürzung und eine Behandlungsbegrenzung bei nicht aufzuhaltendem Sterbeprozeß gehört hierher.

Sterben ist immer eingebettet und abhängig von größeren kulturellen, gesellschaftlichen Kontexten und wurde daher immer auf verschiedenen Ebenen gestaltet:

- durch gesundheitspolitische Maßnahmen,
- durch medizinrechtliche Maßnahmen,
- durch ökonomische Prioritäten und sogenannte Zwänge,
- durch den Versuch, menschenrechtliche Grundlagen zu erarbeiten.

Die ethische Dimension durchdringt alle diese Bereiche. Für die in diesem Rahmen zu treffenden Entscheidungen möchte ich neun zu berücksichtigende Aspekte aufzeigen.

3. Neun grundlegende Gesichtspunkte

Erstens: Ethik ist nicht Moral, sondern die *Theorie der Moral*. Ethik reflektiert vielmehr methodisch auf die zunächst ungefragt übernommenen Wertungen, die in unserer Gesellschaft oft sehr plural sind. Sie ist allerdings rückgebunden an und reflektiert auf gelebte Moral oder Ethos, wie es sich etwa in den verschiedenen Berufscodices niederschlägt. Grundlegend für unser Problem ist das durch Jahrtausende bewährte und immer weiter entwickelte *Ethos der Ärzte*. Das besondere Vertrauensverhältnis zwischen Patienten und Ärzten beruht darauf, und dieses ist ein hohes gesellschaftliches und nicht nur privates Gut, das geschützt werden muß. Der Weltärztebund hat 1987 in Madrid dieses Ethos auf den Punkt gebracht, „daß das Leben eines Menschen vorsätzlich zu beenden, selbst auf eigenen Wunsch des Patienten oder naher Verwandter, unethisch ist. Dies hindert jedoch den Arzt nicht, die Wünsche des Patienten, dem natürlichen Sterbevorgang in der letzten Krankheitsphase seinen Lauf nehmen zu lassen, zu respektieren." Und in der Erklärung des Weltärztebundes von Marbella 1992 heißt es: „Ärztliche Unterstützung beim Suizid ist unethisch und muß durch die medizinische Profession verurteilt werden."

Wie gehen Ärzte, die im Sinne auch der freiwilligen Euthanasie gezielt aktiv töten, mit diesem Ethikcodex um und wie ist ihr Verhältnis zum Weltärztebund zu bestimmen?

Zweitens: Aus diesem Ethos der Ärzte folgt die Pflicht zur Hilfe auch dann, wenn eine kurative Heilbehandlung bei einem Patienten nicht mehr möglich ist und jeder Versuch das Leiden nur vergrößern und verlängern würde. Die in diesem Zusammenhang nicht hoch genug einzuschätzende *Palliativmedizin* oder lindernde Medizin ist sicher nicht die teuerste, wohl aber eine der menschlichsten Formen der Medizin. Sie umfaßt nach der Beschreibung der Weltgesundheitsorganisation (WHO) die Linderung physischer, psychischer, sozialer und spiritueller Leiden. Diese Palliativmedizin hat immer noch nicht den Stellenwert, den sie haben sollte. Der hohe wissenschaftliche Standard, den die Palliativmedizin erreicht hat, wird noch immer nicht in die Praxis umgesetzt, und längst nicht alle Menschen haben Zugang zur Palliativmedizin. Palliativmedizin lindert die Leiden, aber tötet nicht den Leidenden, aus welchen Motiven immer. Tötung ist und bleibt ein aggressiver Akt für den Betroffenen und eine Zumutung für denjenigen, der diese Tötungshandlung vollziehen soll. Palliativmedizin hält den Sterbenden nicht zurück und beschleunigt in der Regel das Sterben nicht, sondern läßt Sterben zu.

Hier eröffnen sich große Möglichkeiten gegen eine allseits beklagte Übertherapie und Verlängerung von Leidenszuständen. Alle Heilberufe haben durch die Jahrhunderte hindurch immer gut den Unterschied zwischen einer intendierten, das heißt im Vergleich zur natürlichen vorverlegten Lebensbeendigung und einem bloßen Zulassen des Sterbens herausgearbeitet (in der Literatur angeführte Beispiele beziehen sich meist nicht auf ein Zulassen des Sterbens, sondern auf eine pflichtwidrig unterlassene Hilfeleistung zur Lebenserhaltung). Dieser Unterschied besteht nicht nur in der Ursache des Sterbens (aus dem inneren Krankheitsverlauf oder durch eine Fremdverfügung), sondern auch in der Intention und der ihr zu Grunde liegenden Motivation. Wer die Tötungshandlung delegiert, öffnet Mißverständnissen, Fehleinschätzungen und Mißbräuchen Tür und Tor.

Drittens: Tötung auf Verlangen *vermindert nicht nur individuelle, sondern auch gesellschaftliche Freiheiten.* Am meisten abhängig in einem Sterbeprozeß ist der

Sterbende, aber auch der Arzt steht in vielen Abhängigkeitsverhältnissen zur Gesellschaft, zu den Kassen, zu den Angehörigen, zu den verschiedenen Wünschen und Interessen. Der Arzt gerät in die Doppelrolle, Prüfer der Kriterien und Vollstrecker der Tötung zu sein. Ärzte und Patienten geraten unvermeidlich dort unter Druck, wo die Gesellschaft und ihre Rechtsordnung den Ärzten oder anderen Menschen zubilligt zu töten. Dieser Druck ist oft nicht intendiert, aber ebensowenig zu vermeiden. Er wird auf vielfältige subtile Weise ausgeübt. Die Billigung zu töten, wenn auch auf eigenes Verlangen, bringt den Sterbenden zunehmend unter Rechtfertigungszwang, wenn er noch weiterleben möchte.

Unsere Gesellschaft hat die Tendenz, alle Tabus aufzulösen, gerät aber unweigerlich unter den Einfluß neuer Tabus. Diese Tabus beziehen sich auf die ökonomischen Zwänge, die meist erst nach Veranstaltungen etwa in der Form angesprochen werden: „Wie lange können wir uns die Ethik noch leisten?“ Wenn vielfach in den Publikationen deutlich wird, daß wir in unseren Gesellschaften in den letzten Lebensmonaten ebensoviel Gesundheitsbudget verbrauchen wie während des gesamten zurückliegenden Lebens, dann liegt die Gefahr nahe, daß Euthanasie zu einer billigen Lösung wird. Auch gutgemeinte Hinweise auf derzeit bestehende Sozialversicherungsregelungen können die Sorge vor dieser Gefahr nicht ausräumen.

Wenn die durch die Europäische Menschenrechtskonvention (EMRK) Artikel 2 geschützte Zone des Lebens am Ende des Lebens ausgehöhlt wird, dann wird auch die Solidaritätsbereitschaft der Gesellschaft langfristig unterminiert.

Viertens: Autonomie bedeutet in unserer Tradition nicht eine beliebige Wunscherfüllung, sondern *sittliche* Selbstverpflichtung. Auch der Sterbende bleibt bis zu seinem Tod sittlich verantwortlich und darf auf seinem Weg dahin von seinen Mitbürgern nichts verlangen, was gegen die Menschenrechte und bewährte Moral verstößt. Diese Autonomie des Patienten gilt es allerdings, mit aller Kraft dahingehend zu schützen, daß niemand gegen seinen Willen behandelt oder weiterbehandelt wird. Dementsprechend ist eine Aufwertung der Patientenverfügungen, die vom Arzt unbedingt ernst genommen werden müssen, in der *Recommendation 1418/99* als Appell an alle Mitgliedsstaaten des Europarates formuliert. Dieser, wird er befolgt, öffnet viele Möglichkeiten zur Vermeidung unnötiger Verlängerungen von Qualen und Leiden, wenn ein Mensch so weit ist, Abschied zu nehmen.

Der Europäische Gerichtshof für Menschenrechte hat in diesem Zusammenhang eindeutig und klar mit Hinweis auf die *Recommendation 1418/99* festgehalten, daß Autonomie jedoch keinerlei Anspruch auf Tötung durch andere beinhalten kann.

Fünftens: Die *Kriterien*, die für die von den Befürwortern der Billigung der Euthanasie zum Schutz vor Mißbrauch ins Treffen geführt werden, sind *mehr als problematisch.* Wenn auf die Überzeugung des Arztes abgehoben wird, daß der Patient wirklich freiwillig getötet werden will, dann bedeutet dies eine zusätzliche Abhängigkeit vom Arzt. Eine nachträgliche Überprüfung, ob diese Überzeugung richtig war, ist angesichts der Tatsache, daß der Patient nach der Euthanasie bereits tot ist, nicht mehr möglich. Wir haben viel von der Ambivalenz der Wünsche Sterbender gehört, die sich oft über längere Zeiten hin ändern können. Es läßt sich wohl niemals mit eindeutiger Sicherheit feststellen, ob dieser Tötungswunsch ein verdeckter Hilferuf ist, ob er unter depressiven Schwankungen zustande kommt, welcher innere und äußere subtile Druck hier mitwirkt usw. Menschliches Wünschen ist sehr vielschichtig und reicht hinein bis in unbewußte Sphären. Wenn ein Mensch wirklich sterben will auf all den Ebenen der Vielschichtigkeit seines Wünschens, dann stirbt er auch ohne fremde, dazwischentretende Ursache. Mißbrauch, Mißverständnis und Fehldiagnosen können sich jederzeit auch in unseren Gesellschaften bei der Komplexität einschleichen, wenn eine Tötung durch andere zugelassen wird.

Wenn auf die Überzeugung des Arztes abgehoben wird, daß es sich um unerträgliches Leiden und unerträgliche Schmerzen handelt, dann muß dies im Lichte des höchsten Standards der Palliativmedizin gesehen werden. Wer bestimmt, wann Leiden unerträglich wird und vor allem für wen dieses Leiden unerträglich ist?

Der Schritt von der Tötung auf eigenes Verlangen zur Tötung ohne Verlangen, im Sinne der nichtfreiwilligen Euthanasie im wohlverstandenen Eigeninteresse, ist dann nicht mehr weit und nicht mehr abgrenzbar, wie die Erfahrungen zeigen.

Versuche, Bedingungen für die Rechtmäßigkeit der aktiven Tötung durch einen anderen Menschen zu formulieren, sind bisher nicht gelungen. Sie lassen sich nicht überwachen und werden auch in Zukunft nicht gelingen. Die Situationen am Ende einer Biographie sind so verschieden, daß sehr viele Ermessensurteile bleiben, denen der Patient ausgeliefert wird. Ermessensurteile in einem so wichtigen Bereich wie dem Lebensschutz, ohne rechtliche Überprüfung, tun einem Rechtsstaat nicht gut.

Sechstens: Man will einerseits – berechtigterweise – den *Paternalismus* früherer Zeiten überwinden, doch durch die Hintertür bekommt der Arzt, wenn ihm die Gesellschaft zubilligt, legal zu töten, eine Macht, die er nie zuvor hatte.

Siebtens: Der *Bedarf nach einer rechtlichen Regelung* besteht in einem so grundlegenden Bereich wie dem Schutz des Menschenlebens nicht nur generell: Gesetze müssen im Speziellen die Schwächsten schützen und sie müssen den Schwächsten in dieser Situation der Abhängigkeit auch vor jedem – auch noch so subtilen – Druck schützen. Auch in Extremsituationen ist die Schutzfunktion des Rechtes nicht aufgehoben, sonst wird es strategisch ausgenützt. Ein rechtliches Verfahren darf daher bei einer so wichtigen Entscheidung über Leben und Tod nicht ausfallen.

Wir brauchen keine anderen und neuen Gesetze als die, die das Leben in einer umfassenden Weise auch strafrechtlich schützen. Eine Gesellschaft schreibt ja in das Strafrecht jene Bereiche hinein, die ihr besonders wichtig sind. Die Tatsache, daß es da und dort – wie überall – illegales Handeln gibt, als Grund für eine Legalisierung der Euthanasie ins Treffen zu führen, ist absurd. Man braucht sich nur diese Logik in anderen Bereichen vorzustellen.

Auch das Argument, daß illegales Handeln auf diese Weise transparent gemacht werden kann, trägt nicht. Dies beweisen die weiter bestehenden Dunkelziffern auch in jenen Ländern, die die Euthanasie legalisiert haben.

Achtens: Alle Gesetze sind *rückgebunden an die Menschenrechte*, die nicht erst zu gewähren, sondern zu gewährleisten sind. Die *Recommendation 1418/99* des Europarates trägt den Rechten Sterbender sehr differenziert Rechnung und ist vom Ministerkomitee des Europarates grundsätzlich bereits positiv willkommen geheißen worden. Zum Verständnis der Grundlagen dieser Recommendation sind vor allem im *Explanatory Memorandum* sehr viele Antworten auf Detailfragen gegeben. Der Europäische Gerichtshof für Menschenrechte hat im Fall Diane Pretty in seinem Urteil am 29. April 2002 mehrfach die *Recommendation 1418/99* des Europarates ausdrücklich erwähnt.

Neuntens: Abweichende Gesetze entspringen oft spezifischen politischen Kontexten, zu deren Verständnis die Kenntnis vieler historischer und politischer Eigenarten in diesen Ländern nötig ist. Diese abweichenden Gesetze haben daher keine gesamteuropäische Dimension – im Gegenteil: In einem zusammenwachsenden Europa war es in bewährter Weise der Europarat, der sich um die menschenrechtlichen Grundlagen, trotz unterschiedlicher Traditionen, gekümmert hat.

Eine genaue Untersuchung über die Zahlen der durch Euthanasie in legalem Rahmen getöteten Menschen fehlt noch. Es werden unterschiedliche Informationen vorgelegt und interpretiert. Es ist daher noch gar nicht abzusehen, wie weit das Angebot einer Tötung auf Verlangen auch die Nachfrage steigert. Eine Extrapolation der von den Niederlanden derzeit vorgelegten Zahlen auf Europa würde auf mindestens zweihunderttausend pro Jahr durch Euthanasie getötete Patienten in Europa hinweisen.

Die Aushöhlung des Lebensschutzes geht weiter, wenn man die Entwicklung der Euthanasiegesetze in den Niederlanden und in Belgien, wo Menschen mit Demenzerscheinungen in die legalisierte Euthanasie einbezogen sind, miteinander vergleicht. Für eine adäquate Beurteilung der tatsächlichen Situation in diesen beiden Ländern müßten auch die kritischen Stimmen aus diesen Ländern gehört werden, die bei diesem Hearing zu wenig vertreten waren.

Für die „Europäisierung Europas" stellt eine Rahmenregelung des Schutzes Sterbender und abhängiger Menschen auf der Basis der Europäischen Menschenrechtskonvention, wie sie mit großer parlamentarischer Mehrheit in der *Recommendation 1418/99* vorgenommen wurde, eine große Aufgabe für den Europarat dar. Unsere Generation stellt die Weichen für vermutlich viele weitere Generationen. Die *Recommendation 1418/99* zeigt vor allem im *Explanatory Memorandum* klar auf, was Menschenwürde als Grundlage für die Menschenrechte bedeutet, daß die Würde des Menschen wohl verletzt werden kann, aber nicht durch Leiden, gleich welcher Art, verloren geht. Menschenrechte auf der Basis der Menschenwürde kann man nicht alle paar Monate und Jahre ändern.

IN WÜRDE STERBEN DÜRFEN*

gem. m. Gerhard Marschütz

1. Sterben als existenzielle Herausforderung und Aufgabe

Wohl bei keiner anderen Lebensaufgabe spielt das Menschenbild eine so große Rolle wie bei der Bewältigung der letzten uns bevorstehenden Lebensaufgabe. Wie jede Lebensphase (Kindheit, Jugend, Adoleszenz, Erwachsenenalter, Reife und Alter) hat auch die letzte Lebensphase ihre spezifischen existenziellen Aufgaben. Sterben gehört unausweichlich zum Leben und stellt als die letzte große Lebenskrise besondere Herausforderungen dar, in denen sich alles noch einmal entscheidet. Wie der Mensch gelebt hat, so wird er auch sterben. Zugleich hat er im Sterben noch einmal die Möglichkeit, seinem Leben ein endgültiges Vorzeichen zu geben: Es gilt, das zurückliegende Leben als Ganzes anzunehmen. In unserer hektischen Zeit bietet sich für viele Menschen in der Phase des Sterbens erstmals die Chance, den Sinn und Unsinn ihres gelebten Lebens in seiner Gesamtheit zu überblicken. Dieses Leben gilt es, in versöhnter Weise anzunehmen, mit allen seinen Höhen und Tiefen, gelungenen und misslungenen Beziehungen, und als angenommenes Leben loszulassen. Keine leichte Aufgabe.

Jeder von uns stirbt aber in einer bestimmten Weise unvollendet. Die Rechnungen des irdischen Lebens gehen nicht auf. Entschwindet ein Mensch im Tod einfach in ein vernichtendes Nichts oder in ein Nichts von dem, was wir gegenständlich begreifen, wägen messen und zählen können, in dem sich aber eine daseinsgewährende Fülle verbirgt, die das vergangene Leben auch in jedem Augenblick getragen hat? Hochreligionen des Ostens und auch alte Philosophen sowie moderne Esoterik (aber in völlig anderer Weise) versuchen, die Sehnsucht des Menschen nach Gerechtigkeit in dem Sinn weiterzudenken, dass durch eine Seelenwanderung in einem künftigen Leben alles besser gemacht werden kann und soll – eine Form von Selbsterlösung.

Ein Christ braucht in dem Maß als er christlich glaubt und dieser Glaube im Sterben sich noch einmal vertieft keine Selbsterlösungsstrategien. Er lebt aus der Gewissheit des Glaubens, dass er erlöst ist, dass Gottes Handeln in Jesus Christus ihn mit einer daseinsgewährenden Liebe umfängt und nun auch im Tod in einer neuen geheimnisvollen Weise mit sich selbst beschenkt. Geheimnis hat hierbei nichts mit Rätsel zu tun, sondern mit jenem nicht mehr begrifflich oder anders zu begreifenden Größeren, in dem wir daheim sind. Der Christ glaubt, dass er im Tod nicht herausfällt aus allen tragenden Beziehungen, sondern noch tiefer hineinfällt in die Hände Gottes, der in sich selbst nicht einsam, sondern Gemeinschaft ist und eine solche Communio in neuer Weise eröffnen. Auch Angehörige und Freunde, die dies glauben können, erfahren, dass der liebe Tote ihnen in einer neuen Weise

* Dieser, gemeinsam mit meinem Kollegen Gerhard Marschütz verfasste Artikel erschien in: INTAMS-Review 8(2002) 74-86.

gegenwärtig ist und ansprechbar im Gebet – in einem Gebet für ihn und auch *zu* ihm, worauf meist vergessen wird.

2. Spezifisch neue Probleme in der heutigen Gesellschaft

Die Erfüllung dieser letzten Lebensaufgabe im Sterben unterliegt in modernen westeuropäischen Gesellschaften besonderen Herausforderungen, die frühere Zeiten so nicht kannten. Was ist so neu an unserer gegenwärtigen Situation? Hierzu einige Stichworte:

1. Die Lebenserwartung erhöht sich im Gefolge medizinischer und anderer Fortschritte; auf dem Hintergrund kontinuierlich sinkender Geburtenraten steigt damit auch der Anteil hochbetagter Menschen an der Gesamtbevölkerung. Die Konsequenzen dieser Entwicklung, die vermutlich weiter diesen Richtungsverlauf nehmen wird, harren der Wahrnehmung und Bearbeitung.
2. 70-90% aller Menschen sterben heute in Krankenhäusern, Kliniken und Altenheimen. Professionelle routinierte Patientenversorgung vermag jedoch die seelischen, sozialen und religiösen Interessen der hier Sterbenden oftmals nur unzureichend zu beachten. Sie ermöglicht und bewirkt zugleich die soziale Verdrängung von Sterben und Tod. Moderne Gesellschaften legen hinsichtlich Sterben und Tod „keine Pausen mehr ein, um ihre eigene Funktionsfähigkeit und ‚Unsterblichkeit' nicht zu gefährden" (Michael N. Ebertz). Vielmehr entwickeln sie Orte der Ausgliederung aus dem tagtäglichen Leben und entlasten damit die Zumutung, über Sterben und Tod nachzudenken. Gegenläufig hierzu entwickelt sich aber seit einiger Zeit verstärkt ein neues gesellschaftliches Interesse an einem anderen Umgang mit Sterbenden.
3. Rund die Hälfte des Gesundheitsbudgets wird in den letzten Lebensmonaten eines Menschen ausgegeben und die Ressourcen dafür werden immer knapper. Das öffentlich meist nicht ausgesprochene Ansinnen, das eine zunehmend ökonomisch perspektivierte Logik des Denkens nahelegt, lautet: Man könnte diese Hälfte des Gesundheitsbudgets einsparen, in dem die letzte Lebensphase durch beschleunigte Herbeiführung des Todes abgekürzt wird. An sozialtechnischen und psychotechnischen Möglichkeiten fehlt es wahrlich nicht, sterbenden oder unheilbar kranken Menschen, die uns zur Last fallen, nahe zu legen, diesen Wunsch zu äußern.
4. Das Bewusstsein der Autonomie im Sinne der Selbstbestimmung ist das Signum der Neuzeit. Trotz der von manchen postmodern genannten Kritik an der die Neuzeit prägenden Aufklärung wird die Wichtigkeit von Autonomie noch größer. Aber in welchem Sinn wird vom Recht auf den eigenen Tod oder von der Wahrnehmung der Autonomie hinsichtlich einer assistierten Tötung auf Verlangen gesprochen?
5. Die Bereitschaft, unvermeidbares Leiden als schicksalhaft anzunehmen, und das Leiden anderer solidarisch in alltäglichen Situationen und über längere Zeit mitzutragen, nimmt ab. An die Stelle solidarischen Mitleidens tritt oft

billiges Mitleid. Gemäß der letzten europäischen Wertestudie aus dem Jahr 1999 sinkt das Solidaritätsniveau im Großen. Die Angst, durch den Einsatz für andere etwas vom Leben zu versäumen ist größer als der Wunsch nach Solidarität. Zugleich wird unvermeidbares Leiden alsbald mit unzureichender, ja oft auch unzumutbarer Lebensqualität gleichgesetzt.

6. Dies alles hängt nicht nur mit einer allgemeinen Bewusstseinslage der Machbarkeit aller Dinge zusammen, sondern insbesondere mit dem Fortschritt der modernen Medizin und den Erwartungen an sie. Bereits im 17. Jahrhundert hat René Descartes in seinem „Discours de la méthode“ den Satz geprägt, dass die Medizin eines Tages alle Krankheiten heilen kann und vielleicht auch die Altersschwäche los werden wird. Damit wird an die Medizin eine hohe Erwartungshaltung herangetragen und zugleich eine entsprechende Anspruchshaltung der Bevölkerung: Die Medizin muss alle Wünsche erfüllen. Nun hat die moderne Medizin tatsächlich enorme Fortschritte gemacht und stellt uns vor immer neue schwierige Entscheidungsfragen, vor allem dort, wo der Einsatz dieser Medizin keine Heilung mehr verspricht, sondern nur die Verlängerung eines unter Umständen qualvollen Sterbeprozesses.

Wie ist auf diese und andere neue Herausforderungen, ethisch und rechtsethisch einzugehen? Gibt es ein ethisch begründetes Recht auf Euthanasie im Sinne einer Tötung auf Wunsch oder eher eines auf Palliativmedizin und umfassende Sterbebegleitung? Bestehen ferner neu angezeigte moralische Verpflichtungen für Familien bzw. Angehörige von Sterbenden, insofern die meisten Menschen ihr Leben dort beschließen wollen, wo sie es gelebt haben?

3. Die neue Euthanasiedebatte

Angesichts der vorhin stichwortartig und keineswegs vollständig beschriebenen neuen Situation, aber auch der abnehmenden Bedeutung des christlichen Glaubens in einer säkularen Öffentlichkeit sowie einer postmodernen Geistesströmung, in der alle universalen Ansprüche abgelehnt werden, zeichnen sich bei manchen Gruppen Tendenzen ab, die modernen Probleme des Sterbens durch Tötung auf Verlangen zu lösen. Wir regeln so vieles im Leben, zunehmend den Eintritt in das Leben, warum sollten wir nicht auch den Austritt aus diesem irdischen Leben nach unseren Wünschen regeln dürfen?

Der Ruf nach Euthanasie ist durchaus vielschichtig, denn der Begriff Euthanasie hat zumindest fünf in der Literatur genannte, in der öffentlichen Diskussion jedoch oft zu wenig unterschiedene Bedeutungen:

- Unfreiwillige Euthanasie – im Sinne der Vernichtung lebensunwerten oder belastenden Lebens auf Initiative anderer;
- Nicht freiwillige Euthanasie – im Sinne der Tötung von Menschen, die den Tod gar nicht verstehen können (z.B. Kleinstkinder, demente Personen usw.);
- Freiwillige aktive Euthanasie – im Sinne einer Tötung auf eigenen Wunsch;

- Passive Euthanasie – im Sinne einer Herbeiführung des Todes durch Unterlassung;
- Indirekte Euthanasie – im Sinne einer unter Umständen als Nebenfolge in Kauf genommenen Lebensverkürzung durch medikamentöse Schmerzstillung.

Die Überlegungen konzentrieren sich auf die derzeit im Vordergrund stehende medizinethische Debatte um die freiwillige aktive Euthanasie. Bislang war und ist in allen zivilisierten Gesellschaften dieser Welt die Tötung auch auf eigenes Verlangen strafbar. Als erstes Parlament der Welt hat das Regionalparlament der Northern Territories Australiens im Jahr 1996 versucht, freiwillige aktive Euthanasie straffrei zu stellen. Dieses Gesetz wurde allerdings wegen der daraus folgenden Schwierigkeiten vom gesamtaustralischen Parlament bald wieder aufgehoben (verfassungswidrig, Ausschaltung des Rechtsweges usw.).

Seit dem Jahr 2001 versuchen nun die Niederlande als erster Staat der Welt, freiwillige aktive Euthanasie unter bestimmten Voraussetzungen straffrei zu stellen. Trotz großer und wachsender Widerstände in vielen Kreisen der Bevölkerung wird sie von der niederländischen Regierung unter folgenden Voraussetzungen (sog. Sorgfaltskriterien genannt) akzeptiert:

- Der Arzt muss der Meinung sein, dass der Patient freiwillig und wohlüberlegt den Wunsch geäußert hat,
- dass das Leiden des Patienten unerträglich ist,
- dass der Patient der Meinung ist, dass es keine sinnvolle andere Lösung gibt,
- dass der Arzt einen unabhängigen weiteren Arzt konsultiert, der seine Meinung auch schriftlich niederlegt,
- dass die Tötungshandlung medizinisch sorgfältig durchgeführt wurde.
- Bei Patienten zwischen 12 und 16 Jahren müssen Eltern oder Vormund der Tötung zustimmen,
- bei 16- bis 18-Jährigen müssen die Eltern nur in den Überlegungsprozeß mit einbezogen werden.

In weiten Kreisen des Europäischen Parlaments besteht eine große Sorge, dass diese Gesetzesinitiative grenzüberschreitende Wirkung zeitigen könnte und im Widerspruch zur Europäischen Menschenrechtskonvention steht. Ein erstes Hearing fand am 14. 2. 2001 im Europäischen Parlament in Strassburg statt. Emotionale Betroffenheit über diese fundamentale Änderung aller bisherigen Regelungen in den Niederlanden, dass erstmals eine Gesellschaft ihren Ärzten zubilligt und zumutet, aktiv Patienten straffrei zu töten, reicht nicht aus. Es bedarf über die Analyse heutiger Bedingungen des Sterbens in modernen Gesellschaften hinausgehend auch einer intensiven Auseinandersetzung mit den Argumenten, die für die freiwillige aktive Euthanasie ins Treffen geführt werden.

4. Entspricht freiwillige aktive Euthanasie der Würde terminal Kranker?

Dass alles Recht in der Freiheit eines jeden Menschen in seinem Zusammenleben mit anderen Freiheitswesen begründet ist, gehört zu den hoffentlich unverlierbaren Einsichten der so krisenhaften europäischen Freiheitsgeschichte. Das oberste Rechtsprinzip ist das Kompatibilitätsgebot der Freiheit des einen mit der des anderen. Grundlegende Rechte sind daher nicht großzügig zu gewähren, sondern zu gewährleisten. Das wichtigste Dokument in diesem Zusammenhang, das völkerrechtlich verbindlich ist und in vielen Staaten im Verfassungsrang steht, ist die Europäische Menschenrechtskonvention von 1950. Der Artikel 2 lautet: „Das Recht jedes Menschen auf das Leben wird gesetzlich geschützt ... niemand darf absichtlich seines Lebens beraubt werden."

Gilt diese grundlegende Bestimmung auch für terminal Kranke und Sterbende? Was bedeutet dieser Artikel 2 in der Spannung der vorgegebenen Begründung der Menschenrechte und der eingangs benannten wichtigsten aktuellen Probleme in unseren Gesellschaften?

1. Bezüglich der genannten Probleme der zunehmenden Lebenserwartung und der teuren letzten Lebensphase gilt es, mit Entschiedenheit die grundlegende Nichtinstrumentalisierbarkeit eines jeden Menschen festzuhalten. Sie schließt aus, dass ein Mensch aus ökonomischen Einsparungserwägungen und anderen Nützlichkeitserwägungen seines Lebens beraubt wird. Ein derartiges Vorgehen wäre ein eklatanter und direkter Widerspruch gegen die Grundlage aller Ethik und aller Menschenrechtsdokumente.
2. Hinsichtlich des im vierten Punkt genannten Anspruchs auf Autonomie ist zu beachten: Wenn die Autonomie des Patienten nicht im Sinne eines Abwehrrechtes zum Persönlichkeitsschutz, sondern im Sinne eines Anspruchsrechtes als Argument für die freiwillige aktive Euthanasie verstanden wird, dann müsste die Tötung auf Verlangen in jedem Fall erlaubt sein und nicht nur bei als schwer eingeschätzten (von wem?) physischen und psychischen Leiden. Dürfte dann ein Arzt jemals ein Verlangen nach Euthanasie verweigern? Weiterhin ist zu fragen: Wenn der Patient das Recht zur Selbstbestimmung bis zum Tod hat und auch in seinem Sterben ein sittlich verantwortliches Wesen bleibt, wie kann er dieses Recht auf Selbstbestimmung auf einen anderen übertragen?
3. Wenn eine Gesellschaft ihren Ärzten zubilligt und zumutet zu töten, gerät der Sterbende unweigerlich unter Druck der näheren und weiteren Umgebung. Dieser Druck muss nicht direkt und hart, sondern kann sehr subtil und schwer durchschaubar ausgeübt werden. Aber auch ohne spürbaren Druck muss sich der Schwerkranke die Frage stellen, ob er seiner Umgebung in einem vielleicht längeren Krankheits- und Sterbeprozess zur Last fallen darf. Wenn dem Arzt die aktive Tötung gestattet wird, verändert sich die Situation des Patienten grundlegend: Der Patient hat sich dann zu fragen, ob er dem

Arzt, dem Pflegenden, dem Angehörigen, ja der Gesellschaft und ihren Institutionen, vor allem den Krankenkassen den Aufwand für seine Behandlung und Pflege noch weiter zumuten darf.

4. Wer also die Tötung auf Verlangen im Namen der Autonomie des Patienten fordert, schränkt die Autonomie des Patienten in anderer Hinsicht gerade ein und unterläuft sie folgenschwer. Eine falsch verstandene und überzogene Autonomie im Sinne eines umfassenden Anspruchsrechtes auf Tötung kann in ihr genaues Gegenteil umkippen. Darüber hinaus erzeugt Angebot auch Nachfrage.
5. Um so wichtiger ist es daher, das richtige und unverlierbare Anliegen der Autonomie als Abwehrrecht, dass eine Person nicht gegen ihren Willen behandelt und weiterbehandelt werden darf, nicht nur zu begründen, sondern auch umfassend zu respektieren. Dieser Respekt umfasst auch Patientenverfügungen, mit denen ein Patient für bestimmte Situationen bestimmte medizinische Behandlungen vorwegnehmend ausschließt.
6. Die Aspekte Leiden und Lebensqualität entziehen sich der Möglichkeit einer restlosen Objektivierung und vermögen daher kein objektives Korrelat mit der medizinisch eingeschätzten Kondition des Patienten darzustellen. Wie kann ein Arzt also jemals sicher sein, dass das Leiden eines Patienten unerträglich ist? Es fällt auf, dass dort, wo das umfassende Konzept einer Palliativmedizin im Sinne der Weltgesundheitsorganisation nach dem höchsten wissenschaftlichen und humanen Standard in die Praxis umgesetzt wird – wie etwa in der Hospizbewegung – der Wunsch nach Tötung nur sehr selten geäußert wird und wenn, in einem guten Gesprächsklima geklärt werden kann. Gerade Menschen mit großer Erfahrung in der Hospizbewegung wissen um die Vielschichtigeit menschlichen Wünschens in dieser Situation. Ihre Beobachtungen zeigen, dass wohl niemals mit abschließender Eindeutigkeit geklärt werden kann, ob die Äußerung eines Wunsches nach Tötung ein verdeckter Hilferuf ist, ob dieser Wunsch nicht in einer immer wiederkehrenden depressiven Durchgangsphase geäußert wird, ob er unter subtilem Druck oder vielleicht anderen Erwägungen zustande kommt.
7. Palliativmedizin ist sicher nicht die teuerste, wohl aber eine der menschlichsten Formen der Medizin und sollte daher den ihr zukommenden hohen Stellenwert im Gesundheitswesen in unseren Gesellschaften erhalten. Die Recommendation 1418 aus 1999 des Europarates, der sogenannte Gatterer-bericht, enthält in dem von der parlamentarischen Versammlung des Europarates mit überwältigender Mehrheit angenommenen Dokument und vor allem auch im Explanatory Memorandum hierzu viele detaillierte konstruktive Weisungen.
8. Angesichts der oft schwierigen Entscheidungsfragen bei der medizinischen Behandlung ist nachdrücklich der ethisch relevante Unterschied zwischen aktiver Tötung und einem Zulassen des Sterbens ins Bewusstsein zu rufen. Vielfach wird in der medizinethischen Literatur mit spitzfindigen Beispielen

der Unterschied zwischen aktiver und passiver Euthanasie verwischt. Die in manchen Fällen aufweisbare Unschärfe – Tötung durch eine Giftspritze oder Tötung durch Unterlassung einer lebenserhaltenden Maßnahme liegen tatsächlich oft nahe beisammen – ist jedoch kein hinreichendes Argument gegen diese Unterscheidung. Die in der Literatur genannten Beispiele beziehen sich aber auf unterlassene Hilfeleistung und nicht auf ein verantwortliches Zulassen des Sterbens, das wiederum von gezielter passiver Euthanasie zu unterscheiden ist.

9. Der Unterschied zwischen aktivem Töten oder einer Tötungsintention durch Unterlassen einerseits vom Zulassen des Sterbens andererseits wird von den medizinischen, den pflegenden Berufen und auch den Angehörigen spontan wahrgenommen und lässt sich auf drei Ebenen reflektieren:

   Auf der Ebene der Kausalität:

   Bei der aktiven Tötung stirbt ein Mensch an einer Fremdursache durch die Hand eines anderen, auch wenn dieser andere durch eine Äußerung des Patienten provoziert ist. Missbrauch, Missverständnis und Fehldiagnosen können sich jederzeit auch in unseren Gesellschaften bei der Komplexität menschlichen Wünschens einschleichen.

   Beim Zulassen des Sterbens hingegen, sterben nur Kranke und nicht auch Gesunde und sie sterben an ihrer Krankheit und ihrer zu Ende gehenden Lebensdynamik und nicht durch Fremdverfügung mit technischen Mitteln.

   Auf der Ebene der Intention:

   Bei der aktiven Tötung ist die Intention, dass der Sterbende tot sein möge und zwar sofort.

   Beim Zulassen des Sterbens hingegen ist die Intention der Respekt vor einem Menschen, der mit seinem Leben ganzheitlich an ein Ende kommt, und dass diesem Prozess Zeit, Raum und Hilfe gegeben wird.

   Auf der Ebene der Motivation:

   Auf der Ebene der grundlegenden Motivation bedeutet aktive Tötung technische Fremdverfügung bis zuletzt. Der Arzt kommt dem Tod zuvor und behält damit die konkrete Gewalt über Leben und Tod. Selbst wenn er von humanistischen Beweggründen geleitet meint, auf diese Weise helfen zu können, spaltet er den Patienten in eine Psyche, der er helfen will und in einen Leib, den er tötet. Der Arzt kann in keinem Fall aber den Leib losgelöst von der Person töten. Jede aktive Tötungshandlung richtet sich nicht nur gegen einen Organismus, sondern immer gegen eine unteilbare Person. Während bei der Palliativmedizin der Arzt Leiden lindert, beseitigt er bei der aktiven Tötung den Leidenden. Aktive Tötung bedeutet daher Negierung einer Person und verträgt sich nicht mit einer bejahenden Grundmotivation, hingegen Zulassen des Sterbens als Ausdruck des Respekts vor dem Sterbenden sehr wohl.

Zusammenfassend kann festgehalten werden: Wenn keines der für die freiwillige aktive Euthanasie ins Treffen geführten Argumente tragfähig ist, kann auch die Addition von unzureichenden Argumenten keine Begründung für die Billigung einer Tötung auf Verlangen sein. Dies gilt insbesondere auch für die in den Sorgfaltskriterien des niederländischen Euthanasiegesetzes verschlüsselten Versuche einer Rechtfertigung aktiver Euthanasie.

10. Ethik und Recht sind an das bewährte Berufsethos zurückgebunden (vgl. auch Artikel 4 der Menschenrechtskonvention des Europarates zur Biomedizin), wie es sich vor allem in den standesethischen Codices niederschlägt. Das jahrtausende alte ärztliche Ethos hat nicht die Tötung von Patienten, sondern das Prinzip des Nichtschadens, des Wohltuns und des Linderns von Leiden zum Inhalt. Das in unserer europäischen Kultur mit ihren vielen Wurzeln und Facetten kontinuierlich durchgehaltene Ethos hat trotz oder gerade wegen der entsetzlichen Widersprüche in unmenschlichen Systemen zunehmend weltweit seinen Niederschlag gefunden.
11. So hat der Weltärztebund 1987 in Madrid festgehalten, dass „das Leben eines Menschen vorsätzlich zu beenden, selbst auf eigenen Wunsch des Patienten oder naher Verwandter, unethisch ist. Dies hindert jedoch den Arzt nicht, die Wünsche des Patienten, dem natürlichen Sterbevorgang in der letzten Krankheitsphase seinen Lauf nehmen zu lassen, zu respektieren."
12. In der Erklärung des Weltärztebundes von Marbella 1992 heißt es: „Ärztliche Unterstützung beim Suizid ist unethisch und muss durch die medizinische Profession verurteilt werden." Von diesem weltweit verankerten Ethos und von der europäischen Menschenrechtskonvention des Europarates, deren Artikel 2 im Jahr 1999 durch die Recommendation 1418 mit großer parlamentarischer Mehrheit interpretiert worden ist, sollte unsere Gesellschaft – auch angesichts der neuen Herausforderungen – nicht abgehen, denn die Gefahr eines Rückfalls in Inhumanität kann keineswegs als gering veranschlagt werden.

5. Zur christlichen Aufgabe: Ein Sterben in Würde ermöglichen

Zunächst einmal sollen sich Christen nicht durch den weit verbreiteten Vorwurf zurückdrängen lassen, sie vertreten bloß eine Sondermoral und wollen diese der Gesellschaft als ganzer aufzwingen. Die christliche Botschaft ist eine Botschaft mit universalem Anspruch und daher eine Botschaft für alle Wesen, die Menschenantlitz tragen. Diesem universalen Blick liegt die tiefe Überzeugung zugrunde, dass das aus der christlichen Offenbarung vernehmbare Bild vom Menschen nicht nur für Christen, sondern darüber hinaus für alle Menschen bedeutungsvoll ist, insofern darin erst die ganze Wahrheit über den Menschen erkennbar wird. Da es keine doppelte Wahrheit geben kann, gilt es, die christliche Botschaft mittels vernünftiger Argumente zu vertreten und zugleich konkret aufzuweisen, wie menschenwürdiges Sterben gelingen kann.

Ein Sterben in Würde ermöglichen – das stellt angesichts der genannten Herausforderungen die wohl wichtigste Aufgabe der Christen dar. Der Mensch darf nicht um sein eigenes Sterben und seinen eigenen Tod betrogen werden. Hierzu gehört, dass das Lebensrecht nicht zum medizinisch diktierten Lebenszwang erniedrigt und derart das Sterben-Können als aktive Aufgabe und Fähigkeit verhindert wird. Es ist eine Missachtung der Würde sterbender Menschen, wenn allein das medizinisch Machbare die Grenzen der Behandlung setzt und so der Blick für die Eingrenzung des Machbaren auf das Sinnvolle und für andere Formen der Behandlung verschlossen bleibt.

Christliche Bemühungen für ein Sterben in Würde sind auf unterschiedlichen Ebenen voranzutreiben. Auf der Ebene der Weiterentwicklung der Menschenrechte ist beispielsweise hinsichtlich der bereits genannten Recommandation 1418 des Europarates zu berichten, dass diese von einer christlichen Abgeordneten aus Österreich, Frau Edeltraud Gatterer, im Europarat eingebracht und im Juni 1999 mit überwältigender parlamentarischer Mehrheit angenommen wurde. Das Dokument mit dem Titel „Schutz der Menschenwürde und Menschenrechte Sterbender" analysiert zunächst die wichtigsten Ängste der Menschen vor dem Sterben und gibt in drei wesentlichen Punkten Antwort auf die Probleme und Weisung für die Gesundheitspolitik in den 43 Mitgliedsstaaten des Europarates.

In einem ersten Punkt wird der gleiche und freie Zugang zur Palliativmedizin (lindernden Medizin) als Grundrecht festgehalten und der umfassende Ausbau palliativmedizinischer Versorgung als eine wichtige Priorität der Gesundheitspolitik gefordert. Im zweiten Punkt werden die Selbstbestimmung des Patienten als Abwehrrecht durchbuchstabiert und Bedingungen für das Zulassen des Sterbens formuliert. Im abschließenden dritten Punkt wird der Lebensschutz dahin konkretisiert, dass der Artikel 2 der Menschenrechtskonvention (niemand darf absichtlich seines Lebens beraubt werden) gerade auch angesichts der neuen Herausforderungen für Sterbende und terminal Kranke gilt. Dieses Dokument stellt somit eine Konkretisierung und Interpretation des Lebensschutzes in der europäischen Menschenrechtstradition dar.

Christen haben aber nicht nur auf politischer Ebene an allgemeinen Bewusstseinsstandards mitzuarbeiten, sondern zugleich auch modellhaft vorzuleben, wie eine menschenwürdige Sterbebegleitung gerade in unseren modernen Gesellschaften, wo viele Menschen keine Angehörigen mehr haben, gewährleistet werden kann. Es waren Christen, die in der Hospizbewegung subsidiär begonnen haben, sich um jene Menschen im Sterben zu sorgen, deren Familie nicht für sie sorgt oder sorgen kann. Hospize (vom lateinischen hospitium: Herberge, Haus für Gäste) sind Gast- und Raststätten auf der letzten Lebensetappe und möchten den Menschen, die keine andere Möglichkeit haben, Gast sein lassen beim Sterben, um ihnen ein menschliches und würdiges Sterben zu ermöglichen. Dezidiert christliche Hospizeinrichtungen wollen den Sterbenden insbesondere aus der Kraft des Glaubens, der Hoffnung und der Liebe nahe sein und so zeichenhaft verdeutlichen, dass im Mittragen Sterbender die Nähe des mittragenden Gottes aufleuchtet.

Menschenwürdiges Sterben ist stets von einer qualifizierten palliativen Begleitung abhängig. Die Palliativmedizin ist nicht zuletzt in der Hospizbewegung im umfassenden Sinn und auch auf höchstem wissenschaftlichem Niveau verwirklicht durch den Einsatz aller Mittel zur Linderung nicht nur physischer, sondern auch spiritueller, sozialer und psychischer Schmerzen sowie der Begleitung der Angehörigen beim Sterbenden und nach dem Tod des Geliebten.

J. Ch. Student hat fünf Grundprinzipien für die Hospizarbeit formuliert:

1. Der sterbende Mensch und seine Angehörigen stehen im Zentrum der Betreuung durch den Hospiz-Dienst.
2. Die Betroffenen werden durch ein interdisziplinär arbeitendes Team von Fachleuten unterstützt.
3. Ehrenamtliche Helfer werden in den Hospiz-Dienst einbezogen.
4. Das Hospiz-Team verfügt über spezielle Kenntnisse und Erfahrungen in der lindernden (palliativen) Therapie.
5. Hospize gewährleisten Kontinuität der Betreuung.

Mit diesen Prinzipien, die mutatis mutandis auch in die Strukturen der Krankenhäuser einzubringen sind, werden die Sorgen und Wünsche vieler Menschen im Hinblick auf ihr eigenes Sterben aufgegriffen und beantwortet: die Sorge und der Wunsch, im Sterben nicht allein gelassen zu sein, Angehörigen nicht übermäßig zur Last zu fallen, keine unnötigen Schmerzen erleiden sowie keine unverhältnismäßigen lebensverlängernden Maßnahmen über sich ergehen lassen zu müssen.

Hospize als eine Gastfreundschaft beim Sterben verstehen sich weder für nur einige wenige Auserwählte noch als die ideale Lösung für alle, sondern subsidiär für alle jene Menschen, denen sonst eine menschenwürdige Sterbebegleitung nicht zuteil werden kann. Die gesellschaftliche vorrangige Aufgabe besteht demnach darin, an einem neuen Generationenvertrag zu arbeiten, wie ihn Kardinal Carlo Martini bei einer Konferenz der Europäischen Bischofskonferenz zum Thema Geburt und Tod als Herausforderung der Evangelisierung beschrieben hat: „Wir ... unterstützen die Debatten für einen neuen Generationenvertrag. So wie die Eltern ihre Kinder zur Welt bringen, werden künftig die Kinder ihre Eltern aus der Welt begleiten."

Die Notwendigkeit einer Debatte für einen neuen Generationenvertrag signalisiert freilich, dass dieser in den letzten Jahrzehnten zunehmend brüchig geworden ist. Zwar werden pflegebedürftige ältere Menschen immer noch mehrheitlich von Familienangehörigen, insbesondere von Frauen, gepflegt und wird somit das öffentliche Sozialbudget entlastet. Zugleich ist nicht zu übersehen, dass Familien im herkömmlichen Sinn in unserer Gesellschaft immer weniger als selbstverständlich vorausgesetzt werden können: Sie nehmen anteilsmäßig ab, was zu einer zunehmenden Polarisierung von familialen und nichtfamilialen Lebensformen führt. Zudem werden Familien (nicht zuletzt aufgrund veränderter Lebensbiographien von Frauen) immer kinderärmer, was die vermehrte Überalterung der Bevölkerung zur Folge hat, und instabiler (hohe Ehescheidungsraten, vielfältige und wechselnde Familienstrukturen), was auf eine verminderte familiale Belastungskapazität schließen lässt. Da andererseits gemäß zahlreichen Wertestudien der Wunsch nach

Familie ungebrochen hoch ist, verweisen die genannten familialen Umbruchfaktoren vor allem auf unzureichende politische und soziale Rahmenbedingungen. Familienentfremdete Gesellschaftsstrukturen belasten elterliche, vor allem weibliche Lebensentwürfe zwischen Familie und Beruf. Sie tragen maßgeblich daran schuld, dass es immer weniger Eltern gibt und diese immer weniger Kinder zur Welt bringen und diese zugleich immer weniger ihre Eltern aus der Welt zu begleiten vermögen. Familiale Erziehung von Kindern und Pflege von Eltern bedarf verstärkt angemessener Rahmenbedingungen, die sozial anerkannte Perspektiven für diese notwendige Aufgabe eröffnen.

6. Sterbebegleitung als familiale Aufgabe

Während früher 90% aller Menschen zu Hause im Kreis der Familie starben, verkehrt sich diese Zahl heute ins Gegenteil: In Großstädten sterben etwa 90% aller Menschen in Krankenhäusern und Heimen. Nach wie vor äußern aber die meisten Menschen den Wunsch, ihr Leben dort beschließen zu können, wo sie es gelebt haben: in gewohnter Umgebung und vor allem in der Nähe von ihnen vertrauten Menschen. Diese Diskrepanz von Wunsch und Wirklichkeit hat vielfältige, zum Teil bereits genannte Ursachen.

So hat sich im Zuge moderner medizinisch-technischer Behandlungslogik das Sterbegeschehen weithin aus dem familialen Kontext heraus in einen professionell-institutionalisierten Zusammenhang verlagert. Durch Hospitalisierung des Sterbens und Spezialisierung von Sterbebegleitung sind Familienangehörige gleichsam zu „Laien" in Angelegenheiten des Sterbens und des Todes gemacht worden. Die Entfamilialisierung des Sterbens ist somit auch Ausdruck der sozialen Auslagerung des Sterbens in hierfür ausgebildete nichtfamiliale Orte. Hinzu kommt, dass Sterbende ihren engsten Angehörigen nicht zur Last fallen möchten. Sie wissen darum, dass das Leben zwar für sie zu Ende geht, nach ihrem Tod aber für die anderen in weithin gewohnter Weise weitergehen wird und muss. Diesen Fortgang des Lebens nicht blockieren zu wollen, ist freilich ein weiteres Indiz für die soziale Verdrängung des Todes aus dem alltäglichen Leben, an der Familien als sozial integrierte Lebensform notwendig partizipieren. Deshalb fühlen sich auch viele Familien der Aufgabe, sterbende Angehörige auf ihrem letzten Lebensweg zu begleiten, nicht gewachsen. Die familiale Angst vor Überforderung resultiert aus einer oftmals nicht integrierten Denkperspektive einer möglichen Unterstützung von außen und vor allem aus der existenziellen Unsicherheit, ob und wie man die unmittelbare Konfrontation mit Sterben und Tod bewältigen und sich zutrauen kann.

Ohne qualifizierte Unterstützung und Ermutigung von außen sind Familien in der Regel überlastet, sterbende Angehörige zu Hause zu begleiten. Es bedarf zunächst struktureller und organisatorischer Rahmenbedingungen, die gegebenenfalls einen Wechsel zwischen familialer Betreuung, ambulanter Hauskrankenpflege, stationärem Krankenhausaufenthalt und möglicher Rücküberweisung nach Hause gewährleisten können. Wann immer es möglich ist, sollten Sterbende in die Familie entlassen werden, da die Rahmenbedingungen in Krankenhäusern für die Begleitung von Sterbenden weithin sehr eingegrenzt sind und den Bedürfnissen und Erwartungen der Sterbenden nur sehr bedingt entsprechen. Familiale Sterbebegleitung unterliegt jedoch hohen Anforderungen, die zudem im voraus nur bedingt eingeschätzt werden können.

Sie bedarf vorweg zeitlicher Möglichkeitsbedingungen. Das frei verfügbare Zeitbudget moderner Familien ist nicht zuletzt aufgrund des zunehmenden beruflichen Engagements von Frauen zumeist knapp bemessen. Gesellschaftlich ist daher dafür zu sorgen, dass familiale Sterbebegleitung durch entsprechende Rahmenbedingungen wahrgenommen werden kann. In Österreich wird derzeit überlegt, eine Karenzzeit für die familiale Begleitung von sterbenden Angehörigen gesetzlich einzuführen. Frauen und Männer sollten eine solche Zeit, gegebenenfalls auch alternierend, in Anspruch nehmen können.

Darüber hinaus bedürfen Familien der Befähigung, mit dem Thema „Sterben und Tod“ angemessen umgehen zu können. Hierzu gehört einerseits das Wissen um den möglichen Verlauf des Sterbeprozesses. Familien müssen über die körperlichen und geistigen Veränderungen, die voraussichtlich eintreten werden, und über die notwendigen pflegerischen Maßnahmen Bescheid wissen. Sie müssen vorbereitet sein auf unterschiedliche mögliche Phasen des Sterbeweges (Verleugnung, Resignation, Depression, Hoffnung, Akzeptanz ...) und auf die hierdurch herausgeforderte Auseinandersetzung mit schwierigen Gefühlen und die Bewältigung von belastenden und stressreichen Konfliktsituationen. Auch unmündige Kinder, die mitunter in der Familie leben, müssen in eine solche Vorbereitung einbezogen werden. Emotional steht jedes Familienmitglied wahrscheinlich an einem anderen Punkt innerhalb des Sterbebegleitungsprozesses.

Familien müssen andererseits auch befähigt werden, den Sterbevorgang zulassen zu können. Gerade Angehörige können den bevorstehenden Tod eines ihnen sehr vertrauten Menschen oftmals nur schwer akzeptieren und unterbinden so die Annahme des Sterbens in der Unerbittlichkeit des Loslassen-Müssens, das Erleiden von Abschied und Trennung sowie die notwendige Übergabe des Lebens und der eigenen Geschichte. Sterben ist nicht nur eine Aufgabe für den sterbenden Menschen, sondern gleichermaßen für die ihn begleitenden Angehörigen. Sterben und Tod erprobt die Leidensfähigkeit der Überlebenden und mutet ihnen die Konfrontation mit der eigenen Sterblichkeit zu. Sterbende vermitteln die intensive Erfahrung der Begrenztheit des eigenen Lebens und stoßen Umdenkprozesse hinsichtlich einer bislang selbstverständlich vorausgesetzten, nunmehr aber fragwürdig werdenden Hierarchie von Wichtigkeiten im Leben an. Diese Lebensbotschaft der Sterbenden erweist die Begleitung sterbender Angehöriger nicht nur als eine familiale Aufgabe, sondern zugleich als Gabe, die befähigt, eine Kultur des Lebens zu entwickeln, die Sterben und Tod nicht ausklammert, sondern integriert.

Familien werden in Kooperation mit Seelsorgern und Gemeindemitgliedern dafür Sorge tragen, dass sterbende Angehörige aus der Kraft des Glaubens heraus ihren letzten Lebensabschnitt bewältigen können, um so das „Zeitliche segnen“ und in versöhnter Weise verlassen zu können. Gemeinsames Gebet, das Lesen in der Heiligen Schrift und geistliches Gespräch können dem Sterbeprozess einen tiefen Sinngehalt einstiften. Ein im christlichen Glauben vollzogenes Sterben und eine entsprechende Sterbebegleitung fällt deshalb nicht unbedingt leichter und ist keineswegs frei von offenen Fragen und Widersprüchen. Es ist aber getragen von der Hoffnung, dass die Verzweiflung nicht das letzte Wort hat. Dem Sterbenden hilft wohl am meisten, wenn ihm jemand hilft, die kleinen in ihm noch verbleibenden Ansatzpunkte für Hoffnung mit der großen Hoffnung, die ihn sein Leben lang – mitunter auch nur verborgen – inspiriert hat, in Verbindung bringen zu können.

Sterben gehört zum Leben. „Leben aber bedeutet, lieben lernen. Leben heißt, bis zum letzten Augenblick lernen" (so ein Wort der Gründerin der Hospizbewegung Ciceley Saunders). Wo könnte das besser gelingen als in der Familie.

Literatur:

Baumgartner, K. (Hg.): Für ein Sterben in Würde. Erfahrungen unter medizinisch-therapeutischen und theologisch-pastoralen Aspekten, München 1997.

Fässler-Weibel, P. (Hg.): Gelebte Trauer. Vom Umgang mit Angehörigen bei Sterben und Tod, Freiburg (Schweiz) 1991.

Fleming, J.: Death, dying and euthanasia: Australia vs. the Northern Territory, in: de Dios Vial Correa, J./Sgreccia, E. (Hg.): The Dignity of the Dying Person, Citta del Vaticano 2000, 355–366.

Holderegger, A.: Das medizinisch assistierte Sterben, Fribourg 1999.

Kissane, D./Street, A./Nitschke, P.: Seven deaths in Darwin: case studies under the Rights of the Terminally Ill Act, Northern Territories, Australia, in: The Lancet 352 (1998), 1097–1102.

Pompey, H.: Sterbende nicht allein lassen. Erfahrungen christlicher Sterbebegleitung, Mainz 1996.

Student, J. Ch. (Hg.), Das Hospiz-Buch, Freiburg ^{3}1994.

Virt, G.: Leben bis zum Ende. Zur Ethik des Sterbens und des Todes, Innsbruck 1998.

Zimmermann-Acklin, M.: Euthanasie, Freiburg 1997.

Zulehner, P. M.: Wege zu einer solidarischen Politik, Innsbruck 1999.

DIE GROSSEN UND DIE KLEINEN HOFFNUNGEN*

Hoffnung hat mit einem Blick in die Zukunft zu tun, aber nicht jeder Blick in die Zukunft ist schon Hoffnung. In der näheren und weiteren Zukunft werden Probleme des Gesundheitswesen sicher eine vorrangige Rolle in unserer Gesellschaft spielen. Dürfen wir diesen Blick in die Zukunft mit Hoffnung wagen? Dürfen und können wir den Blick in unsere eigene Zukunft, die sicher mit dem Tod endet, mit Hoffnung wagen?

Wir erinnern uns, daß der Arztsohn Aristoteles gleich zu Beginn seiner Metaphysik vor mehr als 2000 Jahren die Medizin als „Wissenschaft" und als „Kunst" gleichermaßen bezeichnete.

Im Laufe der letzten zwei Jahrhunderte mußten wir aber den Eindruck gewinnen, daß die „Wissenschaft" der Kunst in der Medizin davongelaufen ist. Eine rein naturwissenschaftliche Medizin, in der der Mensch als Person immer weniger vorkommt, erzeugt Probleme, die allenthalben den Ruf nach Ethik aufkommen lassen, der man lange Zeit den Wissenschaftscharakter und damit auch Seriosität abgesprochen hatte. Die Fortschritte der naturwissenschaftlichen Seite der Medizin und der Biotechnologie schaffen eine unübersehbare Menge von Folgeproblemen, die ethische Entscheidungen herausfordern. Ist nicht viel mehr Angst als Hoffnung angebracht? Komplexe Fragen bedürfen differenzierter Antworten, die nicht ohne Abwägungsvorgänge gefunden werden können.

So wie alle Abwägungsvorgänge gesellschaftlicher und individueller Art ein Ziel voraussetzen, auf das hin abgewogen wird, so verweist die Frage nach dem Ziel immer auch zurück nach dem Wesen dessen, der ein Ziel verfolgt. Jede ethische Urteilsbildung hat, grob vereinfacht gesprochen, immer diese drei Frageebenen im Auge zu behalten: (1.) Wer oder was ist das, der handelt oder an dem gehandelt wird? (2.) Welche Ziele werden verfolgt und lassen sich diese Ziele in Einklang mit den legitimen Interessen und Pflichten aller Beteiligten in unserer Gesellschaft und ihren Gruppen bringen, mit der globalen Gesellschaft, zu der auch die Armen mit gleicher Würde gehören, und auch die Menschen von morgen, für deren Lebensbedingungen wir heute die Weichen stellen? (3.) Welche Mittel sind zur Erreichung dieser Ziele hinderlich und welche sind förderlich und wie sind die verschiedenen positiven und negativen Aspekte, die mit jedem Handeln gegeben sind, gegeneinander abzuwägen? Heute hat man den Eindruck, daß im ethischen Dialog fast ausschließlich die Frage nach der Risikoabwägung im Vordergrund steht und die nach den Zielen und erst recht die Frage nach dem „Wer" vernachlässigt werden.

---

* Dieser Text beruht auf einem Vortrag beim Psychoonkologenkongress in Bad Ischl am 14.11.1999, der eine lebhafte, zum guten Teil spirituelle Diskussion im Plenum ausgelöst hat. Er spricht in der Perspektive der christlichen Hoffnung die spirituelle Dimension der Palliativpflege und Sterbebegleitung an, die in der WHO-Definition ausdrücklich genannt ist und hat generell die Hilfe bei der letzten Lebensaufgabe des Menschen im Blick.

1. Wer ist ein Mensch ?

Gerade Psychoonkologen aller Richtungen sind sich bewußt, daß bei onkologischen Patienten nicht nur ein Organ, sondern immer ein Mensch mit einer bestimmten einmaligen Biographie mit Leib, Seele und Umwelt krank ist. Die Berücksichtigung bio-psycho-sozialer Regelkreise und Dimensionen sind zweifellos eine Erweiterung des Menschenbildes gegenüber einem rein naturwissenschaftlichen Konzept von Medizin, aber sie greifen noch nicht auf die ursprüngliche Erfahrung von Gesundheit und Krankheit zurück.

Gesundheit und Krankheit sind ja meist nicht für sich selbst erfahrbar: der ursprüngliche Zugang erschließt sich eher an den Übergängen. Wer einigermaßen gesund ist, denkt selten über die Gesundheit nach und wer krank ist, hat nichts anderes im Sinn, als gesund zu werden.

Im Vorgang der Genesung aber erfährt der Mensch eine verborgene Quelle, aus der heraus das Leben sich erneuert und die Kräfte regenerieren. Diese ursprüngliche Erfahrung weist über die bio-psycho-sozialen Regelkreise auf ein Welt- und Geschichtsverhältnis des Menschen im Ganzen und rührt an die Frage nach einem letzten Sinn.

In einer auf Aristoteles zurückgehenden und mit bedeutsamen Variationen in der Philosophiegeschichte durchgehaltenen Formulierung bestimmt der Philosoph die Seele als Lebensprinzip des Menschen dahingehend, daß er sagt: „Anima quodammodo omnia". Die Seele ist gewissermaßen alles. Der Mensch steht als das weltoffene Wesen nicht nur in einer Beziehung zur Mitwelt und Umwelt, sondern auch in einer sittlichen Beziehung zu sich selbst, die wir Gewissen nennen, und darüber hinaus in einer Beziehung zu grundsätzlich allem was ist, zum Sein im Ganzen.

Wer oder was ein Wesen ist, das zeigt sich nicht in einer Phase oder Teilverwirklichung, sondern erst in der Vollendungsgestalt. „Die Natur ist das Ziel", das hatte auch schon Aristoteles formuliert. Die Vollendungsgestalt des Menschen ist uns aber entzogen. Jeder Mensch stirbt in einer bestimmten Weise unvollendet mit offenen Rechnungen. Und wer dieser Mensch wirklich ist, ließe sich erst von dieser Vollendungsgestalt sagen. Da sich diese Vollendungsgestalt des Menschen einer empirischen Messung und Beobachtung entzieht, rührt die Frage nach dem Menschen immer auch an die Frage, was der Mensch glaubt zu sein. Glaube in diesem Sinn ist zunächst noch nicht als konfessionell gebunden verstanden, sondern in dem Sinn, daß jeder Mensch mehr oder weniger deutlich sein Menschsein nur in einem umfassenden Vorgriff deuten kann. Auf diesen einzugehen, heißt den Menschen als Person zu würdigen.

2. Unterschiedliche Formen des Menschen, sich auf die noch ausstehende Zukunft seines Menschseins zu beziehen

Wenn Hoffnung das Thema dieser Tagung ist, dann bedarf es einer Vergewisserung dessen, was damit gemeint ist. Nicht jede Form des Menschen, sich auf Zukunft zu beziehen, ist Hoffnung. Dies zeigt schon der Alltagssprachgebrauch, der mit verschiedenen Begriffen auch Verschiedenes bezeichnet.

Da gibt es die in unserer Gesellschaft vorherrschende Weise der *Extrapolation*, empirisch erforschter Gesetzmäßigkeiten in die Zukunft. Wir nennen diese Weise des Zukunftsbezuges meist *Prognose* und kennen deren Tragfähigkeit und Grenzen z. B. vom Wetterbericht, von den Hochrechnungen bei Wahlen aufgrund ganz weniger ausgezählter Stimmen und eben auch in Form von medizinischer Prognose auf der Basis extrapolierter Empirie.

Wir kennen aber nicht nur das objektive Extrapolieren, sondern auch den subjektiv vorstellenden Vorgriff auf die Zukunft, vor allem in der Weise der *Phantasie*. Zukunft gibt es nicht an sich, sondern nur im antizipierenden Bewußtsein. In der Phantasie bezieht sich der Mensch auf das eigentlich Interessante seiner Zukunft, indem er versucht, zeitlich und räumlich ferne Verhältnisse sich richtig vorzustellen und in Beziehung zur Gegenwart zu setzen. Wiederholen kann ich nur das Ereignislose (Peter Handke). Eine rein objektivierende Zukunftshaltung wäre ja bloße Wiederholung des Vergangenen. Wir kennen diese subjektbezogene vorstellende Weise des Zukunftsbezuges vor allem aus der *Planung*. Wenn wir z.B. Urlaubspläne schmieden oder auch Berufspläne oder ganz allgemein Pläne für die Gestaltung unserer Lebensumstände. Der Mensch als das grundsätzlich allseits offene Wesen ist Person, indem er künftige Verhältnisse seines Lebens antizipieren kann und antizipierend sein Leben in Entscheidungen vorwegqualifiziert und so seine persönliche Identität gewinnt.

Es gibt diese Vorwegqualifikation aber nicht nur im Leben des einzelnen, sondern auch in Gemeinschaft und Gesellschaft. Gesellschaftlich prospektive Phantasie begegnet uns vor allem in der Gestalt der *Utopie*. Utopische Phantasie unterwirft die gegenwärtigen gesellschaftlichen Zustände der Kritik, indem sie diese Verhältnisse in Kontraposition zur menschlichen Möglichkeit bringt, die statt der schlechten Realität das zu Denkende und zu Schaffende als Maß nimmt.

Es fällt auf, daß die Utopien als literarische Gattung seit Platos Politeia bis an den Beginn der Neuzeit fast ausschließlich positiv gehalten waren. Die Gesellschaftsutopien der Renaissance z.B. von Thomas Morus, Campanella und anderen beschreiben einen Idealzustand des Gemeinwesens, der durch menschlich gesellschaftliches Handeln – bei Sir Francis Bacon (Nova atlantis) durch Technisierung des Lebens – hergestellt werden kann und soll.

Als gesellschaftlich wirksam und besonders problematisch erwies sich die marxistische Utopie einer klassenlosen Gesellschaft. Alles, was sich dieser Utopie in den Weg stellt, wurde mit direkter oder indirekter Gewalt vernichtet, Strukturen ebenso wie unzählige einzelne Menschen. In unserem Jahrhundert kippte auffallenderweise die literarische Gattung der Utopie ins Negative. Von Huxley bis Orwell beschreiben die Utopien gesellschaftliche Horrorvisionen. Auch die seit Jules Verne weiterentwickelte Gattung der Science Fiction drückt in jüngerer Zeit eine vergesellschaftete Angst aus. Sind nicht auch medizinische Utopien einer mit Gentechnik und Hormonen hergestellten völlig leidfreien Gesellschaft hier anzumerken?[1]

Hoffnung ist aber offenkundig etwas anderes als Prognose, etwas anderes als planende Phantasie, auch etwas anderes als Utopie. Hoffnung ist auch etwas anderes als Optimismus. Naturhaft vitaler Optimismus kommt, je weiter das Leben geht, in der Härte dieses Lebens und insbesondere in Krankheit und im Bewußtsein des nahen Todes an sein Ende. Solcher Optimismus kann dann umkippen in Resignation oder aber aus anderen Quellen in Geist und Freiheit eine neue Qualität bekommen.

Mit diesen Überlegungen aber sind wir an die Schwelle dessen gelangt, was nun als Hoffnung positiv bedacht werden muß. Hoffnung setzt jenseits von Optimismus und Pessimismus auf etwas anderes, das auf den Menschen zukommt und ihm zukommt und weder durch gesellschaftliches noch durch technisches Handeln hergestellt werden kann. Die lateinische Sprache kennt zwei verschiedene Ausdrücke für Zukunft, nämlich „Futurum" als jene Zukunft, die der Mensch grundsätzlich durch eigenes Planen und Arbeiten herbeiführen kann und „Adventus" als jene Zukunft, die sich aus dem Ankommen und Anwesen eines unsagbaren Geheimnisses ergibt. Im Wort Geheimnis steckt das Wort daheim: Daheimsein in einem Größeren als dem, was wir planen, machen, herstellen und überschauen können. Die Orientierung in diesem Größeren nennen wir zunächst in einem noch nicht konfessionell geprägten Sinn „Glauben". Hier gibt es keine Beweise mehr durch Wägen, Messen und Zählen. Auch die negative Form des Unglaubens ist auch noch mal eine Form des Glaubens und nicht des empirischen Wissens. So steht und fällt die Frage nach der Hoffnung mit der Frage, ob dieses Geheimnis etwas Gutes oder etwas Böses gibt. Im ersten Fall entläßt der Glaube aus sich Hoffnung, im zweiten Fall der Unglaube Angst. Daß beide in ein und demselben Menschen koexistieren können und faktisch meistens auch koexistieren, entspricht der nüchternen Erfahrung mit uns selbst und mit Menschen, die wir gerade in Krisenzeiten des Lebens begleiten.

3. Die große Hoffnung und die kleinen Hoffnungen

Hoffnung kommt von weiter her als aus vitalem Optimismus, der sich verbraucht, von weiter her als aus Extrapolorationen und Plänen, in denen der Mensch immer nur seiner begrenzten Phantasie begegnet; Hoffnung speist sich auch aus anderen Quellen als die gesellschaftliche Utopie, die bei Nichterfüllung nur zu leicht in eine vergesellschaftete Angst umkippt. Aber aus welcher Quelle kommt solche Hoffnung?

---

[1] Vgl. UNESCO-Deklaration 17b

Zum Bewußtsein des Menschen gehört auch die Dimension der Zukunft über seinen individuellen Tod hinaus: Zunächst einmal in der Form einer unausrottbaren Frage. Der Sinn des Menschenlebens liegt nicht nur in der Vergangenheit, so sinnvoll und erfolgreich sie auch gewesen sein mag, der Sinn des Lebens läßt sich auch nicht nur im Augenblick der Gegenwart – mag er noch so beglückend sein – festmachen („verweile, Augenblick, du bist so schön" ist eine Illusion), im Menschenleben liegt die Sehnsucht nach einer viel umfassenderen Erfüllung. Hoffnung ist die Einstellung des Menschen gegenüber einer Zukunft, in der es um eine solche Sinnerfüllung geht. Hoffnung richtet sich im Gegensatz zur Angst auf eine positive Erfüllung. Ängste und Hoffnungen wachsen nun bei jedem Menschen höchstpersönlich aus seiner Biographie. Jeder Mensch aber steht auch in einer Gemeinschaft. Diese, vor allem in den Religionen gemeinschaftlich getragenen Sinnerfahrungen sind noch einmal plural.

Hoffnung ist keineswegs nur ein Wunsch, dessen Erfüllung reiner Zufall wäre. Weil man auf einen solchen Zufall nicht hoffen kann, galt bei den Griechen das negative Urteil: Wenn der Mensch mit seinen Kräften und Fähigkeiten am Ende ist und ihn der Mut verläßt, dann fängt er zu hoffen an.

Hoffnung ist vielmehr eine begründete Erwartung, deren Erfüllung aber nicht mit Notwendigkeit erfolgt und die sich nicht aus empirisch erforschbaren Naturgesetzmäßigkeiten physikalischer, biologischer, psychologischer, soziologischer, ökonomischer oder wie immer gearteter Form ableiten läßt. Der Grund der Hoffnung kann nicht wiederum in der Zukunft liegen, so sehr die Inhalte der Hoffnung in der Zukunft zu suchen sind, sondern in jenen positiven geschichtlichen Erfahrungen, die in ihrer Positivität nicht gerade von woanders her ableitbar waren. Wenn ein Mensch sich bisher als treu erwiesen hat, dann hoffen wir, daß er sich auch in Zukunft als treu erweisen wird. Wenn sich im Leben eines Menschen und einer menschlichen Gemeinschaft ein tragfähiger Halt in vielen Ereignissen bekundet hat, dann darf ein Mensch und auch eine Gemeinschaft doch auch in Zukunft auf solche Ereignisse hoffen. Hoffnung zielt also zunächst darauf ab, daß sich gute geschichtliche Erfahrungen auch in Zukunft einstellen.

Zukunft kann nie einfach die bloße Wiederholung von Erfahrungen bringen, denn jede Erfahrung ist zumindest durch ihre Umstände neu. Zukunft bringt immer Neues. So kann Hoffnung, weil sie sich auf Zukunft bezieht, nicht die bloße Wiederholung vergangener Ereignisse erwarten. Insofern zeigt sich dann auch, daß der Mensch immer dann, wenn er an das Ziel der Hoffnung gekommen zu sein scheint, von dem Erreichten nicht völlig zufrieden gestellt ist, im Sinne von Ingeborg Bachmann: „In allem ist etwas zuwenig." Alle positiven geschichtlichen Erfahrungen sind im letzten auch ein Versprechen, das noch nicht erfüllt ist, sondern auf weitere Versprechen verweist. Die große Hoffnung und die kleinen Hoffnungen stehen in einem inneren Verweis- und Erfahrungszusammenhang.

Sie haben mich als katholischen Theologen zu diesem Vortrag eingeladen, und ich mache aus meiner reflektierten Überzeugung kein Hehl, auch und gerade dann nicht, wenn ich mit dem Titel dieses Vortrages, der mir bei der ersten telefonischen

Einladung spontan eingefallen ist, das Wort eines großen evangelischen Theologen, Karl Barth, aufgreife.

Nach biblischem Verständnis verdankt der Mensch und alles was da ist, sein Dasein in jedem Augenblick dem seingebenden Schaffen eines uns durchwaltenden und daher niemals auszulotenden personalen Geheimnisses.

Dieses ständige seingebende Schaffen Gottes ist schlechterdings unvergleichlich mit menschlichem Tun und Machen. Es bedeutet Gabe des Seins an das Geschöpf zum Eigensein. Die biblische Botschaft von der Erschaffung durch das Wort bedeutet eine Zusage an die Geschöpfe, Verläßlichkeit des Zugesagten, eine weltüberlegene Weisheit und Freiheit des Schöpfers. Schöpfung ist daher nicht zwanghaft determiniert, sondern Gottes freies Wort, das die Schöpfung selber frei gibt. In der direkten und unmittelbaren Zuwendung dieses Geheimnisses zum Menschen erscheint dieser als Gottes Ebenbild mit der Fähigkeit, als weltoffenes Wesen die sinnvollen Möglichkeiten, die in der Schöpfung angelegt sind, mit seiner Vernunft auszukundschaften und mit rücksichtsvoller Freiheit so zu verwirklichen, daß er dies vor dem Schöpfer verantworten kann. Schöpfung ist also kein Ende, sondern ein Anfang. Nicht fertig und nicht Selbstzweck.

Die biblische Botschaft von der Sünde, die im Niederhalten in dieser Wahrheit und einer unverantwortlichen Abwendung vom Schöpfer besteht, bedeutet eine Warnung an den Menschen, nimmt aber nichts von dessen Begabung mit Vernunft und Freiheit zurück.

Die Schuld des Menschen entfremdet ihn aber nicht nur dem lebendigen Gott und seinen Mitmenschen, sondern auch sich selber und der ihn umgebenden und tragenden Natur. So wie der Mensch nach einem Leben der Entfremdung faktisch stirbt, ist dieses Sterben nicht so, wie es ursprünglich sein sollte, sondern ein entfremdetes Sterben. Schuld und Tod haben also auf diese Weise oft miteinander zu tun.

Die biblische Botschaft läßt den Menschen mit dieser realistischen, aber in Enge und Angst treibenden Wahrnehmung nicht allein, sondern sagt ihm im selben Augenblick zu, daß er nicht fallengelassen wird. Gott wendet sich in der Geschichte immer neu diesem Menschen zu, befreit ihn und zeigt ihm, daß er ein von Gott gerechtfertigter ist. Diese im Glauben so wahrgenommene Geschichte kulminiert im Leben und Sterben Christi, von dem seine Freunde nach seinem Tod von Anfang an sagten, daß sie erfahren haben, daß er lebt. Auferstehung als Anhaltspunkt christlicher Hoffnung über den Tod hinaus bedeutet keine Projektion des Menschen, schon gar nicht Extrapolation physiologischer Gesetzmäßigkeiten, sondern das im Leben bewährte Vertrauen, daß nichts von dem konkreten Leben verloren geht, sondern durch einen unvergleichlichen Neuanfang, der sich unserer Wahrnehmung entzieht, bei Gott selber vollendet wird. Diese Vollendung ist kein statisches Ende, sondern im Abbruch des Todes neu geschenkte Fülle von Leben und Gemeinschaft mit Gott, der in sich selbst Gemeinschaft ist. Dieser Grund der Hoffnung ist aus unserer Geschichte nicht wegzudenken. Ein Leben, das unter dieser Verheißung steht, kann – was immer auch passieren mag – kein hoffnungsloses

Leben mehr sein. Solche Hoffnung kann man nicht machen, weder durch Moral, noch durch Philosophie, sondern nur in dieser Beziehung vertrauenden Glaubens empfangen. Die christliche Hoffnung versteht sich als ein gegenwärtiges Sein in und mit und aus der Verheißung des Künftigen. Sie ist daher immer zugleich die große aber auch eine kleine Hoffnung im Sinne der Zuversicht auf eine Voranzeige der Vollendung der noch im Gang befindlichen Geschichte „ Sie bezieht sich ganz auf das Letzte und Endgültige, aber eben damit auf das Vorletzte und Vorläufige, ganz auf das Ganze, aber eben damit auch konkret auf das Einzelne. Indem diese Hoffnung die Verheißung des Künftigen ergreift, viel mehr von ihr ergriffen ist, ist sie die große Hoffnung. Gibt es aber auch die kleinen Hoffnungen für heute und morgen, dann darum weil Gott der Zukünftige ist“.[2]

„Wo die große Hoffnung ist, da entstehen für die nächste Zukunft notwendige kleine Hoffnungen, kleine, die in der großen ihren Grund und Halt haben, relative bedingt in ihren einzelnen Inhalten auch fehlbare und jedenfalls korrekturbedürftige, aber in diesen ihren natürlichen Grenzen echte Hoffnungen.“[3]

Der gläubige Christ will und kann niemandem diese Hoffnung aufdrängen, aber er darf sich als Platzhalter und Stellvertreter derer verstehen, die diese Hoffnung nicht teilen können, ihre Hoffnung anders artikulieren oder keine Hoffnung zu haben meinen. Christen sind inmitten dieser vielen anderen solche, die solidarisch auch für diese hoffen dürfen.

Jeder, der Menschen in der Krise lebensbedrohlicher Krankheiten oder gar im Sterbeprozeß unmittelbar begleitet, weiß, daß man dem Patienten dadurch hilft, daß man auf seine Sorgen und Ängste, seine Verzweiflung und sozialen Konflikte eingeht und ihn darin genauso würdigt wie in seinem Mut und seinen im Leben bewährten Konfliktlösungsstrategien. Es gibt immer noch Ansatzpunkte für kleine und kleinste Hoffnungen, solange der Mensch lebt. Wem es gelingt, bei diesen anzuknüpfen und dem Patienten zu helfen, davon ausgehend mit seiner großen Hoffnung in Verbindung zu treten, der hilft ihm am meisten.

---

2 K. Barth. Kirchliche Dogmatik, IV-I, 131

3 A.a.O. 133.

DEN MENSCHEN IN SEINEM ALTERN UND SEINEM STERBEN WÜRDIGEN*

Die Pflege von behinderten, alten, kranken und sterbenden Menschen verlangt immer mehr Professionalität und Differenzierung. Wenn der Mensch aber von einer Vielzahl spezialisierter Fachleute behandelt und gepflegt wird, besteht die Gefahr, daß er nicht mehr ausreichend als ganzer mit seiner persönlichen Lebenssituation gewürdigt wird. Aber nicht nur die Beziehung der Pflegenden und Ärzte zum Kranken, sondern auch die Beziehung der heilenden und pflegenden Berufe untereinander und ihre Zusammenarbeit inmitten dieser Vielfalt wird mehr und mehr zum Problem. Jede Störung in der Kommunikation der verschiedenen heilenden Berufe geht zu Lasten des Patienten.

Das überproportionale Anwachsen des Bevölkerungsanteils von alten und sehr alten Menschen hat seit vielen Jahren eine interdisziplinäre Forschung auf den Plan gerufen. Die Motivation dieser sehr vielschichtigen Forschung besteht wohl überwiegend in der als ethisch zu bezeichnenden Absicht, daß die Chancen des Älterwerdens genutzt werden, die Zumutungen in menschlich reifer Weise angenommen und die Erfüllungen ausgekostet werden und daß Menschen in Würde sterben können.[1] Dabei können die vielen empirischen Einzeldisziplinen mit ihrer Fülle von hilfreichen Einsichten im Detail von sich aus noch nicht die Richtung ausmachen und begründen, die bei der Verwirklichung guten und richtigen Menschseins eingeschlagen werden soll. Was das Altern und Sterben im Ganzen der lebensgeschichtlichen Entwicklung für das Gelingen von Menschsein in jeder und vor allem letzter Hinsicht bedeutet, ist eine spezifisch ethische Frage, eine Frage des philosophischen und theologischen Nachdenkens über den Sinn des Alterns und Sterbens und damit immer auch eine Frage des Menschenbildes.

1. In Würde altern

Jede Lebensphase hat ihre Aufgaben, Herausforderungen, Erfüllungen und besonders am Übergang zur nächsten auch ihre Krisen: Das Kind übt im freien Spiel den Umgang mit der Wirklichkeit; der heranwachsende Mensch sucht seinen Ort in der Gesellschaft und in der Welt; die Erwachsenen sind bestrebt, Ordnung in ihre Gefühle zu bringen und die ihnen aufgegebene Verantwortung zu übernehmen und schöpferisch Leben weiter zu geben, zu gestalten und zu fördern. Jede Phase verweist mit der ihr zugemessenen begrenzten Zeit, trotz unbestrittener Eigenbedeu-

---

* Dieser Text, bei dem der Vortragsstil unverändert beibehalten wurde, wurde 1995 beim Kongress der Barmherzigen Brüder aus Anlass des 500. Geburtstages ihres Gründers, Johannes von Gott, in Wien gehalten. Der Inhalt wird, so scheint mir, je älter wir werden, desto aktueller.

Originalpublikation im Kongressband der Barmherzigen Brüder: 500 Jahre professionelle Pflege – Beruf und Berufung. 29.-31.5.95, Wien 1996, 36-39.

[1] Vgl. A. Auer, Geglücktes Altern. Eine theologisch-ethische Ermutigung, Freiburg 1995, 20; Simone de Beauvoir, Das Alter, Reinbek 1972.

tung, zugleich auf die je nächste lebensgeschichtliche Phase. So reift der Mensch nach und nach als ganzheitliche Gestalt. Verweigert sich der Mensch der andrängenden nächsten Stufe, denn bleibt der Sinnwert der früheren nicht einfach weiter in Geltung, sondern der Mensch regrediert und wird infantil.

Die Phase des Alterns unterscheidet sich von den vorhergehenden nun insofern, als sie nicht mehr wie diese auf eine nachfolgende verweisen kann. Der alternde Mensch stößt an die unerbittliche Grenze des Todes. Das Sterben ist die einzige irdische Lebensphase, die ihm noch bevorsteht. Diese Zukunft wirft ihre Schatten voraus, die Sterbenselemente häufen sich:

- Altern ist noch keine Krankheit, aber es gibt eine zunehmende Anfälligkeit für spezifische Alterskrankheiten.
- Die Fähigkeit zu rascher Neuorientierung und das Kurzeitgedächtnis lassen nach; durch stetes Training kann aber oft die geistige Lebendigkeit erhalten werden; auch die Stimulation durch die Umgebung spielt eine große Rolle.
- Das Selbstbild des alten Menschen und das Bild, das ihm die Gesellschaft vorhält, stehen in einem Wechselverhältnis: Begegnet die Gesellschaft dem alten Menschen mit Hochachtung, begünstigt dies auch eine positive Selbsteinschätzung.
- Auch das Nachlassen der Kommunikationsfähigkeit, die Reduzierung der Interessen, der Rückgang der Initiativen sind vorwiegend auf die Lebensumstände zurückzuführen. Dennoch bleibt die Einsamkeit eine der größten Lasten, die greise Menschen zu tragen haben. Wiederum gilt es, ungewollte Isolation zu unterscheiden von einer erfüllten Einsamkeit, zu der Menschen mit reicher Lebenserfahrung leichter finden.
- Simone de Beauvoir[2] belegt eine ganze Palette negativer psychologischer Reaktionen auf die Erfahrung des Alterns mit vielfach erschütternden Zeugnissen: Angst, Selbsttäuschung, Verschweigen der seelischen Not, Dürre, Traurigkeit, Apathie, intellektueller Appetitmangel, Indolenz, Verdrossenheit, Ekel, Egozentrik, Feindseligkeit, Tyrannisierung, Geiz usw.

Die all die anderen Belastungen begleitende Grundstimmung der spezifischen Angst alter Menschen hängt mit der Veränderung ihrer Zeiterfahrung zusammen. Die vor ihm liegende Lebensspanne ist kurz und wird spürbar kürzer und endet todsicher mit dem Tod. Die Vergangenheit erscheint, so sehr sie die Lebensgestalt des alten Menschen geprägt hat und so sehr er versucht, die Vergangenheit in der Erinnerung festzuhalten, sie erscheint ihm entzogen: ein für alle Mal vorbei. Und die gewährte Gegenwart verkürzt in jedem Augenblick die ohnehin schon kurze Zukunft unverzüglich weiter. Das macht in besonderer Weise Angst, bietet zugleich aber auch die Chance, die Kostbarkeit des Heute mit seinen kleinen Möglichkeiten mit größerer Aufmerksamkeit als je zuvor in seiner Bedeutung wahrzunehmen und auszukosten.

2 Simone de Beauvoir, Das Alter, Reinbek 1972.

Immerhin, die Wahrscheinlichkeit erhöhter Lebenserwartung enthält einen gewissen Aufschubeffekt der Vorbereitung auf den Tod. So entsteht die Versuchung, daß der alte Mensch unentwegt dem Diesseits zugewandt bleibt, Jugendlichkeit simuliert und frühere Lebensphasen mit ihren Sinnwerten festhält. Die Erscheinungen der Flucht aus der ethischen Aufgabe, in Würde zu altern, sind Legion.

Der Aufschubeffekt eröffnet allerdings auch früher nicht so gekannten Sinnwerten des Alterns eine Chance. Beim Übergang in den Ruhestand muß der Mensch seine Prioritäten neu bestimmen und seine Zeit neu einteilen. Wofür man Zeit hat, darin zeigt sich, was einem wichtig ist. Wir kennen in unserem aktiven Leben die Einteilung in Arbeitszeit und Freizeit. Dies ist für die so notwendige Zeitsouveränität im Alter zu wenig und zu undifferenziert. Die Zwänge der Arbeitszeit sind schlagartig wie weggeblasen und hinterlassen nicht selten eine Leere. Alles erscheint plötzlich als von außen her unstrukturierte Freizeit, die dem alten Menschen ein Übermaß an Gestaltungszwängen zulastet. Wenn er in seinem früheren Leben gelernt hat, als weitere Dimension so etwas wie Sozialzeit zu gestalten, dann wird ihm das beim Eintritt in den Ruhestand zugute kommen.

Das Alter als letzter Aufruf zur Freiheit in Vernunft und Solidarität fordert zu weiteren Differenzierungen der Persönlichkeit und ihres Freiheitsengagements heraus: Die Pflege und verbindliche Vertiefung wertvoller menschlicher Beziehungen, die Bereitschaft zu karitativen und anderen sozialen Dienstleistungen, eine zurückhaltende Mitwirkung an der Zukunft der kommenden Generation aus der unaufdringlich eingebrachten Erfahrung machen auch im Alter frei. Alterserotik und Sexualität sind immer noch belastet von pseudomoralischen Vorurteilen ebenso wie von der medial veröffentlichten Meinung, die nur jugendliche Schönheit und Vitalität preist – ein Maßstab, an dem die meisten alternden Menschen scheitern müssen. Andererseits eröffnet sich im Alter die Möglichkeit einer neuen Ästhetik über die Wahrnehmung des Partners um seiner selbst willen: äußerlich attraktive Einzeleigenschaften treten zurück hinter die Wahrnehmung der Person des Partners in der Mitte ihres Wesens.

Die entscheidende „Leistung" im Alter besteht wohl darin, sein Altsein in solcher Weise zu leben, daß die Aussicht auf den persönlichen Tod weniger bedeutend empfunden wird und auch die körperlichen Belastungen weniger in den Mittelpunkt gestellt werden als das Wissen, für eine weitere Zukunft etwas getan zu haben als einem Menschen und Menschenalter gegeben ist: Kinder, Leistungen für das kulturelle Leben, Freundschaften usw. sind Wege, auf welchen der Mensch zu einem dauerhaften Sinn beitragen kann, der die Grenzen seines eigenen Lebens überschreitet.

Dennoch bleibt bei all den Sinnwerten der gewonnenen Jahre mit zunehmender Dringlichkeit je älter der Mensch wird, keine Handlung, kein Gedanke, kein Traum, der nicht auf die eine oder andere Art von der Erfahrung des Todes und seinen sich häufenden Vorboten bestimmt ist. Der Tod wirft Schatten auf alle Parzellen des Lebens und stellt die Freiheit vor die letztentscheidende Wahl: Verweigerung oder Annahme.

Der Mensch kann sich der Auseinandersetzung verweigern durch Flucht in Resignation, Isolation, Selbstbemitleidung oder auch durch Flucht nach außen, indem er in panischer Angst alles zusammenrafft, was an Selbstbestätigung noch bleibt: Rastlose Tätigkeiten mit ständiger Selbstüberforderung, Reisen – die ihm eigentlich keine Freude mehr machen und nur belasten – alkoholische Ausschweifungen usw. Die große Verweigerung entsteht immer dann, wenn der alte Mensch innerlich nicht dazu steht, daß sein Dasein ihm nunmehr endgültig die Vollendung seiner Freiheitsgeschichte angesichts ihres zu Ende Kommens abfordern: Wer will ich gewesen sein? Für wen oder was will ich gelebt haben? Gibt es für mich persönlich eine Hoffnung auf Zukunft, in dieser meiner – in diesem unwiederbringlich einmaligen Leben gestalteten – Individualität neu zu werden und zu bleiben? Albert Paris Gütersloh schreibt einmal, wenn der Mensch schon sterben muß, soll er auch sterben wollen. Und wir müssen hinzufügen, nicht nur, weil wir sterben müssen, sondern auch, weil wir sterben dürfen. Es wäre ein unvorstellbarer Gedanke, wenn wir zum immerwährenden Verbleiben in dieser konkreten geschichtlichen Existenz verdammt wären.

Die Annahme des Alterns mag ähnliche Stufen durchlaufen wie sie Elisabeth Kübler-Ross für die Annahme des Sterbens herausgearbeitet hat: nicht wahrhaben wollen, Zorn, Verhandeln, Depression und schließlich Zustimmung. Die erste Voraussetzung für die Identitätsfindung im Alter ist die Annahme des Unvermeidlichen, das Einvernehmen mit der eigenen Endlichkeit und allem, was dazugehört: Das Zulassen von unüberwindlicher Trauer, Einsamkeit, unvermeidlicher Schmerzen, Krankheiten und immer häufigeren Todesnachrichten von lieben Menschen und Freunden. In der Annahme dieser Momente der Endlichkeit kann sich eine neue Wachheit für das Wesentliche unseres Menschseins einstellen: Der alte Mensch ist frei vom Zwang der Zeit, vom Zwang des Erfolges und Ansehens, es möglichst vielen Menschen gleichzeitig recht zu machen, von selbst auferlegten Zwängen usw. Der Mut zur unvoreingenommenen Sicht auf die eigenen Leistungen kann wachsen. So kann die unverstellte Identität einer Persönlichkeit sich aus der Distanz zum aktiven Berufsleben einstellen. Von der Hektik des modernen Lebens mit ihren Zwängen sollte der alte Mensch Abstand gewinnen können, weil es auf nichts mehr ankommt, als das gewährte Jetzt mit wirklich in Freiheit und Liebe gewählten Möglichkeiten – mögen sie noch so klein sein – zu erfüllen. Er kann der Natur und dem Leben der Menschen zuschauen und zuhören und ohne voreilige Kritik mit immer neuem Erstaunen und vielleicht auch Humor an der Vielfalt des Lebens teilnehmen. So kann ein ganzheitliches Lebenskonzept seiner letzten Reife entgegenwachsen, in dem alles seinen Platz findet: Veranlagung, Herkunft und Grenzen. Vor allem hat der alte Mensch Zeit, darüber nachzudenken, wie er sein bisheriges Leben bewerten möchte und das ihm täglich neu Angebotene in Übereinstimmung mit sich selbst einbringen kann. Solange die Kraft reicht, ist kaum etwas hilfreicher für die Identität des alten Menschen als der Dienst am Mitmenschen.

Wie bei allen anderen Lebensaufgaben auch, braucht der Mensch besonders in seinem Alter die Hilfe der Gesellschaft. Die Sozialpolitik muß zunächst darum besorgt sein, daß möglichst kein alter Mensch in unseren Gesellschaften unter die Armutsgrenze fällt. Eine besondere Sorge betrifft die altersgerechte Wohnung. Ein wichtiges Desiderat in diesem Zusammenhang wäre die Entlastung von besonders für alte Menschen unzumutbaren bürokratischen Schwierigkeiten, wenn diese von einer größeren in eine kleinere Wohnung tauschen wollen. Wenn es nicht mehr anders geht, sollten Altenheime für die verschiedensten Lebensumstände von Selbstversorgung bis zur Pflegestation ausreichend geschaffen werden. Wo immer es allerdings möglich ist, sollte durch Pflegegeld und Pflegeversicherung und entsprechende Hilfsdienste die Möglichkeit dafür geschaffen werden, daß Verwandte ihre alten Menschen auch daheim in die letzte Lebensphase begleiten können.

Der Übergang vom Arbeitsleben in den Ruhestand sollte womöglich abgestuft und gleitende Übergänge möglich werden. Die Medizin könnte sich der alten Diätetik, der Lehre vom gesunden Leben, erinnern und über die Behandlung einzelner Krankheiten zu einer Ökologie des Alterns finden. Über all dem, was die Gesellschaft auch an Bildungs- und anderen Aufgaben für die Alten hat, darf umgekehrt nicht übersehen werden, daß bald ein Drittel der gesamten Bevölkerung wie eine riesige soziale Reserve bereitsteht: Kenntnisse, Erfahrungen und Fertigkeiten können ohne nennenswerte Verluste bei vielen Menschen bis ins späte Alter bewahrt werden, wenn sie eingesetzt und gesellschaftlich gefragt sind. Alte Menschen können bescheidene Dienste in der Nachbarschaft, Krankenhäusern, Besuchsdienst, aber auch bei Kindern und in vielen anderen Bereichen anbieten. Vielleicht könnten sie auch bei der Integration der Ausländer eine wertvolle Hilfe leisten. Der Phantasie, wie Alte Alten helfen können, sollten alle Türen geöffnet werden.

Vor allem können alte Menschen in unserer Gesellschaft durch ihre späte Freiheit enthüllen, daß es eine gefährliche Verkürzung der Humanität bedeutet, wenn nur junges und leistungsfähiges Leben für wertvoll gehalten wird.

Das alles betrifft elementar das Verhältnis der Generationen in unserer Gesellschaft. Ich fasse den Punkt 1 hinsichtlich seiner gesellschaftlichen Konsequenzen zusammen: Angesichts der heute beobachtbaren Prozesse der Entsolidarisierung der Generationen[3] gilt es, nicht nur den bestehenden Generationenvertrag zu erhalten und zu vertiefen, sondern geradezu an einem neuen Generationenvertrag zu arbeiten: So wie die Eltern ihre Kinder zur Welt bringen, sollen künftig die Kinder ihre Eltern aus der Welt begleiten können.[4] Die Hindernisse, die dem im Wege stehen, können nicht von den einzelnen Bürgern allein überwunden werden. Vielmehr ist ihre Beseitigung eine wichtige gesellschafts- und kulturpolitische Aufgabe für die nächsten Jahrzehnte. Am Ende des Lebens steht unweigerlich das Sterben.

---

[3] Vgl. P. Zulehner u.a., Vom Untertan zum Freiheitskünstler, Freiburg–Basel–Wien 1991, bes. 84-88.

[4] Kardinal Carlo M. Martini in seiner Schlußrede beim 7. Symposium der Konferenz der Europäischen Bischofskonferenzen „Geburt und Tod als Herausforderung der Evangelisierung" zit. in: P. M. Zulehner/P. Becker/G. Virt, Sterben und sterben lassen, Düsseldorf 1991, 71.

2. In Würde sterben

Alle, die Sterbende in einem kürzeren oder längeren Sterbeprozeß begleiten, sollten um die letzte und entscheidende sittliche Lebensaufgabe wissen. Sterben gehört zum Leben. Das Sterben als letzte Lebensphase stellt wie das ganze Leben spezifische sittliche Gestaltungsaufgaben. Der Sterbende sollte das Subjekt der Gestaltung seines Sterbens sein können und nicht bloß das Objekt oder gar der „Empfänger" eines entehrenden Mitleides, das ihn infantilisiert. Für viele Menschen bietet sich in unserer hektischen Zeit vielleicht hier erstmals die Chance, den Sinn des begrenzten und nun unwiderruflich zurückliegenden Lebens in seiner Ganzheit zu entdecken. Diese sittliche Aufgabe, die uns allen noch bevorsteht, besteht darin, das zurückliegende Leben in seiner Ganzheit anzunehmen, sich mit diesem Leben und den Menschen, die in ihm eine Rolle gespielt haben, zu versöhnen und dieses Leben in Frieden hinzugeben und zu lassen. Dem Sterben kann nur Sinn geben, was auch dem Leben Sinn gegeben hat. Umgekehrt konnte auch das zurückliegende Leben nur dann glücken, wenn es in allen seinen Facetten angenommen und bewältigt wurde, also auch mit den Vorboten des Todes mitten im Leben. Die nicht bewältigten Aufgaben bedürfen wie das Abschiednehmen einer Trauerarbeit und überdies der Reue als sittliche Revision des Lebens, die sich nicht selten in einem Todeskampf bis tief in die emotionalen Schichten der Person manifestieren kann.

Dieser Entdeckungs- und Gestaltungsvorgang braucht seine Zeit und – wie alle wichtigen Lebensaufgaben – auch die Hilfe anderer Menschen. Diese Zeit dem Menschen zu stehlen oder abzukürzen ist unethisch. Die Sorge um die Ermöglichung eines Sterbens in Würde schließt ethische Kriterien ein, mit Hilfe derer die Grenzen markiert werden, daß der Mensch sicher nicht zu früh stirbt, aber auch, daß der Mensch angesichts der modernen medizintechnischen Möglichkeiten nicht zu spät stirbt.

Wer die in der Bioethik und auch in der Politik mittlerweile heftig entflammte Debatte um aktive Sterbehilfe genau verfolgt, wird zunächst die große Uneinigkeit unter den Befürwortern einer Tötung auf eigenes Verlangen bemerken hinsichtlich der dort angeführten Kriterien. Allein diese – meist sehr emotional geführte – Diskussion zeigt, daß es keine klaren Kriterien gibt, die sicherstellen, daß der Mensch nicht zu früh stirbt, d.h. diese seine letzte Lebensaufgabe erfüllt hat, wenn Ärzten oder irgend jemandem gestattet würde, Menschen direkt und aktiv zu töten. Hinzu kommt die realistische Beobachtung, daß die Selbstbestimmung des Sterbenden vielfältigen Drucksituationen ausgesetzt ist; oft bedeutet der Wunsch, getötet zu werden, überdies einen verdeckten Hilferuf oder der Wunsch nach Beendigung des Lebens wird in einer depressiven Durchgangsphase geäußert, von der wir wissen, daß diese Phasen sich in einem Sterbeprozeß auch wiederholen können. Die Zumutung der Gesellschaft an Ärzte, Krankenschwestern und Pfleger zu töten, würde das Vertrauen in diese Stände schwer untergraben und zudem einen Widerspruch zur standesethischen Deklaration des Weltärztebundes von Madrid 1987 bedeuten:

„Die beabsichtigte Beendigung eines Lebens, selbst auf dessen eigenen Wunsch oder auf Wunsch naher Angehöriger, ist unethisch. Dies hindert den Arzt jedoch nicht daran, dem Wunsch eines Patienten zu folgen und das Sterben in der Endphase einer Krankheit seinen natürlichen Lauf gehen zu lassen.“

Überdies wären die gesellschaftlichen Folgen unabsehbar, wenn es in einer Gesellschaft „in“ würde, direkte aktive Euthanasie zuzulassen angesichts der Belastungen, die sich für die jungen und gesunden Verantwortungsträger ergeben, die letztlich darüber zu befinden haben; es wäre nämlich wieder einmal die billigste Lösung.

Einen Menschen hingegen sterben zu lassen, wenn er soweit ist, ist sittlich gerechtfertigt und gefordert, wenn medizinische Maßnahmen in keinem Verhältnis zu einer Besserung im Gesamtzustand des Patienten mehr stehen, wo schwerstes Leid nur mehr künstlich verlängert wird oder keine Fähigkeit zu personalen Vollzügen mehr erwartet werden kann. Die Ursache des Sterbens ist dann die Krankheit bzw. der ganzheitliche Lebensprozeß des Menschen, der zum Tode führt, und nicht eine – niemals vom Mißbrauch freizuhaltende – Fremdverfügung. Es ist ein ethisch bedeutsamer Unterschied, ob ein Mensch fordert, ihn zu töten oder ob er darum bittet, ihn in Frieden sterben zu lassen. Dies sind sozusagen die Grenzen: Direkt aktiv töten? Nein! – Sterben lassen, wenn es soweit ist? Ja! Innerhalb dieser Grenzen gibt es sicherlich auch schwere Gewissensentscheidungen, aber wir haben doch die moralische Gewißheit bewährter Orientierung, jenseits derer es unmenschlich wird. Niemals dürfen allerdings unterlassen werden: die Basispflege und jene medizinischen Behandlungen, die den Gesundheitszustand und die Lebensqualität verbessern können. Niemals darf auch eine ausreichende, den modernen Standards entsprechende Schmerzstillung unterlassen werden. Einer ausreichenden Palliativmedizin stehen aber immer noch der mangelnde Ausbildungsstand vieler Ärzte und bürokratische Schwierigkeiten mit dem Suchtgiftgesetz (bes. § 5) entgegen, die es verantwortungsbewußten Ärzten schwer bis unmöglich machen, z.B. am Wochenende die Substanzen für eine ausreichende Palliation zu besorgen.

Eine wahrhaftige und einfühlsame Begleitung der Sterbenden, die auf dem Weg zur letzten Reifung keine Lobby mehr bilden können, ist sittlich auch dann gefordert, wenn medizinische Behandlungen mit guten Gründen begrenzt oder eingestellt werden.

Jeder Mensch stirbt in bestimmter Weise unvollendet, aber kaum einer stirbt ohne Hoffnung. Die Hoffnungsbilder in unserer pluralistischen Gesellschaft sind wohl sehr vielfältig, das unterscheidend Christliche aber, das unsere Kultur mitgeprägt hat, besteht darin, daß der Schöpfer nicht als einsamer Gott gesehen wird, sondern als der Grund unseres Daseins, der in sich selbst Gemeinschaft und gerade so ein Gott des Lebens ist. Eine christlich motivierte Begleitung wird dem Sterbenden daher nicht nur mit Worten, sondern auch vor allem durch nonverbale menschliche Nähe helfen wahrzunehmen, daß er im Tod nicht aus der Gemeinschaft mit seinen Mitmenschen und seinem Schöpfer herausfällt, aus dessen Hand er letztlich hervorgegangen ist, und der im Tod einen neuen Anfang verheißt.

THEOLOGIE ALS DIMENSION BIOETHISCHER POLITIKBERATUNG*

Das Jubiläum der Wiedererrichtung der Universität Salzburg ist Anlass zu einer Standortbestimmung für die Rolle dessen, was die Aufgabe der Universität ist – nämlich Wissenschaft. In der Vortragsreihe „Zukunft mit Wissenschaft und Wissenschaft mit Zukunft“ wurde auch ein theologischer Vortrag aufgenommen, hat doch die theologische Fakultät die Kontinuität universitärer Präsenz über die Zeit der Auflösung der Universität Salzburg 1810 bis zu deren Wiedererrichtung 1962 gewährleistet.

Für die Theologische Fakultät legt sich ein Thema nahe, wo theologische Wissenschaft derzeit für die Gestaltung der Zukunft in einem besonders wichtigen Bereich gefragt und herausgefordert ist wie schon lange nicht mehr: Im Bereich der Bioethik mit ihren bedrängenden Fragen.

- Wann beginnt die Schutzverantwortung für Menschenleben und wann hört sie auf? Gehört der Beginn des menschlichen Lebens zum Menschenleben?
- Sollen die Weichen so gestellt werden, dass Medizin von morgen auf dem Rohmaterial von Embryonen aufgebaut wird? Soll man von menschlichen Embryonen oder embryonalen Menschen reden – beide Redeweisen enthalten bereits eine Vorentscheidung. Die Politik beginnt mit der Semantik.
- Soll man Menschen klonen? Ist die Unterscheidung zwischen reproduktivem und therapeutischem Klonen sinnvoll und tragfähig?
- Soll man Menschen mit Behinderung durch die sogenannte Präimplantationsdiagnose möglichst frühzeitig wegselektieren?
- Soll man Menschen genetisch testen, ob sie für eine bestimmte Arbeit in Frage kommen? Sollen diese genetischen Tests auch für die Versicherung relevant werden?
- Soll man am Lebensende auf Verlangen oder unter vorausgesetztem Verlangen töten dürfen?
- Sollen Ärzte Patienten helfen dürfen, sich selbst umzubringen?

Die Palette der Fragen ließe sich mühelos vermehren. Politische Entscheidungen stehen an. Die Politik sucht Beratung nicht nur fachlicher, sondern auch ethischer Art und heizt somit die gesellschaftliche Bioethikdebatte an, die in Österreich aus verschiedenen Gründen bislang viel weniger ausdrücklich und heftig geführt wurde als anderswo, zumindest medial. Tatsache ist, dass in fast allen Ethikkommissionen zur Politikberatung theologische EthikerInnen berufen wurden und werden.

So wurde ich gleich bei der ersten Fakultätssitzung nach meiner Berufung in Wien 1986 angefragt, in der Ethikkommission der medizinischen Fakultät der Universität Wien, bei der die meisten Forschungsprotokolle eingereicht werden, mit-

* Vortrag zum 40-jährigen Jubiläum der Wiedererrichtung der Universität Salzburg, gehalten in der Max Gandolf Bibliothek am 5. Mai 2003. Originalpublikation in: SaThZ 7(2003), 180-194

zuarbeiten. Bei der Vorbereitung des Gentechnikgesetzes war ich in der Enquetekommission gefragt, den ethischen Part zu spielen und wurde anschließend an die Erlassung des Gesetzes in die Gentechnikkommission der österreichischen Bundesregierung gerufen. 1999 kam die Anfrage vom Präsidium des Europarates, ein Dokument zum Schutz der Menschenwürde und Menschenrechte Sterbender und terminal Kranker für den Europarat, der mittlerweile 46 Staaten umfasst, auszuarbeiten, im Parlament vorzustellen und zu diskutieren.[1] Zu Ostern 2001 wurde ich in die European Group on Ethics nach Brüssel berufen: Dieses ist ein unabhängiges, multidisziplinäres und pluralistisches Gremium, das die Europäische Kommission über die ethischen Aspekte der Wissenschaft und der neuen Technologien im Zusammenhang mit der EU-Gesetzgebung berät und 12 Mitglieder umfasst. Knapp danach wurde ich in Österreich in die Ethikkommission beim Bundeskanzleramt gerufen, die ebenso regelmäßig monatlich in Kommissionen und darüber hinaus oft in Subkommissionen tagt, wie die Europäische Ethikgruppe in Brüssel.

Aus dieser vielfältigen Erfahrung legen sich folgende vier Gedankenschritte nahe, im Theorie-Praxis-Zirkel als theologischer Ethiker auf diese Erfahrungen, die ein Spiegelbild der Gesellschaft sind, zu reflektieren. (1.) Überlegungen zum Verhältnis von Ethik, insbesondere theologischer Ethik und Politik; (2.) Überlegungen zur gesellschaftlichen Bioethikdebatte; (3.) Überlegungen zur Bedeutung des Menschenbildes in den Güterabwägungen der Bioethik und schließlich (4.) Überlegungen zur Rolle der Theologie in dem ethischen Suchprozess zur Entscheidungsfindung für das Handeln im Bereich der Biotechnologie, wo derzeit wichtige Weichen für nachhaltige, vermutlich lange Zukunft gestellt werden.

1. Ethik und Politik

Auf den ersten Blick, vor allem in den Medien, erscheint Politik in einem krassen Gegensatz zur Ethik, die in den Medien kaum vorkommt und keine Lobby hat. Politik wird bestimmt vom Streit der Interessen, vom Kampf um Einfluss und Macht, von oft verwirrenden Durchsetzungsmanövern, mit einem Wort: Von den vielen Lobbys.

Ethik hingegen ist nicht Interessen und Ideologien, nicht einzelnen Gruppen, sondern der Wahrheit über den Menschen und daher allen Menschen verpflichtet. Ethik ist nicht mit Moral zu verwechseln: Ethik ist die *Theorie* der Moral, die Theorie einer heute sehr pluralen Moral.

Ethik kann daher die Moral der Bürger, die in verschiedensten Bereichen der Wissenschaft, der Wirtschaft, der Technik, in den Medien usw. tätig sind, nicht immer bestätigen. Ethik hat vielmehr manchmal vor Moral geradezu zu warnen. Ethik ist der Wahrheit über den Menschen verpflichtet, darüber mit Argumenten nach- und vor allem vorauszudenken, darüber, was auf die Dauer und aufs Ganze

[1] Recommendation 1418/1999 des Europarates „Zum Schutz der Menschenrechte und Würde terminal Kranker und Sterbender (http://assembly.coe.int/documents/adoptedtext/ta99/erec1418.htm).

gesehen menschlich geht, Menschsein gelingen lässt. Nachhaltigkeit gehört also zum eisernen Bestand jeder ethischen Theorie.

Eine doppelte Wahrheit über den Menschen, eine naturwissenschaftliche auf der einen Seite und eine geisteswissenschaftliche auf der anderen Seite, kann es nicht geben, aber viele Zugänge und Dimensionen müssen berücksichtigt werden, und deswegen ist Ethik eine der wenigen integrativen Wissenschaften in einem sich immer mehr spezialisierenden Spezialistentum in den Wissenschaften.

Ethik darf hierbei nicht zu einer weichen Verträglichkeitsethik oder einer Summe von guten Ratschlägen für Dialogverfahren verkommen. Die in einer Gesellschaft unausweichlichen Kompromisse dürfen nicht vom politischen und rechtlichen Anwendungsbereich in die ethischen Prinzipien selbst zurückverlagert werden. Dann wäre Ethik nichts anderes als eine Ideologie unter vielen anderen auch oder die Fortführung von Politik mit anderen Mitteln. Wenn Ethik sich von Politik vereinnahmen ließe, hätte sie eine reine Feigenblattfunktion und wäre früher oder später überflüssig.

„Eine Politik, welche die Bioethik als Übungsplatz von Akzeptanz und Protestbewegungen betrachtet, um den Trend zu erkunden, dem sie sich anschließen möchte, wird stets das Vorhersagbare und Erwartbare finanzieren."[2] Erwartbar ist, dass in Ethikkommissionen, die größtenteils mit empirischen Wissenschaftlern und ihren Interessen und wenigen Ethikern und Juristen besetzt sind, der Interessensverbund von Wirtschaft, Wissenschaft und Technik bei Abstimmungen sich durchsetzt. Wird das prognostisch Erwartbare, dass der Mensch ohnedies alles macht, was er kann, nicht ohnedies eintreten? Ethik hätte dann nur noch einige einschränkende Bemerkungen von sich zu geben. Auch das Argument, „wenn wir es nicht machen, dann machen es die Nachbarn", kennen wir bereits aus der Kindererziehung. Die Antwort auf diese Einwände kann nur lauten, dass es für die Ethik ebenso wenig eine normative Kraft des Faktischen, wie eine normative Kraft des Prognostischen geben darf. Sonst wird Ethik tatsächlich auf Akzeptanzforschung reduziert, mit der sie ohnedies von vielen bereits verwechselt wird.

Ethik muss ihre kritischen und bisweilen unangenehmen Fragen nicht nur in ihre Bücher, sondern auch in den gesellschaftlichen Dialog einbringen, von denen einige genannt seien. Gerade in einer pluralistischen Gesellschaft, gilt es die Frage zu stellen: „Wie viel Pluralismus hält der Mensch für seine Existenzbewältigung aus, ohne für Vereinfachungen fundamentalistischer oder totalitärer Art anfällig zu werden?" Unter welchen meist viel zu selbstverständlich angenommenen Voraussetzungen kann ein legitimer Pluralismus in der Demokratie Bestand haben? Haben nicht in unserem Pluralismus alle oft einander widersprechenden Meinungen zu ethischen Fragen ihr Recht, und sind dann einfach genauso wie in der Politik mehrheitsfähig abzustimmen? Oft werden in diesem Zusammenhang der empirische Pluralismus der Gesellschaft, der strukturelle Pluralismus der Demokratie und der normative Pluralismus in einen Topf geworfen. Wenn aber der strukturelle Plu-

---

[2] D. Mieth, Präimplantationsdiagnostik im Kontext, in: Orientierung 67 (2003) 38-42, 38f.

ralismus der Demokratie, den nach den geschichtlichen Erfahrungen wohl niemand Vernünftiger missen möchte, mit dem normativ ethischen Pluralismus verwechselt wird, werden wir beim kleinsten gemeinsamen Nenner landen und dabei beim ethischen Minimum, das an die Fundamente der Menschenrechte rührt. Struktureller Pluralismus der Demokratie ist aber nur möglich, wenn die menschenrechtlichen Rahmenbedingungen als gemeinsame Wertungsgrundlage unumstritten sind. In Einschätzungs-, in Sach- und Durchführungsfragen sind *Kompromisse* unumgänglich. In Glaubens- und Gewissensfragen kann es aber keine Kompromisse geben. Dafür ist *Toleranz* um so dringlicher. Beides muss erlernt werden.

Eine zweite wichtige Frage bezieht sich auf die Tabus, die die neue Gesellschaft angetreten ist zu brechen. Aber hat nicht auch unsere Gesellschaft stillschweigend vorausgesetzte Tabus? So zum Beispiel die Illusion von der totalen Machbarkeit aller Dinge auch im menschlichen Bereich. René Descartes hat 1637 der Medizin das Motto mitgegeben: „Die Medizin wird eines Tages die Ursachen von *unendlich* vielen Krankheiten erkennen, diese heilen und vielleicht auch die Altersschwäche loswerden.“[3] Angesichts dieser Illusion von der totalen Machbarkeit im Gesundheitsbereich, die weithin unseren gesellschaftlichen und wissenschaftlichen Betrieb bestimmt, besteht die Tendenz, dass für die Erreichung dieses Zieles jedes Mittel recht sein muss, das heißt dieser Illusion und diesen Versprechungen muss alles geopfert werden.

Bei dieser Illusion der Machbarkeit, die insgeheim die Grenzen der Endlichkeit überspringen möchte, hängt der ganze Optimismus an der technischen Machbarkeit. So geschieht dies derzeit etwa im Bereich der Fortpflanzungsmedizin, während zugleich eine detaillierte Erforschung der Ursachen fast tabuisiert wird. Es könnten nämlich unangenehme Wahrheiten ans Licht kommen, die vielleicht auch unseren Lebensstil betreffen. Soweit einige wenige kritische Fragen der Ethik.

Ethik und Politik stehen aber nicht nur in Spannung zueinander, sondern sind auch gemeinsam herausgefordert. Ethik ist nicht Politik und kann es nie werden, ohne sich aufzugeben. Aber Politik ist auch nicht Ethik. Und dennoch sind Politik und Ethik, genauso wie Ökonomie, Soziologie, Recht usw. gemeinsam herausgefordert – vor allem durch die modernen empirischen Lebenswissenschaften, von denen Fortpflanzungsmedizin und Gentechnik nur einen kleinen Teil ausmachen, aber jenen Teil, der besonders tief in die Lebenswelt der Menschen und in die uns tragende Natur eingreifen. Die einen meinen, dass die neuen Technologien die Kultur, die Ethik und die Religionen verändern werden und sich alles dem „Machbaren“ anpassen wird. Die anderen sind etwas vorsichtiger, weil jede beantwortete Frage, wie die Wissenschaftsgeschichte zeigt, neue Fragen aufwirft, so dass der Sinn für das uns und die Welt tragende und daseinsgewährende Geheimnis mit dem wachsenden Wissen der empirischen Lebenswissenschaften zugleich zunimmt. Mit dem Wissen wächst paradoxer Weise auch das Nichtwissen und der

---

[3] R. Descartes, Discours de la Méthode (Werke Bd. 6), Paris 1902, 2. Abs, 6. Kap., 62.

Sinn dafür, dass sich in diesem Nichtwissen eine größere Weisheit anzeigt, deren Maßgrößen nicht ohne gravierende negative Folgen missachtet werden.

Politik und Ethik sind aber nicht nur gemeinsam herausgefordert, sie sind beide auf ihre Weise der Suche nach dem optimal Menschlichen und dem menschlichen Gemeinwohl verpflichtet, so dass jedem Menschen Gerechtigkeit widerfährt im Rahmen des Schutzes der Menschenwürde und der darauf aufbauenden, stets weiter zu konkretisierenden Menschenrechte. Sowohl Politik und Ethik sind der Suche nach einer gerechten Verteilung der Güter, insbesondere der gesundheitsbezogenen Güter, verpflichtet. Da die Güter dieser Erde genauso begrenzt sind wie das Leben des Menschen und seine Handlungsmöglichkeiten, gilt es Prioritäten zu setzen. Politik und Ethik sind beide einer optimalen menschlichen Prioritätensetzung verpflichtet. Beide kommen ohne Güterabwägung nicht aus.

2. Einige Gedanken zur weltweit geführten Bioethikdebatte

In diesem zweiten Gedankenschritt möchte ich nicht alle eingangs gestellten Einzelprobleme aufgreifen, die den Rahmen dieses Beitrags sprengen würden, sondern vor allem die strukturellen Fragen dieser gesellschaftlichen Debatte.

Die moderne Biologie hat durch die Gentechnik einerseits und durch die Fortpflanzungsmedizin andererseits dem Menschen ein Machtinstrument über den Menschen in die Hand gegeben, das er früher nicht hatte. Sicher verdanken wir Fortschritt und Wohlstand der Menschheit bereits in den letzten Jahrtausenden der Pflanzen- und Tierzucht, bei der, ohne zu wissen, wie das geschieht, ganze Genpakete hin und her geschoben wurden. Nach dem Prinzip von Versuch und Irrtum entstanden durch die traditionellen Zuchtmethoden für bestimmte Gegenden angepasste Pflanzen und Tiere mit für den Menschen nützlichen Eigenschaften, aber keine neuen Arten. Durch die moderne Gentechnik können die Elementarbausteine des Lebens, die bei allen Lebewesen gleich sind, grundsätzlich identifiziert, isoliert, großindustriell vermehrt, ausgetauscht werden usw.

Neu daran ist, dass durch den geplanten Eingriff und Austausch Gattungsgrenzen übersprungen werden können, die Anpassungszeit der Evolution um einen millionenfachen Faktor verkürzt wird und gentechnisch veränderte Lebewesen großindustriell produziert und vermarktet werden. Die gentechnisch veränderte Sojapflanze zum Beispiel wird nicht nur weltumspannend angebaut, sie wird auch samt dem dazugehörigen Pflanzenvernichtungsmittel, das alle anderen Lebewesen als diese Pflanzen vernichtet, von ein und derselben Firma weltweit vermarktet.

Durch die moderne Fortpflanzungsmedizin wird das eben begonnene frühembryonale Menschenleben in die exponierte Situation der Petrischale gebracht und damit allen möglichen anderen Interessen als denen der Eltern zugänglich. Man sollte glauben, dass der, der das begonnene Menschenleben in diese exponierte Situation bringt, eine noch größere Verantwortung für dieses Leben zu übernehmen bereit ist, doch das Gegenteil kündigte sich bereits zu Beginn dieser neuen Technik an. Robert Edwards, einer der beiden Wissenschaftler, der durch die erste erfolgreiche In-Vitro-Fertilisation einem Mädchen 1978 zur Geburt verholfen hat, hat bereits damals seine Hauptintention veröffentlicht, nämlich nicht primär Eltern eigene Kinder zu ermöglichen, sondern menschliche Embryonen für Forschung und Selektion zugänglich zu machen. Er hat dies bei einem Workshop eines EU-Projektes zur Präimplantationsdiagnose vor einigen Jahren erneut bekräftigt. Fremdnützige Forschung an begonnenem Menschenleben greift seither immer mehr um sich. Im Arbeitspapier der Europäischen Union zu jenem Seminar, das am 24. April 2003 zur Vorbereitung des Beschlusses stattfand, unter welchen Voraussetzungen die verbrauchende Embryonenforschung im 6. Forschungsrahmenprogramm der EU von allen Mitgliedsstaaten gemeinsam gefördert und bezahlt werden soll, wird als Hauptziel für diese Forschung genannt: Die Tierversuche zu reduzieren. Begonnenes Menschenleben wird damit zum Rohstoff für die Entwicklung künftiger Arzneimittel.

Einen weiteren Schub in diese Richtung bedeutet die Erteilung von Patenten auf menschliche Gene und menschliche Stammzelllinien inklusive embryonale Stammzelllinien, wenn diese mit irgendeiner erfinderischen Leistung verbunden sind. Patente, bei denen es um ungeahnt große Summen gehen kann, haben einen Lenkungseffekt für die Wissenschaft.

Als einen gordischen Knoten, in dem sich viele andere Probleme nur verdichten, könnte sich das Klonen von Menschen, das heißt die gezielte Herstellung genetisch identer menschlicher Lebewesen durch Zellkerntransfer, erweisen. Seit 1977 wurde eine ebenso interessensgeleitete wie irreführende Unterscheidung zwischen reproduktivem und therapeutischem Klonen eingeführt: Interessensgeleitet, weil man mit dieser Unterscheidung die Herstellung genetisch identischen Menschenlebens zulassen möchte als biologisches Material, aber vermeiden möchte, dass solche Menschen geboren werden, weil man dieses menschliche Leben ja rechtzeitig vorher vernichtet. Irreführend ist diese Unterscheidung, weil jedes Klonen reproduktiv ist und weil nach bewährter, in allen Dokumenten verankerter Redeweise als therapeutisch nur ein Heilversuch im Dienste des Individuums gelten kann und nicht eine fremdnützige Forschung oder gar Vernichtung. Zudem sind mögliche Therapien, die vielleicht einmal auf diesem Weg gefunden werden könnten – auch andere Wege werden sich als möglich herausstellen, die keine ethischen Probleme aufwerfen – derzeit weit entfernte hypothetische Versprechungen. Nicht jeder, der etwas verspricht, muss automatisch recht haben. Zudem könnte niemand auf der Welt dafür garantieren, dass in einem Labor, in dem menschliche Klone hergestellt werden, diese nicht auch Frauen implantiert und dann geboren werden. Was dann?

Was ist also ethisch zum Babyklonen, dem sogenannten reproduktiven Klonen, zu sagen, gegen das derzeit eine breite Verbotsallianz vom Zusatzprotokoll der Menschenrechtskonvention für Biomedizin des Europarates bis zur Arbeit an einer UNO-Konvention besteht. Dieser Konsens scheint sehr breit zu sein, da derzeit keine wirtschaftlichen Interessen damit verbunden sind, und abgesehen von einer Sekte mit absurder Ideologie nur einige wenige Ärzte daran interessiert sind, die zeigen möchten, dass sie auf diese Weise Frauen zu Kindern verhelfen können.

Was aber sind die entscheidenden ethischen Argumente? Man weiß aus dem Tierversuch, dass Klone schwere Schäden haben und unübersehbar viele Fehlversuche nötig sind bis zufällig einmal das Klonen gelingt. Aber das Problem des Risikos stellt sich bereits bei der gängigen In-Vitro-Fertilisation: Nach einem Artikel in einer der führenden medizinischen Zeitschriften, dem New England Journal of Medicine, haben 9% aller IVF-Kinder schwere Schäden, wobei die leichteren Schäden nicht Gegenstand dieser Untersuchung waren.[4] Auch die Erfolgsrate bei In-Vitro-Fertilisation hat sich in den letzten 25 Jahren kaum merklich erhöht.

Es könnte, so kann man einwenden, ja ein Paar einen so starken Kinderwunsch haben, dass es bereit ist, ein noch höheres Risiko als bei der IVF auf sich zu nehmen. Grundsätzlich zeigt sich, dass im Bereich der Gentechnik die Bereitschaft, höhere Risiken einzugehen, steigt. Wie hoch aber dürfen Risiken sein? Dies ist keine technische Frage, sondern eine Wertungsfrage.

Es könnte ein Paar den Wunsch haben, das genetische Design seines Kindes genau zu bestimmen. Doch dies geschieht nicht erst beim Klonen, sondern fängt bereits bei der Präimplantationsdiagnose an, die zunächst einmal negativ bestimmte Eigenschaften der Kinder ausschließen möchte. Meistens ist der Wunsch nach Geschlechtsselektion damit verbunden. Aber selbst, wenn bei dieser Technik nur die Selektion von schweren Krankheiten (Wer bestimmt, wo die Grenzen zwischen schwereren und leichteren Defekten liegt?) im Blick ist, gilt es zu bedenken, dass Medizin auf die Dauer nicht selektieren und vernichten, sondern heilen möchte. Jeder Heilversuch in diesem frühen Stadium aber wäre eine Keimbahnbastelei, das heißt ein Experimentieren an der genetischen Ausstattung eines Menschen, die in weiterer Folge an alle seine Nachkommen weiter vererbt wird.

Als weiteres Argument gegen das Klonen wird vorgebracht, dass bei diesem Vorgang ein Mensch als Kopie eines zweiten auf Wunsch eines dritten hergestellt, also doppelt instrumentalisiert wird. Doch auch dieses Argument ist nicht so einfach, da der genetische Anteil eine notwendige aber keineswegs hinreichende Voraussetzung für Identität bietet. Ein so geborenes Kind wird eine ganz individuelle Biographie haben. Andere Umstände, andere Umwelt, andere Zeit, andere Lebenserfahrungen werden dazu beitragen, dass trotz weitgehender genetischer Identität mit einem bereits vor ihm lebenden Menschen, dieser Klon eine eigenständige Biographie entwickelt. Auch ein geklonter Mensch wäre niemals die vollständige Kopie eines anderen, sondern hätte seine unverwechselbare Individualität und Personenwürde. Die Würde eines so geborenen Menschen kann ihm durch die Klontechnik nicht genommen werden, aber sie wird verletzt, insoferne er instrumentalisiert wird, da seine Existenz einem bereits vorhandenen genetischen Programm unterworfen wird. Klonen wäre ein fürchterlich konservativer Vorgang, da jemandem von Anfang an ein altes Genprogramm aufoktroyiert wird. Wegen der leibseelischen Einheit eines Menschen, bedeutet die genetische Fremdbestimmung

---

[4] The Risk of Major Birth Defects after Intracytoplasmic Sperm Injection and in Vitro Fertilization, in: NEJM Nr.10 (7.3.2002) 725-730.

durch die Pläne anderer Menschen eine Instrumentalisierung, die an den Kern der Person geht. Zudem wäre zu bedenken, dass Beziehungsverhältnisse unter Menschen durcheinander geraten, weil ein solcher Klon dann z.B. der zeitversetzte Zwilling seiner eigenen Mutter wäre. Es gilt aber zu bedenken, dass bereits bei der heterologen Insemination im Zusammenhang mit der Fortpflanzungsmedizin Identitätsprobleme einem Menschen mit auf den Lebensweg gegeben und zugemutet werden.

Noch mehr also als das Babyklonen wäre das sogenannte therapeutische Klonen oder Forschungsklonen, das heißt die Herstellung von menschlichen Embryonen oder embryonalen Menschen nur zu Forschungszwecken oder als Material für andere, eine Totalinstrumentalisierung und daher ein Widerspruch gegen die Menschenwürde. Schließlich wird auch die Forschungsethik durch das Klonen betroffen. Medizinische und biologische Versuche, die zur Herstellung eines geklonten Menschen nötig wären, stehen im Widerspruch zu sämtlichen allgemein anerkannten Grundsätzen der Medizin- und Forschungsethik.

Grundlegender als die landauf und landab immer wiederholte Frage, ob der Mensch mit seinen technischen Möglichkeiten alles tun darf, was er kann, ist die andere Frage am Beginn der Forschung: Was wollen wir können? Woran sollen wir forschen, weil wir es können möchten? Dietmar Mieth hat seinem neuesten Buch den Titel gegeben „Was wollen wir können?“, weil Ethik nur dann eine Chance hat, wenn sie bereits beim Wollen ansetzt. „Ethik ist Nachdenklichkeit, wie wir unser Wollen klären, damit wir nicht nachher sagen: Das haben wir nicht gewollt.“[5]

Wer aber bestimmt in unserer massenmedialen Kultur das Wollen in der Gesellschaft? Es geht in der Bioethik letztlich um die Macht: Wer hat die Definitionsmacht, was Leben ist? Wer hat die Definitionsmacht, wann Leben beginnt und wann es endet? Wer hat die Definitionsmacht darüber, ob und wie weit menschliches Leben zum Rohstoff der Medizin von morgen werden soll? Welches Leben soll eingesetzt werden? Welches Leben hat Vorrang und wer hat die Macht, darüber zu bestimmen? Welche Lebewesen sollen unter welchen Voraussetzungen patentiert werden? Ein wie wichtiges Lenkungsinstrument und damit Machtinstrument Patente auf Lebewesen sind, kann man daran ermessen, dass ganze Universitäten in den Vereinigten Staaten von ihren Patenten leben.

Bioethik ist fundamental eine politische Institutionenethik, in der es um Macht geht. Bioethik hat hierbei die schwierige Aufgabe, die sinnvollen, lebensdienlichen, bewährten Einsätze der modernen Biologie im Umweltbereich, in der Medizin (aus der Arzneimittelproduktion ist die Gentechnik gar nicht mehr wegzudenken), in der Nahrungsmittelproduktion usw. gegen deren Missbrauch, vor allem gegen deren Machtmissbrauch, abzusichern. Bioethik muss darauf achten, dass keine der folgenden Abwägungsebenen ausfällt:

---

[5] D. Mieth, Was wollen wir können? Ethik im Zeitalter der Biotechnik, Freiburg 2002, V.

- Die Abwägung, die das menschliche oder tierliche Individuum oder die Pflanzensorte in ihrer Eigenbedeutung gegen andere Interessen abwägt;
- die sozialethische Abwägung, welche Gruppen gewinnen und welche verlieren;
- die vielfältigen wirtschaftsethischen Abwägungen;
- die forschungsethischen Abwägungen, in dem Sinn, was wir überhaupt wollen können, was in der Anwendung sozial verträglich ist und was nicht, was publiziert wird und was nicht. Die öffentliche Information leidet massiv darunter, dass weithin nur positive Forschungsergebnisse veröffentlicht werden, alle negativen aber meist nicht. Die „Kollateralschäden" der Wissenschaft bleiben meist unbekannt.
- Die institutionenethische Abwägung, welche Institutionen welche Entscheidungsvollmacht haben und wie transparent angesichts des Lobbydschungels diese Macht gehandhabt wird.

Die vielfältigen Lobbys stehen nicht auf Seiten der Ethik. Sie sind der ethischen Reflexion und dem Dialog in der Gesellschaft, meist bevor etwas in die Zeitungen kommt, schon voraus. Hat die Ethik überhaupt eine Lobby?

Ethik hat es unausweichlich, wie wir gesehen haben, mit Abwägungen zu tun. Auch alle scheinbar von „Ewigkeit" her bestehenden Normen und Pflichten sind einmal aus Abwägungsvorgängen und Suchprozessen entstanden. Auch heute, da wir vor so schwerwiegenden Problemen stehen, vor denen unsere Vorfahren noch nicht standen, sind Abwägungen unausweichlich.

3. Einige Gedanken zur Bedeutung des Menschenbildes in den Abwägungsvorgängen

Ethik als eine der ältesten Theorien der Prioritätensetzung und damit des Abwägens geht auf Aristoteles, den Begründer der Ethik als eigenständiger Disziplin, zurück. In seinem Werk findet sich bereits eine Summe von Vorzugsregeln oder Kriterien für Abwägung und Prioritätensetzungen in individuellen und strukturellen Konflikten. Jede Abwägung, in der das Prioritätensetzen sich konkret vollzieht, setzt das Bild einer Waage und damit einen Fixpunkt voraus, unter dem abgewogen wird. Es wäre methodisch unbedarft – wie es leider so oft geschieht – gleich mit dem Abwägen von Vor- und Nachteilen in der Bioethik zu beginnen, ohne sich vorher Rechenschaft über den Gesichtspunkt zu geben, unter dem abgewogen wird.

Der entscheidende Gesichtspunkt, der eine ethische Abwägung von den vielen anderen Abwägungsvorgängen unterscheidet, ist die unveräußerliche Würde eines jeden Menschen. Zur Begründung der Menschenwürde gibt es in unserer Gesellschaft verschiedene Quellen und Zugänge. Für die Moderne wurde der Kontext der Aufklärung bestimmend, insbesondere in Form des Kategorischen Imperativs Immanuel Kants: „Handle so, dass du die Menschheit in Deiner Person, wie in der Person eines jeden anderen, niemals bloß als Mittel zum Zweck, sondern immer auch um Seiner selbst willen achtest." Jede aus den verschiedenen Quellen her perspektivische Einsicht in die Menschenwürde ist aber offen für Letztbegründungen. Gerade in einer pluralistischen Gesellschaft dient es der Transparenz und Redlichkeit des Dialogs, das eigene Vorverständnis offen zu legen, nicht um dem Gesprächspartner die eigene Weltanschauung aufzuzwingen, sondern um ihn einzuladen, über sein eigenes in unserer hektischen Gesellschaft oft unbedachtes Vorverständnis nachzudenken und damit über den Fixpunkt seiner Waage, mit der er die Güterabwägungen vornimmt. Der Mensch hat nicht nur einen Wert und ist nicht nur ein Wert. Wenn man den Menschen unter Wertgesichtspunkt betrachtet, dann könnte man ökonomisch seine chemischen Bestandteile um den Wert von ca. € 5,– auf dem Markt verkaufen. Werten ist es eigen, austauschbar zu sein. Der Mensch aber hat nicht nur einen Wert, sondern eine unveräußerliche Würde, weil es dem Menschen eigen ist, nicht nur als Exemplar einer Gattung zu existieren, sondern als Person in unvertretbarer Einmaligkeit und Beziehungsverantwortung zugleich. Das macht den Menschen unverrechenbar für andere Werte und wirtschaftliche und politische Kuhhändel.

Was Würde bedeutet, ist etwa in den erläuternden Bemerkungen der bereits genannten Recommendation 1418/1999 des Europarates „Zum Schutz der Menschenrechte und Würde terminal Kranker und Sterbender", die mit großer Mehrheit in der parlamentarischen Versammlung des Europarates angenommen worden ist, festgehalten:

> „Würde kommt einem jeden Menschen zu unabhängig von Alter, Geschlecht, Besonderheit oder Fähigkeit, von Umständen und Situationen, wodurch die Gleichheit und Universalität der Menschenrechte gesichert ist. Würde ist eine Konsequenz des Menschseins, daher gibt es keinen Zustand, der einem Menschen seine Würde verleiht oder ihn dieser beraubt. ... der Mensch besitzt Würde während seines gesamten Lebens ... die Gleichheit und Universalität menschlicher Würde und der Menschenrechte entspringen keiner Konvention. Nicht auf Grund der Anerkennung durch andere Menschen besitzt der Einzelne seine Würde und die sich daraus ableitenden Rechte, sondern auf Grund seiner Zugehörigkeit zur Menschheit. Die Würde des Einzelnen kann geachtet oder verletzt werden, sie kann jedoch nicht gewährt werden oder verloren gehen. ... Menschliche Würde kann nicht geteilt oder auf bestimmte Zustände oder Phasen des Lebens eingeschränkt werden. Dies wäre eine Form der Missachtung menschlicher Würde."[6]

Diese Würde des Menschen wurde und wird leider nicht nur faktisch oftmals verletzt, sie wird von manchen in jüngerer Zeit grundsätzlich bestritten (so z.B. von F. J. Wetz[7]) und wird vor allem in reduktionistischen Menschenbildern zum Teil schleichend ausgehöhlt.

Im Gefolge der zum Teil sehr vereinfachten und nicht sehr realistischen Verheißungen, die in den Medien anlässlich der Entschlüsselung des menschlichen Genoms verbreitet wurden, werden nun alte reduktionistische Menschenbilder, die es auch vorher in den Geisteswissenschaften bereits gab, wiederbelebt.

---

6 Recommendation 1418/1999 des Europarates (s. Anm.2).

7 F. J. Wetz, Die Würde der Menschen ist antastbar, Stuttgart 1998.

Wir stellen solches fest etwa in theoretischen Modellen der modernen Soziobiologie, die von der Annahme ausgehen, dass der Mensch „nichts anderes“ sei, als die Summe seiner genetischen Funktionen; alle menschlichen Phänomene bis hin zur Kultur, Moral und Religion werden aus dem Zusammenspiel der egoistischen Gene erklärt. Aber nicht nur in solchen Modellen, sondern immer dann, wenn es heißt, „der Mensch ist nichts anderes als ...“ (Funktion gesellschaftlicher Zwänge, Bestandteil von Interaktionseinheiten größerer Systeme, ein mittelmäßiger Computer in der Perspektive der Hirnforschung, Spiegelbild der ihn umgebenden Natur und Kohlenwasserstoffe usw.) zeigt sich ein reduktionistisches Menschenbild. Dann wird der Mensch nicht mehr als weltoffenes, auf das Sein im Ganzen erschlossenes Wesen wahrgenommen.

Durch die ganze große abendländische Philosophiegeschichte hält sich diese Einsicht durch, dass der Mensch als Wesen der Sprache das Wort „ist“ sagen kann und damit alles, was ihm begegnet, in den Horizont des Seins stellt. Dies gibt ihm auch die Möglichkeit, grundsätzlich zu allem Einzelnen in Distanz zu treten und damit ihm gegenüber ein gewisses Maß an Freiheit zu haben, aber auch die grundsätzliche perspektivische Ausschnitthaftigkeit seines Erkennens selbst noch einmal zu reflektieren. Der Mensch, als das auf Sein im Ganzen erschlossene Wesen, ist mit seinen Fragen über die Endlichkeit seines Lebens immer hinaus und unausweichlich auf sein „woher“ und „wohin“ verwiesen. Immer dann, wenn der Mensch sich nicht mehr als Ausdruck eines letzten Geheimnisses, auf das hin er erschlossen ist, verstehen kann, liegt die Gefahr für ein solches reduktionistisches Verständnis des Menschen nahe. Dann wird der Fixpunkt der Waage für das bioethische Abwägen ein anderer, und dann kommt es mit innerer Logik zur Spaltung des Menschlichen: Zur Trennung der Menschen in solche, die instrumentalisierbar sind und solche, die nicht instrumentaliserbar sind. Daraus ergibt sich mit innerer Konsequenz auch die Folge für das Lebensrecht, das aus der Menschenwürde abgeleitet wird. Das Lebensrecht des Einen wird dann geachtet, das Lebensrecht des Anderen nicht. Der eine embryonale Mensch bekommt im Kontext der Forschung den Forschungsmalus und der andere den Implantationsbonus.

Wo zeichnet sich diese Spaltung des Menschlichen derzeit konkret ab? Es werden zunehmend prädiktive genetische Tests angeboten für genetisch bedingte zum Teil ererbte Dispositionen für bestimmte Krankheiten, die mit mehr oder weniger Wahrscheinlichkeit früher oder später ausbrechen können. Diese Schere zwischen der Voraussage einer Krankheitsdisposition (Diagnose ist ja noch nicht Prognose) und der mangelnden Prophylaxe und Therapie kann nun leicht zu einer Spaltung des Menschlichen führen: Solche, die gute Gene haben, haben bessere Chancen am Arbeitsplatz und bei der Versicherung als solche, die schlechte Gene haben. In der vorgeburtlichen Diagnose führt die Feststellung eines genetischen oder chromosomalen Schadens in den meisten Fällen zur gezielten Vernichtung dieses Lebens.

Im Österreichischen Strafgesetzbuch § 97 wird die Tötung eines Ungeborenen bis zur Geburt gerechtfertigt, wenn „die Gefahr“ einer Schädigung vorliegt. Dies heißt im Klartext: „Wenn jemand schlechte Gene hat – weg mit ihm!“ Eine schleichende Spaltung des Menschlichen, eine schleichende Eugenik von unten, ist eine sich bereits abzeichnende Gefahr. Während die Technik der Pränataldiagnose aufs Ganze gesehen lebensdienlich ist und in wenigen Fällen zu diesen Konflikten führen kann, ist die sogenannte Präimplantationsdiagnostik von einer neuen ethischen Qualität. Die Präimplantationsdiagnostik hat nur ein einziges Ziel: die Selektion von Menschen mit guten und schlechten Genen und kein anderes.

In der Ethik wird diese Spaltung des Menschlichen in manchen Spielarten der utilitaristischen Ethik geradezu systembildend. Der australische, derzeit in den USA wirkende Ethiker Peter Singer vertritt die Auffassung, dass nicht alle Menschen Personen sind, sondern nur jene, die ein gewisses Maß an geistigen und kommunikativen Fähigkeiten zeigen. Peter Singer gehört mit anderen zur Spielart der sogenannten Präferenzutilitaristen. Das heißt, nur jenen Menschen wird die personale Würde und Menschenwürde von der Gesellschaft zuerkannt, die Präferenzen, das heißt Interessen, zeigen und vertreten können. Hier tritt die Logik der Spaltung des Menschlichen, die sich sonst eher nur schleichend zeigt, klar zu Tage. Peter Singer definiert die Person über ihre Eigenschaften, aber er lässt die Frage, wer denn derjenige ist, der diese Eigenschaften hat, nicht zu und errichtet hier ein neues Fragetabu. Ungeborene haben kein Lebensrecht und behinderte Kinder können bis zum ersten Lebensmonat nach seiner Theorie getötet werden, um Platz zu machen für ein gesundes Kind. Der Wert des Einen wird dann gegen den Wert des Anderen ausgetauscht.

Wenn wir mit der modernen Gentechnik Gattungsgrenzen überspringen können, dann gehen Grenzen der Gattung verloren – nach außen wie nach innen. An die Stelle der Zugehörigkeit zur Menschengattung als grundlegend für Menschenwürde und Menschenrechte, tritt dann die Persönlichkeit im Sinne liberaler Vereinzelung und im Sinne der Fähigkeit, bestimmte Leistungen zu vollbringen: sich erinnern, kommunizieren, das Leben geistig ordnen, Interessen vertreten, Zukunft antizipieren usw. zu können. Wenn sich diese Philosophie, die derzeit stark im Vormarsch ist, durchsetzen würde, hätten nur jene, die diesen Kriterien genügen, ein Lebensrecht. Eine nicht mehr mit dem Menschen identische, sondern mit bestimmten Fähigkeiten ausgestattete Persönlichkeit, nimmt den bloßen Gattungsmenschen dann unter seine Herrschaft. Es geht im Letzten in der Bioethik um Macht.

Dies zeigt sich in der Theorie Peter Singers auch für Demente und Sterbende, die ihre Interessen nicht mehr vertreten können. In den Niederlanden und in Belgien wurden arztzentrierte Euthanasiegesetze verabschiedet, die dem Arzt die Vollmacht geben, unter bestimmten Voraussetzungen zu töten. In der Absicht, den ärztlichen Paternalismus zu überwinden, bekommt der Arzt eine Macht, die er vorher in der Geschichte nie hatte, nämlich von der Gesellschaft akzeptiert gezielt zu töten. In einer solchen Gesellschaft, die die Autonomie des Patienten in dem Sinne auslegt, dass sein Wunsch erfüllt wird, entsteht unweigerlich ein Druck auf den Patienten, diesbezügliche Wünsche in bestimmten Situationen zu äußern. Faktisch entscheiden mehrheitlich Ärzte und Angehörige, wann der Patient in solchen Gesellschaften getötet wird.

4. Einige Gedanken zur Rolle der Theologie

Es geht also in vielen Facetten der Bioethik um Macht über das Leben: Um die Definitionsmacht, was Leben ist, wann es beginnt, wann es endet und den Umgang mit dieser Macht über Leben. Was aber haben die Machtfrage und die bisherigen Gedankengänge mit Theologie zu tun? Was hat das Ganze zudem in „nachtheologischer Zeit", so die Diagnose von Clemens Sedmak in seinem soeben erschienenen Buch „Theologie in nachtheologischer Zeit", zu bedeuten?[8]

Die meiste Zeit sind wir mit unseren Gedanken allein. Alles, was wir tun, haben wir oft und oft in unseren Gedanken und unserer Phantasie vorweggenommen. Denkweise und Lebensweise hängen miteinander zusammen. In jeder Lebensform stellen sich unausweichlich die Gedanken nach Anfang und Herkunft, nach Endlichkeit und Ende, nach Richtung und damit Sinn unseres Lebens und viele andere existentielle Fragen ein. Diesen Fragen begrifflich klar, methodisch und systematisch nachzugehen, ist Aufgabe der Theologie, die seit den Anfängen der Universität in dieser *universitas vitae et literarum* einen integrativen Platz hat.

Theologie denkt über Gott und seine Macht nach. Gottes Allmacht aber verbirgt sich im Gewähren des Seins an das Geschöpf zum Selbstsein. So bleibt der Ansatz für die Theologie, über die Beziehung der Geschöpfe zu dem, der ihnen das Sein gewährt, nachzudenken. Wird nun Gottes Allmacht, die sich besonders deutlich im Phänomen des Lebens zeigt, durch die Allmacht des Verbundes von Wirtschaft, Wissenschaft und Technik abgelöst? Was ist die Erfahrungsbasis der Theologie, wenn Gott sich im Gewähren verbirgt und seine Allmacht am deutlichsten im Freigeben seiner Geschöpfe in ihr Eigensein zeigt, so sehr, dass er für viele Menschen darin fast verschwindet?

In einem weiten Horizont von Erfahrung hält Theologie Ausschau nach erfahrenen Menschen, deren Lebenspraxis geglückt ist. Christliche Theologie hält dabei inne und knüpft an bei der fundamentalen Lebenspraxis Jesu von Nazareth, die aus dieser Menschengeschichte nicht mehr fortzudenken ist. Diese Fundamentalpraxis Jesu, wie Clemens Sedmak diese Erfahrung nennt, wurde, ist und wird in Zukunft richtungsweisend für die Gestaltung menschlicher Praxis bleiben, Gründe für das Handeln von Menschen bieten und Orientierung für die Lebensbewältigung in einer immer unübersichtlicher werdenden Gesellschaft.

In der Lebenspraxis Jesu zeigt sich – um nur einige Aspekte für unser Thema aufzugreifen – eine hohe Sensibilität für die meist übersehenen kleinen Anfänge (das Reich Gottes gleicht einem Senfkorn, ein großer Baum wird aus diesem). Wir sehen bei Jesus die Sensibilität für die Kinder, die in der Lobbywelt der erwachsenen Männer seiner Zeit keinerlei Bedeutung haben. Wir sehen Jesu vorrangige Zuwendung zu den Armen und auch zu den Sündern, die von den „pharisäischen und schriftgelehrten Tugendbolden" ebenso marginalisiert wurden wie viele Kran-

8 C. Sedmak, Theologie in nachtheologischer Zeit, Mainz 2003.

ke, denen man ihre Krankheit als Strafe Gottes interpretierte und damit den Ausschluss aus der Gesellschaft rechtfertigte.

Wir sehen im Evangelium eine besondere Nähe Jesu zu den Sterbenden und Abschiednehmenden in ihrer Not. Der Tod seines Freundes Lazarus und die um ihn Trauernden gehen ihm besonders nahe. Wir sehen in der Lebenspraxis Jesu, dass er kritisch gegen jede Form von verlogener Unmenschlichkeit angeht, sie ans Licht bringt und damit in bewusster Freiheit dem Konflikt entgegengeht, der ihn ans Kreuz bringt. Viele Ebenen von Unrecht kreuzen sich an diesem Kreuz. Am Ende der irdischen Lebenspraxis Jesu steht, dass er das Unrecht und das Leid dieser Welt auf sich nimmt und in Liebe verwandelt, und dass diese Liebe sich allein stärker erweist als alles Tödliche und der Tod. Die Seinen haben seine neue analogielose Existenzweise bald nach seinem Tod erfahren, sind in die ganze Welt hinausgegangen, diese Erfahrung weiterzusagen.

Theologie, die auf der umfassenden Lebenserfahrung Jesu aufbaut und im Theorie-Praxis-Zirkel in der Gemeinschaft der an Jesus Glaubenden darauf reflektiert, ist eine kritische Wissenschaft (das ist manchmal unangenehm, wenn man eine „dissent opinion“ machen muss), sie ist eine integrative Wissenschaft (das ist angesichts immer größerer Fülle des Wissens oft sehr anstrengend), sie ist eine stimulierende Wissenschaft, weil sie sich auf Modelle besonderen Engagements gegen den Trend zum ethischen Minimum in unserer Gesellschaft bezieht und Theologie ist eine „fröhliche Wissenschaft“, weil sie vom Evangelium gelingenden Lebens, nämlich der umfassend gelingenden Lebenspraxis Jesu ausgeht – mit der Hoffnungsperspektive über den Tod hinaus.

Theologie beruht also auf einer Weisheit, die von weiter her kommt, als den gerade im Vordergrund stehenden Interessen und ihren Lobbys. Theologie reflektiert auf die „bescheidene“ Lobby Gottes in unserer Weltgeschichte, wo die Lebenspraxis Jesu versucht wird. Ich denke, dass diese Lebenspraxis Jesu sich als nachhaltiger erweisen wird als alle partiellen Interessen.

ETHISCHE BEGRÜNDUNGEN UND KRITERIEN FÜR PATIENTENVERFÜGUNGEN*

Die letzte Lebensaufgabe liegt noch vor einem Jeden von uns. Sie besteht darin, das zurückliegende Leben mit seinen Höhen und Tiefen einmal als Ganzes anzunehmen und als angenommenes loszulassen. Diese letzte Lebensaufgabe haben wir in unvertretbarer Einmaligkeit zu erfüllen. Wie bei allen wichtigen Lebensaufgaben brauchen wir dafür Zeit und bedürfen auch der Hilfe anderer Menschen. Eine rechtzeitige Auseinandersetzung mit dieser letzten Lebensaufgabe im Sterben im weiteren Sinn ist für das Gelingen des Lebens wichtig. Das Leben kann ja nur gelingen, wenn es in allen seinen Dimensionen sinnvoll angenommen und nicht partiell verdrängt wird. Zu diesen Dimensionen des Lebens gehören auch die Endlichkeit und das Sterben, das seine Vorboten in verschiedenen Formen von Krankheit, Vergeblichkeit usw. mitten ins Leben vorausschickt. Wir begegnen ihm aber auch in jeder existentiellen Entscheidung, in der wir Lebensmöglichkeiten sterben lassen müssen, um in die Lebensmöglichkeiten, die wir wählen, so hineinzugehen, dass das Leben glücken kann.

- Wo liegen nun die offenen Fragen in bezug auf die Erfüllung dieser Aufgaben, sinnvoll die eigene Sterblichkeit mitten im Leben anzunehmen und uns auf diese letzten Lebensaufgaben einzustellen und einzuüben?
- Wie sehr wird unser Sterben durch die weit fortgeschrittene Medikalisierung des Sterbens und die damit zusammenhängenden Organisationsformen des Medizinbetriebes entfremdet?
- Wie transparent werden im Zusammenspiel von Patienten, therapeutischem Team und Ärzten, Spitalserhaltern, Angehörigen usw. Entscheidungen getroffen?
- Wer hat die letzte Verantwortung?
- Wessen Wertungen kommen zum Tragen?
- Wie viel Druck kann angesichts der Ressourcenknappheit im Gesundheitswesen auf uns zukommen?
- Welche medizinischen, pflegerischen und anderen Hilfen werden uns bei der Erfüllung unserer letzten Lebensaufgabe zuteil werden?
- Was bedeutet Fürsorge für Sterbende?

Es besteht weitgehende Einigkeit darüber, dass der Mensch seine letzten Lebensaufgaben in Freiheit und mit Unterstützung seiner Mitmenschen erfüllen können soll. Ein Wort von Kardinal König ist eine bleibende Wegweisung: Menschen

---

* Dieser Artikel gibt den Vortrag anlässlich einer Tagung im Vorfeld der Diskussionen um ein Patientenverfügungsgesetz in Österreich, die am 4.2.2005 im Bildungshaus St. Virgil in Salzburg abgehalten wurde, wieder. Die Überlegungen sind auch durch das mittlerweile am 1.6.2006 in Kraft getretene Patientenverfügungsgesetz nicht überholt, da sie grundsätzliche anthropologisch-ethische Überlegungen umfassen und auch das Gesetz selbst einen Erfahrungsbericht nach drei Jahren vorsieht. Der Vortragsstil wurde unverändert beibehalten.

sollen nicht durch die Hand eines anderen, sondern an der Hand eines anderen Menschen sterben können.

Es besteht weitgehende Einigkeit auch darüber, dass die Ärzte und das therapeutische Team ihre Wertungen dem Patienten nicht aufzwingen dürfen, sondern dass die Wertungen des Patienten zum Tragen kommen sollen.

Es besteht weitgehende Einigkeit auch darüber, dass die BürgerInnen für den Fall einer möglichen Kommunikationsunfähigkeit ihre Wertungen in einer sogenannten Patientenverfügung niederlegen können sollen, die dann auch für die Behandelnden verbindlich ist.

Es besteht also Einigkeit über die Stärkung und Rechtssicherheit von Patientenverfügungen, aber wie? Der Grat zwischen unerwünschter Sterbeverlängerung und nicht verantwortlicher Lebensverkürzung ist schmal.

Mit dem Thema hat sich der Europarat in der Menschenrechtskonvention zur Biomedizin Art. 9 beschäftigt und ebenso in der Empfehlung zum Schutz der Menschenwürde und Menschenrechte Sterbender (Recommendation 1418/99).

Für Deutschland, wo 180 bis 200 verschiedene Versionen von Patientenverfügungsformularen kursieren, liegt nun zum einen der Gesetzesentwurf der Justizministerin vor und zum anderen ein davon abweichender Bericht der Enquetekommission „Ethik und Recht der modernen Medizin“, die durch Beschluss des deutschen Bundestages vom 18.2.2003 eingesetzt wurde. Anders als die Justizministerin will die Enquetekommission die Gültigkeit einer Patientenverfügung über einen Behandlungsabbruch nur bei irreversibel tödlichem Krankheitsverlauf anerkennen. Als der Justizministerin das Beispiel eines jungen verunglückten Motorradfahrers vorgelegt wurde, dessen Leben durch künstliche Ernährung gerettet werden könnte, der dies aber auf Grund seiner Angst vor dem Rollstuhl anders verfügt hat, antwortete die Ministerin: Nach ihrem Entwurf gäbe es keine rechtliche Möglichkeit gegen eine solche Patientenverfügung, dann müsse der junge Mensch eben sterben.

In Österreich gibt es auch eine Reihe von Patientenverfügungsformularen. Die Internationale Gesellschaft für Sterbebegleitung und Lebensbeistand (IGSL) sieht eine Behandlungsablehnung durch Patientenverfügung für den Sterbeprozess, für irreversible Bewusstlosigkeit und dauernden Ausfall der gesamten Herz-Lungen-Funktion, bei der nur mit technischen Maßnahmen die Erhaltung des Kreislaufes gewährleistet werden kann vor. Auch das Formular des Dachverbandes Hospiz ist in seiner Reichweite auf die Situation eines absehbaren Sterbeprozesses beschränkt.

Der Entwurf des österreichischen Patientenverfügungsgesetzes (Herbst 2004) sieht keinerlei Einschränkung der Gültigkeit auf einen irreversibel tödlichen Krankheitsverlauf vor.

Damit sind wir bereits mitten in einer ethischen Diskussion, die in solchen Bereichen der Gesetzgebung vorausgeht und gründlich und nicht unter Zeitdruck geführt werden soll.

1. Anthropologische Begründung und ethische Kriterien

Die medizinethischen Debatten leiden oft darunter, dass die anthropologischen Voraussetzungen und Fixpunkte der Waage für eine Güterabwägung zu wenig reflektiert werden und gleich mit der Abwägung von Vor- und Nachteilen bezüglich einer konkreten Handlungs- und Entscheidungssituation begonnen wird, vor die uns zunehmende medizinische Möglichkeiten stellen. Zudem ist der größere Kontext zu betrachten: Patientenverfügungen müssen im Gesamtkonzept der Sterbebegleitung, der Palliativmedizin sowie der Arzt-Patienten-Beziehung gesehen werden. Eine Verbesserung der Sterbekultur in unseren Gesellschaften ist in erster Linie durch Veränderungen mitten im wirklichen Leben und im Kommunikationsverhalten möglich.

Unter Patientenverfügung wird im Allgemeinen eine individuelle schriftliche oder auch mündliche Willensäußerung eines entscheidungsfähigen Menschen zur zukünftigen Behandlung im Falle der eigenen Äußerungsunfähigkeit verstanden. Sie enthält meist Angaben zu gewünschter Art und Umgang medizinischer Behandlung, meist jedoch Wertungen zum Schutz vor Übertherapie, selten aber vor Untertherapie.

1.1 Den Menschen im Sterben würdigen.

Der unhintergehbare anthropologische Ausgangspunkt aller Überlegungen ist die unveräußerliche und unteilbare Würde eines jeden Menschen. Durch die Menschenwürde erhalten die grundlegenden Güter des Menschseins jene Bedeutung, die dann in den Grundrechten geschützt werden. Die Menschenwürde kann verletzt werden, wenn die Schmerzen eines Patienten, die gelindert werden können, nicht gelindert werden oder der Patient gegen seinen Willen behandelt oder gar als „Versuchskaninchen“ in der Forschung vor seinem Sterben noch rasch instrumentalisiert wird. Die Menschenwürde kann dem Menschen aber nicht genommen werden, weder durch Schmerzen noch durch Leid, wie dies fälschlicher Weise in letzter Zeit des öfteren in Dokumenten des Europarates und der EU behauptet wird.

1.2 Kriterien, die sich aus der Menschenwürde ableiten

Aus der Anerkennung der Würde eines jeden Menschen ergeben sich eine Reihe von Kriterien – oft auch Prinzipien genannt, wie etwa im vorwiegend in den USA vertretenen Principlism –, die mit der Respektierung der Autonomie des Menschen und der Fürsorge für den Mitmenschen zusammenhängen. Der Schutz der Autonomie und die Fürsorge gehen gleich ursprünglich aus der Menschenwürde hervor und dürfen nicht gegeneinander ausgespielt werden, sondern sind vielmehr jederzeit in Balance zu sehen.

Im Vordergrund der bioethischen Debatten stehen aus vielen Gründen in der gegenwärtigen Gesellschaft die Autonomie und Freiheitsrechte, in den USA noch mehr als in Europa. Dass der Mensch eine unveräußerliche Würde und nicht nur einen verhandelbaren Wert hat, wird inhaltlich in der Moralitätsfähigkeit des Menschen begründet. Der Mensch als weltoffenes Wesen, der Sprache hat, sagt das kleine Wörtchen „ist". Damit macht der Mensch seine Aussagen im Horizont des Seins, alles dessen, was ist. Der Mensch weiß aber, dass seine Aussagen immer nur perspektivisch ausschnitthaft die Wirklichkeit wahrheitsgemäß treffen können. Dass der Mensch aber darum weiß, setzt voraus, dass er über diese Perspektivität immer schon zumindestens intentional hinaus ist. Der Mensch kann also in Distanz treten zu allem was ist und kann und muss entscheiden zwischen verschiedenen Möglichkeiten. Der Mensch kann sogar Distanz nehmen zu sich selbst. Er steht in einem sittlichen Verhältnis zu sich selbst, was wir mit dem traditionellen Begriff des Gewissens ausdrücken. Der Mensch bestimmt damit sein Leben selbst, was wir mit dem Begriff Autonomie bezeichnen. Autonomie bedeutet aber gerade keine absolute Willkür, sondern Selbstbestimmung in Selbstverpflichtung. Der Mensch kann und muss sein Leben in Entscheidungen vorweg qualifizieren, er kann Lebensentscheidungen treffen, ohne die das Leben nicht glücken kann. Ohne solche verbindlichen Vorausverfügungen im Leben gibt es keine Verlässlichkeit und charakterliche Identität. Die sittliche Stellungnahme des Menschen zu seinem Leben geschieht im Horizont einer offenen Zukunft. Als sittliche Selbstbestimmung kann nur gelten, wenn der Mensch ohne Druck und ungebührlichem Fremdeinfluss entscheidet und wenn er um Inhalt und existentielle Tragweite dessen weiß, was er für sich und seine Zukunft vorweg qualifiziert. Darin gründen Möglichkeit und Sinnhaftigkeit von Patientenverfügungen.

Der Mensch weiß aber, dass er seine Wertungen, die in einer solchen Vorausqualifizierung seines Lebens zum Ausdruck kommen, ändern kann. Darin liegt die Problematik von Patientenverfügungen, die im Voraus in zeitlich größerem oder näherem Abstand getroffen werden. Der Mensch kann an der Einstellung zu seinem Leben arbeiten solange er lebt, theologisch gesprochen: Er kann umkehren und damit seine Wertungen verändern. Wie die Erfahrung zeigt, tut er dies, vor allem wenn es ernst wird, oft genug. Daher ist der jeweils aktuelle sittliche Wille des Menschen relevant, der möglicherweise frühere Willensentscheidungen, die in der Patientenverfügung voraus verfügt werden, korrigiert. Probleme ergeben sich dann, wenn der Mensch seinen aktuellen Willen wohl ändert, aber nicht mehr ausdrücken kann, oder dieser geänderte Wille nur bei entsprechender hochsensibler Aufmerksamkeit aus Zeichen und nonverbaler Kommunikation erschlossen werden kann.

Weil der Mensch in seiner endlichen Freiheit oft eingeschränkt, beeinflusst und abhängig ist und daher in Leid und Notsituationen nicht einfach der Kunde – der im Kommerz König ist – ist, bedarf er ebenso der Fürsorge wie des Respekts vor seiner Autonomie. Das Recht auf Fürsorge ergibt sich mit der gleichen Dringlichkeit aus der Menschenwürde wie das Recht auf Respekt vor seiner Selbstbestimmung. In unserer zunehmend von wirtschaftsliberalistischen Zwängen bestimmten Gesellschaft kommen diese sich daraus ableitenden Rechte oft zu kurz. Diese Fürsorge fand nun seit mehr als zweitausend Jahren in der Medizinethik ihren Ausdruck in der Verpflichtung, dem Menschen nicht zu schaden und sich um das Wohl des Patienten zu kümmern, wenn er dies nicht mehr selbst oder nur eingeschränkt tun kann. Ihren fundamentalen Ausdruck findet die der Würde des Menschen gebührende Sorge in seinem Recht auf Leben und im Lebensschutz, zu dem Staat und Gesellschaft verpflichtet sind. Die Europäische Menschenrechtskonvention von 1950 hält in Artikel 2 fest: „Das Recht jedes Menschen auf das Leben ist gesetzlich geschützt, niemand darf vorsätzlich seines Lebens beraubt werden.“

1.3 Die Empfehlung des Europarates

konkretisiert und bekräftigt diese Garantieverpflichtung der Staaten zum Lebensschutz: Niemand darf absichtlich seines Lebens beraubt werden. Der Wunsch eines Menschen zu sterben begründet daher kein Recht, durch die Hand eines anderen getötet zu werden. Der Wunsch, getötet zu werden, ist daher niemals eine Rechtfertigung für eine entsprechende intendierte lebensbeendigende Handlung. Die Empfehlung des Europarates „zum Schutz der Menschenwürde und Menschenrechte Sterbender“ (1418/99) wurde mit großer Mehrheit von der parlamentarischen Versammlung des Europarates angenommen. Der Ministerrat (das heißt die Außenminister der 46 Mitgliedsstaaten) hat diese Empfehlung 2002 willkommen geheißen und der Europäische Menschenrechtsgerichtshof hat im Fall Diane Pretty und anderen Entscheidungen seine Rechtsprechung an dieser Empfehlung ausdrücklich ausgerichtet.

Eine Patientenverfügung kann daher nicht die Tötung durch einen anderen verlangen. Eine Patientenverfügung kann auch keine Beihilfe zum Suizid rechtswirksam einfordern. Die Recommendation 1418/99 verweist in ihren erläuternden Bemerkungen auf die Erklärung des Weltärztebundes von Marbella 1992: „Ärztliche Unterstützung bei der Selbsttötung ist unethisch und muss durch die medizinische Profession verurteilt werden.“

Die Empfehlung zum Schutz der Menschenwürde und Menschenrechte Sterbender und terminal Kranker tritt aber auch für die gesetzliche Verankerung des Anspruchs auf Palliativmedizin und Pflege nach dem jeweils besten erreichten wissenschaftlichen Standard, sowie für den Schutz der Selbstbestimmung der Patienten am Lebensende ein. In diesem Zusammenhang wird der Artikel 9 der Menschenrechtskonvention zur Biomedizin konkretisiert. Dort heißt es: „Die früher geäußerten Wünsche eines Patienten, der zur Zeit eines medizinischen Eingriffs nicht fähig ist, seinen Willen zu äußern, sollen in Betracht gezogen werden.“ („Are to be taken into account“ bedeutet im Englischen mehr als bloß irgendwie berücksichtigen.) Die Mitgliedsstaaten werden aufgefordert sicherzustellen, dass Sterbende in ihrer Situation der Abhängigkeit und Schwäche nicht unter Druck gesetzt werden, auf lebenserhaltende Maßnahmen zu verzichten, aber auch, dass niemand gegen seinen authentischen Willen behandelt oder weiterbehandelt werden darf. Ausdrücklich heißt es, dass Patientenverfügungen eines aktuellen, entscheidungsunfähigen Todkranken oder Sterbenden, in denen er eine spezifische medizinische Behandlung ablehnt, beachtlich sind. Des weiteren ist die Festlegung von Kriterien der Gültigkeit betreffs des Umfangs von Patientenverfügungen, sowie die Anerkennung von Bevollmächtigungen und des Ausmaßes ihrer Befugnisse zu regeln.

- Es muss immer ein klarer Zusammenhang bestehen zwischen den Äußerungen des Betroffenen, die in zeitlicher Nähe zur Entscheidungssituation ohne jeden Druck gemacht wurden.
- Es ist sicherzustellen, dass stellvertretende Entscheidungen, die lediglich auf allgemeinen, in der Gesellschaft vorhandenen Werturteilen basieren, nicht zugelassen werden, und
- dass Entscheidungen im Zweifelsfall immer zugunsten der Lebenserhaltung getroffen werden.

In den erläuternden Bemerkungen wird angeregt, dass durch verständliche Information der Patient in die Lage versetzt wird, in sinnvoller Weise am Entscheidungsprozess über verschiedene Behandlungsmöglichkeiten oder Unterlassungen teilzunehmen. Das gilt auch für die Abfassung und Berücksichtigung von Patientenverfügungen. In den Nummern 40 und 41 der Recommendation wird auf einen möglichen Konflikt zwischen Patientenwunsch und der Kompetenz des Arztes eingegangen: „Sollte ein Arzt auf Grund seiner beruflichen Kompetenz überzeugt sein, anders als der Wortlaut der Patientenverfügung zu handeln, soll er dies eigenhändig, schriftlich begründen." Dieser Hinweis schützt den Arzt davor, gegen sein Gewissen und seine Kompetenz zum Handlanger von unsinnigen Patientenverfügungen zu werden, kehrt aber die Beweislast in dem Sinne um, dass man davon ausgeht, dass der Arzt die Patientenverfügung befolgt und nur im Ausnahmefall dies ausführlich, eigenhändig begründet, wenn er zu einer anderen Überzeugung kommt, etwa derart, dass eine Patientenverfügung so sehr gegen die Interessen des Patienten in der konkreten Situation zuwiderläuft, dass er seine Verfügung durch eine aktuelle Willenskundgabe vermutlich ändern würde oder es sogar Anzeichen dafür gibt.

1.4 Die Interpretation von Patientenverfügungen

Patientenverfügungen bedürfen der Interpretation. Nicht bei jeder Willensäußerung muss es sich um eine wirkliche Selbstbestimmung handeln. Patientenverfügungen können unter ungebührlichem Einfluss anderer verfasst worden sein. Die Gefahr dieses Einflusses ist vermutlich noch einmal größer, wenn sie nur mündlich mitgeteilt wird. Es gibt Patientenverfügungen mit Formulierungen, bei denen nicht davon ausgegangen werden kann, dass der Verfasser wirklich gewusst hat, was er mit dieser Verfügung veranlasst. Bei der Interpretation muss stets die Fürsorge für den Patienten und die Achtung vor seiner Selbstbestimmung gleichermaßen im Blick sein. „Fürsorge im Respekt vor Freiheit des Patienten" ist die Losung von Ciceley Saunders, der Begründerin der Hospizbewegung. Entscheidend ist immer der aktuelle Wille, der sich gegenüber der Patientenverfügung geändert haben, aber unter Umständen nicht mehr explizit verbal mitgeteilt werden kann. Es bedarf großer Sensibilität für Äußerungen einer aktuellen Willenskundgabe, um auf einen geänderten Willen auch aus konkludenten Zeichen zu schließen. „Dieses individuelle, abwägende, verantwortungsvolle, nach Möglichkeit von allen Beteiligten mitgetragene und in einem Gesprächszusammenhang eingebettete Interpretieren und Umsetzen des Patientenwillens kann im Extremfall auch heißen, dass Entscheidungen gegen den Wortlaut und möglicherweise ungeschickte Formulierungen von Patientenverfügungen richtig sind. Darauf deuten Fälle hin, in denen Patienten die Missachtung ihres voraus verfügten Willens nach Wiedererlangung ihres Bewusstseins nachträglich gutheißen." (Enquetekommission des Deutschen Bundestages, S.9) Der Arzt und das therapeutische Team sind zur Interpretation herausgefordert. Denn es gibt unabsehbare Variationen eines Krankheitsverlaufes und auch neue Behandlungsmöglichkeiten, die eine Interpretation zu berücksichtigen hat.

Die Selbstbestimmung des Patienten bleibt erstrangig, das bedeutet, Begründung und Rechtfertigungspflicht bei Abweichen von diesem Vorrang ist nötig. Eine rein mechanische Umsetzung einer Patientenverfügung reicht nicht aus. Sie ist in die Kommunikation zwischen Arzt, Angehörigen oder anderen rechtlichen Vertretern, eventuell einer bevollmächtigten Vertrauensperson einzubetten.

1.5 Unterschied zwischen aktueller Willenskundgabe und Vorausverfügung

Auf Grund der anthropologisch grundsätzlichen Überlegungen sowie auf Grund empirischer Hinweise auf geänderten Patientenwillen, der aber nicht mehr verbal mitgeteilt werden kann, bei einer undifferenzierten Gleichsetzung von vorausverfügtem und aktuellem Willen ist Vorsicht geboten. Bei der Patientenverfügung handelt es sich nicht um eine zeitlich unmittelbare Ausübung des Selbstbestimmungsrechtes, sondern eben um eine Vorausverfügung für bisweilen nur schwer voraussehbare Entscheidungssituationen. So können bei noch so guter Beratung niemals alle möglichen eintretenden Situationen und Umstände vorausgesehen werden. Den damit sich auftuenden Problemen begegnet die Enquetekommission des Deutschen Bundestages mit der Begrenzung der Reichweite von Patientenverfügungen. Diese sollen einen Behandlungsverzicht, der zum Tod führt, nur dann vorsehen können, wenn das Grundleiden irreversibel ist und trotz medizinischer Behandlung nach ärztlicher Erkenntnis zum Tod führen wird. Patientenverfügungen werden also nicht auf die terminale Phase eingeschränkt, wohl aber auf ein irreversibles Grundleiden, das in absehbarer Zeit zum Tode führen wird. Durch die Patientenverfügung kann also eine Sterbeverlängerung abgewehrt werden, nicht aber eine sinnvolle Lebensverlängerung.

Bei einer Ausweitung darüber hinaus befürchtet die Enquetekommission, dass Ärzte und Pflegende durch Patientenverfügungen verpflichtet werden können, dass der Tod eines Menschen nicht durch dessen Leiden und Krankheit verursacht würde, sondern durch eine Unterlassung im Hinblick auf vitale Lebensfunktionen. Solche Widersprüche laufen nach Ansicht der Enquetekommission der Verpflichtung des Staates zum Lebensschutz zuwider. Darüber hinaus ist eine weitere Reichweite von Patientenverfügungen – vor allem, wenn sie Maßnahmen zur Basisversorgung ausschließen – nicht mehr eindeutig und klar von einer Beihilfe zum Suizid abgrenzbar. Schließlich ist die Gefahr nicht von der Hand zu weisen, dass Patientenverfügungen ohne Reichweitenbeschränkung zum Mittel von Kostensenkungen instrumentalisiert werden. Menschen im Wachkomma oder mit fortgeschrittener Demenz sind schwerst pflegebedürftige Menschen, die auf die Fürsorge der Umwelt angewiesen sind, und nicht bloß ein Einsparungsposten für das Gesundheitsbudget. In der Debatte in Deutschland spielt dieses Problem der Reichweitenbegrenzung derzeit die Hauptrolle, da der Gesetzesentwurf des Ministeriums, anders als die parlamentarische Enquetekommission, keinerlei Reichweitenbeschränkungen für Patientenverfügungen vorsieht.

1.6 Zeitlicher und sachlicher Zusammenhang zwischen Patientenverfügung und Entscheidungssituation

Ein weiterer wichtiger Punkt, um dem Problem der Differenz zwischen aktuellem Willen und vorausverfügter Willenskundgabe zu begegnen, besteht in der Regelung des Zusammenhangs zwischen den beiden Aspekten. Dieser Zusammenhang ist in einer doppelten Weise zu beurteilen, unter zeitlichem und unter sachlichem Aspekt.

Die Wertungen und Einstellungen zum Leben ändern sich normalerweise im Laufe eines Lebens. Vielfach kommt es gerade beim Herannahen einer zunächst abstrakt gesehenen und vorweggenommenen Entscheidungssituation zu einer Änderung im Wertungsbewusstsein. Eine formalisierte Terminfestlegung der letzten Erneuerung einer Patientenverfügung mit einer bestimmten Anzahl von Jahren, wird dem Erfordernis nicht gerecht, die zeitliche und existentielle Nähe der Entscheidungssituation zu beurteilen. Die Interpretation des zeitlichen Zusammenhangs und des existentiellen Kontextes sollte stärker auf die Situation abstellen. Länger zurückliegende Patientenverfügungen verlieren damit keineswegs ihre Bedeutung, sie sind ein wichtiges, aber eben sehr interpretationsbedürftiges Indiz für einen Patientenwillen und müssen auf alle Fälle zur Orientierung für den mutmaßlichen Patientenwillen herangezogen werden.

Der Zusammenhang zwischen Patientenverfügung und der Entscheidungssituation soll aber nicht nur ein zeitlich und existentiell naher sein, sondern auch ein sachlicher. Je konkreter die Entscheidungssituation vorausgesehen werden kann, desto größer das Gewicht der Patientenverfügung. Eher allgemein gehaltene Verfügungen verlieren ihre Bedeutung nicht, sie dienen als Orientierungshilfe für den Arzt und das therapeutische Team.

Verbindlich abgelehnt werden kann in einer Patientenverfügung nicht allgemein eine medizinische Behandlung, sondern eine ganz präzise, konkret umschriebene Behandlung, die auch in einem zeitlich engen Konnex voraussehbar ist.

1.7 Ethische und rechtliche Grenzen von Patientenverfügungen.

Der Mensch bleibt bis zu seinem Sterben grundsätzlich sittlich verantwortlich, er kann daher von seinen Mitmenschen nichts Unsittliches verlangen. Als Bürger und Bürgerin soll er auch nichts Rechtswidriges von seinen Mitmenschen fordern. Gerade im Sterben kann der Mensch in seiner Schwäche, wo er in seinen Lebensmöglichkeiten sehr eingeschränkt ist, noch wirksam Zeugnis geben für seine Lebenseinstellung und auch in dieser Situation große Bedeutung für seine Mitmenschen erlangen. Der Besuch bei hochgeschätzten, schwer pflegebedürftigen und in ihren Möglichkeiten eingeschränkten Menschen bringt diese Erfahrung oft in beglückender Weise zum Ausdruck. Im Sterben kann der Mensch auch noch ein besonders wirksames Zeugnis seines Glaubens geben. Viele von uns haben hoffentlich nicht nur problematische Erfahrungen mit dem Sterben ihrer Lieben gemacht, sondern auch gute Erfahrungen, die durch keine anderen Erfahrungen in einem aktiven Leben ersetzt werden können. Die intensivste Erfahrung mit dem Sterben machen wir ja bei der Begleitung und beim Abschied nehmen von unseren Lieben. Ihr letztes Lebenszeugnis hat große Bedeutung für die Hinterbliebenen.

Eine Patientenverfügung, die die absichtliche und direkte Tötung durch den Arzt oder einen anderen Menschen verlangt ist unethisch und daher unbeachtlich. Das gilt ebenso für eine Patientenverfügung, die eine Beihilfe zum Suizid verlangt. Der Handlungsursprung (Selbstbestimmung) kann nicht isoliert vom Handlungsziel (intendierte Lebensbeendigung oder Beihilfe zum Suizid) gesehen werden.

1.8 Schutz vor Missbrauch als Anforderung an die Gesetzgebung

Ein Patientenverfügungsgesetz hat daher die Aufgabe, die Reichweite von Patientenverfügungen verlässlich gegen eine „Türöffnerfunktion“ für aktive Euthanasie, für Beihilfe zum Suizid und für unverantwortliche Lebensverkürzung abzusichern. Bevor der Gesetzgeber an diese nicht ganz leichte Aufgabe herantritt, empfiehlt es sich, sich Zeit für einen ausreichenden gesellschaftlichen Dialog zu nehmen, auch über die konkreten Detailprobleme und die Gefahren bei dieser Gratwanderung. Zunächst sollten Erfahrungen mit Richtlinien zur Klärung der offenen Frage gesammelt werden, wie der Raum zwischen dem Verbot eigenmächtiger Heilbehandlung und dem Verbot einer aktiven oder auch passiv intendierten Lebensverkürzung auf Wunsch oder Beihilfe zum Suizid zu füllen ist.

2. Schlussbemerkungen

Gültigkeit, Reichweite, Bindungswirkung und Grenzen von Patientenverfügungen sollten langfristig durch ein Gesetz geregelt werden. Die gesellschaftlichen Entwicklungen bedürfen aber einer großen Aufmerksamkeit. Während in den Medien immer noch die Angst vor „therapeutischem Übereifer“, der den Sterbeprozess unnötig verlängert, geschürt wird, wird gleichzeitig die andere Gefahr weitgehend ausgeblendet, dass angesichts immer knapper werdender Ressourcen bald wieder die Angst vor der Unterversorgung zum Thema wird. Durch entsprechende Sparmaßnahmen könnten nicht nur teure, alte und sorgebedürftige Patienten in Gefahr geraten, der gesellschaftliche Druck könnte sich auch in den Formulierungen und Reichweiten von Patientenverfügungen auswirken. Gutgemeinte Patientenverfügungen von heute können morgen mit geringfügigen Änderungen für willkommene Einsparungen instrumentalisiert werden.

Die Frankfurter Allgemeine Zeitung hat am 13.1.2005 unter dem Titel: „Der moderne Tod“ an ein Buch von Carl Henning-Wijmark aus dem Jahr 1978 erinnert. Ich zitiere aus einem darin fingierten Geheimtreffen einer Projektgruppe im schwedischen Sozialministerium, wo der Herr vom Institut für medizinische Ethik auf die sich zuspitzende Bevölkerungsproblematik zu sprechen kommt: „Die Bevölkerungspyramide sieht aus wie eine Zigarre und wenn alles so weitergeht, wird sie die Form eines Pilzes annehmen. Die Kinder, deren wir durch die Abtreibung beraubt werden, bekommen wir als unproduktive Alte an der Spitze der Pyramide dreifach wieder. Wir brauchen schnell mehr Tote ..., aber wie sollen wir das erreichen? ... Die Wurzel des Übels ist nicht primär, dass die Euthanasie ungesetzlich ist, sondern sie ist es, weil so wenige eine Euthanasie verlangen. ... Es muss wieder natürlich werden zu Sterben, wenn die aktive Zeit vorbei ist. Wir müssen die Probleme mit den Alten lösen, nicht gegen sie. ... Wir müssen letzten Endes die Bedürfnisse den Gegebenheiten anpassen und die Ethik der Wirklichkeit auch auf dem Gebiet, auf dem die alten heiligen Dogmen immer noch zu herrschen scheinen. Wenn unsere aktive Zeit vorbei ist und wenn wir als Rentner eine angemessene Zeit der Ruhe und Zerstreuung genießen durften, sollte es Zeit für uns sein, für das Gewesene zu danken und würdig zu sterben. ... Alle müssten im Prinzip die gleiche Lebensdauer haben. Wir sollten auch hier die Natur korrigieren um zu einer gerechteren Gesellschaft zu kommen. ... Wir müssen die Linie verfolgen, die psychologische Beeinflussung der Alten, so dass sie selbst ein Ende machen wollen. Direkt und durch das, was wir Gemeinschaftsgeist nennen können. ... Ich glaube, dass wir psychologisch und meinungsmäßig schon weiter auf dem Weg sind, als uns vielleicht selbst bewusst ist. Vermittelt durch den Gemeinschaftsgeist an dem wir arbeiten, erreicht die Botschaft so allmählich die Alten: Du hast dein Leben gehabt, du hast das Deine getan, wir anderen hoffen, du bist zufrieden. Auf alle Fälle vielen Dank. Und solltest du deinerseits der Gesellschaft danken wollen für das, was sie für dich getan hat, so weißt du ja, was du tun kannst. Es ist einfach, wie das Einschlafen nach einem langen Arbeitstag, ruf die Sozialverwaltung an und lass dich mit der Altenzentrale verbinden. Wir erwarten dich, du bist uns willkommen, warte nicht zu lang.“

Auch gutgemeinte Patientenverfügungen sind nicht davor gefeit, eines Tages für solche Konzepte instrumentalisiert zu werden. Diese Entwicklungen und Gefahren zu sehen, heißt, ihnen zu begegnen und zwar bereits in den ersten Weichenstellungen, wie sie ein Patientenverfügungsgesetz im Detail bedeuten kann. Weder falsche Angst vor Patientenverfügungen, noch künstliche Naivität sind angesagt, sondern Wachsamkeit.

PATENTIERUNG VON GENEN UND GENSEQUENZEN*

Sozialwissenschaftliche, politische und ethische Überlegungen in einem gesellschaftlich umstrittenen Bereich wie dem der Biopatente beginnen meist mit der Semantik, bevor sie breitenwirksam geführt werden. In den Begriffen liegen bereits ethische Vorentscheidungen.

Im Artikel 1a der Biopatentrichtlinie wird „*biologisches Material*" als ein Material bezeichnet, das genetische Informationen enthält und sich selbst reproduziert oder in einem biologischen System reproduziert werden kann. „Material" als Oberbegriff greift in diesem Kontext darauf zurück, dass Erfindungen im Bereich des Unbelebten die Idee des geistigen Urhebers widerspiegeln. Im Bereich des lebendigen Organismus hingegen (der Begriff „lebendig" wird beim Terminus „biologisches Material" nur als Adjektiv hinzugefügt) geht es primär nicht um ein Material oder einen Stoff wie jeder andere, sondern um Lebensfunktionen. Die Materie der DNA kann je nach Umgebung für verschiedene Proteine codieren, die unterschiedliche Funktionen im lebendigen Organismus haben. Ein solcher lebendiger Organismus ist um ein Vielfaches reicher an Funktionen und enthält mannigfache Entfaltungsmöglichkeiten, die bei der Patentanmeldung oft noch nicht erkannt werden können und daher auch nicht die Idee des geistigen Urhebers beinhalten können. Wenn also über das Verfahren hinaus, in dem zweifellos die erfinderische Leistung liegt, der lebendige Organismus selbst (Tier, Pflanze, Mikroorganismen usw.) in das Patent und damit in den Schutz geistigen Eigentums einbezogen wird, können viel zu breite Patente erteilt werden, die sich nicht mehr nur auf die geistige Leistung des Erfinders beziehen. So werden hierbei „Stoffe" (z.B. Gene oder Gensequenzen) mitpatentiert, die nur entdeckt, nicht aber erfunden werden können.

Dies hat unmittelbar Auswirkungen auf das ethische Gerechtigkeitspostulat: Das Patent besteht ja im gerechten Ausgleich zwischen dem Lohn für den Erfinder, der seine geistige Leistung und seine erfinderische Tätigkeit der Öffentlichkeit zur Verfügung stellt und damit dem öffentlichen Interesse und Gemeinwohl dient. Im Bereich des lebendigen Organismus, der ja allen Menschen als Grundlage zugänglich sein soll, wird durch den über den Verfahrensschutz hinaus gegebenen *Stoffschutz* unweigerlich bloß Entdecktes und nicht Erfundenes in den Lohn für den Erfinder miteinbezogen.

Ein weiteres semantisches Problem von ethischer Relevanz liegt im Begriff „Gen". In Artikel 5 der Richtlinie werden die Begriffe „Gensequenz" oder „Teilsequenzen" eines Genes eingeführt bzw. vorausgesetzt. Abgesehen davon, dass der Begriff „Gen" naturwissenschaftlich eine Menge an Problemen enthält, ist Gen kein Stoff im üblichen Sinn. Nach dem gegenwärtigen wissenschaftlichen

* Bei diesem Text handelt es sich um einen Kurzvortrag, der im Frühjahr 2006 im Rahmen des vom österreichischen Bundeskanzleramt, dem österreichischen Patentamt und der European Educational Research Association (EERA) veranstalteten Symposium über die Patentierung biotechnologischer Erfindungen gehalten wurde. Der Vortragsstil wurde unverändert beibehalten.

Sachstand werden Gene als Funktionseinheiten verstanden. Diese sind nicht leicht abzugrenzen. Außerdem interagieren Gene mit anderen Genen, Proteinen sowie dem neuronalen Netzwerk und müssen an- und abgeschaltet bzw. herauf- und herunterreguliert werden. Gene sind in ihrer interaktiven Verschaltung vor allem Informationsträger, von denen nicht monokausal auf einzelne Funktionen geschlossen werden kann. Ein Gen ist durch einen Abschnitt der DNA-Sequenz nicht hinreichend beschrieben. „Gen“ ist ein dynamischer Begriff, der unterschiedlich gefasst wird und nicht eindeutig und fix ist. Weil das Stoffpatent aber fixiert bleibt auf die chemischen Buchstaben der DNA, wird bei jedem Patent auf eine mögliche Anwendung dieses Stoffes der Stoff mitpatentiert. Zwar kann für ein jeweils neues Verfahren auch ein neues Patent erteilt werden, aber dabei muss an den ersten Patentinhaber, der das Gen mitpatentiert hat, Lizenzgebühr gezahlt werden. Das Erheben dieser Lizenzgebühr ist problematisch, da das Gen, für die sie gezahlt wurde, nur entdeckt und nicht erfunden wurde.

Gerade bei den Begriffsdefinitionen mit ihren semantischen Problemen zeigt sich die Bedeutung des alten philosophischen Axioms, dass eine Methode immer dem Gegenstand angemessen und angepasst sein soll. Das Patentwesen hat sich bewährt und ist angepasst für den Bereich der toten Materie und des Leblosen. Für den Bereich des lebendigen Organismus gilt es, eigene Instrumente zum Schutz des geistigen Eigentums zu entwickeln. Ein dem Gegenstand angepasster Schutz ist ja auch im Bereich des Copyrights gelungen und es wird niemand auf die Idee kommen, ein Buch zu patentieren. Die Erfindung bei Genen ist – mit einer modernen Analogie gesprochen – eher im Bereich der Software als im Bereich der Hardware zu sehen. Patente auf Software sind ebenso heftig umstritten.

Durch zu breite und dem Gegenstand nicht angemessene Patente können nachteilige Folgen im Gesundheitsbereich entstehen, die gegen das öffentliche Interesse verstoßen, wenn beispielsweise durch eine Lizenzzahlung für Patente zur Testung von Blutkonserven diese Tests unangemessen teuer werden. Für eine solche Situation hat die „European Group on Ethics“ (EGE) der EU die Erteilung von Zwangslizenzen vorgeschlagen.

Die Opinion 16 der EGE, die sich auf die Patentierbarkeit von menschlichen Stammzellen bezieht, ist vom Europäischen Patentamt selbst kritisiert worden: Sie habe u.a. für den Bereich der Stammzellen nicht unterschieden zwischen embryonalen und adulten Stammzellen.

Ein weiterer wichtiger Gesichtspunkt ist die mangelnde Unterscheidung von menschlichem und nichtmenschlichem Material bei der Erteilung von Biopatenten in sensiblen Bereichen gleich zu Beginn der Patentanmeldung. Der Mensch wird beim Europäischen Patentamt nach wie vor im Begriff animal, vertebrate oder mammal mitbezeichnet. Diese mangelnde Unterscheidung führte zum Beispiel beim Edinburgh-Patent zu Verwirrungen, zum Einspruch und zu einer Patenteinschränkung. Es wäre günstig, wenn bereits bei der Anmeldung aller Patente klargestellt wird, ob dieses Patent auch für den humanen Bereich gilt.

Damit bin ich schon beim nächsten Problem, nämlich der sinngemäßen Einhaltung der in der Richtlinie festgeschriebenen moralischen Grenzen. In Artikel 6, 2c wird die Verwendung von menschlichen Embryonen zu industriellen und kommerziellen Zwecken von der Patentierbarkeit ausgeschlossen. Erfindungen auf der Basis embryonaler Stammzelllinien von Menschen können aber nur patentiert werden, wenn eine gewerbliche Anwendbarkeit und damit auch ein industrieller und kommerzieller Zweck gegeben ist (Art. 5, 3).

Bezüglich der Patente, die auf der Einschleusung von menschlichen Genen in Tiere beruhen (Chimärenbildung), stellt sich das Problem, ab welcher Zahl an Genen die biologische Spezies verändert wird. In eine Maus sind z.B. schon ein ganzes Chromosom und damit viele „Gene" transferiert worden. Dafür enthält die Biopatentrichtlinie keine Regelung. In Recital 38 wird allerdings darauf verwiesen, dass Verfahren zur Herstellung von *hybriden* Lebewesen, die aus Keimzellen oder totipotenten Zellen von Mensch und Tier entstehen, aus ethischen Gründen von der Patentierbarkeit auszuschließen sind. Kann ein Recital Grundlage für die Zurückweisung von Patenten sein? Warum steht das Recital nicht im Text selbst?

Die Suche nach Rechtssicherheit beim Schutz geistigen Eigentums ist ethisch legitim und zu begrüßen. Sie dient dem Fortschritt der Wissenschaft und in der Folge neuen Diagnosen, Prophylaxen, Therapien und damit dem gesundheitsbezogenen Gemeinwohl (public health). Das geistige Eigentum bezieht sich zunächst aber nur auf das Verfahren. Da eine bereits vorliegende, z.B. genetisch veränderte Substanz oft keine nachträgliche Bestimmung des zu ihrer Produktion eingesetzten Verfahrens zulässt, würden die Rechte des Inhabers eines Verfahrenspatentes häufig leer laufen, wenn sich der Patentschutz nicht auch auf naturidente Stoffe erstrecken ließe. Dies scheint mit ein wesentliches, auch ethisches Dilemma in der Suche nach einem gerechten Ausgleich zwischen der Zur-Verfügung-Stellung eines geistigen Eigentums (Verfahren) und den Rechten Dritter bei Forschung, Anwendung (z.B. Rotes Kreuz) und des gesundheitsbezogenen Gemeinwohles zu sein. Diese Suche nach einem gerechten Ausgleich kann nicht einfach mit der praktikableren Handhabung gelöst werden, ohne die viel grundsätzlichere Frage zu lösen, wie das Patent wirklich auf die erfinderische Leistung beschränkt werden kann und nicht mehr umfasst, als das, was wirklich Gegenstand der erfinderischen Leistung ist. Eine erste notwendige Präzisierung der Richtlinie bezieht sich darauf, dass einzelne Gene mehrere Funktionen haben. Es besteht also die Gefahr, dass ein Forscher einen Patentschutz für etwas erhält, was er gar nicht beschrieben hat. Die präzise Beschränkung auf eine und *nur* eine beschriebene Funktion im Patent ist ein erster Schritt zur Einschränkung von zu breiten Patenten. Mit dieser Einschränkung sind allerdings keineswegs alle grundsätzlichen Probleme gelöst. Wenn eine isolierte DNA-Sequenz nur für ein Protein codiert, dann wäre der Patentschutz nur auf diesen Zusammenhang beschränkt. Jede vielleicht künftig weitere mögliche Erfindung auf der Basis dieser DNA-Sequenz, die selbst keine Erfindung darstellt, sondern im lebendigen Organismus vorhanden ist und für alle zugänglich bleiben muss, müsste aus Gerechtigkeitsgründen ohne Lizenzgebühr möglich sein.

Die Richtlinie weist bezüglich ihrer Auswirkung noch weitere Probleme auf. Diesen wird nur zum Teil im in Artikel 16 geforderten Monitoring Rechnung getragen, das die Auswirkungen auf Menschenrechte, auf die Publikationspraxis sowie die Entwicklungen der Biotechnologie – von der die Gentechnik ja nur ein Teil ist – untersuchen soll. Die Auswirkungen von Genpatenten ist vor allem für die Entwicklungsländer von großer Bedeutung und die Beachtung dieser Auswirkungen fehlt jedoch noch in Art 16.

Ich fasse meine wichtigsten, jetzt bereits realisierbaren Anliegen zusammen:

1. Klare Unterscheidung zwischen humanen und nicht humanen Anwendungen in sensiblen Bereichen bereits bei der Anmeldung.
2. Keine Patente, die über das unmittelbar Erfundene hinausreichen (also immer nur eine präzis beschriebene Anwendung, aber nicht das ganze sogenannte „Gen“).
3. Klare Linien bei den in Art 6 genannten Ausschließungsgründen aus moralischen Gründen (z.B. Erfindungen, die menschliche Embryonen für kommerziellen Nutzen einsetzen).
4. Einbeziehung der Auswirkungen der Richtlinie auf die Entwicklungsländer im Monitoring Artikel 16.

Teil 3

Aus dem weiten Land der Moraltheologie

CHRISTLICHE OPTIONEN FÜR EINE „MEDIENETHIK“*

Bernhard Häring steht in seinem Lebenswerk, das sowohl Texte des Zweiten Vatikanischen Konzils vorbereiten wie auch diese in der Nachgeschichte auszulegen half, sowohl für eine pastorale und ökumenische Öffnung der katholischen Moraltheologie als auch für ein Aufgreifen gesellschaftlicher und kultureller Herausforderungen. Zu den wichtigsten dieser Herausforderungen unserer Gesellschaft zählen zweifellos die Entwicklungen im Bereich der sozialen Kommunikationsmittel. Bernhard Häring hat sich schon sehr früh dieses wichtigen Bereiches angenommen und ihm in seinem Werk „Frei in Christus“ ein großes Kapitel gewidmet.[1] Die Medien sind ein derart weites Feld, daß selbst viele Versuche es nicht ausloten können. So mag es angezeigt sein, Häring zu seinem 80. Geburtstag einen Essay zu widmen, der als Gesprächspartner vorwiegend Menschen in einer Medienlandschaft im postkommunistischen Milieu ehemals kommunistischer Staaten im Osten Europas im Auge hat. Immer noch sitzen viele Mitglieder der alten Nomenklatura an den Schalthebeln der Macht, auch der Medienmacht: Manche unverbesserlich an den früheren „Unwerten“ orientiert, manche ehrlich auf der Suche nach besseren Alternativen.

Der Ruf nach mehr Moral und Verantwortung wird heute in allen Gesellschaften, die von den modernen Techniken geprägt sind, immer deutlicher vernehmbar. Die positivistische Lebenseinstellung, die uns die Instrumente zur Verfügung stellt, mit denen wir unsere Leiblichkeit gleichsam unübersehbar verlängern, so daß wir die Konsequenzen derart ausgeweiteten Handelns nicht mehr überschauen können, hat zunächst zu der in Ost und West dominanten Weltanschauung geführt: „Es zählt nur, was wir wägen, messen, zählen und machen können.“ In dieser Weise kann man aber Moral und Verantwortung nicht einfach machen. Ethik geriet so ins Hintertreffen und wurde als Wissenschaft in dieser Machbarkeitseuphorie im Konzert der Wissenschaften immer mehr zurückgedrängt. Nun aber verweist angesichts der immer deutlicher zu Bewußtsein kommenden unübersehbaren Folgen – Chancen und Gefahren – unseres Handelns durch Instrumente und Medien aller Art der Ruf nach Moral zurück auf deren grundsätzliches Bedenken in der Ethik. In der Frage nach einer „Medienethik“ geht es um die Menschlichkeit des Menschen, von dem wir sagen, daß er nun in das Kommunikationszeitalter eingetreten sei.

---

* Über den Anlass dieses Festschriftbeitrages für den bedeutenden Moraltheologen Bernhard Häring, der das Konzil und seine Nachgeschichte geprägt hat, hinaus ist das Ringen um eine Medienethik von bleibender Aktualität. Dies dokumentiert auch jene Phase meiner Tätigkeit, in der ich mich mit diesem damals neuen Thema beschäftigt habe. Vgl. dazu meine Beiträge: Ethische Normierung im Bereich der Medien, in: A. Hertz u.a. (Hg.), Handbuch der christlichen Ethik III, Freiburg 1982, 546-556; Bausteine einer Ethik für Journalisten, in: ThpQ 128(1980) 51-57; Unterscheidung der Geister in einer massenmedialen Kultur, in: K. Demmer/K.-H. Ducke (Hg.), Moraltheologie im Dienst der Kirche (Festschrift W. Ernst), Leipzig 1992, 253-270.
Originalpublikation in: J. Römelt/B. Hidber, In Christus zum Leben befreit. Festschrift für Bernhard Häring, Freiburg–Basel–Wien 1992, 190-204.

[1] B. Häring, Frei in Christus II, Freiburg 1989, 155-195.

1. Jede Kultur schafft sich ihre Medien

Soweit wir von der Geschichte der Menschheit wissen, hat immer schon die besser gewußte und genutzte Information das Geschick des menschlichen Miteinanders bestimmt. Jede Kulturepoche der Menschheit hat sich ihre Medien geschaffen. Der Prozeß von der Geste zum gesprochenen Wort menschlicher Zuwendung, vom mühsam Buchstabe für Buchstabe geschriebenen Wort zum technisch vervielfältigten Wort durch die Buchdruckerkunst hat viele Jahrhunderte gebraucht. Die Presse ist an die Schrift, das Radio an das gesprochene Wort, das transportable Bild zunächst an die Sensitivität des menschlichen Auges gebunden; das Fernsehen aber wirkt nicht nur dominant durch das Bild, sondern durch die Verknüpfung von Bild und Ton; es bringt den Menschen ganzheitlicher zur Geltung und spricht ihn auch ganzheitlicher an. Die anthropologischen Voraussetzungen haben also in den Medien, mit denen der Mensch seine Leiblichkeit instrumentell gleichsam verlängert, ihren fortschreitenden kulturellen Ausdruck gefunden.

Noch nie waren diese Medien so vielfältig, so weitreichend und so rasch wie heute. Sie stellen den Menschen daher in seinem Handeln vor neue Herausforderungen: Wie gehen wir menschlich und verantwortlich mit diesen vielfältigen Medien um, die Informationen massenweise in Sekundenschnelle an ein disperses Publikum vermitteln? Zeitungen, Zeitschriften, Taschenbücher, Radio, Schallplatten, Tonbänder, Filme, TV-Programme und Videos gehören ebenso zum vielfältigen Ausdruck dieser Kultur wie Telefon, Telex, Telefax und wie die neuen Technologien[2] alle heißen, und das alles computergesteuert und vernetzt, so daß die zugrundeliegende Wissens- und Denkform dieser Programme von kaum jemand mehr durchschaut werden kann. Menschen mit Machtinstinkt können sich geschickt dieser Unübersichtlichkeit bedienen.

Zusammenfassung in einer *ersten These:*

Fundamentaler als alle anderen Zugänge zur Analyse der Medienlandschaft ist der kulturtheoretische. Nicht die Medien machen die Kultur, sondern die Kultur des Menschen schafft sich ihre Medien. Welche Kultur mit welchem Kennzeichen schafft sich in diesen Medien ihren Ausdruck, so daß wir von einer massenmedialen Kultur sprechen müssen? Was ist das für ein Mensch, dessen Spiegelbild diese Massenmedien sind?

2. Die ambivalente Eigengesetzlichkeit der Medien

Die komplexen Wirkweisen der Medien sind in Institutionen geregelt. Die Medien haben eine derartige Eigengesetzlichkeit entwickelt, daß sie nicht nur den Rang einer Institution haben, sondern zugleich gesellschaftliche Vorgänge bis hin

[2] Angesichts der neuen Technologien wurde die Pastoralinstruktion „Communio et progressio" 20 Jahre nach ihrem Erscheinen 1992 mit einem neuen Dokument vom selben Rang „Aetatis novae" fortgeschrieben.

zu den Alltagsgewohnheiten institutionalisieren (das Abendessen wird von einem Großteil der Bevölkerung zu der Zeit eingenommen, daß sie die abendliche Nachrichtensendung verfolgen kann). Medien stellen nicht nur ein Moment unserer gesellschaftlichen Öffentlichkeit dar, sie schaffen zugleich Öffentlichkeiten, indem sie gezielt loben oder tadeln, Bestimmtes hervorheben und anderes übergehen. Die Medien sind selbst zu einer eigenwilligen Kultur voller Ambivalenz geworden. Diese Eigengesetzlichkeit der Medien kann hier nicht im einzelnen analysiert werden. Der Hinweis auf einige Probleme von besonderer anthropologischer Relevanz möge genügen, um die Dringlichkeit einer ethischen Bewältigung dieser Ambivalenzen anzuzeigen.[3]

Medien vermehren einerseits den menschlichen Fortschritt und schaffen immer mehr Menschen Zugang zu Informationen, die früher nur einer kleinen Zahl oder Elite vorbehalten waren. Andererseits kann der Mensch die Überfülle an Information kaum mehr verdauen: Wir wissen sehr viel, was wir nicht zum Leben brauchen, andererseits wissen wir oft nicht oder nicht mehr, was wir zum Handeln brauchen würden.[4] Woher gewinnt der moderne Mensch dieses Orientierungswissen?

Die Werbung arbeitet weitgehend mit Heilssymbolen, die sich an tiefste Schichten der menschlichen Person wenden und assoziieren diese kurzschlüssig mit Konsumgütern. Sie weckt auf diese Weise Sehnsucht nach umfassendem Glück, führt aber langfristig zur Frustration, weil kein Weg zu wirklicher Erfüllung dieser aufgerissenen Dimension gewiesen wird. Wie geht der Mensch mit diesen geweckten Sehnsüchten um? Was bewirken sie in seinem Unbewußten?

Medien zeigen dem Menschen eine Fülle von Möglichkeiten und Meinungen, von denen der Mensch nur wenige selbst wahrnehmen kann. Wie bewältigen wir das Problem, daß viele Menschen sich so in eine Traumwelt flüchten? Wie begegnen wir dem Trend, in der Überfülle der Meinungen immer nur das auszuwählen, was die eigenen Vorurteile bestätigt oder verstärkt? Wie der geistigen Passivität und Resignation angesichts der unüberschaubaren Vielfalt des Wissens? Wie der Skepsis angesichts der verborgenen Interessen der Medieninhaber und Medienschaffenden?

Medien berichten vorzugsweise Ungewöhnliches und Neues. Sie erweitern ständig unser Wissen. Andererseits wird dadurch in der öffentlichen Meinung jener Bereich der Wirklichkeit, von dessen Stabilität wir eigentlich leben, zurückgedrängt. Die Benachteiligung der Kontinuität zugunsten der Diskontinuität führt zu einem verzerrten Bild der gesellschaftlichen Wirklichkeit und kann Unsicherheit und Angst bei den Menschen hervorrufen.

Medien informieren über das Leid anderer Menschen durch Unfälle, Katastrophen, Verbrechen usw. und können so die Solidarität und Hilfe über große Distan-

---

[3] Vgl. Pastoralinstruktion „Communio et progressio“ über die Instrumente der sozialen Kommunikation. Rom 1971, Nr. 21.

[4] Vgl. G. Hunold, Gelenkte Kommunikation? Die Integrationsfunktion der Medien als ethisches Problem. In: G. Hunold/W. Korff, Die Welt für morgen (Festschrift F. Böckle). München 1986, 293.

zen hinweg mobilisieren wie niemals zuvor. Andererseits entsteht damit für viele Menschen ein negativ verzerrter Eindruck der Wirklichkeit, der Hoffnungslosigkeit und Resignation auslösen kann. Wo und wie erfährt der Mensch das Positive und Modelle sozialen Gelingens?

Kontroversen und Kritik lassen sich in den Medien besser vermarkten als Konsens. Auf diese Weise kann einerseits die Kritikfähigkeit der Menschen angeregt werden; andererseits entsteht für viele der Eindruck, dass sehr viel mehr umstritten ist, als dies oft tatsächlich der Fall ist. Das kann, vor allem was die sittlichen Grundlagen einer pluralen Gesellschaft betrifft, gravierende Folgen haben, wenn der Eindruck entsteht, daß es keinerlei Konsensbasis mehr gibt.

Diese und andere systembedingte Eigengesetzlichkeiten legen den Begriff der Manipulation nahe. Doch dieser problematische Begriff muß differenziert werden. Versteht man darunter eine Form der Einflußnahme, die darauf angelegt ist, unter Umgehung der kritischen Einsicht und Freiheit beim Empfänger der Botschaft etwas zu erreichen oder von ihm eine Information fernzuhalten, so kann dies auf zweifache Weise geschehen. Das Überspielen der kritischen Freiheit kann bewußt politisch intendiert sein (Demagogie) oder systembedingt, wenn z.B. die suggestive Kraft eines Titels zu einem guten Teil darüber entscheidet, wie der Empfänger den Inhalt aufnimmt. Wo erfährt der Leser, Hörer oder Zuseher etwas über diese Mechanismen, mit denen er ständig konfrontiert wird?

Die Medien erfüllen nicht nur das Bedürfnis, sondern auch das Recht des Menschen auf Information, aber auch auf Verstehenshilfen, die die Fülle der Informationen dimensionieren. Andererseits kann durch manche Informationen Menschen großer Schaden zugefügt werden. Das Recht auf Information kann in Konflikt geraten mit dem Recht auf die Privatsphäre und die Wahrung des Geheimnisses des Menschen. Ein besonderes Problem ergibt sich in diesem Zusammenhang mit der Aufarbeitung der Geschichte unmittelbar nach gesellschaftlichen Wenden. Wenn diese Geschichte nicht ebenso ehrlich wie behutsam aufgearbeitet wird, ohne Menschen unnötig zu verletzen, vergiftet dies auf lange Sicht die Atmosphäre. Je weniger Transparenz bezüglich der Vergangenheit und der Stellung von Repräsentanten von Gesellschaft, aber auch von Kirche erreicht wird, desto länger wird sich gegenseitiges Aufrechnen und Mißtrauen halten.

Die ganze Wirklichkeit darzustellen, übersteigt auch die Möglichkeiten der modernen Medien. Aus der Überfülle der Informationen kann nur ein Teil berichtet werden. Die Auswahl dieser Informationen und die Darstellungsweise unterliegt eigengesetzlichen Regeln. Aber auch diese sogenannten Sachzwänge bedürfen grundsätzlicher ethischer Überlegungen. Die erste Einlaßpforte der Wirklichkeit sind die großen Agenturen. Vier große Agenturen (AP und UPI in den USA, Reutter in England und AFP in Frankreich) bestreiten 70% des Informations- und Nachrichtenangebots der Welt. Die Interessen der Inhaber dieser Agenturen, die für die Auswahl dessen, was berichtet wird und dessen, was chronisch unter den Tisch fällt (etwa die wirklichen Probleme struktureller Art der armen Länder in der Dritten Welt), bedürfen einer öffentlichen und kritischen ethischen Diskussion.

Durch die modernen Medien kommt die Vielfalt der Kulturen anderer Völker wie nie zuvor in das Blickfeld. Andererseits besteht die Gefahr, daß die großen Agenturen bzw. die Traumfabrik Hollywood eine neue Einheitskultur und eine neue – viel schlimmere – „Kulturkolonialisierung" mit sich bringen.

Zusammenfassung in einer *zweiten These:*

Nicht nur das Handeln des einzelnen (Journalisten, Medienforschers, Rezipienten, Medieninhabers usw.) in diesem großen Gespräch der Weltgesellschaft in einer massenmedialen Kultur steckt voller ethischer Fragen, auch die Ethik der Institutionen steht auf dem Prüfstand.

3. Ansätze und Dilemmata einer Medienethik

Der Ruf nach Moral wird allenthalben laut angesichts der Probleme, die uns die moderne technische Zivilisation beschert. Die angeblich wertfreie Wissenschaft hat uns zugleich diese Probleme mit ihrer Ambivalenz gebracht und mit ihrer positivistischen Weitsicht zugleich Ethik aus dem Raum verläßlich methodischen Wissens in die Beliebigkeit privater Meinung abgedrängt: Moral sei Privatsache, hier könne es kein methodisch gesichertes Wissen geben. Das positivistische Ideal einer wertfreien Betrachtung der Eigengesetzlichkeit und der sogenannten Sachzwänge der medialen Wirklichkeit verstärkt die Abwehr gegenüber der Ethik, zugleich aber weckt das Unbehagen an vielen Medienprodukten ethische Fragen. Wie kann in einer solchen paradoxen Situation der Anspruch einer Medienethik eingelöst werden? Läßt sich angesichts des Wertepluralismus in unserer modernen Gesellschaft und den darauf aufbauenden konkurrierenden Ethiksystemen eine Ethik verbindlich machen? Handeln die Journalisten faktisch so wie sie handeln sollen zum Vorteil ihrer Mitmenschen und der Gesellschaft? Welche Ziele leiten sie? Sind nur die Journalisten für die Probleme verantwortlich?

Verschiedene Versuche einer Medienethik[5] wurden angesichts dieser Fragen unternommen.

Ein erstes Modell geht von der Verantwortung des Journalisten aus und stellt sich angesichts der zunehmenden Kritik an diesem Berufsstand der Frage der persönlichen Selbstverpflichtung. Dieses Modell zielt auf die sittliche Kompetenz des Medienschaffenden. Es reflektiert auf die sittliche Grundentscheidung der Person, aus der heraus dann auch in der konkreten Dilemmasituation ethisches Handeln gewährleistet ist, und es erhebt aus den Alltagsentscheidungen Zielvorstellungen wie z.B. „persönliches und gemeinschaftliches Handeln stärken, Menschen nicht verletzen, Zuschauer aus der Rolle der Passivität herausführen, Lebensgeschichten zeigen, die die Herrschaft des Quantitativen durchbrechen helfen".[6] An diesem

---

[5] Vgl. G. Hunold, Medienethik – Luxus oder Notwendigkeit? Prolegomena zu einer künftigen Informationskultur. Gastvortrag 24.10.1991 an der Kath.-theol. Fakultät der Universität Wien.

[6] Vgl. M. Albus, Augenblicke. In: H. Boventer (Hg.), Medien und Moral. Konstanz 1988, 13.

Modell wird richtigerweise gesehen, daß die Verantwortung zunächst beim Menschen ansetzt – im Gewissen des einzelnen, der die Freiheitsspielräume im medialen Prozeß sittlich richtig zu nutzen weiß. Dieses Modell kommt aber über eine mediale Kasuistik, so notwendig diese ist, nicht hinaus und bewegt sich letztlich auf der Gesinnungsebene berufskultureller Normierung.

Aus der Kritik an einer personalistischen Verengung der ethischen Reflexion erwuchsen dann systemtheoretische Ansätze. Hier wird vorrangig auf die Rahmenbedingungen abgestellt, die eine gegenseitige Achtung der Handelnden ermöglichen. Richtigerweise wird hier gesehen, daß nicht nur die Moral des einzelnen, sondern auch die Moral der Institutionen und Strukturen zu durchleuchten ist. Allerdings gelangt auch ein solches Modell nicht über eine Situationsethik bzw. eine Teilethik hinaus. Eine bloß kommunikationstheoretische Begründung des Achtungsprinzips ruft geradezu nach einer normativen Begründung, soll sie nicht bei einer fragilen Konvention ohne Überzeugungshintergrund steckenbleiben.

Der Entwurf einer umfassenden, sowohl Medienschaffende als auch Mediennutzer berücksichtigenden Medienethik steht noch aus. Sie darf keine Sonderethik sein, sich aber auch nicht mit dem Allerweltshinweis begnügen, daß die allgemeine Moral auch in den Medien einzuhalten sei. Eine solche Medienethik müßte ideologisch besetzte Bevormundungen entlarven und aufbrechen und fähig sein, jene Maßstäbe auf den Begriff zu bringen, von denen her faktisches Verhalten von einzelnen wie Institutionen kritisch durchleuchtet werden kann. Eine künftige Medienethik muß zugleich sachbezogen sein als auch die Beziehungen der verschiedenen Institutionen untereinander reflektieren helfen. Alle gesellschaftlichen Gruppen, einschließlich der Kirchen, müssen trotz aller pluralen Weltanschauungen in einem gemeinsamen sach- wie sinnorientierten Rahmen der Verantwortung zusammenfinden. Eine solche Ethik muß methodisch interdisziplinär arbeiten und kann wohl nur als Integrationswissenschaft betrieben werden, die die unterschiedlichen Sacheinsichten bündelt und sie mit der Sinnsuche, die den Menschen in dieser massenmedialen Kultur treibt, vermittelt. Angesichts des unüberspringbaren ethischen Pluralismus in unserer Gesellschaft müßte sie die in den verschiedenen Entwürfen enthaltenen Kerngehalte ernst und zum Anknüpfungspunkt eines Konsenses nehmen. Sowohl institutionelle Richtigkeit als auch die Selbstverpflichtung der am medialen Prozeß beteiligten Menschen haben Maß zu nehmen an der unveräußerlichen Würde eines jeden Menschen und der damit respektierten jeweiligen Andersheit des anderen, d.h. der Toleranz. Unsere massenmediale Kultur lebt vom Ethos der Meinungs- und Informationsfreiheit. Dieses Ethos, das auch die weltweite Formulierung und Anerkennung von Menschenrechten ermöglicht hat, bleibt an die Bedingung unbestechlicher Wahrheitssuche gebunden.

Zusammenfassung in einer *dritten These:*

Eine künftige Medienethik wird eine interdisziplinär arbeitende Integrationswissenschaft sein.

4. Was kann angesichts dieser Herausforderung die Option einer christlichen Ethik sein und was kann sie beitragen?

Biblisches Ethos unterscheidet sich schon im Alten Testament durch seinen Rückbezug auf geschichtliche Erfahrung grundsätzlich von allen umliegenden Religionen, die in den Zyklen der Natur, in der regelmäßigen Wiederkehr des Gleichen eingebunden bleiben. Dies läßt sich besonders schön an jenem geschichtsmächtigen Dokument des Dekalogs zeigen, das in einer Zeit, da die Freiheit des Volkes Israel bedroht war, die Bedingungen des Bleibens in dieser Freiheit in konzentrierter und elementarer Form benennt. Grundlegend für dieses Ethos ist die Erinnerung an die Befreiungstat Jahwes: „Ich bin Jahwe, dein Gott, der dich aus Ägypten geführt hat, aus dem Sklavenhaus“ (Ex 20,2). Im folgenden werden nun, wie sich Stück für Stück zeigen ließe, die Bedingungen genannt, unter denen das Volk angesichts der Bedrohung der Freiheit, in dieser Freiheit, in die Jahwe sein Volk geführt hat, bleiben kann.[7] Wir könnten daher genauso gut statt von den Zehn Geboten von den „Zehn großen Freiheiten“ sprechen. Hier wird die Freiheit rückgebunden an die Wahrheit der geschichtlichen Erfahrung und die Wahrheit über den Sinn von Menschsein und menschlicher Gemeinschaft.

Am Höhepunkt dieses Ineinanders von Heils- und Unheilsgeschichte erscheint Jesus von Nazareth mit dem Anspruch, den Menschen von der Sklaverei der Lüge, der Sünde, des Gesetzes (d.h. dem vergeblichen Versuch einer Selbsterlösung auf dem Weg der Gesetzestreue) sowie des Todes als Folge der Sünde zu befreien. Das Johannes-Evangelium bringt diesen Anspruch auf die elementare Formel, „die Wahrheit wird euch frei machen“ (Joh 8, 32). In der wechselvollen Geschichte des Abendlandes ist es nicht ausreichend gelungen, umfassend spüren zu lassen, daß es den Christen wirklich um die freimachende Wahrheit geht. So kam es in der modernen Welt geradezu zu einer Abkehr von der gemeinsamen Bindung an eine objektive und geschichtsbezogene Wahrheit um der Freiheit willen. In dieser Situation ist es besonders schwierig, diesen spezifischen Beitrag der Rückbindung der Freiheit an die Wahrheit in das allgemein gesellschaftliche Bewußtsein einzubringen. Es konnte sogar zu einer Verurteilung der Pressefreiheit durch Papst Gregor XVI. kommen.[8] Allerdings wäre es anachronistisch, von der heutigen Situation aus diese Formulierung zu beurteilen, in der es damals darum ging, eine völlig indifferente Willkürfreiheit abzuwehren, die mit deutlichem antikirchlichem Ressentiment vorgetragen wurde. In den neueren Dokumenten stellt sich die Kirche voll und ganz hinter die Pressefreiheit, besteht aber gerade um des Erhaltes dieser Freiheit willen auf der Rückbindung dieser Freiheit an die Wahrheit. „Jede Kommunikation muß unter dem obersten Gesetz der Aufrichtigkeit, Zuverlässigkeit und Wahrheit stehen. Reine Absicht und guter Wille allein genügen nicht, um eine

---

7 Vgl. F. Crüsemann, Bewahrung der Freiheit. Das Thema des Dekalogs in sozialgeschichtlicher Perspektive. München 1983.

8 Mirari vos (1832), DS 2731. Einen guten Überblick über den Wandel der Einstellung der Kirche in den amtlichen Dokumenten zu den Medien gibt B. Häring, Frei in Christus II, 182-184.

Kommunikation schon als positiv zu bewerten. Sie muß darüber hinaus die Dinge sachlich richtig darstellen, d.h. ein zutreffendes Bild des Zusammenhanges vermitteln und in sich glaubwürdig sein."[9]

Wahrheit wird hier nicht statisch gesehen als etwas, das man haben kann. Wahrheit wird vielmehr in der Weise des Suchens und des Dialoges zugänglich. Grundpfeiler des Wahrheitsverständnisses ist der Vollbegriff der Würde des Menschen[10] und seiner Bestimmung. Weil die Freiheit wesentlich zur Würde des Menschen gehört, kann er zur Einsicht in die Sinnwahrheit und in die ethischen Wahrheiten auch nicht gezwungen werden. Sittliche Wahrheit und religiöse Wahrheit können nur in Freiheit eingesehen werden. Umgekehrt ist der Mensch nur dann frei und kann es auf Dauer bleiben, wenn er das ist, was er seinem Wesen nach sein soll, wenn er in der Offenheit und in der Suche nach der Wahrheit steht. Willkürfreiheit oder Beliebigkeit zerstören die Freiheit selbst. Solange das Leben währt, bleiben wir unterwegs zur Wahrheit unseres Menschseins.

Zusammenfassung in einer *vierten These:*

Trotz aller Schwierigkeiten in der modernen Welt, in der weithin die Bindung an eine objektive Wahrheit obsolet erscheint, haben Christen auf der Rückbindung der Freiheit an die Wahrheit zu bestehen, gerade um des Erhaltes der Freiheit willen.

5. Die gegenseitige Herausforderung von Kirche und Medien

Nicht nur die Medien, auch die Christen haben ihre institutionelle Verfassung, die Kirchen. Trotz und angesichts aller Probleme zwischen Kirche und Medien in der Neuzeit, kann nur ein fairer Dialog in der gemeinsamen Suche nach der Wahrheit für unsere Kultur den Sinn von Kommunikation erfüllen. Ein solcher Dialog kann nur in der Anerkennung der richtigen Eigengesetzlichkeit der Medien durch die Kirche und in der Achtung der Medien vor der Eigengesetzlichkeit und dem Selbstverständnis der Kirche gelingen.

Die katholische Kirche befindet sich in einem Lernprozeß. Hatte die Kirche sich im vorigen Jahrhundert noch in eine apologetische Position gegenüber dem liberalen Selbstverständnis des neuzeitlichen Menschen begeben und gehofft, mit einer eigenen Kirchenpresse eine zweite Kanzel zu eröffnen, so hat sie am II. Vatikanischen Konzil gleich das zweite Dokument den Medien in einer realistischen Weise gewidmet.[11] Dieses Dokument fiel in die Phase der Kirchenversammlung, in der diese sich erst finden mußte. Am Ende des Konzils wäre dieses Dokument sicher noch reifer und differenzierter ausgefallen. Umso ausführlicher und differenzierter geht die Pastoralinstruktion über die Instrumente der sozialen Kommunikation von 1971 auf die Eigengesetzlichkeit der Medien ein. Der Titel *„communio et progres-*

---

9 Communio et progressio, Nr. 17.
10 Vgl. ebd. Nr. 14.
11 Dekret über die sozialen Kommunikationsmittel „Inter mirifica", 4.12.1963.

sio",[12] Gemeinschaft und Fortschritt, umschreibt die Ziele sozialer Kommunikation. Die Kirche verpflichtet sich in diesem Dokument zu einem Höchstmaß an Offenheit im Informationsfluß innerhalb der Kirche sowie gegenüber der Gesellschaft. „Wenn die Kirche lebendig sein und ihre Aufgaben wirklich erfüllen will, muß es zwischen kirchlichen Autoritäten auf jeder Ebene, katholischen Einrichtungen und allen Gläubigen einen ständigen wechselseitigen und weltweiten Fluß von Informationen und Meinungen geben."[13] „Die geistigen Werte, die in der Kirche zum Ausdruck kommen, erfordern, daß die Informationen über ihre Absichten und über die Fülle ihrer Tätigkeit mit einem Höchstmaß an Vollständigkeit, Wahrhaftigkeit und Offenheit gegeben werden. Wenn kirchliche Stellen Nachrichten zurückhalten oder nicht in der Lage sind zu informieren, öffnen sie schädlichen Gerüchten Tür und Tor, anstatt die Wahrheit ans Licht zu fördern. Geheimhaltung muß daher unbedingt auf solche Fälle begrenzt bleiben, bei denen es um den Ruf und das Ansehen eines Menschen geht oder andere Rechte einzelner bzw. von Gruppen verletzt würden."[14] In der Einlösung dieser Selbstverpflichtung aber hat die Kirche große Schwierigkeiten, denn sie müßte dann ehrlicherweise auch eigene Fehler und Pannen in ihrer Geschichte zugeben.

Die Herausforderung der massenmedialen Kultur richtet sich aber auch an die Theologie, alle wesentlichen Inhalte mit den Kategorien der Kommunikation neu zu formulieren,[15] sozusagen Theologie als „Kommunikationswissenschaft" zu konzipieren.

Die zentrale Botschaft Jesu ist die unwiderrufliche Nähe der Gottesherrschaft, in der die Art und Weise Gottes sich in und durch die Freiheit der Schöpfung auswirkt. Damit ist die Vision einer vollkommen glückenden Communio gegeben, denn das Spezifische und Unterscheidende der christlichen Offenbarung besteht ja gerade darin, daß Gott in sich selbst innigste Gemeinschaft zwischen Vater und Sohn im Heiligen Geist ist. So ist auch der Mensch als Gottes Ebenbild ein Wesen der Kommunikation, berufen zur ewigen Communio mit dem dreifaltigen Gott. Das christliche Verständnis des Menschen als Person gründet gerade darin, daß dieser Mensch durch und durch Beziehung und Kommunikation ist. Eine realistische Beurteilung des Zustandes der Menschheitsgeschichte stellt allerdings eine ständige Bedrohung und Zerstörung der Communio fest. Verweigerung und Zerstörung der Kommunikation machen das innerste Wesen dessen aus, was wir Sünde nennen. Nicht Fehler in der Kommunikation, sondern die Verweigerung der Communio – sich dem anderen vorenthalten – ist das tiefste Wesen der Sünde. Hier liegt die Trennung des Menschen von Gott. Das menschliche Ich setzt sich

---

[12] Die Pastoralinstruktion „Communio et progressio" wurde als Durchführungsbestimmung zum Konzilsdokument „Inter mirifica" am 23.5.1971 ediert.

[13] Ebd. Nr. 120.

[14] Ebd. Nr. 212.

[15] Vgl. zum folgenden G. Greshake, Erlöst in einer unerlösten Welt. Mainz 1987. Ders., Communio – Schlüsselbegriff der Dogmatik, in: G. Biemer/B. Casper/J. Müller (Hg.), Gemeinsam Kirche sein (FS Oskar Saier), Freiburg 1992, 90-121.

dann tendenziell zum Mittelpunkt aller Wirklichkeit, bezieht habsüchtig und egoistisch alles auf sich selbst und nimmt so den Platz ein, der dem lebendigen Gott zukommt. Die Leere, die durch diese Täuschung entsteht, führt zum Versuch, sich einzelne Stücke vom Leben so anzueignen, als ob sie Gott selbst wären und nicht relative und geschaffene Güter. Genuß, Sex und Geld sowie Prestige und Erfolg und schließlich die Macht werden mit absolutem Engagement festgehalten, als ob darin das Menschsein zur Erfüllung käme. Aber all diese Götzen zerstören, wenn sie absolut gesetzt werden, den Menschen. Diese Sünde richtet sich in ihrer Tendenz immer gegen die Mitmenschen und gegen die Gesellschaft. Gerade in einer massenmedialen Kultur wird uns wie nie zuvor anschaulich, wie sehr die ganze globale Weltgesellschaft von der Verweigerung der Communio und des Anteilgebens betroffen ist. Die Medien führen uns drastisch vor Augen wie sehr die Vorteile der reichen Länder das Elend und den Hungertod von Millionen Menschen in den armen Ländern des Südens mitverursachen. Gerade die Information über diese Übermacht des Elends und des Übels und des Bösen erhebt die bedrängende Frage, wie der Mensch mit diesem Übermaß an Konfrontation mit dem Bösen in der Welt umgeht. Die größte Versuchung, die auch an Jesus herangetreten ist, war die, mit den Mitteln irdischer Macht das Reich Gottes[16] herbeizuführen. Eine zentralistische Konzentration von Medien in der Hand einiger weniger würde die Aufgabe verhindern, ein wirkliches Gespräch der Gesellschaft in fairer Weise zu vermitteln, in der ehrlich und wahrhaftig nach der Wahrheit gesucht wird. Doch wie kann Erlösung, nach der die Medien in ihren Symbolen, Mythen und Nachrichten unentwegt die Sehnsucht wecken, gedacht werden?

Wirkliche Erlösung, die die menschliche Freiheit nicht überfahrt und den Menschen dennoch aus den Aporien seiner Sündengeschichte und gesellschaftlicher Verblendungszusammenhänge herausführt, kann nur durch einen neuen Anfang geschehen, den der Mensch nicht selber setzen kann. Es bedarf einer neuen Schöpfung, die trotz dieser Sündengeschichte neue Communio stiftet. In einmaliger Weise wird diese Communio als Gottes Plan mit seiner Schöpfung in Jesus Christus sichtbar. Sein communio-stiftendes Wirken ist aus der Geschichte der Menschheit nicht mehr wegzudenken und Communio et progressio nennt Christus den „Meister der Kommunikation“[17], deren tiefstes Wesen die Mitteilung seiner selbst in Liebe ist, in der Gott selbst sich unwiderruflich dieser Menschheit mitteilt. Er kämpft gegen die Trennungen und Spaltungen, durch die Menschen ausgestoßen sind und heilt durch seine Art der Beziehung die Kranken, deren Kommunikationsmittel – Ohren, Augen und Stimme – zerstört waren. Wo aber Beziehungen neu gestiftet werden, muß von beiden Seiten her etwas geschehen. Das Böse der Sünde muß ganz und gar auch durch das Mittun des Menschen überwunden werden. Nirgends wird dies deutlicher als am Kreuz, an dem Jesus stellvertretend für die ganze Menschheit das Böse und das Leid in Liebe verwandelt. Er zeichnet in diese Ge-

[16] Vgl. Mt 4,8f.
[17] Communio et progressio, Nr. 11.

schichte auf bleibende Weise ein, wie die Macht der Sünde zu überwinden ist: in unbedingtem Einsatz für die Wahrheit, die Gerechtigkeit und die Liebe, die nicht vor den daraus resultierenden Konflikten zurückscheut. Der Geist, der Jesus mit seinem Vater verbindet, korrespondiert der tiefsten Sehnsucht des Menschen und entspricht seiner Bestimmung auf das exakteste, so daß dieser Geist den Menschen von innen heraus in einer neuen Weise zur Communio und damit zur Kommunikation befähigt.

Diese Offenbarung Gottes kann sich jedoch, solange diese Geschichte weitergeht und alle Folgen von Schuld und Sünde nicht einfach abgeschafft sind, immer nur zeichenhaft mitteilen. Der christliche Glaube ermöglicht aber die durch keine Reflexion begründbare Vision, daß das konkrete Menschsein Jesu getragen ist von der unendlichen Liebesfähigkeit des Sohnes Gottes selbst. Seine begrenzte menschliche Existenz an einem bestimmten Punkt der Geschichte ist konstituiert durch seine Beziehung zu schlechterdings allen Menschen und zur ganzen Schöpfung (Kol 1, 14). Mediale Prozesse können diesen Glauben nicht begründen. Auch kirchliche Sender und Satelliten, die die ganze Erde erreichen würden, können die Glaubensweitergabe durch personale Beziehung in der Gemeinde nicht ersetzen. Aber auch alle Medienkommunikation muß sich daran messen, ob sie durchsichtig und offen bleibt auf diese Vision. Andernfalls würden die Medien nicht nur ihre Kommunikationsaufgabe verkürzen und durch falsche Visionen, die an ihre Stelle treten, langfristig enttäuschen, sondern darüber hinaus durch eine solche Kommunikation die Communio, zu der alle Menschen berufen sind, stören und zerstören.

Nicht nur die profane massenmediale Kultur, sondern die Kirche selbst bedarf einer sich stets an diesen letzten Kriterien messenden Kultur der Kommunikation. Pure Hofberichterstattung einer Kirchenpresse widerspricht dem genauso wie eine blinde ressentimentgeladene Kirchenkritik der säkularen Presse.

Zusammenfassung in *These fünf:*

Unterscheidung der Geister vom Geist Gottes her ist in dieser massenmedialen Kultur eine ständig wichtiger werdende Aufgabe, soll die Freiheit der Kommunikation, die jeden Menschen in seiner Personwürde und seiner Andersheit respektiert und achtet, nicht langfristig zerstört werden.

UMWELT – EINE GEWISSENSFRAGE?*

1. Einleitung

Noch vor einer Generation wären wir vermutlich ausgelacht worden, wenn wir im Zusammenhang mit der Verschmutzung, Belastung und Ausbeutung der Umwelt und der Verschwendung von Energie von einer Gewissensfrage gesprochen hätten. Die Einsicht in das Ausmaß und die genaue Analyse der Probleme sind relativ jungen Datums. Wasser, Luft, Boden, Pflanzen und Tierarten sind in einer so krassen Weise bedroht, daß die weitere Verdrängung dieser Tatsachen schwerfällt. Wir sind dabei, in einem Jahr für die Energiegewinnung Ressourcen zu verbrauchen und damit zu vernichten, die die Erde in Hunderttausenden von Jahren aufgebaut hat.

Dennoch fehlt es nicht an Versuchen, die Problematik zu bagatellisieren oder ökologische Maßnahmen als Ökohysterie zu diffamieren. Der Hang zu bequemer Verdrängung, Ratlosigkeit, aber auch massive Interessen wie Wettbewerbsvorteile können hier eine Rolle spielen.

Für Gewissensfragen aber haben sich nicht nur die Ethiker, sondern auch die Religionen zuständig gefühlt. Nun aber ist das Christentum als Ganzes angesichts der ökologischen Krise und der Systemfalle, in die wir uns hineinmanövrieren und deren Auswirkungen wir uns noch lange nicht im vollen Ausmaß bewußt sind, in einer paradoxen Situation. Das Christentum wird nämlich wegen der Verkündigung des Schöpfungsauftrages („Macht euch die Erde untertan") beschuldigt, ideeller Urheber dieser Umweltkrise zu sein. Wenn dieser Vorwurf aber so stimmt, dann ist jeder Versuch einer ökologischen Ethik im Kontext des christlichen Glaubens und einer von diesem Glauben geprägten Kultur kontraproduktiv. Diese Anschuldigungen zeigen einschlußweise aber auch die große Bedeutung der christlichen Botschaft für die grundlegende Einstellung der Menschen gegenüber der Umwelt, die die Christen Schöpfung nennen. Diese Anfragen bringen uns aber auch schmerzlich zu Bewußtsein, daß Christen, abgesehen von einigen Versuchen im vorigen Jahrhundert, die aber kaum wirksam geworden sind, keine ausgearbeitete umweltethische Tradition besitzen, die es mit anderen Themenbereichen aufnehmen könnte. Wir stehen in bestimmter Weise an einem Anfang.

Auch das offizielle kirchliche Lehramt konnte sich ohne ausreichende Vorarbeit der Theologie und Ethik bislang nicht mit demselben Nachdruck und ausgearbeiteten Entwürfen äußern wie in manchen anderen Lebensbereichen. Einzelne Sätze

---

* Als ich 1986 nach Wien berufen wurde, war die erste Anfrage, die an mich sowohl von kirchlicher wie politischer Seite herangetragen wurde, die nach einer damals unter theologischen Ethikern noch wenig reflektierten Umweltethik. Das Ringen um eine ökologische Ethik hat eine bleibende Dringlichkeit, so habe ich dieses Anliegen in vielen Vorträgen weitergeführt, die – z.T. auszugsweise – in Zeitschriften publiziert sind. Der hier vorliegende Text entstammt einem Band, der eine Tagung mit den Osteuropäischen Umweltministern in Bad Kleinkirchheim dokumentiert: W. Pillmann/S. Burgstaller (Hg.): Energy Resources and European Market Economy. Selected Papers. International Forum of the Environment (Sept. 23rd-26th, 1990), 154-167.

finden sich in letzter Zeit verstreut in päpstlichen Äußerungen (z.B. in der Enzyklika Sollicitudo rei socialis Nr. 26 und 29 sowie in der Neujahrsbotschaft 1990) und die österreichischen Bischöfe haben in ihrem Sozialhirtenbrief vom Frühjahr 1990 immerhin einige ökologische Ansätze formuliert (II, 6 und 7). Die vier im Katechismus der Katholischen Kirche im Zusammenhang des 7. Gebotes und der Wirtschaftsethik formulierten Thesen zur ökologischen Verantwortung (Nr. 2415-2418) sind mehr als dürftig und zum guten Teil tautologisch formuliert.

2. Verantwortung des Christentums in Geschichte und Gegenwart

Der von L. White 1967 erhobene und mehrfach abgewandelte Vorwurf, daß der priesterschriftliche Schöpfungssegen („bevölkert die Erde und unterwerft sie euch", Gen 1,28) in seiner Wirkungsgeschichte schuld an der letztlich auf Ausbeutung und Zerstörung der Natur gerichteten Wissenschaft, Technik und Wirtschaft wurde, ist vor dem Forum der Geschichte in dieser Form nicht haltbar.

Nicht haltbar ist die Exegese des Schöpfungsberichtes Gen 1, 28: „Gott segnete sie und sprach: Seid fruchtbar und mehret euch, bevölkert die Erde, unterwerft sie euch und herrscht über die Fische des Meeres, die Vögel des Himmels und alle Tiere auf dem Land." Es handelt sich um kein Gebot, sondern um einen Segen. Der Segen betrifft das Hineinwachsen der Menschheit in eine sinnvolle Größe zur Kultivierung der Erde. Sobald die sinnvolle Zahl erreicht ist, hat sich der Segen wie an vielen anderen Stellen des Alten Testamentes auch erfüllt. Ebensowenig kann aus den Worten „unterwerfen" und „herrschen" eine anthropozentrische Willkürregierung abgeleitet werden. Es geht vielmehr um die Inbesitznahme von Territorien und um die Bearbeitung des Erdbodens zum Anbau von Nutzpflanzen, wie der nächste Vers formuliert 1 Gen 1, 29: „Hiermit übergebe ich euch die Pflanzen, sie sollen euch zum Nutzen dienen." Es geht weiterhin um eine Leitungsfunktion des Menschen gegenüber der Tierwelt und um Konfliktregelungen in der Schöpfung. Kurz: der Mensch wird zum Statthalter Gottes auf Erden eingesetzt.

Nun kann man aber sagen, nicht der Schöpfungssegen selbst, sondern seine Auslegungsgeschichte durch das Christentum wurde zur ideellen Triebfeder der Zerstörung der Umwelt. Angesichts dieses Vorwurfes ist auf die großen Unterschiede der Auslegungsgeschichte im Osten und im Westen zu verweisen.

Wenn weiterhin gesagt wird, die sogenannte Entmythologisierung der Schöpfung durch die Bibel sei Voraussetzung dafür, daß die Natur nicht mehr göttlich und numinos gedeutet und daher der Entdeckung und der Gestaltung in angstfreier Weise zugänglich wurde, dann ist damit zweifellos eine geistesgeschichtliche Voraussetzung für die wissenschaftlich-technische Weltgestaltung des Menschen genannt. Eine Voraussetzung ist aber noch kein hinreichender Grund und gestattet keine monokausale Erklärung. Man müßte nämlich dann angeben können, warum man dem Christentum durch lange Zeit Fortschrittsfeindlichkeit vorgeworfen hat, wenn die Kirche sich kritisch geäußert hat, und warum zwischen dem Auftreten der Schöpfungsbotschaft und dem Ausbruch der Umweltkrise immerhin mehr als 2.500 Jahre vergangen sind.

Nun kann man weiterhin sagen, das Geschichtsverständnis der Bibel, das das Denken in Zyklen aufgebrochen hat, sei Voraussetzung für das Fortschrittsdenken, das die Umweltkrise heraufbeschworen hat. Wiederum dürfen notwendige Voraussetzung und hinreichender Grund nicht verwechselt werden. Denn nicht das eschatologische Zukunftsverständnis des Christentums, das der Geschichte ein Ziel nennt, das aber über die Geschichte hinaus liegt, hat zu jener Fortschrittseuphorie geführt, in der die Natur bedenkenlos zerstört wurde, sondern gerade der Bruch mit der christlichen Botschaft von der Vollendung über den Tod hinaus durch Gottes freie Initiative. Die Auferstehungsbotschaft des Christentums ist untrennbar verbunden mit dem Kreuz und nur durch das Kreuz und „Durchkreuzungen" hindurch möglich. Es gibt in christlicher Perspektive nicht eine lineare wissenschaftlich-technische Evolution zur Vollendung, sondern Vollendung nur durch den Tod hindurch. Erlösung ist nicht einfach Reparatur der Schöpfung und Auferstehung nicht einfach Rückkehr in dieses Leben.

Wenn moderne Anthropologien hinter der modernen Technikentwicklung auch eine Triebkomponente des Macht- und Herrschaftsstrebens über die Natur sehen, dann ist die Frage gestattet, warum diese Kräfte so lange gemäßigt und gezügelt waren; unter Umständen kam dem Christentum sogar eine mäßigende und kultivierende Funktion zu, als es das Leben rundum noch zu prägen vermochte.

Erst in säkularisierter Form sind christliche Optionen in ein Ursachenbündel eingegangen, das nun zu dieser Umweltkrise führte. Es ist interessant zu sehen, daß im christlichen Arbeitsethos, das vor allem in der Gestalt des lateinischen Mönchtums eine besondere Quelle der Kultivierung Europas wurde, der jahwistische Schöpfungsbericht „Gott, der Herr, nahm den Menschen und setzte ihn in den Garten von Eden, damit er ihn bebaue und behüte" (Gen 2,15) eine große Rolle spielte. Aber nicht nur Bebauen und Bewahren, sondern auch der untrennbare Zusammenhang von Arbeit und Gebet, Aktion und Kontemplation waren die Leitbilder des von der mönchischen Tradition beeinflußten abendländischen Arbeitsethos. Dieser Mensch verstand noch den ursprünglichen Sinn des Schöpfungssegens, Statthalter Gottes zu sein und Verantwortung für die Bewahrung der Welt vor Gott zu haben, der diese Welt als Garten gepflegt wissen wollte. Dieses Ethos begrenzte noch die seit der Renaissance angebahnten Entwicklungen. Auch der Verlust der prägenden Kraft der Kontemplation blieb nicht ohne Wirkung auf den modernen Lebensstil. Vermutlich erschließt sich die Eigenbedeutung der Geschöpfe nur dem meditativen Blick, während der moderne Alltagsblick nur Nutzwerte wahrnehmen kann.

Mit dem neuzeitlichen Menschen und dessen Freiheitsbewußtsein tat und tut sich die Kirche bekanntlich schwer. Aus einer lange Zeit eingenommenen apologetischen Position heraus konnte sie das neuzeitliche Bewußtsein immer weniger formen und gestalten. In diese Leerräume, die dadurch entstanden, verbreiteten sich die verschiedensten Ideologien, vor allem jene materialistischen, die soziale und materielle Zielsetzungen als Höchstwerte ansetzten. Es ist ja die Gefahr eines jeden autonomen und säkularen Ethos, das nicht mehr in den größeren Zusammenhang des Glaubens eingeordnet wird, daß richtige und wichtige Errungenschaften leicht zum Absolutwert geraten. Diesen Zielen wird dann bedenkenlos alles, so auch die Umwelt, geopfert. Seit dem Einsatz der Technik im großen Stil mußten die verschiedenen geistesgeschichtlichen Strömungen in dieser komplexen Geschichte der Neuzeit nun voll wirksam werden zu Lasten der Umwelt.

3. Zur philosophischen Debatte um die Begründung einer ökologischen Ethik

Wir erleben nun einen Bewußtseinsaufbruch, der dem Anthropozentrismus (auf den vielschichtigen Gebrauch dieses Begriffes kann hier nicht näher eingegangen werden), den man dem Christentum vorwirft, häufig andere Modelle gegenübergestellt. Im Großen lassen sich in der philosophischen Debatte zur Begründung einer Umweltethik und eines Umweltrechtes fünf große Ansätze derzeit feststellen.

a) Da ist zunächst der *streng anthropozentrische Ansatz*, der auf Immanuel Kant zurückgeht und auch in der Moraltheologie weithin übernommen wurde, zu nennen: Der Mensch hat keinerlei Verpflichtung gegenüber der Natur, sondern nur gegenüber Personen. Sehr wohl gibt es Pflichten in Ansehung der Natur, aber nicht gegenüber der Natur. Tierquälerei ist deswegen schlecht, weil sie zur sittlichen Verrohung des Menschen führt, die wiederum Konsequenzen für den Menschen hat, nicht aber, weil das Tier offenbar Schmerz empfindet.

Ein radikal anthropozentrischer Ansatz nimmt die Umweltprobleme unter dem Aspekt des Überlebens der Menschheit in den Blick. Umweltzerstörung und unverantwortlich rascher Verbrauch der Energiequellen sind nicht im Hinblick auf die Natur zu werten, sondern an menschlichen Interessen.

Ein solcher Ansatz kann gefährlich werden, wenn das Überleben zum Höchstwert hochstilisiert wird, um dann daraus allzu leicht machtpolitische Lösungen im Sinne eines Totalitarismus von rechts oder links vorzuschlagen. Ein solcher Ansatz ist aber auch ungenügend, weil von ihm her nur ein Minimum von Umweltschutz abzuleiten ist. Das Ziel des Überlebens muß auf die Grundlage von Freiheit und Würde und Solidarität und nicht bloß auf das Minimum gestellt sein. Zudem dürfte es einer philosophischen Ethik schwerfallen, die unbedingte Pflicht zu begründen, die Fortexistenz der Menschheit zu sichern.

b) Demgegenüber betont ein *gemäßigt-anthropozentrischer Ansatz* sehr wohl die Sonderstellung des Menschen im Kosmos; nur im Menschen kommt die Natur zu sich; aber der Mensch kann Naturzwecke erkennen, die über den Nutzwert für den Menschen hinaus reichen. Dieser Ansatz unterscheidet sich vom radikal-anthropologischen dadurch, daß er das Eingebundensein des Menschen in die Natur betont und auch den relativen Eigenwert der nicht-menschlichen Natur. Er erweitert das bisherige anthropozentrische Verständnis des Sozialen um die ökologische Dimension und setzt ethische Verantwortung nicht erst beim Menschen, sondern bereits im Handeln des Menschen gegenüber der Natur an.

Die *nicht-anthropozentrischen (auch physiozentrisch genannten) Ansätze* versuchen, gleichsam in konzentrischen Kreisen das Subjektsein zu erweitern. Die außermenschliche Natur erhält quasi subjektive Züge. Diese Ansätze bestreiten nicht die Sonderstellung des Menschen, betonen aber, daß die Verantwortung nicht bloß in Ansehung der Natur, sondern auch gegenüber der Natur bestehe, die Natur also Eigenrechte habe.

c) Da ist zunächst der *pathozentrische Ansatz*, der von der Leidensfähigkeit der Lebewesen ausgeht, zu nennen. Dieser steht in der Tradition des Utilitarismus, der das Wohl aller Beteiligten maximieren und das Leiden minimieren will. Gleiches ist dabei gleich, Ungleiches ungleich zu behandeln. Hinsichtlich der Schmerzfähigkeit sollen Tiere und Menschen daher gleich behandelt werden. Eine artgemäße Tierhaltung ist ethisch aus diesem Ansatz ebenso abzuleiten wie die Tötung behinderter und leidender Menschen (vgl. P. Singer).

d) Der sogenannte *biozentrische Ansatz* weitet nun den Blick über die leidensfähigen Tiere hinaus auf alles Lebendige. Für diesen Ansatz mag Albert Schweitzer mit seinem berühmten Wort stehen: „Ich bin Leben, das leben will, inmitten von Leben, das leben will.“ Da er die Ehrfurcht vor dem Lebendigen nicht bloß als Haltung, sondern zum objektiven Prinzip nimmt, muß der Mensch notwendigerweise auf Schritt und Tritt schuldig werden. Die Personalisierung des Willens zum Leben alles Lebendigen dürfte schwer in allen Konsequenzen lebbar sein. Konkrete Entscheidungen und Unterscheidungskriterien zur Konfliktregelung sind aus diesem Prinzip nicht ableitbar.

e) Schließlich sind die sogenannten *holistischen Ansätze* zu nennen, die nicht von einzelnen Lebewesen, sondern vom Ganzen ausgehen. Nicht alle Ansätze einer holistischen Ethik sind so radikal wie wir es bei manchen Autoren von New Age finden. Das gemeinsame Problem der holistischen Ansätze aber liegt in der Begründung des Eigenwertes und des Eigenrechtes der Natur als ganzer. Auf der Basis eines ontischen Naturbegriffes eine Ethik abzuleiten, führt aber unweigerlich in den sogenannten naturalistischen Fehlschluß. Ein solcher Ansatz kann nicht begründen, wie vom Sein auf das Sollen geschlossen werden kann. Ist das Ziel, das die malariaübertragende Mücke oder die schlafkrankheitvermittelnde Fliege verfolgt, tatsächlich ethisch verbindlich? Darf der Mensch wirklich alles tun, was die Natur tut? Muß er alles zulassen?

Wenn wir die entscheidenden Fragen in diesem Streit der Philosophie nochmals rekapitulieren, dann lassen sie sich auf folgende Punkte bringen:

- In welcher Beziehung steht der Mensch zur Umwelt?
- Worin ist die Pflicht zur Erhaltung der Umwelt begründet?
- Wie weit reicht diese Pflicht und was schließt sie ein?
- Wie lassen sich konkrete Normen begründen?

Für die anthropozentrischen Ansätze steht das rationale Argument im Vordergrund, für die nicht-anthropozentrischen das Motiv, den Umweltschutz umfassend und radikal und so rasch wie möglich zu sichern. Ökologische Bewegungen haben mit ihren Vereinfachungen in der Argumentation unbestreitbaren Erfolg in einer Gesellschaft, in der Vereinfachungen eher ankommen als differenzierte Argumentation. Die Gefahr ist aber wie bei jeder ethischen Begründung: Wer zuviel beweisen will, beweist gar nichts und verliert auf lange Sicht seine Glaubwürdigkeit.

Wie verhält sich angesichts dieses Streits der Philosophien und Ethiken eine christlich-theologische Ethik in ihrem Versuch, Verantwortung für die Umwelt zu begründen? Für christliche Theologie ist die biblische Botschaft von der Schöpfung weder mit einem Schlagwort wie Anthropozentrismus, noch Pathozentrismus, noch Biozentrismus, noch Holismus getroffen. Vielmehr steht ein personaler Gott selbst als der Schöpfer einer guten Welt im Mittelpunkt der Überlegungen.

4. Bausteine einer christlichen Umweltethik

Das mit dem Schöpfungsglauben gegebene Vorverständnis, mit dem der Christ an eine ökologische Ethik herangeht, kann kurz mit folgenden Stichworten umrissen werden:

- Die Umwelt ist etwas Geschaffenes.
- Das Bekenntnis zu Gott als dem Schöpfer ist eine Aussage über die Gegenwart und nicht über die Vergangenheit; Schöpfung ist jetzt.
- Dieses ständige seingebende Schaffen Gottes ist schlechterdings unvergleichlich mit menschlichem Tun und Machen und wird in der hebräischen Bibel mit dem Verbum „barah“ ausgedrückt.
- Daß Gott die Welt schafft, entstammt der Freiheit des Schöpfers und nicht einem „natürlichen“ Geschehen.
- Gott schafft durch sein zusagendes Wort; Schöpfung ist daher Zusage Gottes und verständlich wie ein Wort.
- Schöpfung bedeutet Gabe des Seins an das Geschöpf zum Eigensein; jedem Geschöpf eignet daher eine relative Eigenbedeutung, die es zu berücksichtigen gilt.
- Der Mensch erscheint in der Schöpfungsbotschaft als Ebenbild Gottes mit der Fähigkeit, die sinnvollen Möglichkeiten, die in der Schöpfung angelegt sind, mit seiner Vernunft auszukundschaften und mit Engagement und Rücksicht so zu verwirklichen, daß er es vor dem Schöpfer verantworten kann.

Diese Verantwortung wird in der ethischen Sprache in Prinzipien, Kriterien und Normen (die das sittlich Richtige auf den Begriff bringen) sowie Haltungen und Motive (die das sittlich Gute auf den Begriff bringen) entfaltet.

4.1 Prinzipien

Mit seiner praktischen Vernunft kann der Mensch nach dem Plan Gottes nicht nur die Sachgesetzmäßigkeiten der Natur, sondern auch die sinnvollen Möglichkeiten seines Handelns erkennen. Der sittliche Anspruch, den der Mensch mit seiner Vernunft einsehen kann, ergibt sich aus der jedem Wesen eigenen Qualität und Güte. Da Gott das höchste Gut ist, ist die sittlich geforderte Einstellung ihm gegenüber, „ihn mit allen Kräften zu lieben“. Da jeder Mensch in gleicher Weise Gottes Ebenbild ist und in seinem Gewissen Verantwortung trägt, was seine Würde begründet, ist die sittlich geforderte Einstellung ihm gegenüber, „ihn zu lieben wie sich selbst“. Nach dieser Logik ist aber nun darüber hinaus jedes Geschöpf seiner ihm eigenen Qualität und Güte entsprechend, Adressat unserer sittlichen Verantwortung. Es ginge also darum, in analoger Weise das Liebesgebot weiter zu differenzieren und die Umwelt miteinzubeziehen. Liebe als sittliche Grundforderung bezieht sich im strengen und letzten Sinn zwar auf Personen, denn Liebe bedeutet die Grundintention: „Du sollst sein, ich erkenne Dich in Deinem Eigenstand an und wünsche Dein Glück und Heil.“. Es wäre zu diskutieren, ob das Liebesgebot nicht auf analoge Weise auch auf den Eigenwert außermenschlicher Schöpfungswirklichkeit fortgeschrieben und ausgeweitet werden muß. Der Begriff Liebe ist auch in der Liebe zu Gott und in der Liebe zum Menschen analog zu verstehen. Analogie bedeutet nämlich bei aller je größeren Unähnlichkeit aber doch auch Ähnlichkeit. (Ansätze für diese Fortschreibung des Liebesgebotes finden sich bei Augustinus z.B. De doctrina christiana I, 22: „Auf vierfache Weise müssen wir lieben: Das Erste steht über uns, das Zweite sind wir selbst, das Dritte ist neben uns, das Vierte endlich steht unter uns.“) Der Schöpfer zeigt sich in allen seinen Geschöpfen, nicht nur im Menschen; schließlich ist nach der biblischen Perspektive die Schöpfung als jener Raum von Gott gedacht, in dem die Menschen sich einander in Liebe zuwenden sollen, so daß dieser Raum einen abgestuften Bezug zum personalen Sein des Menschen erhält. Wer Gott und die Menschen wirklich liebt, kann dies nicht tun, ohne auch seine Geschöpfe in ihrem Eigensein zu respektieren.

Sittliche Verantwortung gegenüber der Schöpfung bedeutet, daß der Mensch die Eigenbedeutung und Ziele der einzelnen Geschöpfe entsprechend ihrer Verschiedenheit berücksichtigt und im Konfliktfall gegeneinander verantwortlich abwägt. Das aber heißt die Beweislast umkehren: auch der Eingriff in die nichtmenschliche Natur bedarf der ausdrücklichen Rechtfertigung. Es bedarf einer Umkehr, nicht zuerst den Nutzwert, sondern den relativen Eigenwert der Geschöpfe wahrzunehmen.

Wer das Leben ordnen will, muß zuerst klar sehen, woher die Unordnung kommt (Analyse) und er braucht Kriterien für die Regelung von Konflikten und Visionen, die ihn bewegen (Motive).

4.2 Kriterien

Verantwortliche und vernünftige Abwägung im Problem- und Konfliktfall aber setzt klare Vorzugsregeln für die Urteilsfindung voraus. Von diesen Kriterien, die eigentlich Selbstverständlichkeiten sein sollten in Bezug auf die Umweltverantwortung, seien hier nur einige genannt:

- *Fundierungskriterium*: Schutz und Pflege jener Wirklichkeiten, die die Basis abgeben, haben unter sonst gleichen Voraussetzungen Vorrang vor jenen, die erst darauf aufbauen („primum vivere, deinde philosophari“).

- *Integrationskriterium*: Weiterreichende Sicherungen der Lebensgrundlagen verdienen im Konfliktfall den Vorrang vor solchen auf schmalerer Basis. Daraus ergibt sich der Vorzug der Verwirklichung und Respektierung jener Ansprüche, die sich vom System Mensch–Tier–Pflanze–Erde her ergeben, vor jenen, die sich nur aus menschlichen Sozialsystemen ableiten. Die von menschlichen Interessen her geschaffenen Gesetzmäßigkeiten in der Wirtschaft sind daher im Konfliktfall den Gesetzmäßigkeiten der Ökologie ein- und unterzuordnen. Denn der Mensch und alle noch so wichtigen sozialen Institutionen des Menschen haben nur Zukunft, wenn auch die außermenschliche Schöpfung Zukunft hat. Eine ökologische Ethik kann daher nicht als Teil einer Wirtschaftsethik entfaltet, sondern nur aus der Problematik selbst heraus begründet werden.
- *Dringlichkeitskriterium*: Existentielle Interessen der Armen in der Gegenwart und der kommenden Generationen haben Vorrang vor weniger dringlichen Bedürfnissen, die wir uns heute erfüllen könnten.
- *Vorsorgekriterium*: Die Vorsorge zur Vermeidung von Umweltschäden und Belastungen hat Vorrang vor der nachträglichen, mühsamen und viel teureren und oft nur mehr sehr reduziert wirksamen Beseitigung von Schäden.
- *Verursacherkriterium*: Verursacher von Umweltschäden sind vom Recht her wirksam vor allen anderen haftbar zu machen. Erst, wenn nach ernsthafter Prüfung kein Verursacher oder eine Verursachergruppe ausfindig gemacht werden kann, dürfen die Kosten auf die Gemeinschaft abgewälzt werden.
- *Kooperationskriterium*: Da Umweltschäden vor Landesgrenzen nicht haltmachen, verdienen Maßnahmen der internationalen Zusammenarbeit Vorrang vor allen bloß einzelstaatlichen Regelungen. (Ökumenische Versammlung von Basel Nr. 74: „Unser Ziel ist eine internationale Umweltordnung").
- *Reversibilitätskriterium*: Bei unvermeidbarer Inkaufnahme von Schäden haben reversible Maßnahmen Vorrang vor solchen, die lang andauernde oder irreversible Folgen bewirken (z.B. Atommüll, für dessen Endlagerung noch keine dauerhaften Lösungen gefunden wurden).
- *Kreislaufkriterium*: Bei vorhersehbarem Anfall von Abfällen ist auf die Möglichkeit ihrer Einbringung in den Kreislauf der Natur zu achten. Solange die Natur in Ordnung ist, ist deren Selbstheilung noch möglich. Es sollen daher keine größeren Einheiten geschaffen werden als solche, innerhalb derer eine Einbringung in solche Kreisläufe ohne allzu großen Transportaufwand bewältigt werden kann.
- *Regenerationskriterium*: Regenerierbare Energieträger haben unter sonst gleichen Voraussetzungen den Vorrang vor nicht erneuerbarer Energie. Forschungen und Investitionen auf dem Gebiet der erneuerbaren und umweltverträglichen Energie haben Vorrang vor Maßnahmen bezüglich anderer Energieträger.

- *Sparsamkeitskriterium*: Energiesparen hat in jedem Fall Vorrang vor allen anderen Maßnahmen. Investitionen für den sparsamen Umgang mit Ressourcen sind wirksamer, nachhaltiger, intelligenter und weitreichender.

4.3 Normen

Diese Kriterien sind keineswegs vollständig und die Suche nach weiteren zur Urteilsfindung ist eine dringliche Aufgabe einer Umweltethik. Von ganz konkreten konsensfähigen Einzelnormen, die mit Hilfe dieser und anderer Kriterien durch Abwägung gewonnen werden, sind wir noch weit entfernt.

Aber selbst wenn wir Einsicht in die ethisch richtigen Normen hätten und das Umweltrecht wirklich kennen würden, wäre Wissen noch lange nicht Tugend. Zum Tun des Richtigen bedarf es tragfähiger und guter *Motive*. Der ethische Einsichtsprozeß geschieht nicht im luftleeren Raum, sondern spielt sich jeweils in einem bestimmten Vorverständnis vom Sinn der ganzen Wirklichkeit ab. Dieser Glaube im weiteren Sinn bewegt das sittliche und politische Handeln (z.B. Fortschrittsglaube, Glaube an eine klassenlose Gesellschaft auf Erden, ein bestimmter religiöser Glaube oder der christliche Glaube). Was den Christen letztlich bewegt (in diesem Sinne motiviert), ist sein Glaube an den dreieinigen Gott. Glaube, Hoffnung und Liebe gelten in der ganzen Tradition als die fundamentale Bestimmung christlicher Existenz und werden göttliche Tugenden genannt, weil sie nicht durch ethische Anstrengung und Übung zu erreichen sind, sondern im Beziehungsraum Gottes geschenkt werden. In diesen grundlegenden Haltungen bezieht der gläubige Mensch nicht nur sich selbst, sondern die ganze Schöpfung auf ihren letzten Ursprung und ihr letztes Ziel.

4.4 Was den Christen bewegt (Motive)

a) Der Glaube an den Schöpfer

Der Glaube an den Vater als Ursprung der Schöpfung hat nicht nur Bedeutung für das Verständnis der Beziehung Gottes zum Menschen, sondern auch der Beziehung Gottes zur Natur. Die ganze Schöpfung ist gleichsam Gottes nach außen gewendete Fülle. Alles was der Mensch in der Welt tut, hat er als Gottes Ebenbild vor deren Schöpfer zu verantworten.

Aus dem Schöpfungsglauben ergibt sich eine klare Unterscheidung zwischen Schöpfer und Geschöpf. Der Mensch teilt mit allen Erschaffenen die Geschöpflichkeit. Aus seiner Sonderstellung unter den Geschöpfen ist in keiner Weise eine ausbeuterische Zerstörungsmacht des Menschen abzuleiten. Alle Geschöpfe sind zur Verherrlichung Gottes geschaffen und daher ist ihr Gesamtsinn im letzten nicht anthropozentrisch, sondern nur theozentrisch zu bestimmen. Der Mensch als Gottes Ebenbild, eingesetzt zum Statthalter in der Schöpfung, aber hat versagt (Sünde). Auch das Verhältnis des Menschen zur Schöpfung steht unter dem Vorzeichen des Sündenfalles. Innerhalb der Schöpfung behält der Mensch dennoch seine Sonderstellung. Diese impliziert weiterhin die Verantwortung des Menschen, die Natur zu ordnen und Konflikte in der Schöpfung vernünftig zu regeln, d.h. zerstörerischen Tendenzen in der Umwelt selbst entgegenzutreten. Der Schöpfungsglaube bedeutet weiterhin, daß der Mensch auf das der Schöpfung innewohnende Maß verpflichtet ist und auf die Kreisläufe der Natur. Daraus resultiert die Notwendigkeit der Selbstbeschränkung. Nützlichkeit für den Menschen kann daher nicht der höchste Gesichtspunkt sein. Unbegrenztes Wachstum und überzogene Wachstumsideologien stehen dem Schöpfungsglauben entgegen.

Welche Bedeutung dieses Motiv für das Handeln hat, wird vermutlich erst im Kontrast zu anderen weltanschaulichen Entwürfen deutlich. Im heute verbreitet anzutreffenden Zug zur Remythologisierung der Natur ist häufig ein Pantheismus impliziert, der der Natur eine religiöse Weihe gibt.

Eine solche Einstellung kann aber in keiner Weise mit der Ambivalenz der Natur fertig werden. Sie führt zu Zusatzproblemen, wenn der Mensch seine Beziehungs- und Gefühlsprobleme (natürlich unbewußt) in die Natur hineinprojiziert. Ein Pantheismus kann darüber hinaus die abgestufte Eigenwertigkeit der Dinge nicht begründen und achten helfen; die ganze Vielfalt der Dinge wird letztlich von dem „Einen-Göttlichen" verschlungen. Ihr Schutz wird auf diese Weise irrelevant. In jedem Pantheismus steckt auch ein Determinismus. Die waltenden Zwänge in der Natur werden dann zum Ausdruck göttlicher Fügung und entheben auf die Dauer den Menschen seiner Verantwortung. Kurzfristig erzeugt eine solche Motivation Fanatismus, langfristig aber Fatalismus, wenn der rasche Erfolg ausbleibt.

Der Pantheismus ist vermutlich nur innerhalb eines trinitarischen Gottesbildes zu vermeiden (auch der Marxismus ist ja auf seine Weise durch die Divinisierung der Materie ein umgewendeter Pantheismus). Nur wenn Gott in sich selbst Gemeinschaft (Kommunion) von Personen ist, kann die Schöpfung wirklich in ihr Eigensein freigegeben werden, ohne auf subtile Weise wieder verzweckt zu werden und so zu einem Moment Gottes selbst, der diese Schöpfung braucht, weil Person eben nicht ohne Beziehung zu einem Gegenüber denkbar ist.

b) Der Glaube an Jesus Christus

Auch der Glaube an Jesus Christus ist in seiner Bedeutung für das Weltverhältnis des Menschen aufzuschlüsseln. In Jesus Christus wird nach der Heiligen Schrift jene Gestalt sichtbar, in der sich der Herrschaftswechsel in der Welt von der Gottesferne zur Gottesnähe vollzieht, ja in dem die ganze Schöpfung geschaffen ist (Kol 1,14) und in dem ihr endgültige Rettung verheißen ist (Eph 1,10). Seine Augen blicken uns nicht nur aus den Menschenaugen, sondern aus der ganzen Schöpfung entgegen. Angesichts der Übel in der Natur und ihrer Störungen wäre auch die Bedeutung des erlösenden Kreuzesleidens Jesu für die ganze Schöpfung zu bedenken. In Ihm ist nicht nur dem Menschen, sondern – wie die Schrift sagt – allem Fleisch eine Zukunft bei Gott verheißen. Auferstehung des Fleisches bedeutet in der Sprache der Bibel die Einbeziehung des Zusammenhanges der ganzen Schöpfung. Nicht nur der Mensch, sondern die ganze Schöpfung hat teil an dieser Hoffnung der Kinder Gottes (Röm 8,19 f).

c) Der Glaube an den Heiligen Geist

Aber auch, und dies wird meist zu wenig bedacht, als Heiliger Geist ist Gott in seiner bedrohten Schöpfung anwesend. Vor allem das Leben, das sich stets im Vorgang der Selbstüberbietung befindet, in dem sich Neues zeigt, wirft die Frage nach dem Grund und Träger dieses offenen Prozesses auf. Im Glauben können diese Strukturen der Evolution als weiterschaffendes Wirken des göttlichen Geistes und als Gegenwart des uranfänglichen Geistwortes Gottes verstanden werden. Die Beziehungsstruktur des Geistes muß bereits in der Schöpfung ansatzweise sichtbar sein, sonst wäre der Mensch in dieser Schöpfung ein Fremdling.

Eine Spiritualität des Umweltverhältnisses, die darauf aufbaut, ist ausdrücklich nur bei wenigen heiligen Gestalten in unserer christlichen Tradition sichtbar. Wenn der hl. Franziskus zu den Geschöpfen „Bruder" und „Schwester" sagen konnte, so war dies der ungebrochene Ausdruck seines christlichen Glaubens, daß die Geschöpfe nicht bloß einfach Dinge mit Nutzwert sind wie unsere Werkzeuge und Maschinen, sondern als gottgewollte Wesen ihre Bedeutung haben, die einen sittlichen Anspruch an uns stellen. Die Konsequenzen der christlichen Botschaft für unsere Einstellung zur Umwelt sind noch lange nicht gezogen und stellen uns vor die Aufgabe, unsere Phantasie anregen zu lassen.

4.5 Tugenden

Um das Motivationspotential der abendländischen Tradition für ein ökologisches Bewußtsein weiter zu konkretisieren, wäre auch eine Aktualisierung der sogenannten vier *Kardinaltugenden* hinsichtlich des Verhältnisses zur Umwelt sehr zu wünschen: Gerechtigkeit, Klugheit, Maß und Tapferkeit.

- *Gerechtigkeit*: Die Einsicht unserer konstitutiven Verbundenheit mit allen anderen Geschöpfen sollte uns anhalten, auch der Natur schöpfungsgerecht gegenüberzutreten.
- *Klugheit*: Die Tragweite der ökologischen Probleme sollte alle Zeitgenossen nicht nur anhalten, die eigene Einsicht in die ökologischen Zusammenhänge durch ständige Weiterbildung zu vertiefen, sondern auch bei allen technologischen Eingriffen Vorsicht walten zu lassen und Rücksicht zu nehmen auf den ökologisch vorgegebenen Spielraum, den wir im einzelnen noch sehr wenig kennen.
- *Maß*: Die Grundhaltung der Genügsamkeit will zur Bescheidung unserer exzessiv gewordenen Bedürfnisse und zur Mäßigung überspannter technologischer Zielsetzungen führen, solange wir noch einen Freiraum in unseren Entscheidungsmöglichkeiten haben und noch nicht ums nackte Überleben kämpfen müssen.

- *Tapferkeit*: Schließlich kann nur das tapfere und couragierte Engagement um die Aufrichtung einer besseren Gestaltung unserer Welt aus einem Grundvertrauen in die Sinnhaftigkeit der Schöpfung zerstörerische Skepsis und Resignation hintanhalten.

5. Die Verantwortung des Einzelnen

Wer ist verantwortlich für die Umwelt? Jeder Mensch als Hausfrau oder Hausmann, als Hausbesitzer oder Mieter, als Konsument oder Produzent, als Landwirt, als Verkehrsteilnehmer, als Arbeitnehmer und Arbeitgeber, als Lehrer, als Gestalter seiner Freizeit und seines Urlaubs; jeder Mensch, insofern er in Gemeinschaften steht und, wenn auch in abgestufter Weise, Mitverantwortung trägt für die von Menschen geschaffenen Institutionen. Individual- und sozialethische Aspekte verschränken sich. Verantwortung geht aus und hat ihre Wurzel im Gewissen des einzelnen. Dieses Gewissen aber bringt, wenn es richtig sich bildet, Phantasie hervor, sich auch zusammenzuschließen in gesellschaftlichen Gruppen. Erst auf dieser Basis werden dann auch nationale und internationale politische Entscheidungsgremien effektive Maßnahmen setzen können. Erst wenn auf diesen drei genannten Ebenen – Prinzipien, Kriterien und Normen – konvergent am gleichen Strang gezogen wird, haben ethische Überlegungen Chance, in die Praxis umgesetzt zu werden.

Wem ist der Mensch verantwortlich für die Schöpfung? Für den gläubigen Menschen, der tiefer blickt, ist klar, daß er in letzter Hinsicht dem Schöpfer selbst verantwortlich ist, der als Vater, Sohn und Heiliger Geist auf seiner bedrohten Erde anwesend ist. Für jedermann aber ist einsichtig, daß die Schöpfung zur Lebensgrundlage unseres Menschseins in dieser Geschichte gehört. Diese Lebensgrundlage zu schützen und verantwortlich zu pflegen ist daher ein unmittelbares Moment der Solidarität mit den Menschen, mit denen wir in einer globalen Gesellschaft durch komplexe Strukturen verbunden zusammenleben und hier insbesondere mit den Menschen in den armen Ländern, die mittlerweile zum Mistkübel unserer Welt geworden sind. Unweigerlich sind wir auch den künftigen Generationen von Menschen verantwortlich, ihnen eine Umwelt zu hinterlassen, in der sie leben können.

So neu das Bewußtsein dieser Verantwortung, die eben erst aufgebrochen ist und noch voller ungelöster Probleme im Detail steckt, umso dringlicher ist es, darauf hinzuweisen, daß wir nicht erst durch falsches Handeln, sondern zuvor durch Unterlassen schuldig werden.

In einer gemeinsamen Erklärung des Rates der Evangelischen Kirche in Deutschland und der Deutschen Bischofskonferenz (Köln 1985, 53) heißt es: „Wir Christen sollten uns angesichts der heute anstehenden Überlebensfragen von Menschheit und Welt und der bitteren Erfahrung aus der Zeit des Dritten Reiches daran erinnern, daß auch verlegenes Schweigen und unschlüssiges Handeln schuldig machen können."

ETHISCHE ÜBERLEGUNGEN ZUR NUTZUNG DER ATOMKRAFT*

„Die meiste Zeit sind wir mit unseren Gedanken allein“ hat Klaus Demmer mehrfach geschrieben, dem diese ethischen Überlegungen gewidmet sind. Alles, was wir tun, haben wir unzählige Male vorausgedacht und überlegt. Jeder Handlung liegt eine Entscheidung zugrunde und jede Entscheidung nimmt mehr oder weniger ausdrücklich auf Ziele Bezug, die uns wertvoll erscheinen. Jedes technische Handeln umfaßt daher immer auch eine Bewertung von Technik im weitesten Sinn. Dieser – jedem angeblich wertfreien, sachbezogenen Handeln oft verborgen innewohnenden – ethischen Dimension hat Klaus Demmer mit seiner hermeneutischen Methode in den letzten Jahren, vor allem im Bereich des rasanten technischen Fortschritts in der Medizin, seine Arbeitskraft gewidmet. Die Diskussion um die ethische Dimension der Atomenergie ist in den letzten Jahren leiser geworden; die Debatte um die Biotechnologie – in der Landwirtschaft, im Umweltbereich, im medizinischen Bereich und hier vor allem im Bereich der Gentechnologie – stehen derzeit im Vordergrund. Die Reflexion auf die Zusammenhänge verantwortlichen Handelns in diesen Bereichen mit dem jeweils zugrundeliegenden Menschenbild kommt allgemein zu kurz und erst recht die Gottesfrage, die in jeder Reflexion auf das Menschenbild so oder so mitverhandelt wird. Diese Tatsache ist leider nicht neu, denn schon in den traditionellen Handbüchern der Neuscholastik zwischen der Mitte des 19. Jahrhunderts und dem Zweiten Vatikanischen Konzil ließe sich das christliche Gottesverständnis durch den Hinweis auf ein anderes höchstes Wesen ersetzen und es würde sich im Lehrbuch kaum etwas ändern.

1. Direkte und indirekte Theologie

Und dennoch scheint es auch in der gegenwärtigen säkularethischen Debatte eine Menge indirekter theologischer Überlegungen zu geben und Moraltheologen sind wie selten zuvor bei neu auftauchenden Problembereichen gefragt. Dies mag zunächst erstaunen, aber vielleicht doch damit zusammenhängen, daß man auch im säkularen Milieu trotz des großen Glaubwürdigkeitsverlustes der Kirche in manchen Bereichen der Moral – vor allem, wenn man Moral auf Sexualmoral und Fortpflanzungsmoral verkürzt – Theologen immer noch die Fähigkeit zu integrativem Denken und den Zugang zu den tieferen Quellen sittlicher Weisheit zutraut.

* Dieser Beitrag entstand ursprünglich aus einer Anfrage der ständigen Vertretung des Heiligen Stuhles bei der Internationalen Atomenergieorganisation in Wien, wurde aber diplomatisch so „entschärft“, dass ich mit Zustimmung des Auftraggebers meine Position für einen Beitrag zur Festschrift für Klaus Demmer ausgeweitet habe. Aktuell wird das Thema auch in Zukunft bleiben.
Originalpublikation in: K. Arntz/P. Schallenberg (Hg.), Ethik zwischen Anspruch und Zuspruch. Gottesfrage und Menschenbild in der katholischen Moraltheologie. Festschrift für Klaus Demmer (STE 71), Freiburg 1996, 348-360.

So wird der Moraltheologe zum Vermittler zwischen direkter und „indirekter Theologie".

Das Nachdenken der sittlichen Vernunft spielt sich niemals geschichtslos im luftleeren Raum ab, sondern ist jeweils eingebettet in einen größeren, meist unbedachten Sinnhorizont. Zur Redlichkeit des ethischen Dialogs in einer pluralen Gesellschaft gehört es, zunächst das eigene Sinnverständnis klarzulegen, aus dem allerdings unmittelbar keine Handlungsrezepte auf dem Weg linearer Deduktion aus Glaubenssätzen abgeleitet werden können. Dieses Sinnverständnis tritt aber jeweils mit den heute oft als autonom bezeichneten säkularethischen Einsichtsprozessen in ein äußerst differenziertes und intensives Wechselwirkungsverhältnis. Die Eigenständigkeit der Glaubenserfahrung und die Eigenständigkeit der sittlichen Verantwortungserfahrung gleichermaßen ernstzunehmen, bewahrt davor, den Glauben an Gott für die Ethik zu funktionalisieren, aber ebenso auch die Ethik für den Glauben. So soll zunächst das Sinnvorverständnis umrissen werden; hierauf sollen in diesem Kontext die konkreten ethisch relevanten Sachfragen angegangen werden.

Für den Christen ist der Horizont seiner Existenz durch die drei Grundhaltungen Glaube, Hoffnung und Liebe, die sich in der Bibel immer wieder zusammen finden, umschrieben. Sie werden in der großen Tradition auch theologische Tugenden genannt, weil sie nicht durch noch so große rationale wie ethische Anstrengungen erreichbar sind, sondern im Beziehungsraum Gottes als Geschenk empfangen werden. Durch diese drei Grundhaltungen ist der Mensch in eine intensive Beziehung zum Geheimnis Gottes berufen, was den letzten und tiefsten Grund der unveräußerlichen Würde eines jeden Menschen ausmacht. Diese Beziehung wäre, mehr als das bisher in der Moraltheologie geschah, trinitarisch aufzuschlüsseln: (1.) in die Beziehung zum Vater, die vorwiegend im Schöpfungsgeheimnis zum Ausdruck kommt; (2.) in die Beziehung zu Jesus Christus, die vorwiegend im Erlösungs- und Vollendungsgeheimnis zum Ausdruck kommt und schließlich (3.) in die Beziehung zum Heiligen Geist, die vorwiegend im Beziehungsgeheimnis selbst – wie es in der ganzen Evolution bis zu allen Gemeinschaftsformen unter den Menschen anwest – zum Ausdruck kommt.

1.1 Der Glaube an die Schöpfung

Der Mensch und die ihn umgebende Natur mit ihren Gesetzmäßigkeiten sind etwas Geschaffenes.

Das Bekenntnis zu einem Schöpfer ist eine Aussage über die Gegenwart und nicht bloß über die Vergangenheit; Schöpfung findet jetzt statt. Der Glaube an das Geschaffensein und Geschaffenwerden auf der einen Seite und die wissenschaftlichen Theorien über die Evolution auf der anderen Seite sind keine Alternativen, sondern können integrativ gedeutet werden.

Dieses ständige seingebende Schaffen Gottes ist schlechterdings unvergleichlich mit menschlichem Tun und Machen.

Schöpfung bedeutet Gabe des Seins an das Geschöpf zum Eigensein; jedem Geschöpf eignet daher eine relative Eigenbedeutung, die über den Nutzwert für den Menschen hinaus reicht und die es primär zu berücksichtigen gilt. Die Geschöpfe tragen das Gütesiegel Gottes „Gott sah, daß es gut war" (Gen 1,10 u. ö.).

Die biblische Botschaft von der Erschaffung durch das Wort bedeutet eine Zusage an die Geschöpfe, bedeutet grundsätzliche Erkennbarkeit der Schöpfungsstrukturen, bedeutet Verläßlichkeit des Zugesagten, bedeutet eine weltüberlegene Weisheit, die in der Schöpfung investiert und erkennbar ist und bedeutet Freiheit des Schöpfers: Schöpfung ist nicht etwas zwanghaft Determiniertes, sondern Gottes freies Wort, das die Menschen zu freier Antwort herausfordert.

Der Mensch erscheint in der Schöpfungsbotschaft daher als Ebenbild Gottes mit der Fähigkeit ausgestattet, die sinnvollen Möglichkeiten, die in der Schöpfung angelegt sind, mit seiner Vernunft zu erkunden und in rücksichtsvollem Engagement so zu verwirklichen, daß er dies vor dem Schöpfer verantworten kann.

Die Botschaft von der Sünde, die im Niederhalten dieser Wahrheit und in einer unverantwortlichen Abwendung vom Schöpfer besteht, bedeutet eine Warnung an den Menschen, nimmt aber nichts von dessen Begabung mit Vernunft und Freiheit zurück: Der Mensch ist und bleibt Gottes Haushalter (Ökologe) in dieser Schöpfung. Dies impliziert die Verantwortung des Menschen, Konflikte in der Natur vernünftig zu regeln, allerdings auch die der Schöpfung innewohnende Weisheit und das der Schöpfung innewohnende Maß zu beachten.

1.2 Der Glaube an Jesus Christus

In Jesus Christus wird nach der Heiligen Schrift jene Gestalt sichtbar, in der sich der Herrschaftswechsel in der Welt von der Gottesferne zur Gottesnähe vollzieht, ja in dem die ganze Schöpfung geschaffen ist (Kol 1,14) und in dem ihr endgültige Rettung verheißen wird (Eph 1,10).

Angesichts dessen, was wir als Übel in der Natur und ihre Störungen bezeichnen, wäre auch die Bedeutung des erlösenden Kreuzesleidens Jesu für die ganze Schöpfung zu bedenken.

In IHM ist nicht nur dem Menschen, sondern – wie die Heilige Schrift sagt – allem Fleisch eine Zukunft bei Gott verheißen. Auferstehung des Fleisches bedeutet in der Sprache der Bibel die Einbeziehung des Zusammenhanges der ganzen Schöpfung. Nicht nur der Mensch, sondern die ganze Schöpfung hat teil an dieser Hoffnung der Kinder Gottes (Röm 8,19f).

1.3 Der Glaube an den Heiligen Geist

Den tiefsten Grund für die Beziehungsstruktur im ganzen evolutiven Geschehen aufzuspüren, von den Elementarteilchen der Materie, den elementaren Bausteinen des Lebens bis hin zu den differenzierten Gemeinschafts- und Gesellschaftsformen der Menschen, ermöglicht der Geist Gottes.

Keine Glaubenswahrheit zwingt uns, die Schöpfung statisch zu sehen. Keine Glaubenswahrheit verbietet uns, die Schöpfung evolutiv zu sehen. Der Glaube leitet uns allerdings dazu an, die Frage nach dem letzten Träger dieses offenen Prozesses, der sich stets im Vorgang der Selbstüberbietung befindet, in dem wirklich Neues sich zeigt, zu stellen.

Das Prinzip „Phantasie" und das Prinzip „Liebe" in den vielfältigen Beziehungsformen können vom Glauben an den Heiligen Geist in die wissenschaftliche Sicht der Evolution eingebracht werden.

Aus einer so umschriebenen Grundprägung der christlichen Existenz ergeben sich nicht nur allgemeine Optionen wie die Anwaltschaft für die Armen, Kranken und Unheilbaren, für einen pflegerischen Umgang mit der Natur, sondern vor allem eine spezifische Quelle der Kraft zu sittlichem Handeln. Diese Grundhaltungen Glaube, Hoffnung und Liebe sind für das christliche Menschenbild die Mitte, aus der heraus ein Mensch lebt, die ein ganzes Leben bewegt und formt und motiviert. Aus dem Glaubensblick, der hilft, in jedem Kranken und Leidenden in besonderer Weise das Ebenbild Gottes zu sehen und die unheimliche Direktheit, in der Christus sich zum Betroffenen dieser Begegnung macht (vgl. Mt 25), erhält das formale ethische Modewort „Verantwortung" Profil und Kraft.

2. Das Menschenbild in den Institutionen der Atomenergie

In diesem Sinnkontext sollen nun die folgenden ethischen Überlegungen zur Nutzung der Atomenergie angestellt werden. Diese Reflexionen stehen in einem historischen Kontext. Eine grundsätzlich kritische Technikdiskussion, die breitere Kreise zog, entstand erst Anfang der 70er Jahre – interessanterweise genau in der Zeit, nachdem 1969 erstmals ein Mensch den Mond betreten hatte und damit ein markantes Zeichen für menschlichen Erfindergeist und technischen Eroberungsdrang gesetzt wurde. Diese kritische Technikfolgenabschätzung entfaltete sich vor allem im Zusammenhang mit drei Bedrohungen des Menschen:

Zunächst stand die während des 2. Weltkrieges eingeleitete atomare Rüstung im Vordergrund. Sie geriet durch die Atombombenabwürfe über Hiroshima und Nagasaki 1945 schockartig ins Bewußtsein. Dieses Fanal liegt 50 Jahre zurück. Wir werden daran erinnert, daß der Mensch bisher immer noch alles tat, was er tun konnte, mochte es auch noch so entsetzlich sein. 1995 wurden im Muroroa-Atoll die Atombombenversuche entgegen weltweiten internationalen Protesten wieder aufgenommen: Mit welchem Risiko? Sollten diese Versuche wirklich so ungefährlich sein, warum dann nicht vor den Küsten Europas? Welchem Ziel dienen diese neuen Versuche und wofür sind sie Proben?

In den 60er Jahren begannen die Warnungen bezüglich einzelner spezieller Gefährdungen der Umwelt, z.B. im Zusammenhang mit Schädlingsvernichtungsmitteln und deren kaum absehbaren negativen Folgen für Tiere, Pflanzen und Menschen.

In den 70er Jahren verdichtete sich die Problemsicht über einzelne Anwendungen hinaus zur Einsicht in die grundsätzlichen Bedrohungspotentiale für die gesamte Umwelt bis hin zum Klima.

Nun liegt der größte anzunehmende Unfall (GAU) in einem Atomkraftwerk (Tschernobyl, April 1986) zehn Jahre zurück; in anderen Atomkraftwerken war man schon zuvor nur knapp an Katastrophen vorbeigegangen. Wir werden daran erinnert, daß vieles, was passieren kann, eines Tages auch wirklich passiert. Die öffentliche Meinung begann sich zu wandeln. Medien sprechen vermehrt davon, daß das Atomzeitalter zu Ende gehe.[1]

Internationale Zusammenarbeit der besten Kräfte, aber auch Kontrolle tut not. Bereits im Oktober 1956 wurde das Statut der International Atomic Energy Agency (IAEA), die zur Familie der Organisationen der Vereinten Nationen gehört, beschlossen. Die IAEA mit Sitz in Wien hat sich in Artikel 2 zwei Ziele gesetzt: Erstens den Beitrag der Atomenergie zum Frieden, zur Gesundheit und zum Wohlstand in der ganzen Welt zu beschleunigen und auszuweiten und zweitens die Kontrolle spaltbaren Materials, damit dieses nicht zur Förderung militärischer Zwecke mißbraucht wird. Angesichts der gegenwärtigen Situation gilt es, diese Zielsetzungen in ihrer Beziehung zueinander unter ethischem Aspekt neu zu bedenken.

2.1 Vorrang des Menschen

Im Vorrang des Menschen vor den von ihm geschaffenen Strukturen in Wirtschaft, Wissenschaft, Technik und Gesellschaft und deren Eigengesetzlichkeit gründet der Vorrang der Ethik vor der Technik. „Wissenschaft und Technik müssen stets auf den Menschen und seine ganzheitliche Entwicklung hingeordnet werden."[2]

Jeder Mensch bedarf zunächst der Sicherung seiner Lebensgrundlagen und des Schutzes vor Gefährdung seines Lebens; alle anderen Aspekte der Lebensqualität und auch des Wohlstandes bauen darauf auf. Deswegen gilt es, die Lebensgrundlagen des Menschen, der hinein verwoben ist in die ihn umgebende, von Gott geschaffene und gewollte Natur, zu schützen und zu erhalten. Jeder Fortschritt, der nicht mitgetragen wird von der Natur und nicht zunächst die Ärmsten unter den Menschen berücksichtigt, läßt sich ethisch nicht vertreten. In den letzten Jahrzehnten hat die Atomenergie eine wichtige, wenn auch keineswegs ausschließliche Rolle gespielt in den Hoffnungen, aber auch in den Ängsten, die den Menschen angesichts der rasanten Entwicklungen und Umbrüche bewegten. Die Nukleartechnologie ist zum Symbol für weite Bereiche der technischen Entwicklung geworden: zum Symbol der Hoffnung in bezug auf den technischen Fortschritt und zum Symbol der Angst und Bedrohung des Lebens. Das Ernstnehmen des Menschen und die Sorge um das Gemeinwohl gebieten, daß künftig jeder in seinem Einflußbereich

[1] So z.B. Spiegel-Spezial 7 /1995.
[2] Johannes Paul II., Enzyklika Evangelium vitae, Nr. 81.

und seiner Stellung gemäß seinen Anteil an der Mitverantwortung trägt. Der Einsatz der Kernenergie wurde in der Anfangszeit gesellschaftlich viel zu wenig breit diskutiert, als man sich für die Inkaufnahme der damit gegebenen Risiken entschied. Heute wird der Einsatz der Kernenergie von vielen nicht mehr als selbst verursachtes Risiko empfunden, sondern als von außen kommende Gefahr, sozusagen als Gefahr zweiter Ordnung, die fast als naturgegeben angesehen werden kann, weil wir das Gefühl haben, wir können es nicht mehr ändern. Jede bloß reaktive Technikbewertung unterliegt der Gefahr, dass die vielbeschworenen Sachzwänge, die von früheren Generationen in die Welt gesetzt wurden, den Ausschlag für die Bewertung geben. Forschung und Entwicklung können dann kaum noch in eine andere Richtung gelenkt werden.

2.2 Mitverantwortung aller Bürger

Wenn eine breit verankerte Mitverantwortung der Bürger wiedergewonnen werden soll, setzt dies eine prospektive Einschätzung voraus. Verantwortung übernehmen setzt Wissen um die Folgen und Fähigkeit zu deren Einschätzung voraus. Als dringlichste Aufgabe angesichts steigender Ängste erweist sich daher die Bildung. Bildung setzt bei der Verbreitung von solidem Sachwissen an, übersteigt dieses aber um die Dimension des Orientierungswissens. Solide Sachinformation kann helfen, Ängste, die den Menschen lähmen und fundamentalistische Fixierungen fördern, in Furcht zu verwandeln: Furcht hingegen aktiviert und motiviert zum Tätigwerden gegen Gefahren.

2.3 Realistische Risikoabschätzung

Den spezifischen Gefahren der Nukleartechnologie gilt es zunächst, nüchtern und realistisch ins Auge zu schauen. Mag die Sicherheit der Technik selbst noch so sehr vorangetrieben werden, der entscheidende Unsicherheitsfaktor ist und bleibt der Mensch. Die biblische Botschaft von der Sünde enthält die Warnung an den Menschen vor dem Mißbrauch der von ihm geschaffenen Techniken, nimmt aber nichts von der Begabung mit Vernunft und Freiheit zurück.

Auch und gerade die Nukleartechnologie muß so gestaltet werden, daß sie der Fehlbarkeit des Menschen Rechnung trägt und Größenordnungen und Komplexitäten daraufhin abstimmt. Ein Menschenbild, das keine Fehler des Menschen verträgt, ist zutiefst unbiblisch. Von einem Menschen auszugehen, der nicht nur fehlbar ist, sondern tatsächlich auch bewußt schuldig wird, entspricht dem biblischen Realismus und jeder Vernunft. Zwar versuchte man zunehmend, technische Kontrollen in die Anlagen einzubauen, um die menschlichen Fehler auszugleichen. Daß dies in der Realität immer nur bruchstückhaft und niemals ausreichend gelingen kann, mag an den folgenden Aspekten sichtbar werden.

Voraussetzung für eine verantwortungsvolle Anwendung und Beherrschung der Nukleartechnik ist ihre Überschaubarkeit und die Möglichkeit, zunächst ihre naheliegenden Folgen zu beherrschen. Die bislang größten Unfälle sind auf menschliche Fehler – genau genommen auf die Wechselwirkung von Mensch und technischer Anlage – im Bereich höchst komplizierter, kaum mehr überschaubarer Mechanismen zurückzuführen.

Aber auch bezüglich mittel- und langfristiger Folgen der Nukleartechnik ist der Nachweis ihrer verantwortlichen Bewältigung zu erbringen. Immer mehr Kraftwerke kommen in die Jahre, so daß sich Fragen der Stillegung oder oft sehr teurer Reparatur stellen. Noch schwieriger dürfte sich die sogenannte Sicherheitsnachrüstung veralteter Reaktoren gestalten. Es bedarf in diesem Zusammenhang einer optimal transparenten Informationspolitik, auf die die IAEA dringen sollte.

Die politischen Veränderungen der letzten Jahre haben erfreulicherweise zu einer Reduktion der Atomrüstung und zu offeneren Grenzen geführt. Beides zusammen führt aber zu einer neuen Gefahr: dass spaltbares Material nun leichter illegal verschoben und auf dem Schwarzmarkt gehandelt werden kann. Die Gefahr potentiellen Mißbrauchs ist nicht nur Thema von Science-fiction-Romanen und -Filmen. Es gilt, eine Zusammenarbeit mit allen effizienten nationalen und internationalen Organisationen zu schaffen, solche Machenschaften aufzuspüren und zu unterbinden und alle Menschen zu motivieren, ein sorgsames Auge auf diese Zusammenhänge zu haben.

Konflikte in den letzten Jahren haben gezeigt, daß zivile und militärische Projekte in einigen Fällen nicht zu trennen sind. Es gilt, dieser Tatsache wahrhaftig und mit allen Konsequenzen ins Auge zu schauen. Die Vereinbarkeit von Kontrolle einerseits und Förderung der Nukleartechnik andererseits wird unter diesem Gesichtspunkt zunehmend schwierig und delikat.

Ein Problem stellt auch die Spannung zwischen dem geforderten gleichen Zugang zum technischen Wissen vor allem für die armen Länder einerseits und der Zurückhaltung von technischem Know-how aus Sicherheitsgründen andererseits dar. Es besteht die Gefahr, daß auf diese Weise die Abhängigkeit der Länder der Dritten Welt von den reichen Industrienationen noch größer wird. Die armen Länder müssen besonders sparen, so besteht das Risiko, daß am ehesten bei den Sicherheitsstandards Abstriche gemacht werden.

Ein schwieriges Problem stellt in diesem Zusammenhang die Wahrhaftigkeit bei der Erstellung der wirklichen Kosten für Atomstrom dar. Eine wahrhaftige Kalkulation der Kosten muß alle Faktoren, von der Rohstoffgewinnung über den Bau, den Betrieb, den Transport, die technische Sicherheit und die gesellschaftlichen Sicherheitsmaßnahmen, die Reparatur, die Zwischenlagerung bis hin zur Endlagerung berücksichtigen. Es gilt daher, offen die Fragen zu diskutieren, wie ökonomisch die Atomenergie unter den gegenwärtigen Voraussetzungen wirklich ist.

Ein weiteres Problem stellt die Abgeltung für durch Atomenergie zu Schaden gekommene Menschen dar. Geschädigte abzugelten, ist eine Frage der Gerechtigkeit – Risiken zu verteilen, eine Frage der Solidarität – die Einschätzung der Risiken eine Frage der Wahrhaftigkeit. Es geht nicht an, die Risiken zu sozialisieren, die Profite aber zu individualisieren. Die Deckungsvorsorge eines einzelnen Betriebes reicht meist nicht aus. Es gilt, den Aufbau eines internationalen Versicherungssystems voranzutreiben, in dem analog zu medizinethischen Standards für jedes Unternehmen und jede Anlage eine doppelte Versicherungspolice abgeschlossen werden muß: eine Haftpflichtversicherung und zusätzlich eine verschuldensunabhängige Schadensversicherung.

Gemeinhin wird in der Versicherungsmathematik der Begriff „Risiko" als das Produkt Schaden mal Eintrittswahrscheinlichkeit beschrieben. Wenn das mögliche Schadenspotential überaus hoch eingeschätzt wird, dann ist ein solches Risiko rein rechnerisch nicht vertretbar.

Eine besondere Schwierigkeit ist in diesem Zusammenhang, daß sich Schäden für den Menschen und langfristige biologische Folgen meist nur mit Wahrscheinlichkeit errechnen lassen, weil auch andere Ursachen mit eine Rolle spielen. Strahlenschäden werden als stochastische Effekte bezeichnet, weil sich ihr vermehrtes Auftreten nach Bestrahlung nur mit Gesetzen der Statistik beschreiben läßt. Eine ursächliche Zuordnung im Einzelfall ist nur selten möglich. Schon bei der Urangewinnung ist Lungenkrebs bei den Bergarbeitern signifikant häufiger als bei anderen. Auch ein geringfügiger Anstieg der Radioaktivität erhöht das Krebsrisiko für eine statistisch zu ermittelnde Zahl von Personen, und die Erbschäden kommender Generationen sind derzeit eine kaum quantifizierbare Hypothek. Handlungen, deren Folgen aber nicht mehr überschaut werden können und die die Lebensdauer von tausenden Generationen übersteigen, verlangen eine ganz besondere Sicherheit und die Festschreibung der Beweislast auf seiten dessen, der diese Handlungen setzt.

Ethische Probleme besonderer Größenordnung stellen sich vor allem bei jenen radioaktiven Stoffen, die das Risiko vermehrter unerwünschter Mutationen für tausende Generationen erhöhen, falls keine befriedigende Lösung zur sicheren Zwischen- und Endlagerung gelingt. Alle bisherigen Bemühungen zur Entsorgung radioaktiven Abfalls – wie Versenkung im Meer, Vergraben, Versickern usw. – haben sich bisher als unbefriedigend erwiesen. Die Abfallendbeseitigung muß Fehler und unvorhergesehene Veränderungen optimal berücksichtigen. Die Sicherheit der Lagerstätte erfordert daher eine mehrfache Barriere und Anpassung an die Natur sowie Reparaturfähigkeit, wenn in näherer oder fernerer Zukunft bessere Methoden gefunden werden. Diese beiden Gesichtspunkte widersprechen einander zunächst. Der Zielkonflikt bezüglich der Endlagerung scheint derzeit nicht lösbar. Anzustreben wären Lagerstätten, in denen Betriebssicherheit mit Reparierbarkeit kombiniert werden können: Kontrollen sollten in Zukunft einerseits nicht notwendig, andererseits aber auch nicht unmöglich sein.

Die wichtigste, aus ethischer Perspektive zu fördernde Möglichkeit der Nukleartechnologie scheint derzeit im Bereich der Medizin und der allgemeinen physiologischen Forschung zu liegen. Auch wäre es begrüßenswert, wenn es z.B. gelänge, bei der Schädlingsbekämpfung chemische Giftstoffe wirklich durch radioaktive Bestrahlung zu ersetzen. Ebenso spielt die Radioaktivität in der Archäologie zur Altersbestimmung eine sehr sinnvolle Rolle.

2.4 Verteilungsgerechtigkeit auch am Energiesektor

Die Frage des Energieverbrauchs hingegen wird immer mehr zu einem ethischen Dilemma großen Ausmaßes. Johannes Paul II.: „Ich bin der Ansicht, daß man die entschlossenen und beharrlichen Anstrengungen, mit den Energievorräten schonend umzugehen und die Natur zu achten, als ein Gebot der Gerechtigkeit und der Nächstenliebe betrachten kann, damit nicht nur die gesamte heutige Menschheit, sondern auch künftige Generationen davon profitieren können.“[3] Wenn es nicht in absehbarer Zeit gelingt, erneuerbare Energiequellen in großem Stil technisch zu nutzen und der Energiebedarf weiter steigt, wird jede Form des Energieverbrauchs noch mehr zu einer Frage der Gerechtigkeit, der Solidarität mit den Armen heute und mit den kommenden Generationen. Rund 10% der Zunahme des Energieverbrauchs geht auf das Bevölkerungswachstum zurück, 90% auf die Verbrauchszunahme pro Kopf durch unseren exzessiven Lebensstil. Energiegewinnungspolitik muß daher so gestaltet werden, daß eine effektive Beteiligung aller Menschen möglich wird. Gerechtigkeit bedeutet nicht einfach, für alle Menschen die gleiche Energiemenge zur Verfügung zu stellen, was angesichts des enormen Gefälles zwischen Nord und Süd eine Unmöglichkeit darstellt. Gerechtigkeit bedeutet vielmehr eine bedürfnisorientierte Energieversorgung für alle. Die Erfahrung hat gezeigt, daß die Überwindung der kraß ungerechten Güter- und Energieverteilung zwischen den reichen und armen Ländern nicht durch den raschen Transfer von Großtechnologien zu gewährleisten ist. Großtechnisch produzierte Kernenergie hilft, wie die Erfahrung lehrt, nicht den Armen. Nach dem Grundsatz bedürfnisorientierter Energieversorgung benötigen diese Menschen viel mehr dezentrale Technik auf der Basis erneuerbarer Energiequellen.

2.5 Langfristige Problemlösungen

Nimmt man die ethische Dimension der Energiefrage ernst, kann die Förderung der Atomenergie nicht isoliert unter rein technischen Aspekten von Sicherheit usw. diskutiert werden, sondern nur im Kontext einer umfassenden Betrachtung des Energieproblems.

Einigkeit besteht darüber, daß die Energiegewinnung aus fossilen Energieträgern drastisch verringert werden muß: schon wegen deren nur mehr begrenzt vorhandenen Umfanges und wegen der Folgen für die Erdatmosphäre. Einigkeit sollte auch darüber bestehen, daß dem Energiesparen Priorität zukommt: Energiesparen ist die wirtschaftlichste, intelligenteste und ethisch bestbegründete Entsprechung auf die Herausforderung einer ausreichenden und gerechten Energieversorgung für alle Menschen angesichts knapper Ressourcen. „Nach unterschiedlichen Expertenberechnungen könnten durch technische Verbesserungen und ohne gravierende Verringerung unserer Lebensqualität zwischen 20% und 44% der Energie gespart

---

[3] Ders., Vortrag am 14.11.1980 in der Studienwoche der Päpstlichen Akademie der Wissenschaften.

werden."[4] Für diese beste Möglichkeit sollten nationale wie internationale, gesetzliche und steuerliche Rahmenbedingungen geschaffen und wahrhaftige Informationspolitik gefördert werden. In zweiter Linie geht es darum, regenerierbare und umweltverträgliche Energiequellen zu nutzen und die Forschung auf diesem Gebiet entschlossen zu intensivieren. Erst in letzter Hinsicht kann es um zusätzliche Energieerzeugung auf der Basis nicht regenerierbarer, umweltbedrohender und risikoreicher Energieträger gehen und diese zu fördern, und dazu gehört auch die Atomenergie.

Die Schwere der Entscheidung darüber, in welchem Maß dies vertretbar ist, hat sich an dem ethischen Kriterium zu messen, daß „ein Handeln, das einem sittlich guten Ziel dienen soll, nur dann gerechtfertigt ist, wenn die als Nebenfolge eintretenden Übel bzw. die damit verbundenen Risiken geringer sind als die Übel, die aus einem Handlungsverzicht erwachsen würden".[5] Der Nachweis muß erst erbracht werden, daß die negativen Folgen, die durch den Verzicht auf dieses Handeln entstehen, tatsächlich größer sind als jene Risiken und Schäden, die mit einer Realisierung verknüpft sind.

Eine Technik ist nur dann sittlich gerechtfertigt, wenn sie nicht noch größere Probleme schafft, als sie zu beseitigen beabsichtigt, und wenn sie nicht andere Techniken bzw. Erforschung von Techniken verdrängt. Eine Technologie soll fähig sein, sich an geänderte Lebensstile, geändertes Wissen und geänderte Umstände anzupassen. Die Wirkungen einer Technik sollten also weitgehend reversibel sein, so daß künftige Generationen nicht dadurch unnötig belastet und behindert werden.

2.6 Realistischer Umstieg auf alternative Energieträger

Am Ende dieser vielschichtigen Überlegungen über ethische Probleme bei der Nutzung der Atomenergie gilt es, nochmals auf die Zielsetzung der IAEA unter anthropologischem Gesichtspunkt zurückzukommen.

Vorrang bei der Zielsetzung verdient die Kontrolle spaltbaren Materials und die Sicherheit. Angesichts der Komplexität der Energiebeschaffungsprobleme muß die Frage der Gewinnung von Energie aus Atomkraft in einen größeren Kontext eingeordnet werden. Heute besteht weitgehend Einigkeit darüber, daß der traditionellen Energiegewinnung aus fossilen Brennstoffen, die in Jahrmillionen aus Sonnenenergie aufgebaut wurden, an Grenzen stößt und zudem das Klima nachteilig verändert. Es besteht auch Einigkeit darüber, daß die Reise in Richtung erneuerbarer Energiequellen gehen muß. Ein intelligenter und pflegerischer Umgang mit den Möglichkeiten der geschaffenen Natur, wie er sich aus den theologischen Voraussetzungen nahelegt, wird Maß nehmen müssen an jenen Quellen, die die Energieträger aufgebaut haben, also der Sonnenenergie. Der Atomenergie kommt vermut-

---

[4] Vgl. C. Hubich/J. Albers (Hg.), Technikbewertung, Berlin 1995, 228.
[5] Vgl. W. Korff, Die Energiefrage. Entdeckung ihrer ethischen Dimension, Trier 1992, 25.

lich eine Brückenfunktion zu, da die alten Energiequellen auslaufen und die neuen noch nicht in ausreichendem Maße zur Verfügung stehen. Wenn dem aber so ist, dann müßte die IAEA ihre Zielsetzung entschieden über die Atomkraft hinaus erweitern und zu einer Agentur werden, die umfassend die Suche nach Lösungen der weltweiten Energieprobleme vorantreibt.

Wie aber kann das gegenwärtige Energiegewinnungssystem weiterentwickelt und verändert werden? Keiner von uns kann aus dem System aussteigen. Kein noch so radikaler Kritiker der Atomenergie kann auf Strom verzichten, der aus einem Netz kommt, das sich in internationalen Zusammenhängen befindet und in das immer auch Atomstrom eingespeist wird. Wir sind keine souveränen Benutzer und keine außenstehenden Bediener dieser Energiegewinnungssysteme. Wir leben unweigerlich in ihnen, handeln in ihnen und nicht mit ihnen. „Systeme aber haben die Eigenschaft, daß die Nutzung eines Systemzwecks die billigende Hinnahme der gesamten Systemarchitektur mit einschließt.“ Es gilt also, innerhalb des Systems selbst die Fragestellung von einer reinen Risikoabschätzung und -bewertung entschieden zu vertiefen. Es gilt auch, klar zu sehen, daß Sozialakzeptanz noch keineswegs mit ethischer Rechtfertigung gleichgesetzt werden kann. Was als Risiko und als Chance gesehen wird, ist eine Wertfrage und nicht ein spezifisches Problem von Experten allein. Es gilt vielmehr, die grundlegend richtigen Fragerichtungen wieder zu gewinnen. „Wir brauchen ja nicht die Energie, wir brauchen bestimmte Dienste, die wir mit Hilfe der Energie erreichen wollen. Wenn wir also mit der Energie rationaler umgehen wollen, dann müssen wir Verfahren entwickeln, um an die vielen Nutzungsstellen für Energie zu kommen ... Dadurch kommen wir schrittweise auch zum Nachdenken, ob wir alle diese Energiedienstleistungen auch wirklich brauchen, die wir bislang für unabdingbar halten. Das heißt, über technische Möglichkeiten zur effizienteren Nutzung kann man auch zum Nachdenken kommen über Verzicht, Unabhängigkeit oder Fahrenlassen bestimmter Ansprüche an technische Dienste.“ Die grundlegende Frage muß also lauten: Welche Menschen brauchen für ein sinnvolles und gutes Leben welche Dienste? Die Energie ist eines unter vielen Mitteln zur Gewährleistung dieser Dienste. Erst im Kontext dieser Frage wird die Diversifikation und die Gerechtigkeit im Hinblick auf die Energie gefunden werden können und dies wäre eine vordringliche ethische Aufgabe für die IAEA.

AM ACHTEN SCHÖPFUNGSTAG

Verantwortung angesichts moderner Biotechnologie*

gem. m. Gunter M. Prüller-Jagenteufel

Der Mensch ist in die Schöpfung eingebunden. Wo dieser ganzheitliche Blick verloren geht, ist auch die Spaltung der Menschheit zu befürchten: in solche mit guten und solche mit schlechten Genen samt entsprechender Lebensaussichten.

„Am siebten Tag vollendete Gott das Werk, das er geschaffen hatte, und er ruhte am siebten Tag, nachdem er sein ganzes Werk vollbracht hatte." (Gen 2,2) Ein achter Schöpfungstag ist in der Bibel nicht vorgesehen. Gewinnt man aber heute nicht eher den Eindruck, dass der Mensch sich ans Werk macht, die Schöpfung zu „verbessern" – an einem achten Schöpfungstag, der schon angebrochen ist? Als hervorragendes Beispiel erweist sich heute der Diskurs über die Gentechnik: Je nach Standpunkt wird den Gentechnikern zugetraut oder auch vorgeworfen, „Gott zu spielen", d.h. die Schöpfung selbst in die Hand zu nehmen. Kann der Mensch Gott spielen? Darf der Mensch Gott spielen? Oder ist der Mensch gar (ein) Gott, weil sich Nietzsches Wort bewahrheitet, dass wir Gott getötet haben?[1]

1. Die ethische Herausforderung

Der Disput um diese Frage ist auch im Hinblick auf die Biotechnologie nicht neu: Schon seit über dreißig Jahren kreist er um die beiden Pole: „Lasst uns Gott spielen!"[2] und: „Die Menschen sollten nicht Gott spielen, bevor sie lernen, Menschen zu sein. Und wenn sie gelernt haben, Menschen zu sein, werden sie nicht mehr Gott spielen wollen."[3] Letztere Position gerät heute zunehmend unter Druck, wie die erst kürzlich im deutschen Feuilleton geführte Diskussion zeigt. Auf den Punkt gebracht: „Eine Menschheit, die nicht das Bestreben hat, Gott zu werden, ist unheimlich und langweilig"[4]. Sein wollen wie Gott – für den biblischen Menschen das Synonym für die Sünde katexochen – hat sich zur positiven Utopie entwickelt, zu dem Ideal des Wissenschaftlers. „Sich dagegen aufzulehnen wäre weltfremder, ja reaktionärer Idealismus, dem einfach das wichtigste Argument, der Gegenentwurf zur finalen Beleidigung der Existenz durch den Tod, fehlt."[5] Weil die

---

* Dieser gemeinsam mit meinem Kollegen Gunter Prüller-Jagenteufel verfasste Artikel kommt von einem mehr theologischen Blickwinkel auf das gar nicht ernst genug zu nehmende Thema der ökologischen Ethik zurück.
Originalpublikation in: Diakonia 32(2001) 401-406.

1 Vgl. Friedrich Nietzsche, Die fröhliche Wissenschaft, §125: „Gott ist tot! Gott bleibt tot! Und wir haben ihn getötet!"

2 Joseph Fletcher, The Ethics of Genetic Control. Ending Reproductive Roulette, Garden City, N.Y. 1974, 126.

3 Paul Ramsey, Fabricated Man. The Ethics of Genetic Control, New Haven, Conn. 1970, 138.

4 Helmut Krausser, Warum nicht? Eine Menschheit, die nicht das Bestreben hat, Gott zu werden, ist unheimlich und langweilig, in: „Die Zeit" vom 28.12.2000, 47.

5 Ebd.

Schöpfung als fehlerhaft angesehen wird, festgemacht am Phänomen des Todes, deshalb erhebt der Mensch keinen geringeren Anspruch als den, selbst die Schöpfung zu vervollkommnen.

Die Ethik stellt angesichts dieser Entwicklungen die Frage nach dem verantwortlichen Handeln der Menschen in der Welt; als theologische Ethik stellt sie diese Frage aus theologischer Perspektive. Es geht dabei also nicht darum, dem Menschen den Eingriff in die Natur absolut zu verbieten, nach dem Muster: Gott hat die Welt so und so erschaffen, der Mensch darf nicht eingreifen. Diese Argumentation mit einem naiv-romantischen Naturbegriff läuft letztlich auf eine absolute Passivität des Menschen hinaus; damit wird aber gerade das Wesen des Menschen missachtet: weltoffen, aktiv und gestaltend auf die Welt zuzugehen. Doch auch strikt anthropozentrische Ansätze erweisen sich als problematisch, weil sich sofort die Frage stellt, wer denn nun als „Mensch" zu betrachten sei. Je nach Ansatzpunkt werden dann allzu leicht bestimmte Menschengruppen (Ungeborene, Säuglinge, geistig Schwerbehinderte etc.) von vornherein als Nichtpersonen betrachtet und damit aus dem Bereich ethischer Berücksichtigung hinausdefiniert.[6]

So erweist sich die Frage nach der Anthropologie als wesentliches und unterscheidendes Charakteristikum der Ethik. Daher soll, bevor die ethische Problematik am Beispiel der Gentechnik in den Blick kommt, die Rolle des Menschen in der Schöpfung skizziert werden.

2. Natur oder Schöpfung?

Für die biblische Tradition ist der Mensch nicht einfach Teil der Natur, aber er steht auch nicht über der Natur. „Natur" ist überhaupt ein problematisches Konstrukt, weil darin die Welt als unabhängiges, in sich geschlossenes System betrachtet wird, das zwar vielleicht einmal ein Schöpfer angestoßen haben mag, das jetzt aber ohne Gott funktioniert. Das Christentum stellt Mensch und Welt grundsätzlich anders dar, nämlich im unauflöslichen Gottbezug, der in Christus unüberholbar gegeben ist: Er ist Anfang und Ende von Mensch und Welt. „Alles ist durch ihn und auf ihn hin geschaffen. ... In ihm hat alles Bestand." (Kol 1,16-17). Schöpfungsglaube besagt also nicht, dass Gott irgendwann in grauer Vorzeit das Universum gemacht hat und es jetzt sich selbst überlässt – oder den Menschen als seinen Stellvertretern.

Schöpfung ist vielmehr im Sinne einer „creatio continua" zu verstehen, oder besser: als „Erhaltung im Sein". Gott ist es, der Welt und Menschen hier und jetzt mit der Gabe zu sein beschenkt und so bleibend mit Welt und Menschen in Beziehung steht. Wenn die christliche Tradition den Menschen als Person bezeichnet, so ist damit eben diese Relationalität angesprochen und nicht primär seine Intellektualität. Person-Sein heißt: In-Beziehung-Stehen.[7]

---

6 So z.B. der präferenzutilitaristische Ansatz Peter Singers (vgl. Praktische Ethik, Stuttgart ^{2}1994).

7 Vgl. Gisbert Greshake, Die theologische Herkunft des Personbegriffs, in: Günther Pöltner (Hg.), Personale Freiheit und pluralistische Gesellschaft, Wien 1981, 75-86.

Der Mensch in der doppelten Beziehung – zu Gott und zu den Mitmenschen – ist Person, und gerade in dieser Bezogenheit ist er „Ebenbild Gottes“. „Imago Dei“ ist der Mensch von Gott her; Abbild also nur insofern, als er auf das Urbild bezogen bleibt. In seiner Kreativität, in seinem Tun repräsentiert er Gott in der Welt und realisiert die Gottesrelation der Welt. Aber er steht nicht an Gottes Stelle. Der Mensch, der selbst Gottes Platz einnehmen möchte, ist nicht mehr „imago Dei“, er ist „sicut Deus“: Er sagt sich los von Gott, um sich unabhängig und autark zum Beherrscher der Schöpfung aufzuschwingen – eigenmächtig, nur auf sich selbst bedacht.[8] Das ist die Urbedeutung von Sünde: Der Sünder ist der Mensch, der seine Relationalität, d.h. primär seine Kreatürlichkeit, seine Herkünftigkeit von Gott, von daher dann auch seine Offenheit und Bezogenheit auf die Menschheit und die Schöpfung verleugnet und ganz aus Eigenem leben will, in bindungslosem Autonomismus alles nur auf sich bezieht und für sich allein nützt. In dieser Haltung wird auch alles Übrige von Gott losgelöst; die Schöpfung verkommt in den Augen des Menschen zur beziehungslosen Natur. In dieser Haltung spaltet der Mensch die Natur (und auch die übrigen Menschen) auf: in das (für ihn) Nützliche und das Unnütze.

Betrachtet man dagegen die Welt als Schöpfung, d.h. Schöpfung Gottes, so treten die ursprünglichen Relationen wieder ins Bewusstsein. Der Mensch ist nicht das Haupt der Schöpfung, das bleibt immer der Schöpfer. Allerdings ist dem Menschen die Verantwortung für die Schöpfung aufgetragen: nicht um als Haupt über sie zu herrschen, denn Gottes Schöpfungshandeln ist schlechthin einmalig und unvergleichlich mit menschlichem Tun, sondern um als Ebenbild Gottes in ihr zu wirken, d.h. mitzuwirken im Schöpfungsplan Gottes. Weil der Mensch nicht Schöpfer ist, deshalb ist die Welt auch nicht allein für den Menschen da, sondern sie hat einen relativen Eigenwert – relativ heißt: in Relation auf Gott hin, in zweiter Linie aber auch auf den Menschen hin. Gott seinerseits ist aber auch nicht der Diktator über der Schöpfung, sondern entlässt sie in die Freiheit – Freiheit nicht als Beziehungslosigkeit, sondern als relative Eigenständigkeit (relativ wieder im Wortsinn: Relation, Beziehung).

Aus diesen schöpfungstheologischen Grundlagen lassen sich ethische Prinzipien für den Umgang mit der Schöpfung anführen:

- Weil Schöpfung die Freigabe ins Eigensein bedeutet, hat jedes Geschöpf in sich Sinn und Wert, über den Wert für den Menschen – respektive für den Menschen mit Definitionsmacht – hinaus. Es steht in Beziehung zu Gott und zur übrigen Schöpfung. Dieser relative Eigenwert bedeutet nicht, dass der Mensch nicht in die Natur eingreifen darf, aber er muss es im Bewusstsein tun, dass der Wert der Schöpfung nicht nur im Nutzen für den Menschen besteht, sondern im Gottbezug. Damit bleibt die Welt im Letzten dem Menschen entzogen. Der Mensch hat nur relatives Gestaltungsrecht.

[8] Vgl. Dietrich Bonhoeffer, Schöpfung und Fall (DBW 3), 124-133.

- Der Mensch als Gottes Ebenbild ist dazu aufgerufen, kreativ an der Schöpfung mitzuwirken.[9] Dabei ist der Mensch nicht Stellvertreter für einen abwesenden oder gar toten Gott, sondern Mittler für den lebendigen, in der Welt wirkenden Gott, in relativer Kreativität, als geschaffener Mitschöpfer.

3. Auf dem Weg zu einer Spaltung des Menschlichen?

So steht der Mensch auch in einer (Mit-)Verantwortung für die Schöpfung. Verantwortung bezieht sich dabei nicht nur auf die vom menschlichen Handeln direkt betroffene Natur, sondern auch auf den indirekt betroffenen Bereich, letztlich also das Gesamtsystem, so weit das menschliche Handeln beeinflussbare und abschätzbare Folgen zeitigt. Verantwortung bedeutet für den Menschen also, sich nicht selbst zum alleinigen Sinn und Ziel der Schöpfung zu erklären, sondern das anzustreben, was für die Welt und die Menschheit insgesamt das Bessere und Nützlichere ist.

Was bedeutet das nun konkret für das heftig diskutierte ethische Konfliktfeld der Gentechnik? Spielt sich hier nicht gegenwärtig ein achter Schöpfungstag ab, an dem der Mensch sich als Gott aufspielt? Oder ist es gar nichts qualitativ Neues, was der Mensch in der Biotechnologie tut, weil er seit Jahrtausenden durch Züchtung und aktive Zuchtwahl den Genpool massiv beeinflusst? Ethisch gewendet: Kann der Mensch die in ihrer Reichweite und Schnelligkeit sicher enorm erweiterten technischen Eingriffe in die Natur der Materie und in die Natur des Lebens verantworten? Auf komplexe Probleme sind hier differenzierte Antworten zu suchen.

Im Bereich der landwirtschaftlichen Nutzung der Gentechnik, ist vor allem die Frage nach der Nachhaltigkeit und der Schadensvermeidung zu stellen. Nicht nur mögliche Allergien und Resistenzen beim Menschen sind zu berücksichtigen, sondern ebenso die Gefahr des horizontalen Gentransfers von Kultur- auf Wildsorten, die Einschränkung der Biodiversität und die Beeinträchtigung des ökologischen Gleichgewichts durch gentechnisch veränderte Pflanzen und Tiere. Zwar gilt dies alles ebenso im Bereich traditioneller Züchtungen, aber die Gentechnik unterscheidet sich insofern doch graduell, als der Zeitfaktor eine wesentliche Rolle spielt. Der Biozyklus für gentechnisch veränderte Pflanzen ist deutlich kürzer als bei traditionellen Züchtungsmethoden; mit der kurzfristigen signifikanten Reduktion des Genpools durch Monokulturen und durch die Verdrängung von Wildsorten geht ein hohes Risiko eines irreversiblen Genverlusts einher. Zudem stellt sich besonders im Bereich der Landwirtschaft die Frage, ob der Nutzen der Gentechnik tatsächlich ein allgemeiner ist, oder ob der Nutzen über die Ökonomie nur einer Minderheit auf Kosten der Mehrheit zugute kommt, z.B. über Monopole und Patentgebühren. Der Mensch als der „Schöpfer“ neuer Lebewesen gibt diese nicht zum Eigensein

---

9 Vgl. Gaudium et spes 57.67: Hier werden vor allem die Kulturleistungen und die Arbeit als kreatives Mitwirken an der Schöpfung Gottes in den Blick genommen.

frei, sondern verfügt nach ökonomischen Maßstäben – oft zu Lasten der ärmeren Mehrheit der Menschheit.

Schärfer verläuft die Diskussion über die Gentechnik in der Medizin. Mit der medialen Verbreitung der Information über die Entschlüsselung des menschlichen Genoms werden alte reduktionistische Auffassungen vom Menschen neu aktualisiert. „Regeln für den Menschenpark“ und zur Züchtung eines besseren Menschen wurden vor gar nicht langer Zeit neu aufgewärmt und der Hersteller des ersten Retortenbabys hat kürzlich bei einem EU-Projekt zur Präimplantationsdiagnose (PID) auf die Frage, ob die PID nicht die IVF verändere, mitgeteilt, dass es ihm von Anfang an nicht darum ging, Eltern eigene Kinder zu ermöglichen, sondern das genetische Design einer Bestimmung zugänglich zu machen. Wenn solche Auffassungen von Repräsentanten in der wissenschaftlichen Welt vertreten werden, zeigt sich deutlich die schleichende Tendenz zu einem reduktionistischen Menschenbild, eine schleichende Tendenz zu einer Eugenik von unten. In einem solchen reduktionistischen Menschenbild wird die Spaltung des Menschlichen nach dem Kriterium der genetischen Ausstattung vorgenommen: Die Menschen werden dann eingeteilt in solche, die gute Gene haben und leben dürfen und solche, die schlechte Gene haben und mit entsprechenden Benachteiligungen bis hin zur frühzeitigen Vernichtung zu rechnen haben. Im Folgenden sollen die Gefahren einer Spaltung des Menschlichen in diesem speziellen Bereich aufgewiesen werden.

Gentechnik ist aus der Produktion von Arzneimitteln, Impfstoffen usw. nicht mehr wegzudenken. Die Hoffnungen auf rasche somatische Gentherapien haben sich allerdings bisher nicht erfüllt, aber es werden zunehmend prädiktive Tests angeboten, um genetisch bedingte ererbte Dispositionen für bestimmte Krankheiten festzustellen. Phänotypisch gesunden Menschen kann mit mehr oder weniger großer Wahrscheinlichkeit eine Krankheit vorausgesagt werden, was häufig enorme Erwartungsängste auslöst. Es entsteht durch diese Möglichkeit gleichsam eine neue Gruppe von Menschen, nämlich Gesund-Kranke. Die Schere zwischen möglicher prädiktiver Diagnose und mangelnder Prophylaxe oder Therapie wird in den nächsten Jahren sicher noch größer werden. Die Menschen mit guten Genen haben dann am Arbeitsplatz und bei der Versicherung bessere Chancen als solche mit schlechten Genen.

Bei der Pränataldiagnose (PND) handelt es sich gar um zwei Patienten, von denen nur einer zustimmen kann. Aufs Ganze gesehen ist zwar die PND Teil einer Pränatal-Medizin und vielfach lebensdienlich. Große Probleme aber ergeben sich bei Nachweis einer Schädigung des Fötus, nicht nur für die einzelne Frau, sondern auch für das gesellschaftliche Bewusstsein, wenn der Gesetzgeber bei Gefahr einer ernsten Schädigung des ungeborenen Kindes die Tötung eines Ungeborenen bis zur Geburt zulässt. Das ist eine klassisch eugenische Vorgehensweise, die im Klartext heißt: „Du hast schlechte Gene oder Chromosomen, weg mit dir.“

Ein eigenes Problem ist die Präimplantationsdiagnose. Auf den ersten Blick und für die unmittelbare Beziehung zwischen dem Arzt und der Rat suchenden Frau, die ja noch nicht schwanger ist (!), sieht diese Diagnose in vitro, vor dem Embryonentransfer, bloß wie eine vorgezogene PND aus und die Sorgen bei einer entsprechenden Familienanamnese sind mehr als ernst zu nehmen. Aber ist die PID wirklich ohne ethisch vertretbare Alternative? Das einzige Ziel der PID ist derzeit die Selektion von Embryonen nach genetischem Gesichtspunkt. Jede solche Selektion aber bedeutet bereits die Spaltung des Menschlichen – zwar in der Frühphase unseres Daseins, doch gehört die nicht minder zum Menschsein.

Da Medizin aber auf die Dauer nicht Embryonenselektion und damit Vernichtung von Embryonen betreiben, sondern heilen will, wird der Druck, verbrauchende Embryonenforschung zu ermöglichen, immer größer. In Deutschland und Österreich ist solche derzeit nicht möglich. Das Fernziel einer Therapie in diesem Stadium würde aber tendenziell zur Keimbahnveränderung führen. Die Gesellschaft muss sich also jetzt bereits bei der PID überlegen, ob sie langfristig Keimbahnveränderungen akzeptieren und damit alle künftigen Generationen den Plänen und dem Können gerade heute lebender Wissenschafter ausliefern möchte. Zurzeit ist in Deutschland und Österreich die Erzeugung von Embryonen zu Forschungszwecken kategorisch verboten, aber die Frage des Embryonenimports ist bereits gestellt.

Weil bei diesen Versuchen Kernklonen eine Rolle spielt, wurde die Unterscheidung zwischen reproduktivem Klonen, das verboten bleibt, und so genanntem nicht-reproduktivem Klonen eingeführt. Je nach Interesse des Forschers bekommt dann der eine Embryo den Implantationsbonus und damit eine Lebenschance und der andere den Forschermalus, d.h. in der Forschung vernichtet zu werden. Der Druck zur Gewinnung von embryonalen Stammzellen wird im Hinblick auf künftig vielleicht einmal mögliche Therapien immer größer. Der Verbund von Wirtschaft, Wissenschaft und Technik übt einen unheimlichen Sog aus.

4. Vorausschauende Ethik

Eine prädiktive Medizin fordert eine vorausschauende Ethik, die die Forschung begleitet und die Weichenstellung rechtzeitig und nicht erst danach reflektiert. Wir gehen davon aus, dass sich in einer humanen Gesellschaft das ethisch Richtige langfristig auch als das Nützlichere erweisen wird. An der Weichenstellung, wohin die Forschungsenergien gelenkt werden, noch dazu bei so unsicheren und entfernten Prognosen wie sie in der Gentechnologie vorliegen, gilt es, rechtzeitig Alternativen zur Vernichtung von Embryonen aufzuweisen, wie z.B. die Gewinnung von adulten Stammzellen. Ethik hat zwar nicht auf der Bremse zu stehen, aber sie muss im Bereich der Technik das Humanum, d.h. den universalen Blick auf das Gesamtsystem, einmahnen und schwerpunktmäßig jene Möglichkeiten der Forschung, die auch human sinnvoll sind, ins Gespräch einbringen – in ein Gespräch, an dem sich alle relevanten gesellschaftlichen Gruppen beteiligen sollen.

Aber es geht nicht nur um Detailprobleme. Die grundsätzliche Frage, die sich für den Menschen am „achten Schöpfungstag" stellt, ist die implizit zugrundegelegte Ideologie, die mit der Biotechnologie gegeben ist und weiter verbreitet wird. Über weite Strecken geht es darum, das Unvollkommene – Behinderung, Krankheit, Tod, oder auch nur geminderte Leistungsfähigkeit – zu beseitigen, bzw. durch Humangenetik Menschen zu schaffen, die den aktuell gültigen Wertmaßstäben entsprechen. Zwar ist die Heilung von Krankheiten fraglos etwas Positives; einzumahnen bleibt aber neben der individuellen auch die relationale, die soziale Perspektive. Denn eine Menschheit, die Kranken und Behinderten keinen Platz mehr zugesteht, wird unmenschlich. Im Versuch, das Leben in seiner Perfektion zu ergreifen und zu schaffen, nimmt sie den tausendfachen Tod des Unvollkommenen in Kauf. Analog verhält es sich mit der nichtmenschlichen Schöpfung: Sie wird durch genetisches Design ganz nach dem (kurzfristigen und häufig bloß ökonomischen) Nutzen für den Menschen – d.h. eigentlich: für den die Produktionsmittel besitzenden Teil der Menschheit – gestaltet. Theologisch betrachtet spiegelt sich in beidem der Versuch, die Welt ganz den eigenen Idealvorstellungen entsprechend zu gestalten, um sich nicht dem Unverfügbaren, dem letzten Geheimnis Gottes ausliefern zu müssen.

Um ein mögliches Missverständnis von vornherein zurückzuweisen: Keineswegs wollen wir einer Ablehnung jeder Form von Kultur und Technik das Wort reden. Es geht nicht um eine kurzschlüssige und naive Apotheose der Natur. Es geht vielmehr darum, beim gestaltenden Eingriff in die Schöpfung, der dem Menschen von Gott her auch zugemutet ist, so verantwortlich zu handeln, dass die Gesamtperspektive gewahrt bleibt, d.h. die Perspektive Gottes, von dem her und auf den hin alles ist. Durch ihn hat alles Geschaffene einen relativen Eigenwert; der Mensch kann und darf nicht alles allein auf sich beziehen – auch dann, wenn er berechtigt (!) die Schöpfung zum eigenen Nutzen – d.h. zum Nutzen für die ganze Menschheit – gestaltet und gebraucht.

Anhang

HINDUKUSCH-EXPEDITION 1970
unter der Leitung eines Theologen*

1. Eine Idee

Eine Tradition lebt davon, daß sie fortgesetzt wird und Menschen, die in ihr stehen, auf neue Ideen kommen, aus denen der Mut zu neuen Taten folgt.

Immer schon haben Priester in den Bergen ihren Mann gestellt; die Erschließung ganzer Gebirgszüge geht auf Pioniertaten von Pfarrern zurück; landauf landab sieht man Jugendgruppen mit Kaplänen durch die Berge ziehen und mancher hat in den Bergen sein Leben gelassen. In der Vielfalt der Dinge, die auf Gott verweisen, nimmt der Berg einen bedeutenden Platz ein.

Doch dies sind sehr nachträgliche Reflexionen angesichts der Tatsache, wie der Autor die Liebe zu den Bergen entdeckt hat, mit einem Freundeskreis ziemlich viele bedeutende Gebirgsketten in den Alpen bestieg und wie der Entschluß zu jenem Unternehmen wuchs, von dem hier berichtet werden soll.

„Man kann normal leben, man kann aber auch auf die Berge steigen“[1], schreibt mein Freund Karl *Lukan* als erfahrener Bergpsychologe. Ein Schuß mehr als normale Eintönigkeit gehört wohl zum Bergsteigen überhaupt und wir werden sicher niemals ganz dahinter kommen, welche Motive alle bei unserer kleinen Expedition Pate gestanden sind. Vier Studenten der katholischen Hochschulgemeinde waren bald für die Idee zu begeistern, einmal den 7000er zu besteigen, der Wien am nächsten liegt, und in seinem Umkreis unbetretene Gipfel zu erobern.

2. Die Tat

Im Februar 1970 begannen wir den diplomatischen Einstieg in die Berge zu suchen, die wir wegen der intensiven Beschäftigung mit dem hohen Hindukusch bald die unseren nennen durften.[2]

---

* Bei diesem Expeditionsbericht handelt es sich um meine erste „wissenschaftliche“ Veröffentlichung. Sie wurde in diesen Sammelband aufgenommen, weil die Originalpublikation kaum zugänglich sein dürfte. Sie betrifft zwar nicht direkt die Materie der Moraltheologie, gehört aber als prägende Erfahrung indirekt in meine Biographie als Moraltheologe, was die interdisziplinären Horizonte betrifft – ebenso wie ein (nicht abgeschlossenes) Studium der Pharmazie mit seinen Laborerfahrungen und eine abgeschlossene Ausbildung zum Psychoanalytiker am Wiener Arbeitskreis für Tiefenpsychologie. Aus drucktechnischen Gründen müssen die Kartenskizzen und Fotos der Originalpublikation entfallen; daher wird auch auf die genaue Beschreibung des Panoramas verzichtet.
Originalpublikation in: Sacerdos et pastor semper ubique. FS für Franz Loidl, Wien 1972, 357-373.

1 Karl Lukan, Verrückt nach den Bergen, Salzburg–Stuttgart–Zürich, 1970, Einbanddeckel.

2 Vgl. Alpenvereinsjahrbuch, Innsbruck-München 1970, 176-187, besonders den Bericht des Priesters und Ornithologen Ambros *Aichhorn* aus Salzburg, der mit seinem Bruder 1969 die beiden letzten noch offenen 7000er (Shingeik Zorn I und II) im hohen Hindukusch bestieg. Weiters den Bericht von Abbe Louis *Audoubert* „Des Pyrenees a I'Hindou Kouch“: Revue Altitude no 45/1969. Audoubert hat nicht nur den 6224 m hohen M 7 erstbestiegen, sondern 1971 auch als erster und im Alleingang den waghalsigen Grat vom Naw Shakh zum Gumbaze Safed überschritten (Brief vom September 1971).

Freundliche Herren in der Kulturabteilung des Außenministeriums ebneten uns den Weg. Das „Permit“ für die entlegenste Region Afghanistans, wo dieses Land an die UdSSR (im Norden) und an Pakistan (im Süden) und im Osten durch den teilweise nur 10 km breiten Wakhankorridor an China (Provinz Sinkiang) grenzt und wo der 7000er liegt, der Wien am nächsten ist, war allerdings erst in Kabul zu erhalten. Doch auch dort hatten wir auf allen sechs Ämtern Glück und fanden überall hilfsbereite Menschen, so daß wir in der Rekordzeit von 3½ Tagen jenes Papier in der Hand hielten, das uns den Weg in das Sperrgebiet freigab. Deutsche Entwicklungshelfer wollten uns in die entlegene Nordprovinz Badachschan begleiten, erhielten aber die Erlaubnis nicht.

Doch von Diplomatie allein kann man nicht leben und so galt es, für unsere kleine, an Finanzen armselige Studentenexpedition, Unterstützungen in bar und Lebensmitteln von splendiden Firmen zu besorgen. Auch eine große Apotheke durfte nicht fehlen.

Peter *Reischer*, Student der Medizin, übernahm die Aufgabe, in eventuellen Notfällen das medizinische Beileid auszusprechen und fungierte auch als Lebensmittelminister; er durfte sich dabei über viele großzügige Firmenspenden freuen.

Dkfm. Edmund *Prandstetter* (kurz Mundi genannt) wurde schnell zum Finanzgenie promoviert; er übernahm auch die bergsteigerische Leitung und die Obsorge für die Bergausrüstung.

Mike *Haßlinger* und Karl *Mahrer* (beide Studenten der Technik) hegten, pflegten, analysierten und synthetisierten unseren Murl (Kosenamen für einen Mercedeslieferwagen Baujahr 1959).

Das alles mußte neben der normalen alltäglichen Berufs- bzw. Studienarbeit geleistet werden; nicht einmal auf den Kahlenberg konnten wir in den Monaten vorher zum Training gehen.

3. Reise in die Welt von 1001 Nacht

Am 25. Juni 1970 während meiner Promotion waren noch schnell die Schlangensera für den mittleren Orient zu besorgen; bald nach dem Mittagessen bestiegen wir unser fahrbares Hotel, in dem Mike fein säuberlich 1½ Tonnen Expeditionsgepäck bereits tags zuvor so verstaut hatte, daß jeweils vier Mann bequem hinten schlafen konnten. Freilich wären wir bald gar nicht über den Wechsel nach Graz gekommen, weil das Kühlwasser ununterbrochen kochte; aber sonst war unser Murl über alles Lob erhaben; es wurde bloß ein Fetzen im Kühler vergessen, der die Zirkulation des Kühlwassers „regulierte“; doch das bemerkten wir durch Zufall erst in Persien. Trotzdem sahen wir bereits nach 36 Stunden Istanbul und das gastliche St. Georgskolleg.

Mit einer nur für Europäer verstehbaren Hektik (wir wußten ja, daß die Zeit viel zu kurz war, um alle Vorhaben auszuführen und daß wir nicht so schnell wieder drei Monate Ferien zusammenkratzen könnten) durchfuhren wir bei Tag und Nacht die Türkei bis zur persischen Grenze. Bei einem kurzen Aufenthalt in der Grenzstadt Dogubayazid bestaunten wir nicht nur die traumhaft gelegene Izak Pasa Kaleh,[3] sondern trafen auch einen Kurden, der uns über seine Volksgenossen in Persien berichtete: „Irani Kurdi nix gut, Irani Kurdi bumbum; horse kaputto, bagage finished, all finished!“ Und tatsächlich ist es bis auf den heutigen Tag nicht ratsam, das Kurdengebiet in allen drei Ländern, in denen das Kurdenproblem besteht (Türkei, Persien und Irak), in der Nacht zu durchfahren.

Trotz einer guten Note in Arabisch, die ich einmal während meines Theologiestudiums erhalten hatte, waren wir ab der persischen Grenze nicht mehr imstande, Aufschriften in arabischen Lettern zu lesen, geschweige denn sie zu verstehen; nur die wichtigsten Vokabel saßen: die Zahlen zum Handeln. Besonders peinlich wirkte sich diese Tatsache beim ersten Tanken aus: Welche von den acht Zapfsäulen wohl das begehrte Dieselöl enthielt, nach dem unser Murl sosehr dürstete. So blieb uns nichts anderes übrig, als bei jedem Schlauch einmal kräftig zu riechen und dann die Entscheidung nach Geruch zu fällen. Erst in Teheran gönnten wir uns bei einem bekannten Ingenieur einen Rast- und Eßtag; denn unterwegs hatten wir nicht nur aus Zeitersparnisgründen, sondern auch wegen der franziskanischen Armut unserer Kundfahrt die Nahrungsaufnahme minimiert.

Samstag, 4. Juli 1970, verließen wir das gastliche Haus, querten einen 2680 m hohen Paß das Elbrusgebirge in der Nähe des Damawand und am Sonntag vormittags badeten wir bereits im Kaspisee. Die Leute merkten bald, daß wir deutsch sprachen und luden uns zu einem Tee um den anderen ein, bis wir uns mit unseren wenigen Brocken „forsi“ von ihnen verabschiedeten, um zunächst entlang der Reiskammer des Landes und dann am Nordrand der großen Salzwüste weiter nach Osten zu fahren. Während der Feier der hl. Messe in einem Acker auf unserem Tisch aus einem Brett und zwei Kanistern kam ein Landarbeiter und legte stumm mit einer eindrucksvollen Geste ursprünglicher Gastfreundschaft zwei große Melonen zu den Gaben Brot und Wein. Solch spontane Gastfreundschaft fanden wir auch in Afghanistan.

In Meged, der Stadt mit dem zentralen Heiligtum der Schiiten wurden wir erstmals vom Märchen von 1001 Nacht überwältigt, obwohl wir die herrliche Moschee aus Millionen von glasierten Ziegeln und ihre vergoldeten Kuppel nur vom Vorgarten aus betrachten durften. Bei der Heimreise war es dann in Isfahan, der alten persischen Hauptstadt möglich, die schönsten Moscheen von innen zu sehen; die Öffnung dieser phantastischen Bauwerke als Museen gab zwar einigen Einblick in die hohe architektonische Kunst und auch die Funktion der Nischen im Hof als ehemalige Koranhochschule, doch die Abwesenheit des religiösen Lebens ließ uns das Wesentliche vermissen. Besonders lebendig geht es im Wallfahrtsort Qum zwischen Teheran und Isfahan zu; aber selbst vom Blick durch das erste Tor in die gold- und silberverzierte Inneneinrichtung wurden wir abgehalten.

---

[3] Die Izak Pasa Kaleh direkt vis a vis des Berges Ararat ist ein prächtiges osmanisches Schloß, das vom Sultan Bayazit I. 1389-1403 erbaut wurde und im 17. Jh. von dem kurdischen Emir Izak Pasa durch barocke Zubauten ergänzt wurde. Der ganze Komplex wird von einer Moschee mit gelb-rotem Minarett überragt. (Baedeckers Autoreiseführer Türkei, Stuttgart 1965/66, 231.)

Hinter Meged trafen wir dann durch Zufall mit einer Grazer Expedition, die im Nachbartal unseres Zielgebietes mit Hilfe von Wissenschaftlern aus neun Disziplinen die erste wissenschaftlich verantwortete Karte erstellen wollte, zusammen.[4] Sie meinten: „Sämtliche Wissenschaften sind bei uns vertreten (Kartograph, Soziologe, Geodät, Völkerkundler usw.), jetzt fehlt uns nur ein Theologe." Damit konnten wir zu ihrer Überraschung dienen.

4. Afghanistan

An der afghanischen Grenze bot sich uns als erstes das traurige Bild zweier junger Menschen in Handschellen, die beim Versuch, 60 kg Haschisch zu schmuggeln, ertappt worden waren. Ihnen droht in Persien die Todesstrafe oder, was dem gleichkommt, eine hohe Kerkerstrafe. Afghanistan, das klassische Land des indischen Hanfes: Trotz Anbauverbotes fährt man in einigen Provinzen oft durch kilometerlange Hanffelder, die schon von weitem durch den süßlichen Geruch auffallen. Gleich im ersten Teehaus (und ein solches muß man bei der Hitze mehrmals täglich aufsuchen) lag neben der Teetasse eine kräftige Portion Haschisch, wie bei uns der Zucker. Offenkundig sind die Zollbeamten aber in Menschenkenntnis einigermaßen versiert: Zwischen Afghanistan und Pakistan bis Jugoslawien hatten wir etliche „heiße Grenzen" zu passieren und wurden eigentlich nie ernsthaft auf Haschisch untersucht.

Die Fahrt in Afghanistan auf herrlichen Straßen mit wenig Verkehr (die Straßen wurden streng nach weltpolitischem Proporz von Amerikanern und Russen gebaut) führte uns zunächst durch eine Wüstenstrecke und dann in die Gartenstadt Herat, die wir auch bald wieder verließen, um die heißeste Strecke am Nordrand der Todeswüste[5] in der Nacht zurücklegen zu können. Tatsächlich machte nur ein mitternächtliches Bad in einer amerikanischen Station die Fahrt einigermaßen erträglich. Selbst der kühle Abend- und Nachtwind wirkte hier wie ein fast unerträglicher Föhn. Auch Kandahar verließen wir bald und waren über die Pässe (einige mehr als 2000 m) und durch Sandstürme hindurch am 8. Juli abends in Kabul, dem ersten Ziel unserer Reise.

Die vier Tage in der Hauptstadt vergingen mit Wegen zu insgesamt sechs Behörden, Umpacken, einigen Einkäufen und Kartenschreiben. Den Höhepunkt bildete zweifellos ein Empfang in der österreichischen Botschaft, die uns jede erdenkliche Hilfe angedeihen ließ. Die Sehenswürdigkeiten, die Einkäufe und das Gros der Karten sowie Besuche bei österreichischen Familien holten wir bei der Heimfahrt nach.

---

4 Vgl. Mitteilungen des DAV Innsbruck 25(1970) 101, 214; sowie: Hindukusch. Österreichische Forschungsexpedition in den Wakhan 1970 (hg. v. Karl Gratzl), Graz 1972.

5 „Im Süden und Westen (sc. Afghanistans) dehnen sich in 500 bis 900 m Seehöhe weite Sand-, Kies- und Salzwüsten aus, deren Namen deutlich genug sind: Dasht-e-Margu (Wüste des Todes), Dasht-e-Naomid (Wüste der Verzweiflung) und andere." (Max Klimburg, Afghanistan, Wien 1966, 11).

Am 12. Juli nachmittags fuhren wir bereits vorbei an Istalif, dem Winterlager Alexander des Großen, auf die 5000 m hohe Kette des Zentralhindukusch zu; eine ausgezeichnete (diesmal russische) Straße führte durch ein wunderbares Tal zum höchsten Straßentunnel der Welt, der in 3300 m Höhe die gewaltige Bergkette durchbricht. Im Norden führt die Straße auf relativ kurzer Distanz dann in das fruchtbare Becken der Provinzhauptstadt Kunduz (600 m).

Knapp vor der Stadt stand uns nach ca. 8000 km Fahrt der erste „Patschen“ ins Haus, der nur insofern problematisch war, als wir nicht wußten, wie der Vulkanisateur auf „forsi“ heißt. Glücklicherweise lebte an der Hauptstraße eine österreichische Familie, die uns herzlich aufnahm und uns ihren afghanischen Diener mitschickte, uns behilflich zu sein beim Nachfüllen unseres Wassertanks aus einem artesischen Brunnen. Da saß der junge Afghane nun in unserem Auto und wir begannen unsere Bemühungen, ihm auf „forsi“ klarzumachen, was wir wollten. Nicht wenig überrascht waren wir allerdings wie er seinen Mund auftat und sprach: „No olsdan, for ma holt zerscht ums Wosa und nocha zum Botschnschuasta.“ Er konnte kein Wort deutsch, aber umso besser Wienerisch.

5. Im Wakhan

Weiter ging die Reise noch am selben Tag in die Stadt der Silberschmiede, einem orientalischen Erlebnis par excellence. Für die 45 km von Kunduz, wo die Asphaltstraße endete, nach Khanabad, benötigten wir allerdings fünf Stunden; jede höhere Geschwindigkeit wäre bei dem Straßenzustand unverantwortlich gewesen. Und so sollte die Straße auch bis in den Wakhan bleiben, jenem schmalen Landstrich, mit dem Afghanistan an China grenzt. Ein Bad im Fluß ab und zu erleichterte die Staubfahrt etwas, die bald neue Schwierigkeiten in sich bergen sollte; da ging es im Flußbett der einen Quelle des Farkhar, der mehr Salz enthält als das Meer (angeblich auch Gold), mehr als 10 km ohne Spur einer Straße durch grobes Geröll: Fahrtdauer: ½ Tag. Nach dem Paß sperrte wieder einmal eine Nomadenkarawane mit ihren riesigen Schafherden eine Ortsdurchfahrt für einige Stunden. Dann wieder Herzklopfen beim Anblick einer Gleichgewichtsbrücke (d.h. die halbe Länge der Baumstämme ist mit Steinen beschwert, die andere ragt über den Abgrund hinaus und in der Mitte treffen sich die Stämme). Das mußten wir natürlich photographieren und gingen zu Fuß voraus: Mike fuhr allein über die Brücke; und sie hielt doch! Daher nannten wir diese Art von Brücken von uns „Allelujabrücke“.

Trotz mancher anderer Widerstände von seiten jenes Weges, der sich euphemistisch Straße nannte und nur etwa 2-3 Monate im Jahr befahrbar ist, konnte nur mehr der Polizeipräsident der Provinzhauptstadt Faizabad unser Vordringen hemmen. Einen Tag ließ er uns warten, um sich das Bakschisch zu sichern. Da wir die von ihm gewünschten Antiquitäten nicht mit uns führten, nahm er schließlich mit einem antiken (alten) Feuerzeug, Zigaretten und einer kleinen Apotheke vorlieb und ließ uns ziehen.

So rumpelten wir weiter durch die Schluchten des Hindukusch in überwältigend schöner Landschaft einmal im hohen Treibsand steckenbleibend, dann wieder über Allelujabrücken zitternd, solange es solche noch gab, bis zur großen Furt des Wardujflusses. In mindestens fünf großen Armen wälzen sich die Wassermassen durch ein mehrere Kilometer breites Schotterbett. Doch mit der richtigen Mischung von Umsicht und Schwung meisterte unser Murl mit Meister Mike am Steuer oft bis über die Radhöhe im Wasser auch diese Schwierigkeit. Nur einmal noch auf der Heimreise in der südpersischen Wüste hatten wir bei einem Regenguß mitten in der Wüste einen 100 m breiten Strom zu passieren, der noch größere Anforderungen an Männer, Material und unseren „Schutzengel" stellte, als selbst überdimensionale geländegängige Lorries in den Fluten abgetrieben wurden und kippten.

Kaum hatten wir die Furt passiert, strömten von weit und breit Menschen mit ihren Krankheiten und ihren Kranken herbei; vier Stunden hatten Peter und ich „Ordination". Hierher kommt das ganze Jahr kein Arzt und die Menschen überleben dennoch in unglaublicher Weise die schrecklichsten Wunden und Infektionen. Wer das erste Lebensjahr bei den herrschenden sanitären Verhältnissen überlebt, bleibt weithin immun für sämtliche Bakterien seines künftigen Lebens. In den Städten ist der sogenannte „Jui" zugleich Wasserleitung und Kanal am Rande jeder Straße; am Land hat er zusätzlich noch die Funktion der Bewässerung; und darin sind die Afghanen wahrlich Weltmeister.

Tags darauf traten die ersten 7000er in unser Blickfeld. Auch Mike am Steuer war so überwältigt vom Blick in die Höhe, daß er nicht mehr merkte, was in den Niederungen unserer Erde vor sich ging und fuhr prompt auf einen spitzen Stein auf, der den Tank aufschlitzte, sodaß ein faustdicker Strahl Diesel sich auf die Straße ergoß. Die nächste Tankstelle war 150 km weiter zurück in Faizabad und wir hatten knappest, ziemlich genau auf den Liter, kalkuliert. Sofort waren wir nüchtern und nicht nur Wasch-, sondern auch Kochgeschirr mußte abwechselnd das kostbare Naß auffangen, bis es Mike gelungen war, das Loch im Tank mit Kaugummi und Fetzen zu flicken.

In Ishkashim, 1 km weiter, wurde noch ein letztes Mal unser Permit kontrolliert; diesmal war die Begegnung mit dem Wali der letzten „Bezirkshauptmannschaft" vor China ein reines Vergnügen. Wir waren uns trotz der geringen Verständnismöglichkeit nach dem Tee im Garten darüber einig, daß wir selten einem so ausgeglichenen Menschen begegnet waren.

Aschur Mahmad, ein Bewohner von Quazi Deh, dem Ende unserer Reise, war uns bereits hierher entgegengekommen, um sich das große Geschäft nicht entgehen zu lassen und fuhr die letzten 20 km mit uns. Das fruchtbare Oxustal entlang nach Osten – jenseits des Flusses die wachturmbewährte russische Stacheldrahtgrenze – gelangten wir zunächst nach Futur. Bei einer Einladung wurden wir mit Schafjoghurt und herrlichem afghanischem Obst bewirtet. Der Hausherr spielte auf einem Saiteninstrument für uns fremd klingende Musik und seine Flöte hängt zur Zeit in einer Wiener Wohnung. (Dafür hatte er eine Blue Jean von uns an.)

Am 17. Juli, 23 Tage nach unserer Abreise, erreichten wir in der lastenden Mittagshitze das Richterdorf (= Quazi Deh). In einem gemauerten kleinen Fort durfte unser Murl unter afghanischer Bewachung mit militärischen Ehren seine verdiente Rast halten.

Am späten Nachmittag begannen einerseits die Verhandlungen mit dem Colom Nafar, dem großen Mann, über die Trägerlöhne, andererseits war fast das halbe Dorf zur Verarztung angestellt, größtenteils Hypochonder und Leute mit Bauchweh, aber auch ernstlich Kranke.

6. Nach langer Zeit wieder am Berg

Am nächsten Tag spielte sich bereits um 6 Uhr früh im Hof ein turbulenter Trägerbazar ab. Um 7 Uhr marschierten wir mit 19 Trägern (jeder der Träger und auch wir selbst trugen ca. 25 kg) durch das zunächst noch fruchtbare Tal nach Süden, immer wieder das Bewässerungssystem bewundernd, d.h. wir rasteten zunächst mehr. 30 km Marsch durch zum Teil unwegsames Gelände bei 2000 m Höhenunterschied lagen noch vor uns. Zu den nahe gelegenen Almen führte noch ein guter Steig und unsere Kolonne mit den weithin leuchtenden Nummern auf den Kisten bzw. Gepäckstücken kam immer besser voran. Um 14 Uhr standen wir vor dem ersten Problem: Ein hochgehender Gletscherbach war in einigen Armen zu überqueren. Erstaunlich sicher meisterten die Träger mit ihren langen Stangen in der Hand die reißenden trüben Fluten, die oft mit ihren plus minus 0 Grad bis über die Hüften reichten. Nur ein Träger und Peter mußten in das Wasser beißen. Und dann kam, kaum daß wir uns trockengelegt hatten, gleich die nächste Schlüsselstelle: eine an sich nicht schwierige Kraxlerei am Rande einer Schlucht mit einem noch mächtigeren Gletscherbach, die uns sehr viel Zeit nahm, so daß wir bald danach unter freiem Himmel in ca. 3200 m unser Nachtlager aufschlagen mußten.

Unsere Träger buken selbst aus mitgebrachtem Mehl ungesäuertes Fladenbrot, indem sie den Teig auf Steinplatten, die vorher in einem Lagerfeuer erhitzt wurden, auflegten. Wir steuerten den Tee mit viel „burra" (Zucker) bei und ließen uns das afghanische Nachtmahl gut schmecken. Auch beim Abstieg, sechs Wochen später, gab es ein Nachtlager vor dieser herrlichen Kulisse, bei dem wir mit inzwischen angewachsenem Vokabular stundenlang bis in die tiefe Nacht hinein handelten, so daß wir zum Schluß meinten, daß das Dorf schon uns gehöre und unsere Ausrüstung den Leuten von Quazi Deh. Tatsächlich wurden wir nach unserem Abstieg von einem Haus in das andere eingeladen; viele Dinge wechselten dabei den Besitzer. Wenn wir noch einmal kommen könnten (ein bloßer Traum) dann hätten wir dort lauter Freunde.

Die Nacht bescherte uns dann noch einen kräftigen Regen, mit dem wir wegen des legendär schönen Hindukuschwetters früherer Expeditionen am allerwenigsten gerechnet hatten; bereits bis auf die Haut naß, entschlossen wir uns endlich, das Zelt aufzustellen mit dem Erfolg, daß wir damit den Regen wieder vertrieben.

Die anstrengendere Hälfte lag noch vor uns; immer deutlicher stellte sich heraus, daß wir an der falschen Stelle gespart hatten und der Gedanke, beim Aufstieg durch eine möglichst große Traglast das versäumte Training nachzuholen, nicht sehr glorreich war. In tief in die Moräne eingeschnittenen Bachbetten wurde der „Weg" immer mühsamer. Zuerst blieb Peter auf der Strecke, dann gingen Mike und ich ein und schließlich konnten nur Mundi und Karl mit letzter Anstrengung mit den Trägern den Platz unseres Basislagers in 4550 m Höhe erreichen. Erschöpft kamen auch Mike und ich in der kurzen Dämmerung bei Schneesturm an. Glücklicherweise trafen wir dort auf die Innsbrucker Skiexpedition[6], die uns zu einem heißen Tee einlud.

Am nächsten Morgen hatte zwar die Sonne bald den Schnee weggetaut, aber nicht Mikes Fieber. Mit 39,1 Grad begleiteten Mundi und ich ihn, zum Teil tragend und stützend, den Weg zurück zu einem tiefer gelegenen Lagerplatz; unterwegs kam uns Gott sei Dank auch Peter entgegen. Mundi und Karl waren inzwischen nicht untätig gewesen: Am Fuß einer gewaltigen Eisrinne in 5100 m hatten sie das Hochlager eins errichtet.

Samstag, 25. Juli abends, feiern wir mit einer Flasche Wein die erfolgreiche Heimkehr der Innsbrucker Skiexpedition vom 7492 m hohen Naw Shakh und damit ihren Skihöhenweltrekord.

Nach einer Woche endlich blasen auch wir zum ersten Angriff in der Hoffnung, bereits genug Punkte in Akklimatisation gesammelt zu haben. Peter, Mundi und ich übernachten im vorgeschobenen Stützpunkt in 5100 m und errichten tags darauf in 5500 m in einem riesigen Spaltensystem Hochlager zwei. Genau vor einem Monat hatten wir zum letzten Mal daheim in einem Bett geschlafen.

Ein herrlicher Montagmorgen sah uns bereits im Tiefschnee zum 6000 m hohen Südsattel (Kotale Junubi) hinaufkeuchen. Knapp danach blieb zunächst einmal ich in einer Schneemulde zurück, 100 m weiter Peter; Mundi machte aus der Not eine Tugend und bezwang über den sehr steilen kombinierten Eis- und Felsgrat den 6607 m hohen Aspe Safee als erster im Alleingang. Nun hatte er zwar den Gipfel in einer Gewaltleistung bezwingen können, nicht aber seinen Durst, den er in einem Gletscherbach ausgiebig stillte. Auch der medizinische Laie kann sich die Folgen ausmalen. Das Fieber stieg langsam aber stetig. Die Innsbrucker Skiexpedition mit einem Arzt als Leiter marschierte am Mittwoch, 29. Juli, mit einer Trägerkolonne ins Tal; wir waren allein.

Unter diesen extremen Bedingungen ist es nur zu verständlich, daß es zu manchen Spannungen kommt, auch wenn man sich noch so gut versteht; die Nerven sind eben nur begrenzt belastbar. Auch an diesem Abend sprachen wir wieder einmal alle belastenden Dinge in einer Eucharistiefeier unter dem phantastischen Sternenhimmel des Hindukusch mit seiner klaren Luft aus; dadurch kam es nie zu einem echten Konflikt. Unsere Verständigung untereinander war angesichts des-

---

6 ÖAZ (Österreichs Alpenzeitung) Folge 1375 (Jänner/Feber 1971), 24.

sen, was man sonst manchmal von Expeditionen hört, als optimal zu bezeichnen und ebenso beglückend wie die gemeinsamen Bergerlebnisse.

Die Sternennacht und die Gletscher unseres 7000ers wurden in dieser Nacht auf etliche Bilder gebannt. In dieser Nacht stieg aber auch Mundis Fieber auf fast 40 Grad an, seine Lippen verfärbten sich und er begann nach Luft zu ringen. Da gab es nur eine Möglichkeit: den Abmarsch, solange unser Patient noch einigermaßen gehen konnte, denn an ein Tragen ist nicht zu denken. Mit Sauerstoff und einer Penicillininjektion gelingt es, das Fieber herabzudrücken. Hals über Kopf beginnen wir nur das Allernotwendigste mitnehmend zu nächtlicher Stunde den Gewaltmarsch ins Tal. Mike läuft voraus und schickt uns auf halbem Weg ein Pferd entgegen. Um 20 Uhr ist unsere kleine Gruppe total erschöpft aber vollzählig wieder in Quazi Deh. Unser tüchtigster und treuerster Träger Niadchan versorgt uns mit Spinat; wir schlafen den Schlaf der Erschöpften.

7. Alles vergeblich?

1. August: Wir müssen uns trennen. Mit Mundi muß ich versuchen, irgendwie das 500 km entfernte Spital in Kunduz zu erreichen. Mike, Karl und Peter dürfen das Basislager bzw. den Zugang dazu keine Minute länger allein lassen. Wir vereinbaren: Wenn Mundi und ich bis zum 10. August nicht zurückkommen, muß die Expedition abgebrochen werden.

In Ishkashim werden Mundi und ich von dem bereits bekannten Bezirkshauptmann freundlichst als Gäste in sein Haus aufgenommen; die einzige Lorrie im Wakhan, die einmal in der Woche hinein und einmal herausfährt (wir sind beim ersten Hineinfahren zwei Tage lang keinem Auto begegnet), wurde erst erwartet. Zu unserer Überraschung wurden wir gegen Mittag zu einer Hochzeit eingeladen.

Der Bürgermeister begrüßte seine Gäste am Hauseingang; wir zogen unsere Schuhe aus und nahmen am Boden auf edlen Teppichen Platz, inmitten der Honoratioren: dem Gouverneur, zwei hohen Militärs, dem Kommandanten der Zollwache, dem Polizeihauptmann usw. Ein Tischtuch wurde am Boden ausgebreitet, Diener boten in silbernem Geschirr Wasser zum Händewaschen und dann wurden riesige Tafeln von Palau aufgetragen (unter den Reisbergen verbargen sich die Hammelkeulen) dazu das gute Afghangulyasch und Brot. Gott sei Dank hatte ich schon etwas Übung im Essen dieser Speisen mit der Hand, denn Besteck hatten wir in der ganzen Provinz Badachschan keines zu Gesicht bekommen. Neben mir saß der fiebernde Mundi und brachte nicht einmal das erfrischende Joghurt-Pfefferminzgetränk hinunter.

Nach etwa zwei Stunden Mahlzeit fand diese „biblische Hochzeit" ein für uns unerwartetes Ende. Wir hatten zwar nicht erwartet, die Braut zu Gesicht zu bekommen, denn die Frauen sind vor allem am Land ausnahmslos streng verschleiert; die sogenannte Chad'ri reicht vom Kopf bis zu den Knöcheln, nur für die Augen ist ein kleines Gitter ausgespart. Aber auch der Bräutigam war nicht zu sehen. Auf meine Frage, warum wir das Brautpaar und die Zeremonie nicht sehen könnten, erhielt ich die lapidare Antwort: „Too much truble“ (zu viel Wirbel).

Überhaupt hatten wir den Eindruck, in diesem Land mit seinen Sitten und Gebräuchen der biblischen Welt viel näher zu sein als im heutigen Israel. Bei der Betrachtung von romanischen und gotischen Kunstwerken hatte ich mich oft über die dort dargestellten geprägten Gesichter gewundert und überlegt, ob es diese Gesichter wohl jemals wirklich gegeben hat. Nun, in Afghanistan sind wir ihnen auf Schritt und Tritt begegnet: Menschen zu Fuß, auf einem Esel reitend, mit Kamelen, beim Handeln oder auf dem Boden sitzend und Pfeife rauchend.

Nachmittags ist die Lorrie endlich da, aber der Chauffeur dieses russischen Lastwagens hat Fieber. Ich biete alle Naturheilmittel auf und tue noch einige Pulver dazu, damit er über Nacht fit wird. Mit Mundis Gesundheitszustand war keineswegs zu spaßen und die Zeit daher kostbar. Die Nacht verbrachten wir im Haus des Gouverneurs; nächsten Morgen konnten wir erst nach langem Feilschen um den Preis losfahren. Doch bald bekommt Mahmad Samer wieder Fieber; ich setze mich selbst ans Steuer und lenke erstmals in meinem Leben einen Lastwagen durch die Schluchten des Hindukusch. So ganz entfernt war mir das Wolgagetriebe von einer Rußlandreise her schon zumindest in seinen Lauten bekannt, doch das Schalten machte gewaltige Schwierigkeiten. Wir haben jedenfalls heilfroh um 19 Uhr unsere total durcheinandergeschüttelten Gebeine in Faizabad abgeladen.

Mundis Zustand wird immer schlechter; wir müssen noch einen Tag auf das Flugzeug warten, denn an eine Weiterfahrt mit dem Auto ist nicht mehr zu denken.

Endlich, am 4. August, setzt um 11 Uhr die kleine zweimotorige Verkehrsmaschine der Ariana mit einem Patschen am rechten Reifen auf einem notdürftig mit Steinen markierten halbwegs ebenen Schotterfeld – wir würden sagen zu einer Notlandung – auf. Bald schwanken wir in der Luft zunächst über der wilden Berglandschaft des Zentralhindukusch, dann über großen Tälern. Wir können gar nicht genug staunen, wo die Menschen überall ihre Dörfer hingebaut haben: auf jeden Bergrücken ohne jeden Baum, weit und breit kein Wasser, nur von spärlichen Getreidefeldern umgeben, dafür aber durch ein dichtes Netz von Kamelpfaden mit den Nachbarortschaften und dem Tal verbunden. Als wir dann über den Reisfeldern bei Kunduz zur Landung ansetzen und sich die Sonne wunderbar zwischen den grünen Pflänzchen spiegelt, bedauere ich erst richtig, bei dem fluchtartigen Aufbruch die Kamera vergessen zu haben.

Am Flughafen fährt uns bereits auf dem Rollfeld ein VW entgegen. Zwei Gestalten in weißen Ärztemänteln kommen auf uns zu. Meine telephonische Voranmeldung an die österreichische Familie hatte offensichtlich geklappt. Doch bald stellte sich die Verwechslung heraus: Nicht der österreichische Ingenieur, sondern ein tschechischer Arzt war informiert worden, daß kranke Bergsteiger mit der Maschine kämen und er meinte, es handle sich um Mitglieder der tschechischen Expedition. Trotz des Irrtums, der sich bald herausstellte (zuerst probierten wir es in „forsi“, dann in englisch, schließlich in tschechisch, bis sich herausstellte, daß alle Beteiligten dieser Szene fließend deutsch sprachen) wurde Mundi sofort ins Spital mitgenommen und rührend von unseren Nachbarn gepflegt, d.h. von diesem tschechischen Arzt und Krankenschwestern des Deutschen Entwicklungshelferdienstes.

Dreimal am Tag bringe ich gemeinsam mit der österreichischen Familie, bei der ich wieder herzlich aufgenommen wurde, Mundi eine europäische Diät ins Spital. Sonst schlafe ich Tag und Nacht. Der Arzt gibt uns keine Chance für eine Rückkehr. Noch am 8. August vormittags ist Mundis Blutsenkung sehr schlecht, obwohl er sich dank der guten Pflege eindeutig auf dem Weg der Besserung befindet. Sollen die langen Vorbereitungen, alle Mühen und Schwierigkeiten unterwegs vergeblich gewesen sein? Es sah jedenfalls alles danach aus. Noch einmal an diesem 8. August, dem letzten möglichen Termin, verlegen wir uns beide beim Arzt aufs Bitten und Betteln. Nach langer Überlegung ist es so weit: Wir haben die ärztliche Erlaubnis, nächsten Tag in der Frühe, sozusagen fünf Minuten vor zwölf, die Rückreise anzutreten. Ein gemütlicher Wiener Abend und interessante Gespräche beschließen unseren „Kuraufenthalt" in Kunduz.

Am 9. August landen wir bereits um 9 Uhr in Faizabad. Mit einem Jeep hoffen wir, die Strecke nach Quazi Deh noch am selben Tag zu schaffen. Knapp vor Mitternacht passieren wir unter großen Schwierigkeiten im Schein meiner kleinen Taschenlampe die große Furt und sind froh, wenigstens einige Stunden noch in Quazi Deh schlafen zu können.

Am 10. August, dem vereinbarten letzten Termin vor Abbruch der Zelte marschieren wir mit Niadchan bereits um 6 Uhr los und schaffen tatsächlich mit einer Gewaltleistung in einem Tag den Aufstieg zum Basislager. In der für uns selbst unfaßbar kurzen Zeit von zwei Tagen waren wir von Kunduz im Basiszelt; dieses aber war vereinsamt und leer.

8. Comeback am Naw Shakh

Eine Eintragung im „Logbuch" belehrte uns, daß unsere Kameraden dennoch versucht hatten, den Naw Shakh zu bezwingen und bereits Hochlager eins in 5400 und Hochlager zwei in 6200 m errichtet hatten. Nach einem unbedingt nötigen Rasttag versuchten auch wir uns langsam wieder am Berg zu akklimatisieren und stiegen vorerst zum Hochlager eins auf, wo wir mit den absteigenden drei Kameraden freudiges Wiedersehen feiern konnten. Dankbar ließen wir uns abends in das gemachte Nest nieder; so ein Hochlager bedeutet einige Tragarbeit, wenn es gut ausgerüstet sein soll: für je zwei Mann ein Zelt mit Schaumgummi- oder Luftmatratzen, Nahrungsmittel für einige Tage, Kocher mit Brennstoff (Gas oder Benzin), sowie eine Apotheke. Karl, Mike und Peter, die dieses Lager gebaut hatten, stiegen ab, da sie nicht zu lange in der großen Höhe sich dem Kräfteabbau aussetzen wollten. Ab ca. 6000-6500 m spricht man von der sogenannten Todesgrenze, nicht weil man gleich stirbt, sondern weil der Organismus auch durch Schlaf und Nahrungsaufnahme sich nicht richtig erholen kann.

Tags darauf versuchten wir nach einer guten Nacht und einem ebenso guten Frühstück mit Kaffee und dem letzten Biskuit aus Kunduz uns weiter nach oben zu akklimatisieren und treffen tatsächlich um ca. 14 Uhr ziemlich erschöpft im Lager zwei ein. Jeder Handgriff braucht unendlich viel Zeit, nach jedem dritten Schritt muß man wieder rasten. So sind wir die restliche Zeit bis zum frühen Sonnenuntergang mit dem Kochen beschäftigt: Das Schweinskarree mundet vortrefflich. Wir erleben einen überwältigenden Sonnenuntergang hinter den 1001 Gipfeln des Zentralhindukusch, die man bei der trockenen Luft mit freiem Auge sehen kann.

Da wir uns wider Erwarten auch diese Nacht ausgezeichnet erholten, riskierten wir am 14. August, mit einem Zelt im Rucksack die Schlüsselstelle anzugehen: Zwischen 6900 und 7000 m gilt es, in leichter Kletterei einen Felssporn zu überwinden; und plötzlich steht vor uns, die wir eigentlich nur ausgezogen waren, um uns zu akklimatisieren, völlig unerwartet in 7037 m Hochlager drei – bereits hoch über den umliegenden Gipfeln gelegen mit einer unbeschreiblichen Fernsicht in den Chitral, den Zentralhindukusch und das Hochland von Pamir. Ohne Kocher und Matratze verbringen wir eine sehr kalte und stürmische Nacht, in der wir kein Auge zudrücken.

Ein strahlender Morgen begrüßt uns zum Fest Maria Himmelfahrt 1970. Auch nach Sonnenaufgang hat es noch 20 Minusgrade und der Sturm pfeift uns um die Ohren. Unendlich langsam mühen wir uns den Gletscher empor; die anschließende steile Schotterhalde (nur eine dünne Schotterschicht auf dem Eis) bedeutet eine richtige Qual: ein Schritt vorwärts drei zurück: mit Steigeisen rutscht man auf dem Schotter, ohne Steigeisen samt dem Schotter.

Endlich sinken wir erschöpft auf dem Vorgipfel nieder: vis a vis der Tirich Mir (7706 m). Einige hundert Meter vor uns durch eine Schneemulde von uns getrennt und kaum 100 m höher liegt der Hauptgipfel; dennoch überlegen wir ernstlich, ob es einen Sinn hat, weiterzukriechen. Um 12 Uhr 30 schütteln wir einander recht kraftlos zum Berg Heil die Hände: Wir stehen am Gipfel des Naw Shakh 7492 m, dem höchsten Berg der Bergkette des Hindukusch und von Afghanistan. Nach Osten und Westen fällt der Hindukusch nur mehr ab, im Norden das ganze Hochland von Pamir und im Süden der Tirich Mir, die Buni Zomgruppe und hinter einer Dunstschicht ganz ferne muß der Nanga Parbat liegen. Das Hissen der Fahnen und das Photographieren hätte ich mir nie so anstrengend vorgestellt.

In der Nachbarschaft im Norden wußten wir unsere Kollegen der Exploration 70 aus Graz, die gerade damit beschäftigt waren, die erste verläßliche Landkarte in diesem Gebiet nach dem Muster der ÖAV-Karten anzufertigen. Nach ihren Angaben photographierten wir den Kessel vor uns mehrmals von oben, während sie ihn von unten vermaßen.

Am 9. August hatten wir Kunduz (600 m) verlassen, am 15. August stehen wir am höchsten Berg von Afghanistan (7492 m). Das Comeback war gelungen.

Nicht ganz so einfach war aber das Comeback nach unten. Fast bei jedem zweiten Schritt rutscht der Schotter mit und schon wieder liege ich am Boden. Dazu gesellen sich noch hohes Fieber und Höhenkrankheit: ich phantasiere und nun hat Mundi seine liebe Not mit mir. Erst um 18 Uhr kommen wir zurück zu Lager zwei und erholen uns rasch.

Unsere Freunde können es tags darauf gar nicht fassen, daß die beiden Heimkehrer „oben“ waren. Das klingt ja fast so, bemerkte Peter, wie „wir waren am Kahlenberg“. Zum Essen gibt es wieder einmal Hörnchen, denn sonst ist fast nichts mehr vorhanden; mit den Nahrungsmitteln hatten wir uns verkalkuliert.

9. Neugierde am Berg

Während die drei anderen Kollegen nach unserer unerwartet schnellen Rückkehr zum Angriff auf den Naw Shakh bliesen, wollten Mundi und ich unsere Neugierde dadurch stillen, daß wir uns einen Überblick über den bergsteigerisch bisher kaum erschlossenen Wakhan Gol verschafften. Zu diesem Zweck mußten wir die riesige Moräne mit ihren vielen Gletscherseen einmal überqueren. Dieses Unternehmen wurde nicht nur wegen unserer schweren Rucksäcke (wir wollten ja in unbekanntes Gebiet vorstoßen und mußten uns daher gut ausrüsten), sondern auch wegen der immer größer werdenden oft haushohen Granitblöcke immer mühsamer. Einer dieser Blöcke wirkte auf uns wie eine Fata Morgana: er sah aus wie ein Haus. „Die Naw Shakh-Hütte“ rief ich aus. „Wenn es wenigstens ein Würstelstand wäre“, erwiderte Mundi mit knurrendem Magen angesichts unserer knappen Lebensmittelbestände. Das lichte Granitgestein mischte sich mit dem dunklen Schiefer wie in einem Teppichmuster; doch dies nahmen wir erst wahr, als wir nach dieser äußerst beschwerlichen Moränenüberquerung das Tal zwischen den Rakhe Kuchek- und den Rakhe Myani-Gipfeln erreicht hatten. Der Sattel am Ende des Tales wirkte so nahe, doch auch dies war eine Täuschung, hervorgerufen von der trockenen Luft, die auch verantwortlich ist für das schöne Wetter und die manchmal bis zu zwei Meter hohen Büßereisformationen, die unvermutet aus der Moräne oder dem Gletscher herauswachsen. Erst gegen Abend erreichten wir den Regensattel, hinter dem unser Tal mit einer Wandstufe in den Wakhan Gol abbrach. Damit war unser Traum von einer Eroberung der zum Teil noch namenlosen und sehr formschönen Berge neben dem Sad Isdragh zu Ende. Die verbliebene Zeit war einfach zu kurz und der nächste Zugang von unserem Basislager aus versperrt. Mit Mühe fanden wir einen halbwegs ebenen Platz für unser Zelt. In der untergehenden Sonne studierten wir noch die vor uns liegende Kette des Rakhe Myani, die noch nie ein Mensch betreten hatte.

Mit dem Sonnenaufgang des nächsten Tages wird es sehr schnell warm und mit aufgekrempelten Ärmeln befinden wir uns bald am Einstieg zum Grat des Rakhe Myani, der von unserer Seite die einzige Ersteigungsmöglichkeit bietet. Über steile Schotterhalden – Achtung Steinschlag! – erreichen wir den Grat und seilen uns an. Das Zelt liegt bereits tief unter uns. Der Grat ist gar nicht so einfach und beginnt mit einer Seillänge im III. Schwierigkeitsgrad. Nach einer Querung müssen wir den Grat über eine Verschneidung wieder erreichen: Eine Seillänge IV in brüchigem nach unten geschichtetem Felsen. Und so geht es meist direkt am Grat dahin. Aus der Wand bricht dauernd Eis- und Steinschlag los. In halber Höhe der Wand verläuft deutlich sichtbar eine breite Granitader im sonst dunklen Schiefergestein.

Trotzdem es von Seillänge zu Seillänge ungewiß ist, ob wir überhaupt durchkommen oder einen zeitraubenden Abseilrückzug vor uns haben, macht das Klettern im warmen Fels unheimliche Freude. Um 15 Uhr stehen wir staunend nach Überkletterung vieler Grattürme vor dem endgültigen Gipfelaufbau des Rakhe Myani I, um 15 Uhr 30 auf dem Gipfel, nein, auf der Nadel. Wir fertigen eine Menge Panoramaphotos von jenem Gebiet an, in das wir – als erste vielleicht – einen so umfassenden und nahen Einblick haben.

Ein Felsgrat nur zum Teil von Schnee unterbrochen, führt uns in anstrengender Kletterei zum Rakhe Myani II (kaum niedriger als Gipfel I ca. 5200 m).

Mit der Dämmerung ist gleich auch die Dunkelheit da. Wir können uns neben dem kleinen Gipfel gerade noch eine Selbstsicherung für das unerwartete Biwak bauen. Angeseilt im Biwaksack zittern wir uns in die Nacht hinein. Ich verkühle mich heute noch, wenn ich mich an diese Nacht zurückerinnere; auch der Proviant war längst gar, die Teeflasche ausgeronnen. Nicht einmal eine Fahne haben wir bei unserer Erstbesteigung dieses Gipfels gehißt.

Der Morgen bedeutet für uns Erlösung; mit den ersten Sonnenstrahlen klettern wir bereits ab. War tags zuvor die Unsicherheit schon groß, ob wir überhaupt durchkämen, so war das Suchen des Abstiegs noch schwieriger. Erst nach zwei kräfteraubenden vergeblichen Versuchen über steile Schotterrinnen, die jäh in Überhängen abbrachen, gelang es uns über die dritte sich bietende Möglichkeit wieder den Gletscherboden zu erreichen. Müde aber glücklich waren wir erst gegen Abend wieder bei unserem Zelt.

10. Ein Ritt zu dritt auf dem „Weißen Pferd“

Am 21. August treffen wir alle im Basislager wieder zusammen. Unseren Kameraden war am Naw Shakh leider am Vorgipfel Nebel eingefallen (übrigens das einzige Mal in den letzten vier Wochen), so daß sie den Hauptgipfel nicht erreichen konnten.

Zu Essen gab es nun wirklich nicht mehr viel, müde waren wir auch und die Zeit mindestens ebenso knapp, wenn wir Mitte September daheim sein wollten. Die Entscheidung für eine abschließende Tour war nicht ganz leicht, wurde aber dennoch gefällt. Mike war sehr erschöpft und unser „Blasenkönig“ Karl blieb bei ihm. So brechen Mundi, Peter und ich auf. Am 24. August steht wiederum bei herrlichem Wetter in der Mulde unter dem Gipfel des Aspe Safed I unser Zelt. Bis zum letzten Sonnenstrahl halten wir uns noch am Gipfel auf, schießen aus allen Röhren unsere Photos und fertigen vor allem für viele Firmen, die uns so großzügig unterstützt haben, ein Werbephoto um das andere an.

Am 25. August beginnen wir bald nach Sonnenaufgang die gar nicht leichte Gratüberschreitung, die mit einem gigantischen Lyskamm zu vergleichen ist. Hüfttiefer Schnee wechselt mit Blankeis; jeder Schritt muß gesichert werden; erst gegen Mittag stehen wir auf dem Gipfel II und gegen 15 Uhr als erste Menschen auf dem stark überwächteten Gipfel III, d.h. der Gipfel selbst war vorsichtshalber nur auf dem Bauch liegend und gut gesichert zu erreichen. Der Entschluß, den weitab und tief unter uns liegenden Gipfel IV nicht mehr zu versuchen, fällt uns nicht leicht, ist aber angesichts der vorgeschrittenen Zeit das Vernünftigste. Erst wenn zur Verrücktheit nach den Bergen die Vernunft kommt, kann man von einer Liebe zu den Bergen sprechen. Fahnen wurden gehißt, Photos geschossen, bedächtig und dankbar die letzten Stücke Schokolade im Mund geschmolzen und die Augen können sich gar nicht satt sehen an soviel Schönheit. Der Rückweg in unseren eigenen Spuren fällt leichter als gedacht. Erschöpft aber glücklich fallen wir bei einem Sonnenuntergang, der wieder einmal alle Farben und Stücke spielt, in unser Zelt.

Eine Hand voll Haferflocken ist alles, was uns für das Frühstück zu dritt geblieben ist. Zeit, daß wir nach Hause kommen. Den Abstieg vom Gipfel bis zur Scharte hätte ich aus halber Höhe über den steilen Hang bald in einer Lawine zurückgelegt, wenn Mundi mir nicht geistesgegenwärtig entgegengesprungen wäre und das Schneebrett und mich knapp vor einer Spalte gebremst hätte. Im Basislager trafen wir Mike mit Gelbsucht. Daß er einige Tage zuvor noch den Westgipfel des Naw Shakh (7400 m) bezwungen hatte, war bei der Schwere seiner Erkrankung eine alpinistische Großtat.

Unsere Träger aus Quazi Deh hatten bereits Sorge wegen unseres langen Ausbleibens und sandten eine Gruppe mit frischem Obst für unsere nur mehr an Konserven und Hörnchen gewohnten Mägen. So ersparten wir uns einen Voraustrupp, der die Träger für den Abbau des Lagers mobilisieren sollte. Das gab dem unermüdlichen Konditionswunder Mundi noch die Gelegenheit, mit Karl zum Abschied den Korpushte Yaki mit seiner wunderbaren Fernsicht zu besteigen.

Am letzten Abend installieren wir nach dem Einpacken noch mit dem restlichen Benzin für unsere Abfälle eine Müllverbrennungsanlage bzw. ein Lagerfeuer, zu dem auch noch die letzten Leuchtraketen den Himmel erhellen.

Am 29. August sind um 7 Uhr früh pünktlich die Träger da; damit beginnt die Heimreise, die uns über Bamyan, Kabul, Kandahar, Quetta, Südpersien und einen Abstecher ins kleinasiatische Göreme am 22. September wieder in die Heimat führte. Der Abschied von den Bergen, die fünf Wochen unsere Heimat gewesen sind, ist keinem von uns leicht gefallen.

Für die wertvolle Beratung sage ich an dieser Stelle Prof. DDr. Adolf Diemberger und Wolfgang Axt herzlichen Dank.

PUBLIKATIONEN VON GÜNTER VIRT
(1970-2006)

Monographien, Mehrautorenwerke und Herausgeberschaften

Der Gehorsam im Spätwerk des heiligen Augustinus, Wien 1970 (theol.Diss., Ms.).

K. Hörmann/A. Laun/G. Virt, Gehorsam und Verantwortung, Innsbruck–Wien–München 1978.

Sucht und Flucht (Spielregeln des Lebens 4), Fribourg 1980/^{2}1985.

Epikie – verantwortlicher Umgang mit Normen. Eine historisch-systematische Untersuchung zu Aristoteles, Thomas von Aquin und Franz Suarez (TTS 21), Mainz 1983.

G. Virt (Hg.), Moral begründen – Moral verkünden, Innsbruck 1985.

A. Biesinger/G. Virt, Religionsgewinn durch religiöse Erziehung, Salzburg 1986.

D. Bauer/G. Virt (Hg.), Für ein Lebensrecht der Schöpfung, Salzburg 1988.

G. Virt (Hg.), Ich habe dich in die Wüste geführt, Innsbruck–Wien 1988.

H. Rotter/G. Virt (Hg.), Neues Lexikon der christlichen Moral, Innsbruck 1990.

P. M. Zulehner/P. Becker/G. Virt, Sterben und sterben lassen (Perspektiven der Pastoral 1), Düsseldorf 1991.

G. Virt (Hg.), Historische Verantwortung vor der Gegenwart (Forschungen zur praktischen Theologie 11), Frankfurt 1993.

Leben bis zum Ende. Zur Ethik des Sterbens und des Todes. Innsbruck–Wien 1998.

G. Virt (Hg.), Der Globalisierungsprozess. Facetten einer Dynamik aus ethischer und theologischer Perspektive (STE 95), Freiburg 2002.

U. H. J. Körtner/G. Virt/D. v. Engelhardt/F. Haslinger (Hg.), Lebensanfang und Lebensende in den Weltreligionen, Neukirchen-Vluyn 2006.

Beiträge in Fachzeitschriften und Sammelwerken

Hindukusch-Expedition 1970 unter der Leitung eines Theologen, in: Sacerdos et pastor semper et ubique (FS f. Franz Loidl), Wien 1972, 357-373.

Das spirituelle Interesse in der Moraltheologie Karl Werners, in: Spiritualität in Moral (FS f. Karl Hörmann), Wien 1975, 79-99.

Sterben auf Verlangen? Euthanasie im Wandel, in: ThpQ 125(1977) 129-143.

Der Gehorsamsbegriff bei Augustinus, in: K. Hörmann/A. Laun/G. Virt, Gehorsam und Verantwortung, Innsbruck–Wien–München 1978, 9-54.

Epikie in psychoanalytischer Sicht, in: K. Hörmann/A. Laun/G. Virt, Gehorsam und Verantwortung, Innsbruck–Wien–München 1978, 105-139.

Die Studentenwallfahrt der KHG Wien, in: LS 30(1979) 404-406.

Eine Osterpredigt, in: LS 31(1980) 241-243.

Bausteine einer Ethik für Journalisten, in: ThpQ 128(1980) 51-57.
Kroatische Übersetzung: Osnove novinarske etike, in: Svesci 38(1980) 62-66.

Das spezifisch Christliche in der Gewissensbildung. Gewissensbildung zwischen christlicher Lehre und moderner Psychoanalyse, in: J. Reikerstorfer (Hg.), Glaubenspraxis, Wien–Freiburg–Basel 1981, 107-120.

Schulderfahrung und Hindernisse für Schulderfahrung beim heutigen Menschen, in: Umkehr, Versöhnung. Fragen zur Pastoral der Buße und des Buß-Sakraments. Perspektiven und Impulse aus einer Klausurtagung des Wiener Priesterrates, Wien 1981, 36-63.

Epikie – ein dynamisches Prinzip der Gerechtigkeit, in: Diak 13(1982) 241-247.

Ethische Normierung im Bereich der Medien, in: HchrE III, 546-556.

Sittliches Handeln als Symbolgeschehen. Die Bedeutung des psychoanalytischen Symbolbegriffs für eine ethische Handlungstheorie, in: ThQ 163(1983) 123-131.

Hindernisse für Schulderfahrung heute, in: Diak 14(1983) 94-102.

Verantwortung für werdendes Leben, in: M. Benedikt/R. Potz (Hg.), Zygote, Fötus, Mensch. Zur Anthropologie des werdenden Lebens (Gesellschaftswissenschaftliche Studien 15), Wien–München 1986, 225-239.

G. Virt/F. M. Schmölz, Christliche Ethik im Religionsunterricht, in: CPB 99(1986) 370-377.

Sterbebegleitung aus ethischer Sicht, in: WMW 136(1986) 353-356.

Conscience in Conflict? in: G. Zecha/P. Weingartner (Hg.), Conscience: An Interdisciplinary View, Dordrecht 1987, 165-200.

Umwelt – eine Gewissensfrage? Analyse – Vision – Folgerungen, in: D. Bauer/G. Virt (Hg.), Für ein Lebensrecht der Schöpfung, Salzburg 1988, 16-38.

Was hat die Turbokuh mit Moral zu tun? in: B. Soucek (Hg.), Achtung Turbokuh! Sanfte Chemie und die Milchproduktion, Thaur 1988, 149-159.

G. Virt/F.-M. Schmölz, Christliche Moral im Religionsunterricht, in: A. Biesinger/T. Schreijäck (Hg.), Religionsunterricht heute: seine elementaren theologischen Inhalte, Freiburg–Basel–Wien 1989, 117-134.

Demut – eine unmoderne Tugend? in: H. Paarhammer/F.-M. Schmölz (Hg.), Karl Berg. Bischof im Dienst der Einheit (FS f. Erzbischof Karl Berg), Thaur 1989, 291-307.

Ganzheitliche Verkündigung als Herausforderung der Moraltheologie, in: J. Figl/E. Waldschütz (Hg.), Ganzheitliches Denken (FS f. Augustinus K. Wucherer-Huldenfeld) Wien 1989, 147-159.

Die vergessene Tugend der Epikie, in: W. Ernst (Hg.), Grundlagen und Probleme der heutigen Moraltheologie, Würzburg 1989, 138-151.

Für ein Lebensrecht der Schöpfung, in: I. Gelejiné Neubauer (Hg.), Köszöntő Nyíri Tamás 70. születésnapjára (FS f. T. Nyiri), Budapest 1990.

Umwelt – eine Gewissensfrage, in: W. Pillmann/S. Burgstaller (eds.): Energy Resources and European Market Economy. Selected Papers. International Forum of the Environment (Sept. 23rd-26th, 1990), 154-167.
deutsche Ausgabe: Energieressourcen und Europäische Marktwirtschaft. Internationale Umwelttage Bad Kleinkirchheim 23.-26.9.90 der Internat. Ges. f. Umweltschutz, Wien 1991.

Ist auf das Gewissen Verlaß? in: Folia Theologica/Budapest 1(1990) 63-83.

Gewissen des Arztes – eine Glaubensfrage? in: Arztbild von morgen (35. Intern. Karwochenseminar der IMA), Wien 1991, 19-37.

Leben an seinem Beginn (Kurzfassung eines Vortrages am 14.5.91 für die Kath Akademie Bayern), in: Zur Debatte 21(1991) 10-11.

Bald 500 Jahre danach, in: J. Sayer/W. Tzscheetzsch (Hg.), Pastoral der Befreiung. Eindrücke einer praktisch-theologischen Forschungsreise nach Peru, Altenberg 1991, 24-32.

Moraltheologische Erwägungen zur Therapiebegrenzung in der modernen Medizin, in: O. König/A. Wolkinger (Hg.), Horizonte sittlichen Handelns (Richard Bruch Octogenario) (GrTS 14), Graz 1991, 353-360.

Moraltheologische Erwägungen zur Therapiebegrenzung in der modernen Medizin, in: HOSPIZ-aktuell Nr.1/1992, 18-21.

Christliche Optionen für eine „Medienethik“, in: J. Römelt/B. Hidber (Hg.), In Christus zum Leben befreit (FS f. Bernhard Häring), Freiburg–Basel–Wien 1992, 190-204.

Ethisch-philosophische Begründung des Gesundheitsbegriffes, in: Medizin im Konflikt der Interessen, 36. Internat. Karwochenseminar 12.-17.4.92, Kongreßband der Internat. Mediziner Arbeitsgemeinschaft (IMA), Wien 1992, 124-142.
Das menschliche Leben an seinem Beginn, in: J. Gründel (Hg.), Leben aus christlicher Verantwortung. Ein Grundkurs der Moral, Bd. 3, Düsseldorf 1992, 90-108.
Unterscheidung der Geister in einer massenmedialen Kultur, in: K. Demmer/K.-H. Ducke (Hg.), Moraltheologie im Dienst der Kirche (FS f. Wilhelm Ernst), Leipzig 1992, 253-270.
Gesetzeserfüllung durch Epikie, in: Diak 24(1993) 110-113.
Ethische Probleme der Gentechnologie, in: OR 32(1993) H.3, 3-14.
Wie ernst ist das Gewissen zu nehmen? Zum Ringen um das Gewissen auf dem 2. Vatikanischen Konzil, in: J. Kremer (Hg.), Aufbruch des Zweiten Vatikanischen Konzils heute, Innsbruck–Wien 1993, 130-153.
The life of the Spirit in a Mass-medial Culture, in: P. Rossi/A. Soukup (eds.), Mass Media and the Moral Imagination (hg. v. Ph. J), Kansas City 1994, 52-67.
Epikie in der Geschiedenenpastoral, in: ThpQ 142(1994) 368-371.
Epikie und sittliche Selbstbestimmung, in: D. Mieth (Hg.), Moraltheologie im Abseits? Antwort auf die Enzyklika „Veritatis splendor" (QD 153), Freiburg 1994, 203-220.
Die Bedeutung christlicher Moralvorstellungen im Rahmen der Medizinethik, in: Medizin, Ethik, Recht II (Schriftenreihe Ethik in den Wissenschaften, hg. v. P. Kampits), Krems 1994, 37-47.
Heil leben – heil sterben, in: Medizin – eine Heil(s)kunde. Dimensionen von Heil und Heilung (39. Intern. Karwochenseminar der IMA) Wien 1995, 170-193.
Die vergessene Tugend der Epikie, in: Th. Schneider (Hg.), Geschieden, wiederverheiratet, abgewiesen? Antworten der Theologie (QD 157), Freiburg 1995, 267-283.
Ethik des Alterns, in: Die jungen Alten ... Familie und Senioren (hg. v. Kath. Familienverband Österreichs – Brennpunkt Familie 65), Wien 1995, 21-29.
In Würde altern, in: G. Leiner (Hg.), Den Jahren mehr Leben, Kuchl 1995, 67-78.
Ethische Kriterien der Behandlungsbegrenzung und des Behandlungsabbruchs. Perspektive eines kath. Moraltheologen, in: Gesundheits-Oeconomica. Vorträge des Intern. Kongresses „Das Gewissen der Medizin" 19.-22.4.95 (Schriftenreihe der Österr. Ges. f. Gesundheitsökonomie), Wien 1995, 133-136.
Den Menschen in seinem Altern und seinem Sterben würdigen, in: Kongreßband der Barmherzigen Brüder „500 Jahre professionelle Pflege – Beruf und Berufung" 29.-31.5.95, Wien 1996, 36-39.
Ethische Überlegungen zur Nutzung der Atomkraft, in: K. Arntz/P. Schallenberg (Hg.), Ethik zwischen Anspruch und Zuspruch. Gottesfrage und Menschenbild in der katholischen Moraltheologie (FS f. Klaus Demmer) (STE 71), Freiburg 1996, 348-360.
Trest smrti zasa aktuálny? (Todesstrafe wieder aktuell?), in: Verbum/Bratislava 7(1996) 17-23.
Todesstrafe wieder aktuell?, in: P. Morcinies, Ad libertatem in veritate (Opolska Biblioteka Teologiczna 10), Opole 1996, 323-332.
Organtransplantation – ethische Aspekte, in: Journal für Anästhesie und Intensivbehandlung, 2.Quartal 1996, 122-123.
Zivotné prostredie – otázka svedomia? (Umwelt – eine Gewissensfrage?), Trnavská Univerzita, Aloisianum, Bratislava, 4.3.1997.
Moraltheologische Überlegungen zu Patientenverfügungen, in: WMW 147(1997) 130-134.
Was ist uns das Leben wert? in: Pro Senectute, Zeitschrift für Gerontologie und Altenpflege Nr.2/1997, 22-25.

NBH-Donors aus ethischer Perspektive, in: Imago Hominis, Bd. V/Nr.1, Wien 1998, 41-44.
Ethik und Organtransplantation. Zusammenhang und Hierarchie der ethischen Fragen bei Organverpflanzung, in: Klinik 8(1998), H.1, 4.
G. Virt/U. Körtner, Pietät und Nächstenliebe. Ein christlich-ökumenischer Beitrag zum Umgang mit dem menschlichen Leichnam, in: N. Stefenelli (Hg.), Körper ohne Leben: Begegnung und Umgang mit Toten, Wien 1998, 919-926.
Befreiende Moralverkündigung – ein schwieriges Reformprojekt. Zum Kompetenzverlust der Kirche in Moralfragen, in: P. M. Zulehner/A. Heller (Hg.), Kirchenreform, Wien 1998, 178-191.
Von der Genesis zur Gentechnik, in: SaThZ 2(1998) 125-140.
Neuere Internationale Dokumente im Hinblick auf die Ethik der Forschung in der Biomedizin, in: Ethische Aspekte der genetischen Diagnostik, Sympozja 29, Opole 1998, 97-105.
Können wir uns die Ethik noch leisten? in: Brauchen wir eine neue Ethik? Ethische Herausforderung im Krankenhaus, Interdisziplinäres Forum „Ethik in der Medizin“ Abstracts, Linz 1998, 102-109.
Comment on the "Report on the Protection of the Human Rights and Dignity of the Terminally Ill or Dying“, in Biomedical Ethics 4(1999) 12.
G. Virt/U. Körtner, Die Lebenden und die Toten. Ethische Gesichtspunkte des Umgangs mit dem Leichnam, in: ZME 45(1999) 33-43.
Grundlagen und Perspektiven einer befreienden Moralverkündigung, in: H. Gruber/B. Hintersberger (Hg.), Das Wagnis der Freiheit. Theologische Ethik im interdisziplinären Gespräch (FS f. Johannes Gründel), Würzburg 1999, 120-135.
Schutz des Menschenlebens aus theologisch-ethischer Sicht, in: Dialog (spezial) 15(1999), H.2, 7-8.
Versöhnung. Eine moraltheologische Nachlese zur europäisch-ökumenischen Versammlung in Graz 1997, in: A. Bondolfi/H. Münk (Hg.), Theologische Ethik heute. Antworten für eine humane Zukunft (FS f. Hans Halter), Zürich 1999, 453-468.
Das Ringen um die Menschenrechte Sterbender in Europa, in: IGSL Endlich leben (Sonderausgabe zum Symposion 6.11.99) 11(2000), H.1, 7-11.
Von der (gesellschafts-)ethischen Relevanz des christlichen Glaubens. Indirekte Theologie am Beispiel der Bioethik; in: I. Baumgartner/Ch. Friesl/A. Máté-Tóth, Den Himmel offen halten. Ein Plädoyer für Kirchenentwicklung in Europa (FS f. Paul M. Zulehner), Innsbruck 2000, 39-48.
Moraltheologische Überlegungen zu Patientenverfügungen, in: Ch. Kopetzki (Hg.), Antizipierte Patientenverfügungen. „Patiententestament“ und Stellvertretung in Gesundheitsangelegenheiten. (Recht der Medizin 10), Wien, 2000, 131-142.
Ethik in der Medizin als indirekte Theologie, in: M. Lehner (Hg.), Mauerblümchen Theologie. Zur Rolle der Theologie im Wissenschaftsbetrieb. (Forum St. Stephan 12), Linz 2000, 59-67.
Hindernisse für Schulderfahrung heute, in: E. Tatzer/S. Pflanzer/K. Krisch (Hg.), Schlimm Verletzt. Schwierige Kinder und Jugendliche in Theorie und Praxis; Wien 2000, 25-39.
Pokora – nemoderní ctnost?, in: Teologické Texty Heft 2/2000, 50-56.
Commitment to the human rights of the dying in europe; in: Catholic Medical Quarterly 4(290) November 2000, 21-24.
Osmý den stvorení. Rozstepení lidství moderní biotechnologií, in: Teologické Texty Nr.1/2001, 25-27.

Theologische Ethik – in der Politikberatung gefragt?, in: A. Holderegger/J.-P. Wils (Hg.), Interdisziplinäre Ethik: Grundlagen, Methoden, Bereiche (FS f. Dietmar Mieth) (STE 89), Freiburg/Schweiz 2001, 445-458.

G. Virt/A. Autiero/S. v. Bijsterveld/A. Bondolfi, Die Europäisierung von Entscheidungen – Folgen für die Ethik, in: K.-W. Merks (Hg.), Verantwortung – Ende oder Wandlungen einer Vorstellung? Münster 2001, 157-179.

Medizinische Ethik im Horizont ökonomischer Probleme, in: Soziale Sicherheit Nr.6/2001, 533-541.

G. Virt/G. M. Prüller-Jagenteufel, Am achten Schöpfungstag, in: Diak 32(2001) 401-406.

Euthanasie? Ethische Grundlagen (Eutanazja? Podstawy etyczne), in: P. Morciniec (Hg.), Eutanazja W Dyskusji (Euthanasie in der Diskussion), (Opolska biblioteka Theologiczna 47), Opole 2001, 261-270.

Negative Forschungsergebnisse – Geheimhalten oder publizieren?, in: Medical Tribune 33(2001), H.22, 17.

Die Gottebenbildlichkeit auf dem Prüfstand und die Spaltung des Menschlichen angesichts der modernen Biotechnologie, in: T. Schreijäck (Hg.), Christwerden im Kulturwandel. Analysen, Themen und Optionen für Religionspädagogik und Praktische Theologie. Ein Handbuch, Freiburg 2001, 275-293.

Anthropologisch-ethische Grundlagen der sogenannten Aufklärung, in: WMW 151 (2001) 213-214.

Ethische Grundsatzüberlegungen, in: J. Pichler (Hg.), Embryonalstammzelltherapie versus „alternative“ Stammzelltherapien, Wien 2002, 87-98.

G. Virt/G. Marschütz, In Würde sterben dürfen. Sterbebegleitung als familiale Aufgabe, in: Intams-Review 8(2002) 74-86.

Die Spaltung des Menschlichen im Horizont der modernen Lebenswissenschaften, in: F. S. Oduncu/U. Schroth/W. Vossenkuhl (Hg.), Stammzellenforschung und therapeutisches Klonen, Göttingen 2002, 201-210.

Aktuelle Debatten um die Euthanasie, in: Orientierung 67(2003) 16-19.

Lebensanfang und Embryonenschutz aus der Sicht katholischer Moraltheologie, in: U. Körtner/Ch. Kopetzki(Hg.), Embryonenschutz – Hemmschuh für die Biomedizin?, Wien 2003, 81-83.

Die Bedeutung der „Ästhetik“ für medizinethische Fragestellungen, in: R. Esterbauer (Hg.), Orte des Schönen. Phänomenologische Annäherungen (FS f. Günter Pöltner), Würzburg 2003, 459-470.

Stammzellenforschung: Embryonale Stammzellen oder adulte Stammzellen? (Expertenpanel), in: P. Kirschschläger/A. Belliger/D. Krieger (Hg.), Stammzellenforschung, Zürich 2003, 65-68.

Medizinische Ethik, in: Th. Laubach (Hg.), Angewandte Ethik und Religion (FS f. Gerfried Hunold), Tübingen–Basel 2003, 207-230.

Kommentar zur Opinion 17 der European Group on Ethics in Sciense and New Technologies (EGE) zu den ethischen Aspekten der klinischen Forschung in Entwicklungsländern, in: Jahrbuch für Wissenschaft und Ethik Bd. 8, Berlin–New York 2003, 379-382.

Theologie als Dimension bioethischer Politikberatung, in: SaThZ 7(2003) 180-194.

Konsens – Kompromiss – Dissens bezüglich der Patentierung humaner Stammzellen, in: öarr 50(2003) 541-553.

Zur ethischen Debatte um das Klonen, in: IKZ Communio 33(2004) 105-112.

G. Virt/B. Maier/A. Bondolfi, Ethik in der Onkologie, in W. Hiddemann/H. Hüber/C. Bartram (Hg.), Die Onkologie, Bd. 3, Berlin–Heidelberg 2004, 752-760.

G. Virt/M. Rosenberger, Rediscovering the Sigh of Creation, A Catholic Perspective on Contemporary Creation Theology, in: L. Vischer (Hg.), Listening to Creation Groaning. Report and Papers from a Consultation on Creation Theology. Centre International Réformé John Knox, Geneva 2004, 105-127.

Sterbebegleitung und Euthanasie, in: Beiheft zu Brixner Theologisches Forum 115(2004) 7-38.

Die Bedeutung der Spiritualität für den bioethischen Dialog, in: P. M. Zulehner (Hg.), Spiritualität – mehr als ein Megatrend (Gedenkschrift f. Kard. DDr. Franz König), Ostfildern 2004, 107-119.

Theologie als Dimension bioethischer Politikberatung, in: J. Jans (Hg.), Für die Freiheit verantwortlich (FS f. Karl-Wilhelm Merks) (STE 107), Freiburg 2004, 265-279.

Die Spaltung des Menschlichen im Horizont der modernen Lebenswissenschaften, in: F. Unger (Hg.), Gene Technology. The Impact on the Human Dimension, Weimar 2004, 160-173.

Virt G./Beck, M., Versagen des Marktes. Prioritäten pharmazeutischer Forschung als ethisches Problem, in: HerKorr 59(2005) 253-257.

Ethik und Politikberatung – ein spannendes Feld, in: Autonome Moral im christlichen Glauben. Reden zum 90. Geburtstag von Prof. Dr. Dr. h.c. mult. Alfons Auer mit einem Aufsatz des Jubilars (Tübinger Universitätsreden N.F. 42), Tübingen 2005, 39-49.

Wahrheit statt Aufklärung in der Arzt-Patienten-Beziehung, in: J.-P. Wils/M. Zahner (Hg.), Theologische Ethik zwischen Tradition und Modernitätsanspruch (FS f. Adrian Holderegger) (STE 110), Freiburg 2005, 217-228.

Unity and Variety of Ethical Principles: Human Dignity Endangered, in: The European Group on Ethics in Science and new Technologies to the European Commission, General Report 2000-2005, European Communities 2005, 57-62.

Die Bedeutung der „Ästhetik" für medizinische Fragestellungen. Eine Problemanzeige, in: D. v. Engelhardt/F. Unger (Hg.), Ästhetik und Ethik in der Medizin, Weimar 2005, 51-64.

Etika lidských práv. K zásadam boje proti detské pornografii na internetu, in: Teologické Texty Nr.1/2006, 32-34.

Internationalisierung ethischer und rechtlicher Standards: Zwischen Chancen und Druck, in: K. Hilpert/D. Mieth (Hg.), Kriterien biomedizinischer Ethik. Theologische Beiträge zum gesellschaftlichen Diskurs (QD 217), Freiburg 2006, 380-404.

Die Bedeutung der Ästhetik für medizinethische Fragestellung, in: D. v. Engelhardt/F. Unger (Hg.), Ästhetik und Ethik in der Medizin, Weimar 2006, 51-64.

Hörmann Karl, in: BBKL, Band 27, Nordhausen 2006.

Ethische Begründungen und Kriterien für Patientenverfügungen, in: M. Fischer/K. S Zänker (Hg.), Medizin- und Bioethik, Frankfurt 2006, 191-202.

Was können bioethische Dokumente bewirken? Werkstattbericht aus den Vorarbeiten zu Opinion 21 der Europäischen Gruppe für Ethik: "Zu ethischen Aspekten der Nanomedizin", in: SaThZ 10(2006) 208-221.

Lexikonbeiträge

Artikel in: Lexikon der christlichen Moral (hg. v. K. Hörmann), Innsbruck–Wien–München 1976: Begierlichkeit; Ethos; Gehorsam; Moral; Moraltheologie; Verhaltensforschung.

Artikel in: Neues Lexikon der christlichen Moral (hg. v. G. Virt/H. Rotter), Innsbruck 1990: Epikie; Erfahrung; Genetik und Gentechnik; Moraltheologie; Sucht.

Artikel in: Lexikon für Theologie und Kirche. 10 Bde, Freiburg [3]1993-2001: Anbetung/Anbetungsfrömmigkeit – IV. praktisch-theologisch; bona fides – I. Theologisch-ethisch; Demut – III. Theologisch-ethisch; Eid – IV. Theologisch-ethisch; Epikie; Gastfreundschaft – III. Theol.-ethisch; Mariatroster Erklärung; Nachfolge Christi – II. Theol.-ethisch; Prävention – I. Theol.-ethisch; Sucht – II. Theol.-ethisch; Totalität, Totalitätsprinzip – II. Theol.-ethisch; Unglaube – II.Theol-ethisch; Verleumdung; Verstümmelung; Wachsamkeit.

Artikel in: Lexikon der Bioethik (hg. v. W. Korff u.a.) Gütersloh 1998: Epikie; Sucht/ Suchtgefahren.

Artikel in: Lexikon der Ethik (hg. v. J.-P. Wils/Ch. Hübenthal), Paderborn 2006: Epikie.

Beiträge zur Vermittlung in eine qualifizierte Öffentlichkeit

Ich fürchte mich schon vor Weihnachten, in: Wiener Kirchenzeitung, 19.11.1972, 8.

Leben aus dem Tod, in: Die Furche Nr.48, 1.12.1978, 2.

Menschenwürdiges Sterben, in: uni-aktuell/Salzburg Nr.2/1985, 7-13.

Menschenwürdiges Sterben, in: Katholische Aktion – Informationen, Berichte, Kommentare 12(1985) 1-3.

Grüne Welle – aus christlicher Quelle? in: Die Furche Nr.11, 14.3.1986, 13.

„Gott der Herr nahm den Menschen und setzte ihn in den Garten von Eden, damit er ihn bebaue und hüte“ (Gen 2,15), in: ÖCV-Informationsdienst Nr.14/1988, 19-23.

Wir stehen am Anfang. Bausteine für eine christliche Umweltethik, in: Academia 40(1989) 14-18.

Die Seele braucht ihre Zeit um nachzukommen, Salzburger Nachrichten, 2.6.1990.

Univ.-Prof. Dr. Karl Hörmann, Träger des Südmährischen Kulturpreises 1989, in: Südmährisches Jahrbuch 40(1991) 20-27.

Die „Turbokuh“ – Geschöpf oder Milchmaschine? in: Agrarische Rundschau Nr.6/1990, 24-26.

„Bewahrung der Schöpfung“ – Bergpredigt, in: Reichensteiner News, November 1991.

Epikie. Gehorsam unter allen Umständen? in: Cursillo 30(1993) 148.

Theologische Analyse der Moralenzyklika: „Es werden Extrempositionen gezeichnet“, in: Salzburger Nachrichten, 6.10.1993, 3.

Euthanasie – Der gute Tod? in: Wiener Blätter (Mitteilungsblatt der KHJÖ) Nr.196a (1995), 43-46.

Die Zeit zum Sterben, in: Salzburger Nachrichten, 4.3.1995, 10.

„Euthanasie“ – Gefahr von Mißbrauch ist enorm, in: Die Furche Nr.15, 13.4.1995, 15.

Behindert – deshalb bedroht, in: Bericht über das 2. Hannes Schmidt-Symposion „Recht auf Leben – Rechte im Leben“, Zeitschrift der Lebenshilfe Salzburg 1/1995, 19-28.

Epikie, in: JETZT, Frauen auf dem Weg des Evangeliums Nr.1/1996, 10-13.

Menschliche Abziehbilder. Ethische Beurteilung – Recht des Menschen auf eigenes Genom-Ersatzteillager „Mensch“, in: Österreichische Ärztezeitung 1998, 4.

Der Patient ist Person, in: Chirurgie Nr.2/1998, Wien, 36-40.

Schleichende Eugenik; Klonen in: Profil Nr.35, 28.8.2000, 114-115.

Gute Gene – schlechte Gene. Wohin führen die Entschlüsselung des Genoms und die Stammzellenforschung? Round table, in: Dialog 11/2000, 19-20.
Klonen ... und die Ethik – Ein Interview; in: Evangelium heute 37(2000), H.12, 6-7.
... eher ein besserer Tierschutz (Interview: Matthias Kapeller), in: Bischöfliches Gurker Ordinariat (Hg.), Jahrbuch der Diözese Gurk 2002. Gentechnik und christliches Menschenbild – Daten/Fakten/Perspektiven, Klagenfurt 2001, 116-121.
Die Würde des Menschen, in: Österreichische Apotheker-Zeitung 55(2001) 108-115.
Mehr als die Summe der Gene, in: Die Furche Nr.23, 7.6.2001, 17.
Ein ethisches Minenfeld gelegt, in: Kirchen-Blatt (West), 25.11.2001, 11.
Vom Anfang und Beginn des Menschenlebens, in Wiener Journal, Juli/Aug. 2001, 11-13.
Adoptieren. Nicht vernichten, in: Dialog 1/2003, 11.
Embryonen: Adoption statt Vernichtung, in Wiener Kirchenzeitung Nr.9, 2.3.2003, 3.
Wenn Hochwürden den Kochlöffel schwingt, in: Christus – Hoffnung Europas, Christ-Sein grenzenlos. Jahrbuch der Diözese St. Pölten 2004, St. Pölten 2003, 105-106.
Aufgelöste und neue Tabus. Über Fragen des rechten Maßes aus ethischer Sicht, in: Der Standard, 16.8.2003, A1-A2.
Euthanasie – Ringen im Europarat, in: Theo 15/2003, Wien, 7.
Das Forschungsobjekt Embryo, Interview, in: Wiener Zeitung, 22.3.2004, 20.
Klon-Streit der Konfessionen, Gespräch, in: Die Furche Nr.13, 25.3.2004, 4.
An der schmalen Grenze zwischen Leben und Tod, in: Kirche bunt Nr.13/2004, 14.
Ethische Grenzen der europäischen Biopolitik, in: Interesse Nr.3/2004, 4-5.
Welches Konzept von Ethik? in: Die Furche Nr.49, 8.12.2005, 7.
Der CV und der umfassende Schutz des Lebens, in: CV Cartellverband/ÖCV Cartellverband (Hg.), 150 Jahre CV, Regensburg–Wien 2006, 75-81.
„Patientenverfügung" – Die Sicherung der Menschenwürde sterbender Menschen, in: Academia 1/2006, 8-9.

AUTOR UND HERAUSGEBER

Günter Virt, geboren 1940 in Wien. 1959-1965 Studium der Katholischen Theologie in Wien und Innsbruck. 1965 Priesterweihe in Wien. Mehrjährige Tätigkeit in der Seelsorge. 1970 Promotion in Wien zum Doktor der Theologie (Dissertationsthema: Der Gehorsam im Spätwerk des heiligen Augustinus). Assistent bei Karl Hörmann am Institut für Moraltheologie in Wien und psychoanalytische Ausbildung im Wiener Arbeitskreis für Tiefenpsychologie. 1981 Habilitation an der Katholisch-Theologischen Fakultät der Eberhard-Karls-Universität in Tübingen bei Alfons Auer (Habilitationsthema: Epikie – verantwortlicher Umgang mit Normen. Eine historisch-systematische Untersuchung zu Aristoteles, Thomas von Aquin und Franz Suarez). Universitätsprofessor für Moraltheologie in Paderborn (1981-1983) und in Salzburg (1983-1986). 1986-2006 ordentlicher Universitätsprofessor für Moraltheologie an der Katholisch-Theologischen Fakultät der Universität Wien. 1993-2001 Gründungsvorstand des Institutes für Ethik und Recht in der Medizin ebendort. 1996-2001 Mitglied der Ethikkommission am Allgemeinen Krankenhaus (Universitätskliniken) in Wien, seit 2001 Mitglied der Bioethikkommission beim Bundeskanzleramt der Republik Österreich und der European Group on Ethics in Science and New Technologies bei der Europäischen Union. Seit 1. Oktober 2006 emeritiert.

Gerhard Marschütz (geb. 1956) und *Gunter M. Prüller-Jagenteufel* (geb. 1964) sind außerordentliche Universitätsprofessoren für Moraltheologie an der Katholisch-Theologischen Fakultät der Universität Wien und langjährige Mitarbeiter von Günter Virt.